U0564510

船山遺書

第六册

〔清〕王夫之 著

中国书店

目录

春秋家说

春秋稗疏

春秋世论

春秋家说

春秋家说叙

先征君武夷府君早受《春秋》于酉阳杨氏，进业于安成刘氏。刘氏毕业而疑，疑帖《经》之术已疏，守《传》之述未广也。已乃研心旷目，历年有得，惜无传人。夫之凤赋钝怠，欲请而不敢。岁在丙戌，大运倾覆，府君于时春秋七十有七，悲天悯道，誓将谢世，乃呼夫之而命之曰："详者，略之开也；明者，晦之迪也。虽然，綦详而得略，綦明而得晦，不鲜矣。三《传》之折中，得文定而明，河南之举要，得文定而详，习其读者之所知也。经之纬之穷于幅，日之月之翳于阴，习其读者之未知也。小子其足以知之乎？"

夫之蹴然而对曰："敢问何谓也？"

曰："文定之于《春秋》也，错综已密，所谓经纬也；昭回不隐，所谓日月也。虽然，有激者焉，有疑者焉。激于其所感，疑于当时之所险阻。方其激，不知其无激者之略也；方其疑不知厚疑之以得晦也。"

夫之请曰："何谓激？"

曰："王介甫废《春秋》，立新说，其言曰：'天戒不足畏，人言不足恤。'文定激焉，核灾异，指事应，祖向、歆，尚变复。孔子曰：'畏天命'，非此之谓也。畏刑罚而忠者，臣之道薄；畏谴责而孝者，子之谊衰。若此者，激而得滞，滞而得略，天人之征不详矣。载愤辨之心以治经，而略者不一一也。"

夫之进请曰："何谓疑？"

曰："宋之南渡，金挟余毒，逼称臣妾，韩、岳、刘、张，拥兵强盛。建炎臣主，外忧天福之覆车，内患陈桥之反尔。外忧者，正论也；内患者，邪说也。文定立廷论道，引经比义，既欲外亢，伸首趾之尊；复欲内防，削指臂之势。外亢抑疑于内僭；内防又疑于外疏。心两疑，说两存，邪正参焉。其后澹庵、南轩师其正，斥王伦之奸；秦、张、万俟师其邪，陷武穆之死。而一出于文定之门，效可睹矣。《春秋》贵夏必先赵武，尊王授权桓、文，其义一也。以赵普猜制之术，说《春秋》经世之略，恶乎其不晦哉？或明之，或晦之，而得失相杂，不一而足矣。"

夫之受命怵惕，发蒙执经而进，敢问其所未知。府君更端博说，浚其已浅，疏其过深，折其同三《传》之未广，诘其异三《传》之未安，始于元年统天之非，终于获麟瑞应之诞，明以详者不复伸，略以晦者弗有诎也，几于备矣。越岁不辰，岁在丁亥，黄地既裂，昊天复倾，不吊毒酷，府君永逝。迄今二十有二载，夫之行年五十，悼手口之泽空存，念菌蟪之生无几，恐将佚坠，敬加诠次，稍有引伸，尚多疏忘，岂曰嗣先，聊传童稚云尔。

著雍涒滩之岁相月壬子望不肖男征仕郎夫之谨述。

钦定四库全书总目经部春秋类存目

　　《春秋家说》三卷，国朝王夫之撰。夫之有《周易稗疏》，已著录。是书前有自序，称大义受于其父，故以"家说"为名。其攻驳胡《传》之失，往往中理，而亦好为高论，不顾其安，其弊乃与胡《传》等。如文姜之与于弑，夫之谓不讨则不免于忘父，讨之则不免于杀母，为庄公者，惟有一死而别立桓公之庶子，庶子可以申文姜之诛。不知子固无杀母之理，即桓之庶子亦岂有杀嫡母之理？视生母为母，而视嫡母为非母，此末俗至薄之见，可引以断经义乎？闵公之弑，夫之谓当归狱于庆父，不当归狱于哀姜。哀姜以母戕子，与文姜不同，不得以人爵压天伦。此亦牵于俗情，以常人立论。不知作乱于国家，即为得罪于宗庙。唐武后以母废中宗，天下哗然而思讨，君子不以为非，彼独非母子乎？首止之会，定王世子所以消乱端于未萌，世子非不当立，则不得谓之谋位；诸侯非奉所不当奉，则不得谓之要挟。夫之必责以伯夷、叔齐之事，则张良之羽翼惠帝，何以君子不罪之乎？如此之类，皆以私情害大义。其他亦多词胜于意，全如论体，非说经之正轨。至于桓公元年，无端而论及人君改元宜建年号之类，连篇累牍，横生枝节，于《春秋》更无关矣。

春秋家说卷一上

隐公九论

一

《春秋》有大义，有微言。义也者，以治事也；言也者，以显义也。非事无义，非义无显，斯以文成数万而无余辞。若夫言可立义，而义非事有，则以意生言而附之以事。强天下以传心，心亦终不可得而传。盖说《春秋》者之所附也。

《春秋》之书"元年"，非有义也。事不足以载义，义亦不得而强附之。凡数之立，以目言之则二继一；以序言之则二继初。目以相并而彼此列，序以相承而先后贯，其理别矣。故《易》言"初"言"二"以达于"上"，《春秋》书"元"书"二"以迄于终。《乾》始不可言"九一"，《春秋》不可言"一年"也。

乃为之言曰：元，仁也，《乾》之资始，《坤》之资生者也。夫《乾》之资始，《坤》之资生，仁也。惟仁以始，惟仁以终，故曰"乃统天"。统天者，统天之所有进，而六位时成一元矣。浸令天之以"元"始，以"亨""利"中，以"贞"终，则始无"贞"而终无"元"。俯仰以观天地之化，曾是各有畛而不相贯乎？故夫人君之以仁体元也，自践阼之初迄顾命之顷，无异致也。初年而元，将二年而不元矣，其将取法于"亨"乎？而体仁长成人之德，岂一年而竟乎？志学之事，在谨于始；凝道之功，必慎于终。故曰：仁以为己任，死而后已。天以仁覆，地以仁载，历终如始，而大始者不匮。故春夏生而亦有其杀，秋冬杀而固有其生。有序成，无特用也。仅然以始居仁而莫统其后，则亨者倚于文，利者倚于惠，贞者倚于谅矣。

呜呼，为此说者之强言立义而强义附事，夫君子不如其已之也！

二

无一时之宜，不足以陷愚人，无大义之托，不足以成忍人。是以君子恶佞，恐其乱义也。因时而适宜，舍小以成大，皆义说也。陷隐公于愚者，必曰国有长君，社稷之福；成郑庄之忍者，必曰祸在宗社，兄弟为小。持之一日，协之众口，而谓不然者鲜矣。微子非不谂纣之足以亡，而去之若惊，亦以人臣无将耳。舜不以忍试之象，顾封之而且以弭其奸。故义者，先揆于己，次揆于物，不以己徇物，则制物之义由己立矣。故曰义内也，非袭取而可无馁也。义在内，故外无权。以心生义，以义从心，佞者之义说乃惘默而不敢试于前。

鲁、郑之君怵于利深矣，恶足语此。利贼义，佞乃乘之而大祸起，可但已哉！

三

子之于父母，天也，可自致者无不致，而有其不能致者，不得以求己之道求亲也。故事父母以谏，而有所不谏。墨胎君之于叔齐，帝乙之于纣，鲁惠公之于轨，屈道以徇爱，宗臣之所必违，廷臣之所必争，天下后世之所必摘，而伯夷、微子之与隐公，道不得而兴。夫以亲之有大恶而己不得与，其存也不谏，其没也不违，则人子固有所忌而不敢致者矣，身在故也。身固轻于亲，则捐身以从亲；事亲立身，皆身事也，则诚身以顺亲。故曰失其身而能事其亲者，吾未之闻也。谷梁子欲隐公之据其位，以为正亲之道，失其所事亲之身，而道圮久矣。孝子之立身，亲之得失且姑置之，而况其他乎！

四

隐公无可立之义，则可以摄；隐公固有可立之义，则不得复为摄矣。不得为摄，故隐公之立为争国，《春秋》必绌其乱；不得为摄，则桓公之立为弑君，故《春秋》必目其贼。周公无嗣周之义，是以摄而不惭。微子有元子之尊，是以去而不恤。别嫌明微，而后义喻于心。

五

夫妇之道，从以为顺，别以为正。从而不弛其别，别而不悖其从，履正而行顺矣。从者天也，天以合为德，使人殊于草木之无情也。别者人也，人以辨为纪，人之殊于鸟兽之非性者也。生而从者，妇之顺；生而别者，夫之正。逮其没矣，孝子慈孙为合而从之，以敦亲也。合而从之，必辨而别之，以致尊也。不辨无别，一之相从，则是为其生之相合也。以情而徇之，而性戕矣。夫孝子慈孙以道尊亲，而岂其然哉！故曰合葬非古也。古之为墓者，丈夫从于丈夫之党，以其昭穆而祔于王父；妇人从于妇人之党，以其昭穆而祔于王姑。崇别者，使之居正以终。所谓以道事亲，而尊之者至矣。

母之丧服替于父，父在则不得伸其尊，其葬合矣，则将等夷之而无所替邪？抑使之相就而故替之邪？无使相就而故替之，斯以义制礼，而尊其母者可伸。故丧有异服，而葬无异制，别则得以伸恩。且夫祔庙之礼，祔于王姑而弗同寝，厚其别也至矣。别之既厚，乃可合之以敦亲。故有事则告配而合食。合食者亲之也，告配而后合，则以示夫合之者子孙之义，非先人之志欲，尊亲之义，并行不悖矣。夫祭者以享神也，葬者以藏形也。神肇性，形开情，性率道而尤不苟从，情统欲而且使无别，是为导谀之子孙，不能以性事亲而爱以姑息也，故曰合葬非古也。古道替，礼意湮，私欲横行，天理不复，乃有如宋人之制：皇后先薨，则留葬以俟山陵之合。此夫以婉昵之情处其君亲，不孝之尤。而说《春秋》者且以为古。张氏洽。邪说珍行，嘻，亦甚矣！殡非殡，葬非葬，乖死者归藏之期，而悬拟生者之旦夕同处，何不仁也！君子以性治情，则情顺而性正，视其亲犹己也，视其亲之亡犹存也，则何事此婉昵者为哉！

隐夫人子氏薨，而不书葬，著恩礼之不逮焉尔。隐公之为君，大夫卒而不视小敛，夫人薨而替其葬，《春秋》以为已薄，著其事而义自见也。《谷梁》谓"夫人之义从君者也"，夫生从君，而死从王姑，礼别而义殊矣。一而无辨，此恶知礼意哉！

六

义之制在心，如利斧之析，可否破而无有萦迴其间者也。故以让制者远避于受，泰伯、虞仲是已。以摄制者不疑而让摄，舜、周公是已。恶有持君父之家国，中立于辞受，退不避其荣，进不任其重，萦迴两端以交丧哉！隐公之可有国，与其不可有国，一惟制之审耳。其不可有，即其可有而欲不有，则如泰伯、虞仲，离之千里，而兴废之故不再与闻，可矣。如其可有，则固有之，居大位，守大器，握大魁，流放窜殛惟所施；定宗礼，翦商、奄，诛二叔，唯所用义不得复听之他人矣。今所不避者荣也，所不任者重也。公子豫不告而伐卫，行矣；公子翬固请而伐郑，行矣；先期而伐宋，从之矣。乃若曰吾摄也，弗执焉以自任可也。以君父之国家，倒权而授之臣下，而鲁公室之不有威福自此而始，岂徒丧其身之足以偿责乎？嗟乎，于肃愍之不免于祸，天也，人已尽矣。持大制而行乎不中正之途，茬苒逡巡，祸固不可避，而咎随之矣。《易》曰："过涉灭顶，凶，无咎。"君子之免于咎也，灭顶之不恤，而况其他乎！

七

"卫人杀州吁于濮。"大词也。大卫人之杀，而天下固不能难也。

当时之蠹法者，莫甚于弑君之贼，与于会则不复讨。大国之不能讨，而国人固不敢讨矣。宋、鲁、陈、蔡俨然以友邦之礼礼州吁，厚树之兵而张威于外，乃卫人之杀之如蹴逸豚、如逐失穴之虺而无难也。故奉大义以行所得为，习俗不能违，强援不能争，已成之势不能掣。《春秋》大卫人之杀州吁，而天下无不可为之义矣。

八

"庚寅我入祊。"幸词也。"辛未取郜。辛巳取防。"重幸词也。

人归之则必入之，而犹矜言庚寅我入之，幸此日之遂得有夫祊，故曰幸词。与人伐国，己独得地，辛未有所取焉，辛巳有所取焉，故曰重幸词也。非《春秋》之幸之也，鲁幸之也。鲁幸之，而为之幸词，所以达小人侥幸之情也。王充曰："君子有不幸而无幸，小人有幸而无不幸。"幸之所成，必不徒然。非我所必得，而一日得之，得之不已，而他日又得之，岂人之愚而己之独幸哉？

鲁之为利取也，成于郑之亢周也，成乎齐之图伯也。郑有凌蔑君父之恶，而鲁分其恶；齐得郑以成其势，而鲁因成之。终春秋之世，鲁以懿亲元侯，驱役于齐、晋、楚、吴，而不能自振以弥缝王室，自此始矣。幸之所成，咎之所启，可弗畏哉！长孙无忌以宝赂而族灭于武氏，李德裕以美官而见制于宗闵，要终而言之，小人之幸又奚足以为幸！

九

鲁没于利，惟郑指而趋合于齐，愚矣。乃郑何为者？以利贸鲁而为齐驱也。故鲁愚而郑不独智。

夫愚者恒自智也。鲁曰："合于齐，非吾病也，而三得邑，是坐获也。"鲁智则愚将在郑，郑智其出鲁下乎？乃郑抑曰："祊非我利也，既授之鲁，入之矣，其能终利我许田乎？若郜、防者，他人之失，他人之得，而徒为吾贸也。且鲁既收之于郜、防，则不得复收之许。是以二邑易一国也。"故齐以许让鲁，而鲁不敢有，迨于兼许，而郑之自智也效矣。

故之三国者，惟齐为若不智，取之宋则鲁有之矣，取之许则郑有之矣。孰知齐之不捷于自智者，其智狡乎！以齐之智，行之以义，其可王也。虽然，齐之取偿于二国者，又在纪也。鲁欲合郑救纪而不能，齐制之矣。故之三国者，狎相没于利，而得之益缓，利之益大，据之益安。故曰"小人喻于利"，惟齐独尔。

桓公十四论

一

有质以生文，有文以立质。质者，人事之资也。质生文者，后质而生既有资矣，则文居可损可益之间，宁无益也？文立质者，即以其文为质，而以为人事资于此而废文，是废质而事不立矣。古之帝王于质文之间，有益焉有损焉者，后质之文也；有益焉则不可损焉者，因文之质也，汉建元之建年号是已。

古者编年而无号，非欲损之，未益而已矣。未益则文既不生，质亦不立。质之未立，事亦无资，故有待于益，无可必损。拘者执古之未益以为必损，不亦过乎？古者封建以公天下，天子、诸侯各编年，而不一其系，则不得殊号以裂天之岁月。然而天子为天下王，夷其编年无殊于诸侯，其犹未之备邪？夫年以纪时，时以缀事，事以立程。编年而建之号，岂徒文哉！绌陟之所课，出纳之所要，要质之所剂，功罪之所积，刑名之所折，覆按之所稽，皆系此矣。

以日为程，则今之朔乱于去月之初；以月为程，则今之正乱于往岁之正。朔穷于三十，甲子穷于六十，月穷于十二。故以年冠月，以月冠日，而后记差可久，行差可远。然其以年编也，以甲子纪，则亦穷于六十。以君之初终纪，而久者五六十年，下逮十年，或四三年，抑或逾年而易，则今兹之元抑乱于先君之元，奸者伏奸，讼者积讼；即莫之奸讼，而心目之眩，亦府史之不给也。故编年以资用，莫如建号之宜，简而文也。不知者以为文，知其得失者以为质也。号建，而前之千岁，后之千岁，月日之所系，事之所起止，源流之所因革，若发就栉，一彼一此不纷矣；若珠就贯，一上一下相承矣。乃为之忧曰："历世无穷，而美名有尽。"信美名之有尽也，不审而同于往代，其以视诸数十年间，元年沓至而无可别白者，不犹愈乎？

今天下一而郡国合，文籍繁而舞法者滋。浸令删去名号，互混相仍，启其疑端，引其奸蠹，即有察吏，然后从而刑之，刑愈繁而变愈甚矣。迩之不记，何以及久？近之不行，何以致远？无已，而以先君之谥号冠诸其上，则鬻驴之券，判淫之牍，皆载九庙之声灵于其上，不已辱乎？审乎文质经纬之妙以知变通，不以《春秋》编年之法例后世也。

二

建号之义，表以德，是寓箴也；贞观、大中、正德之类。纪以功，是建威也；建武、建隆、洪武之类。崇以瑞，是钦天也，天子有善，让于天之义也；元鼎、神爵、崇祯之类。承以先，是广孝也；绍圣、延佑之类。期以休，是同民也；太康、至治、成化之类。皆文之不害者也。其诸不可者，倡异教，乾封、如意、久视之类。私福祉，长寿、崇庆、万历之类。于道非宜，固人主之所宜戒。尤非法者，奄有祖号而不让，蒙古再称至元。大臣易位而辄改，宋易宰执则改元。与夫瑞应非典，拘忌灾祥，数改不已，如胡氏所讥，记注繁而莫之胜载，斯实为建号之蠹。虽然，噎不可以废食，盗跖之"分均""出后"不可以废仁义，遽以作俑之咎汉武，奚可哉？

三

利害之所生，先事而知者，或以理，或以势。势之可以利，势之可以害，慧者知之，不待智也。智者察理，慧者觉势。势之所知观于月，理之所知观于火。庄周曰："月固不胜火。"几于道之言也。观于月，虽远而无固明；观于火，虽近而有适照。有适照者有适守，无固明者无固心。是以虽或知之，不能择之；虽或择之，不能执之。郑庄公之知是已。慧足以知父兄之不能供亿，母弟之不能协和，不足以有许，而犹姑有许也。慧足以知覆亡之不暇，许之不能固有，而欲乘人之乱，以贪许田之易也。逮其身死国乱，许不能有，而许田亦为鲁复矣。《诗》称"居常与许"。则徒丧祊而成人之篡，何为者哉？夫慧足知之，力不足以守之，而终于乱，月火之喻征矣。

胜欲者，理也，非势之能也。理者固有也，势者非适然也。以势为必然，然而有不然者存焉。晋献之无道，有子之不宁，而霍、魏、虞、虢且安然寝处之矣。是则有弟而不能协和，或可以有他人之土宇者，势之有也。齐桓以丧乱之余，抚有齐国姜氏之子孙，且失其序，而谭遂终入其版章矣。则新邑虢、桧之子孙，或可以有他人之土宇者，势之有也。故势者一然而一弗然，有可照而无适照，则有其明而无其固明，恃此之知以胜朵颐之大欲，不亦难乎！是故大智者以理为势，以势从理，奉理以治欲而不动于恶。夫苟知之，必允蹈之，则有天下而不与，推之天下而可行。

四

天地之大德曰生，而亲亲之仁出；圣人之大宝曰位，而尊尊之义立。斯二者同出而异建，异建则并行，同出则不悖，并行不悖而仁义合矣。嫡妾之分，尊尊之义也；庶子君而崇其所出，亲亲之仁也。子以母贵，母以子贵，何为其不可哉？所不可者，夫以子故宠妾而使埒于嫡也，是以欲败礼而自弃其尊。故惠公不可以夫人之礼礼仲子，光武不得以阴后之贵贵东海。若僖之于成风，昭之于齐归，汉哀之于傅氏，先君无匹嫡之愆，而嗣子有推尊之义，何为其不可哉？夫不可以嫡道加之妾，子则可以己贵致之亲，义之正，仁之推也。若夫子以己贵加母而有不可者，则惟伉君母以俱隆而蔑君母也。禘于太庙，致成风为夫人，则已伉矣。君母祔于祖姑而配食于考庙，则尊伸矣。妾母别宫以祀，不祔不配，而加以夫人之号，亦何为其不可哉？土无二王，而太王、王季可并世而与帝乙同其王称；君无二后，君母、妾母亦可并世而同其殊号，一也。不祔不配，而义正矣，尊以徽称，而仁推矣。岂相悖邪？

或为之疑曰：人子不以非所得者加之于亲为孝。妾母而称夫人，非所得也，加之于亲，非仁矣。且庶子之嗣立，受爵于天子，受国于先君，非己所私也。序天之秩，守天之位，而以私恩奉其所生，非义矣。夫非所得者，亲之不可得，抑己之不可得也。亲不可得，己可得之，则犹亲得之矣。苟以为亲所未有，概不可加也，则天子之养，诸侯且不得并，鲁有四饭，僭莫大焉，而况于匹夫？然且舜以天下养瞽瞍，而备物之养，下逮于食力之庶人，徒为瞽瞍之应得而加之无疑与？

抑且曰：养者贱也，名者贵也，养可移而名不可假也。审然，则舜徒以所贱者事亲邪？备物之养，非以为物也，己所得有，不敢俭于其亲焉耳。天下者，固非己之私养也。举天下之公养以致其私恩，移天下之公尊以伸其私敬，何为其不可哉？所不可者，臣伉君而蔑君，妾伉嫡而蔑嫡。询询之仁，亏义者也。仁推而义无不正也，则君子何疑焉！故献皇之加帝号，尽孝者所必伸也。崇庙号，加十六字之谥，跻诸武庙之上，则导谀之臣为之也。君臣之分，嫡妾之等，父母之恩，三者酌而成乎追尊之礼，达于士大夫，而无殊于天子。《诗》曰："永言孝思，孝思维则。"思以为则，则不过其思而无歉于思。知礼者，达此而已矣。

五

士大夫之貤封，君母配其父以并崇，而妾母未之及也，则妻不得有其封，而移以奉妾母，妾母之封视其妻，亦与君母并尊，不以妾母为非所得也。士大夫之封及于妾母，而况于天子与诸侯！

妇人之义，以从为正。在家从父，既嫁从夫，夫死从子，从之以为德也。从之以为德，则亦从之以为贵。从之以为德者，无成也；从之以为贵者，有终也。无成有终，地道也，但有所从，不必均从。故王姬下嫁，车服不系其夫，下王后一等，从父贵，不系夫矣。王后之归，在家则称女，在途则称后，从夫贵，不系父矣。庶子之母，君母薨而袝，己得以别庙而称夫人，从子贵，不系夫，又何为其不可哉？

君与君母存，妾有所从，子不得尸其从。故庶子不得为其母服，从君从嫡也。君薨，庶子嗣立，妾母无从而从子，故得以有夫人之祀于别宫，夫死从子之义也。故公羊子曰："母以子贵，顺也。"以从乎子，子可致尊也，非夫所得制也。以嫡妻从乎君，君不可舍所从者而别受从也。君不受其从，故妾失其贱，道同出而异建。道在子，不系先君矣。

六

宋殇之弑，冯为之也。孔父者，穆公之所属与夷者也。故孔父生而存，则不可得而弑。知然，则"民不堪命"之辞，华督之以为弑名，目送孔父之妻，若曰：此可袭而虏焉尔。祸不发于冯，督亦安敢生其心而利此哉！督之弑，冯主之；冯之篡，郑成之也。

春秋之前，宋、郑固不协矣。郑外挟齐、内挟冯以制宋，而宋始不能与郑竞。外挟齐，而瓦屋之盟，齐犹合宋。内挟冯，而阴饵华督以蚀之于肺腑，于是乎宋之生命悬于郑之股掌，而宋殇、孔父其何以堪？故有相敌之势者，莫患乎授之以挟。蚑虱在楚而韩敝，异人在秦而楚敝，刘休道在魏而齐敝。萧詧在周而梁敝。是穆公之居冯于郑，假利器于敌以自伐，虽欲守殷之家法，一及一世，以见先君于地下，庸可得哉！

夫业不欲弃先德，而传之与夷，则开诚布公，置冯于与夷之手，授之禄位，以定臣主之分。冯其贤邪？殷之子孙，有服在廷，以奉家法者，皆冯师也；冯而不肖邪？是国之孟贼，家之黄稗，废置生杀，一听之殇公，而又何恤也？投之仇雠之怀而导以戕贼，穆公于是乎不智矣。其将畏与夷之猜，而树之劲敌以为援，则天理人欲杂糅以共图一事，疑忌之心先之自我，无问人矣。故冯不出，则与夷制冯；冯出，则冯制与夷。诸葛之为刘琦谋者，此而已矣。

曹操不南下，刘备不走，琦且为备用以成取琮之势矣。亮挟纵横之术以为备计，犹之可也，穆公用此以行其义举，不亦悖乎？

七

刘敞之言曰："《春秋》诛意。"虽然，有辨。置意而徒诛事，则敞也愚；诛意而释当事者，则敞也诐。故与夷之弑，冯意也，而《春秋》目言之曰"督弑其君"。假令以督大逆之辜，加坐于冯，则怀意者诛，而推刃者免，又奚当哉！

非冯则督无弑心，非督则冯无弑械。冯无弑械，终不成其弑矣；督无弑心，有冯而弑心生焉。冯可以生其心，而生心者固督之心也。则冯有心而无械，督有械而亦有心，宁纵冯也，督不可纵矣。且夫冯怀争国之志，而忘先君以妒昆弟，信为恶矣。然其恶也，有托而恶者也。殇一君也，冯一君也，在彼，在此，一也。徒攘诸彼以与此，慴不畏天，瞀不畏王，杀一君，置一君，惟其好恶，如薙草以植木，而冀食其利然，且自诩曰吾犹是戴君也，而篡弑之祸昌矣。君子操大法，惩大恶，弭大乱，与其诛意以快一时之钩距，无宁按事以定万世之典型。故奸民不畏深文之吏而畏守律之官，《春秋》成而乱臣贼子惧，惟其法而已矣。

一求之意，以致摘发之长，大猾元憝且饰意相逃而莫之服，欲其惧，也难哉！

八

未修《春秋》，则曰"陈恒执其君置于舒州"，《春秋》修之，则以"自奔"为文。以"自奔"为文者，存君臣之体，不使大夫得逐其君也。至于弑，则目言之而无隐辞。无隐辞者，恶之著，不可得而隐也。逐与弑，其恶一尔。君之见逐与见弑，不成乎君者，亦无别也。有弑甚于逐者，亦有逐甚于弑者。可逐而犹弑，弑忍于逐也；以为不足弑而逐之，逐恶于弑也。彼既以为不足弑矣，而抑立逐之之文，使之得逐，则既未减于弑君之辜，而徒张其势也。不可以训，抑不足以惩，故目言弑而不恤。

君臣之体裂，悼其君以不谊其贼也，隐其逐而不正首恶之名，重其君以不授之势也。呜呼，圣人之权衡精矣。胥天下而无敢弑其君者，则又孰敢逐其君哉？彼夫敢逐其君者，皆挟可弑以临之也。刘裕、萧道成已篡而必弑，赵匡义先弑而后敢篡。弑祸止，则不臣之心有畏而不发。治其弑，无治其逐，无治其逐，故专责之君。

九

子曰："行夏之时。"言王者受命创制，必革周历而从夏，则周历之失也久矣。故善治历者，因天之理；乱七政者，因人之数。日食而言朔不言日，食既朔也；言日不言朔，食晦日也。夫日月之合，何以知其合哉？

毋抑以食知之。置朔于食之前，置朔于食之后，其以何者为朔哉？曾不之正，而相承以误者数百年，周历乱矣。故曰"夏数得天"，言周历之不得天也。不得天，胡以历为？夫周历之所以乱者，尊人之数而屈天之理也。尊数而屈天，侮天者也。后之言历者，或以律，或以易，迁天以就其八十一、四十九之数，而朔有非天朔者积。朔非天朔，而闰之非天闰者抑积矣。

呜呼！天之理固一贯也，然岂滞形滞数而无参差互成之妙哉！区区得一隅之法象，举凡天下之理数悉以此而范之，天且从其私意而不得以伸其固然，而况于人事之与物理？故曰：所恶于执一者，为其贼道也。

十

有夫妇然后有父子，有父子然后有君臣。夫妇，伦之始也。乃既成乎有矣，而人之行乎此伦也，父子之仁，性也；君臣之义、夫妇之礼，道也。道率性而成乎性之用，则天理人欲并行其间以听修道者，非犹夫父子之一乎性矣。君臣之间有利焉，夫妇之间有情焉。是以修道者正其义，以明夫不谋利也；崇其礼，以明夫不狎情也。阳者，质与也；阴者，质求也。称其质，以俾阴求而阳与，则阴以情动，以利往，而不保其贞。故阳任与而且任夫求。阳虽求而刚者之贞不失，是以大正。故君下贤以为义，夫逆妇以为礼。酌刚者之可使求而以崇阴之耻，圣人之以裁成天地之宜者，大矣哉！

夫亲迎之义而既然矣，一乎礼以正情，情无可过也。自然之情且勿使过，而况于不情者之以利赖干之者乎？情之所不及，以旁出而侈于恶者，曰权，曰利，曰好逸而惮劳。此三者以蚀情，而于性为尤贼。既正情而崇以礼矣，而又以爵之尊卑，则趋于权也；以国之大小，则泪于利也；以道里之远迩，则姑用于逸而惮于劳也。此三者，情之尤劣者也。挟贵以权，挟富以利，挟惮远而偷安，其以视阴阳必感之情为孰重乎？而以此为礼，则是遏于所感而通之于妄，唯小人之致彝伦者为然，而岂礼哉！

逆之于馆者，为天子言也。诸侯不敢以女故致天子，而就近以授女焉。且率土而皆天子之土，惟所命之而即为诸侯之居，则命之以馆，而馆即诸侯之庙也。故逆之于馆，可也；逆之于境，未之前闻也。逆者必有所授，迎之于境，必有授于境者，是齐侯送姜氏于讙为得礼矣。乃《春秋》之书曰："公会齐侯于讙。"不正其亲迎之文，是不与逆之于讙也。不与逆则不与送，不与送则逆之于境者将无所授受，若相遭于逆旅而以之归，又岂非野合邪？故逆女必亲，亲必于国。爵之尊卑，国之大小，道之远近，一也。崇礼以替欲，伸道以抑权，率义而忘利，求心之安而不恤其劳，阳道也，刚之贞也，健之行也，道在求而彼皆轻矣。

十一

《春秋》之记纪事，为词也悉，所以悯纪也。纪之求免于亡，其道尽矣。齐以九世之仇为名，而所挟者取威辟土之心，以远交郑而近攻纪，将内自广而外求诸侯，则虽以太王当之而亦莫之免。

春秋之诸侯，安其危而益取幸焉，未有能并命尽力以忧其亡者，而纪能忧之。即或忧其亡，而亦旁睨强大，妄布腹心，舍虎就狼，以幸旦夕之安，未有归宗国，请王命，恃大正以敌强暴，而纪复能之。王不可恃，不得已而战，战而犹足一胜也，则其上下之同力，亦可知已。战不可继，抑又不得已而与之讲，周旋万一，垂亡而犹存者且二十余年，非齐力之有待也，纪之祈天而请命者力未竭也。不幸而居强齐之左右，不幸而当齐之将西事中国，以先取益于东。尤不幸而为之天子者，桓王也；不幸而为东州之望国者，鲁轨也；抑不幸而居间以司离合者，狙诈之郑也。纪之不亡何有哉！

《春秋》之义，上告天子，而纪已告矣；下诉方伯，而纪已诉矣；效死以战，而纪已胜矣；不得已而纳成，而纪已请盟矣。纪之可为者止此矣。若曰鲁桓者非所主也，则纪又将谁主邪？以名义言，天子且不能庇其婚姻矣，桓即不篡，而齐亦何惮？以势力言，鲁固非齐敌矣。抑将西走秦、晋，而秦、晋固不我恤；南走吴、楚，而吴、楚或应之，则又蔡之于吴也，许之于楚也，刘琨之于段氏，石晋之于契丹，赵宋之于女真、蒙古也，所谓舍虎就狼以自毙者也。安得起质成之文王、旬宣之方召于泉下而与归哉？"四国有王，郇伯劳之。"诗人之所为悲思也。

《春秋》详纪事于始，《诗》录曹邶于终，"有同慭焉。"故曰："《诗》亡，然后《春秋》作"，圣人之情见矣。区区以成败之已事责纪者，吾抑不知其何以为纪侯谋也！

十二

周末文胜于质，往往离质以为文，礼家不审其非先王之旧，相承而为之说，于是有云："怨不弃义，怒不废礼。"呜呼！此汉儒之所以多诐辞也。义奚出？出于心之制也；礼奚出？出于心之节也。义礼，性之德也。性凝于心，而与心为体也。与心为体，则其显诸用也，固根心以生。根心以生，则植其根而后枝叶得荣。枝叶之荣，不能离根而别为荣；理所顺，势所畅，情所安，故荣也。是以君子以义制怨，非其义也而有弗怨；如其怨也，而怨即义。以礼节怒，非其礼也而有弗怒；如其怒也，而怒即礼。势无逆而不畅，情无拂而不安，理之所由顺乎心也。而如其怨不弃义也，则义亦不平怨矣；如其怒不废礼也，则礼亦不惩怒矣。相与并行而各自为枝叶，是荼荠其茎而华实异萼，岂理也哉？

义礼者，天理之实也；怨怒者，人情之发也。实者，实其所发；发者，发其实也。怨怒发以义礼，则始终相扶，而情协理矣。介然情动，而情为欲使，怨怒之发，离义礼以浮用而丧其实。乃既任其欲以为怨为怒，复可循义理之文以相缘饰，则夫天理者，其以为饰人欲之具与？故知义之不可弃，则无如已其怨；知礼之不可废，则无如释其怒。弗已弗释，而以义礼挽其已滥之波，是夫天理者抑将以供人欲下流之用乎？惟其视义礼也末，故其用怨怒也轻；其用怨怒也轻，而尤用义礼也贱。率天下以狂骛于义礼之文，而实挟横流之情欲以为主，相率以伪，而天理蔑矣。故曰义以为质，非其文也；礼之用，和为贵，非其矫也。

昨战而今相为礼，主宾之间，相矫以文，而离质以违和，于女安乎？葬之必会，伸其哀也。诚哀之，故必会之。杀其父兄，俘其子弟，折馘其臣民而凌其君，姑相从而陨无从之涕，其果哀焉否邪？受客吊者必稽首，拜其见爱也。死者暴骨，伤者扶病，但以一赗一赠之私恩，率死伤者之子弟匍伏就列以拜德，其果见德焉否邪？吊者含怨怒以往，受吊者含怨怒以迎之，非荡然尽失其本心者，亦孰能为此哉！故曰慝怨而友其人，君子耻之。友且不可，而况于君父、死生之大礼，忍干之邪？韩厥之奉觞加璧，骄者之色也；栾针之摄櫜承饮，诈者之术也。周衰道丧，相习乎义理之文，以巧用其骄诈，乃以居之不疑，曰：吾犹是义之执而礼之守也。人欲有托以益肆，而天理尽亡矣。实则亡之，文犹借之，故异端则操其左券以相责曰：夫义礼者如斯而已矣！非有恤死之义，而可以赙赠为义，是白彼白，而我固无白者存也，告子之所以外义也。业已攘臂而礼仍之，则亦业已为礼而攘臂又仍之，是忠信薄而徒为乱首也，老子之所以贱礼也。故夫子叹曰："知德者鲜矣！"不知德而以言道，道反丧德，异端乃乘墉以攻而有余力，说《春秋》者未之思尔。

十三

《易》无定变，《春秋》无定征。《乾》之初，亦《屯》之初；《坤》之上，亦《需》之上。时异而德异，无定矣。桓之无冰，亦成之无冰，世异而验异，无定矣。无定变，可无定占。无定征，斯无定应。无定占者，天无定象也。无定应者，天无定心也。天无定象，君子有定仪；天无定心，君子有定理。故《易》《春秋》之言天，俾人得以有事焉。知其无定，任之以无定，则废人之天，王安石之悖也；以其有定，定天之无定，则罔天之天，汉儒之凿也。君子有定仪，则不忧变之无定象，体《乾》之行，自强不息，效《坤》之势，厚德载物，道亦博矣，而不乱也；君子有定理，则不患征之无定应，捍患御灾，侧身修行，道亦约矣，而不泥也。故君子之于灾异也，知其为天之异，人之灾而已矣。其或致之，既往而不可咎矣。其自至也，则气之戾也，数之穷也。君之与民，民之与物，必有当之者矣。亦思其当之者，不遂其害而已矣。疑既往之有以致之而遽改之，则使一燠一寒兴于比岁，将遂一张一弛，日变迁其政事，以迎随之于杳茫。而君无固心，吏无定守，民无适从，纲纪堕，国且敝矣。不虑其当之者之害而早为之防，则食竭无继，盗起不弭，疾疹作而无以相救相收，虽勤于忧畏，亦何补哉？

夫君子有定理，捍患御灾，侧身修行是已。遇异而惧，则省愆思过，苟有可省而可思者，无不用也。清夜之所愧怍，天之知也，无事向天而问何忒也。遇灾而惧，则储粟省役，诘戎修备，吊死问疾，先于其事而灾无能为矣。六府之所修，五行之平也，无事向天而求其复也。故寒极无冰，气之渗也，民受之而疹作，物受之而生不昌。先事而为之备，加于素而益虔。以其定理修人之天，则承天治人之道尽。《春秋》所以谨书灾异者，亦此焉耳。刘向父子不审，而各为异说，刻定征，以区类而变通之，天岂然哉！

刘氏有私天，而天隐于人之心矣。故君子之知天，知人之天也；君子之应天，应天之于人者也。枵然自大，以为彼玄象者不出此指纹掌图之中，多见其不知量矣。

十四

《春秋》于大恶，有如其意而书之者，有如其言而书之者。桓、宣之书即位，如其意也；天王征车于鲁，而曰"来求"，如其言也。

天子有征于侯国，而侯国名言之曰"求"，恶莫大焉。如其名言以书之，以是为不臣之尽词矣。以谓天子不宜有求，则称求以抑之，非也。天子不宜有求，抑之可尔，遂取其名而逆之，则是父苟不慈，而遂夺其父之名也，可乎？将瞽瞍杀舜，而可谓之弑矣。圣人无已甚之心，斯无偏重之词。臣逐其君，不目言逐，而以"自奔"为文，说者以为端本而责见逐之君，固已。然以归罪于见逐之君，而顾使得全其为君，不受臣子之逐，则责之也以义，全之也以道。故曰：非圣人不能修《春秋》。道义双措，不偏之谓也。取柔巽卑屈之词，加诸人伦之最重者，若一失道，而不妨为诸侯之仆妾，斯不亦过为已甚乎？

且周之有征于鲁，皆非无厌之索也，求赙求金，皆丧故也。春使家父求车，三月而天王崩，其为王之不豫，有司庀丧纪之不足，以弥留之命征之也明矣。周室东迁，王畿不足于大国之版章，诸侯职贡，旷废不修，遇死生之大故，无以成礼，弗获已而征之于懿亲，窭可知已。王畿千里，足以充费，安得此太平黼黻之言以责寄位之君邪？王室之贫弱衰微也，于斯已极，且不假之以宠威，而特立丐索之名以抑之，是《春秋》且为乱史矣。故曰"求"者，厚诛鲁以悼周也。

鲁不名言之曰"求"，《春秋》不立"来求"之文矣；鲁人名言之曰"求"，而《春秋》为改正以隐之，则鲁恶不显，将无俾大不臣之鲁，同于召王之晋，为有可原，而故为曲全也乎？达斯旨也，则《菀柳》之诗，登于变《雅》，亦以悯周而著诸侯之不臣也。"上帝甚蹈，无自瘵焉。"为斯言者，岂犹有人之心也哉！

庄公九论

一

处非常之变，行非常之事，不揆其本，欲正其末，与于乱而已矣。藉令以唐中宗之为君，张柬之之为相，遽以废武后而推之刃，尚得有人理也哉？《春秋》书"夫人孙于齐"，听其奔焉，圣人不得已之辞也。武后之祸大，文姜之痛深。逸宗社之贼，非君也；置弑父之仇，非子也。非子之疚甚于非君，文姜之痛深于武后，而祸亦大矣。圣人不得已而听文姜之奔，论者乃欲甘心快意，而不听武后之自毙邪？假令曰：讨宗社之贼，义也，奉义则可以掩恩。乃夫义者，岂夫人一旦奉之，而遂以无咎于天人也乎？使然，则以义袭而取之，而已无馁矣。夫惟义生气，以行乎非常而无所馁，固非一旦之义声为之也。自正不恒，遽以正人，施之臣民且灭裂焉，而况其母乎！不得已而听其奔，幸其去而若不返，《春秋》之为庄公计者止此矣。止此，则过是而必有不得者矣。逸贼之罪，不子之诛，鲁庄以身蹈之而无可辞矣。

若夫反其本以正其末，夫固有道，而难为鲁庄君臣设也。为鲁庄之道奈何？君之贵于有臣，父之贵于有子，岂徒然哉？千乘之君，贵戚之卿翼其左右，嫡冢之子为之储贰，蕞尔失行之妇，假手与私者割之刃而无嫌，则千乘之君犹一夫也，世子之父犹茕独也。庄不得为桓之子，鲁人不得为桓之臣，久矣。非桓之臣子，而欲加刃于夫人，君子之所不许，亦鲁人之所不自许也。不自许者，馁故也。于洮之会，夫人逐焉，其从如水，臣子亦如水焉，则用夫贵戚之卿何为也？有子长矣，杀其父而不忌焉，塞责于彭生，而犹俟鲁人之请焉，则用夫"出曰抚军，守曰监国"之子何为也？臣之为发蒙振落之臣，子之为几肉掌丸之子，而后诸儿之凶德、姜氏之邪心，乃以白昼行之而无所惮，《春秋》以鲁为无人也。鲁无人，而姜氏之去听之矣。去而不返，幸矣。故为鲁庄之道者，尽孝以事其亲，自强而可以有为，则姜氏虽悍且淫，势不能成乎弑，而可无烦司寇之执。今其不然，无以尼之，如或劝之，陷乎罪而后刑之，则鲁庄者死一父而又杀一母，而人道尚有存焉者哉？抑或曰桓之从夫人以如齐，贵戚之卿无能止焉，苴苴宠禄，苟全躯命之末。姜氏齐人，窥其无能为而动于恶焉。迨祸之成，则诚欲药救而无可为矣。

若夫庄为冲人，寝膳之外，非其职也。母蛊已深，而弑出仓猝，涕泣之道无所施也，则庄公又且如之何？乃即其然，而庄当变故卒起之后，亦不得以有其生矣。父弑矣，母陷于大辟而不可赦矣，而庄何得复以有其生？不得以有其生，而况可以有其国乎？庶兄弟之有可立也，先君之祀未斩也，鲁之宗社惟天子之命，而臣民之戴己何知焉？故为庄者，惟死焉可也。母有覆载不容之罪，而子托臣民之上，则法不得不诎，而先君之仇不得不置之矣。庄惟死而桓之庶子立，于是按诛文姜而无嫌，《春秋》亦且不听其奔矣。母弑其君，而己立其位，以成乎保奸逸贼之道，则弑桓者非姜氏，而实子同也。故庄公之义，惟死焉耳；中宗之义，惟终逊大位以让之太宗之子孙焉耳。文姜弑，则子同不得复为冢嗣；武后篡，则中宗不得复为天子。之二君者，贪位忘亲，以为乱贼之怙，当国大臣废之可也。鲁人之戴同，张柬之之奉中宗，悖矣！

虽然，不可责也。鲁、唐之臣，浸为此焉而又馁，已立于淫昏之廷，寄命哲妇之手久矣。鲁人狃而偷一旦之安，张柬之之流幸而收仓猝之功，其志茸然，其气枵然，安足以及此哉！故庄公为子，鲁人为臣，听文姜之奔焉可也；中宗为君，柬之为相，母武后以配高宗可也。取周公诛管、蔡之大义，加之缓则同逆急则背兄之王导，袭义以成乎乱，而人理蔑，是取火焚林而决河以灌之，害愈烈矣。

二

桓公之末年，鲁犹合纪于齐，而誓以存也。庄立一年，而郱、鄑、郚迁。三年，而纪季以酅入于齐。四年而纪亡矣。以桓之躬负大慝，淫昏无信，齐且忌而弗能有纪，鲁之权犹重也。诸儿蛊一妇人以取鲁，蛊一鲁以有纪。鲁敝于房帷，而纪裂于东海。屋漏在上，知之在下，齐之巧用其淫虐，而纪之不辰也，亦可悲已！鲁侯之次于滑，聊以解国人也。终桓之世，鲁为纪主，则桓之遗臣，固有不欲弃纪者矣。姜氏始谴庄公为滑之师，以卜之乱不自保之郑，而终以葬伯姬，谢鲁之父兄；若庄公者，则岂有谋纪之心哉！纪亡未旋踵，而早与齐为从禽之乐矣。

齐以淫蛊其君母，而以狩蛊其狡童，故女谒之祸，恒与狗马声色为类，以败人之国家。收庄公于禽荒，而姜氏之言无不行，姜氏之言行，而齐侯之志无不得矣。剧哉女谒之制天下！奸人因之，而求皆得矣。柔饵人君于嬉游弄好之中，一操其呼吸，而宇宙在其揽，固方从哲之所以成乎弑者，此而已矣。纪侯之去，酅之狩属词书之，而纪亡之故可知已。

三

有国者有侯度，有家者有家法。先王以侯度正天下，君子以家法正子孙。守之而不渝，所以保其国家也。渝之而不守者，必有所自变。侯度之渝，夷狄变之，故杞、莒、滕、薛废典礼以自削。家法之渝，母妻之党变之。呜呼，其不受变者鲜矣！《诗》称庄公射御之美，震而矜之，居然"卢令还"之风轨也。周公之所贻，伯禽之所守，岂其然哉？公及齐人狩于禚，公一齐人也，故《诗》曰："展我甥兮"，谓信哉其足为吾甥也。信哉其足为齐甥，信哉其不足为周公之嗣矣。狩则偕之，惟母也；社则观之，惟妻也。童而习之，乐与化之，则先君之死于其刃，无惑乎其忘之矣。忘先君之死于其刃，而况于纪之存亡哉！

天子化于母党而天下沦，周平王也；诸侯化于母党而国日衰，鲁庄公也；士庶人化于母党而家以圮，凡今之人也。故曰知母而不知父者，禽兽也，又况夫从妻党以坠家法者乎！

四

义之与利，有统举，无偏收；有至极，无中立。恶不义者，非以名也；舍不义者，非以害也。避不义之名，漫然弗之审，不义之名暂远于旦夕，而害自此烈矣。是以为君有必仁，为臣有必敬，为父有必慈，为子有必孝，为兄有必友，为弟有必恭。不至其极，而中立以避其名。避不仁而臣玩之，避不慈而子悖之，避不友而弟惎之。君、父、兄且然，无问臣、子、弟也。

齐小白之杀纠，冒不友而弗之避，以成乎安忍。虽然，岂可以弗之避而责以苟避乎安忍之名邪？传者曰：纠虽争立，越在他国，置而勿问可也。小白虽不足与于道，亦不屑为尔矣。夫置而勿问，有杀之心与？抑无杀之心与？有杀之心而姑勿问，郑寪生之言曰："无庸，将自及。"用此道也。既已无杀之心矣，则犹是弟也，而勿问可乎？以无亲之弟，处不俱存之势，置之仇战之鲁，不旋踵而彼将我问，非终于见弑，则终成乎杀。悠悠听之，祸起而姑缓之目前以谢咎，于利无得，于义无取，非怀毒坚忍与夫昏庸养祸者，其谁能置之？故杀之者，末世之雄心，利贼义也；置之者，偷主之惰气，欲避不义而终贼义也。是犹人之伤于矢也，薙肤外之笴，而置骨中之镞，将以为无治乎？则何似无镝也！将以为治乎？骨中之镞，欺目不见于须臾，而痛固深也。然则如之何？无已，亦至极乎义而已矣。

舜之于象也，封之有庳，无失其贵；纳其贡税，无失其富；以吏治之，无失其政；源源而来，无失其仁。虞可无忌于庳，庳固终不能以亢虞。舜全其德，象全其生，宗庙全其安，人民全其庆，教化全其纪。怀之驯之，保之闲之，未闻其置之也。

或曰：以舜责小白，无已过与？夫不以舜责小白，且将以宋殇之于冯责之，而殇之于小白庸愈哉？怀不平其争之心，避不即加杀之名，中立祈免，而害且集焉，儒之伪所以为异端笑也。不察乎尧舜之道，不足以处人之大伦。孔子曰："道二，仁与不仁而已矣。仁则荣，不仁则辱。"下不可居，影不可憎，吾有以知为置之说者，义未精而道穷也。

五

诸侯世国，大夫不世官。不世官，故不死其家。大夫之不上视诸侯，义下杀也。诸侯以社稷为守，天子以天下为守。以天下为守，故不死其社稷。天子之不下视诸侯，义上杀也。故知杀者而后可以言义，大夫死其家，则是重禄而轻其身也；天子死其社稷，则是怀土而弃天下也。故曰：国君死社稷，正也。目言国君，不概乎天下之君，审矣。死者非死其富贵，死其所守也。守重于死，生重于富贵，悻悻然悼丧其富贵而殉之，匹夫之狷也。惟诸侯之有社稷，受于天子以为守，百里之外，四封之表，天高而非其所戴，地厚而非其所履，他人之宇不可以建宗庙，寓公之禄不可以奉职贡，弗死焉，其末之矣。故曰：国君死社稷，正也。

士以道为守，失其位，不失其道；废其祭，不废其荐。脱屣万钟，如风箨矣。若夫天子以天下为守，王畿沦陷，而天下未亡，土犹吾土也，民犹吾民也。圜邱无择地，可以事天；藉田非客土，可以事祖。收未散之遗黎，据未斩之先泽。万方心胆，有所瞻托；仇寇胁从，有所忌望。悔过罪己，以与天下更始。则是失之须臾而收之长久，奚必忘身及亲，以给一晨之忿也哉？

守《春秋》之义而不知别，挟天子以为孤注，骈首都邑而就敌禽，寒万方之胆而不可卒收，则甚矣李纲之愚也。唐一出而安史灭，再出而吐蕃溃，三出而朱泚枭，四出而黄巢磔。宋一麋系于汴，君国同殉，而大河南北终无收复之日矣。何也？如头之剸而四支不能复生也。当纲之以死守争也，汴之军民欢呼而应之，将以为民之同德与？而非也，汴之军民不欲迁者，怀土而耽富贵尔。殉小人怀土之情，失天下存亡之纽，于天下也害，而于小人也亦莫之利。逮乎城守莫支，括金无已，昔之欢呼以赞死守者，终如之何也？则是纲以狂药饮人而纳之阱也，而纲乃幸脱然再相于江表。呜呼，祸宋之君民者，非纲而谁邪？悲夫纲一奋其诐说，以虚名钳人主，灭裂大义，以陷获中原，而死之残之，贼之狄之。乃有不逞叛人，如光时亨者，剿其余沈，以侥幸而陷上。"谁生厉阶，至今为梗！"祸今之天下者，非纲而抑谁邪？彼为纲之说者且曰："《春秋》之义，国君死社稷。"蒙其文，不知其别，以是而读圣人之书，不如其无读也。

六

立义者资于通。死则无奔，奔则无虏。虏者，死之说限之也。贪生而不能死，讳死而不知奔。如匹夫怀宝，以试盗刃于室，无已，而又屈膝焉，岂果有义存哉？乘其盈气则死矣，乘其衰气则虏矣。舍百年之图，一取必于俄顷之气，当献舞之未俘，犹自豪也，气一胁而膝不知其屈矣。呜呼！令李纲之不谪而南，吾未知其能自异于臣贼之光时亨焉否邪？

国君死社稷，正也。然且《春秋》之文，大去纪侯，而不名谭、弦、温之君，因义之杀，通情之变，以定罪之等。刘禅、孙皓、陈叔宝、李煜、晋怀愍、宋徽钦，境土未尽，而身先为擒，是宜与顿、牂、许斯、胡豹、曹阳而俱绝，无所逃矣。天子而死者，其惟祥兴海上之君臣，斯揆之义而无余憾与？孟浪于死之说者，始以死，终以降，其不降者鲜矣。袭一概之义，覆其怀土之情；挟怀土之情，何有于捐生之义？故《盘庚》曰："无总于货宝，生生自庸。"货宝之祸亦烈矣！家室庇焉，器玩贮焉，大厦相仍，名园相比，炫于目者弗忍割于心。挟天下之共主，侥得侥失，侥幸而死社稷之义又归焉。李纲之所以胥动浮言恐沉于众，恃此而辩不可屈矣。"哿矣能言，巧言如簧。"后之人其何能不为之听荧也！

七

立人之道，仁知而已矣。仁显乎礼，知贞乎义。故夫禽兽者，仁知之介然或存者有矣，介然之仁弗能显诸礼，介然之知弗能贞诸义，斯以为禽心。夷狄之仁，视禽广大矣；夷狄之知，视禽通明矣，亦惟不义无礼，无以愈于禽也，斯以为狄道。虽然，义以贞知，知以立事；事以备功，功以免败。是故狄之免于败也，必有功矣。功必因知，知之淑叛于义，则亦以召败而堕功，其功而免于败，则其于义犹参差遇之也。若夫介然之仁，不准诸礼，而亦有以动愚贱。故狄虽假义，终必弃礼，弃礼以为功，是之谓狄。

春秋之狄，荆、吴、徐、越、杞、莒者，惟其亡礼也。僭王，盗行也。亡礼，盗行也。有狄之道，则必有盗之行，狄故盗也，何也？以狄为道，则盗行而不知其盗，荡然蔑礼，斯以僭王矣。其僭王也，不能并其典章仪物而僭之。枵然自大，视虞、夏、商、周之王，犹其王也。介然之仁足以聚人，介然之知足以立事，事立人聚，抑或因介然之义以辅其知，免乎桀、纣、幽、厉之败，遂进而争虞、夏、商、周之功，自信以王，因自王焉。若夫夏之时，殷之辂，周之冕，虞之韶，且惟恐不利其介然之仁知而决去之，斯狄之所以为狄，而春秋之狄之以不疑也。

诸侯之僭，犹中国之盗也，所僭者犹礼也，荆、吴、徐、越之僭，非直盗也，狄也，礼亡故也。礼亡，则杞、莒虽不僭也，而亦狄也。礼者，人之所独安，禽之所必昧，狄之所必不知，而欲去之。藉其知礼，而狄可进矣。故《春秋》有时进荆、吴，而僭王之罪且姑置之。呜呼！礼亦重矣！礼之蔑也，祸成于狄，则欲救狄祸者，莫礼急也。功能驱狄，而道不足以弘礼，其驱之也必复。悲夫！此刘基、宋濂、陶安、詹同所由功亏管仲，而不足望周公之末尘也！

八

是非之准，得失之数，可否之别，应违之衡，理事之合离，情文之乖比，有惟君子察之者，庸人茫忽而不知。有即庸人与知之者，而贤智之士凿以为之说，而顾成乎僻。圣人之教，因众人之可知而精，君子之义，斯以至矣。

《春秋》书曰："日有食之，鼓用牲于社。"猝然读之，而其文之乖情，事之离理，夫人而知之矣。日自食焉，鼓者自鼓焉，用牲者自用焉，日何与社相及？鼓用牲何与日食相应？杳不相当而漫有事，夫人知之，而贤知者顾为之说曰：天与地均化，人与天同情，故治目眚者灸其肘。斯言也，其以蠕蛸之化蝶，拟人之且化虎也。肘王于目，灸之于眚，络相系而气相攻，远不必乖之道也。藉令眚在目而咒其肘，非闾里之妄人，有不目笑之者乎？故君子遇灾而惧，惧天之不淑，人将受之，则治人事以慎所受而已。日之食，月之掩也。月且不可求而责，乃悬揣阴阳之消长，推之于社，一为责之，一为求之，为之者已疑于狂，复从而辨其鼓之得而用牲之失，天子之可而诸侯之否。如是以为贤知，曾不如其愚也。以是知《春秋》之书此，显其左道不经，以与天下后世共知之而已。

九

武人不可与议刑，儒者不可与议兵。武人言刑，宜若失之猛，覆失之宽；儒者言兵，宜若失之纵，覆失之操。此非能矫其习也，歉于所不足，疑天下之相期于猛而相怨，故益宽之；相恃以纵而相凌，故益操之也。故善治天下者，无与武人言刑，无与儒者言兵。曹参以野战致元功，而纵狱市以容奸，汉于是乎无善治；赵普以学究宰天下，而解兵权以弱国，宋于是乎无宁宇。汉法苟简而盗始昌，宋兵解散而狄始帝。乃以两者衡之，宋祸为尤烈焉。兵者，不祥之器，人主之所制，非人主之所得操也。兵者，神用之事，举国之所有事，非举国之所共司也。汉高能将将而不能将兵，乃卒以王天下。成败之几，生死之介，无使习之，骤使司之；暂令司之，抑又掣之。呜呼！宋之所以失五帝、三王之大宝于蒙古，惟此而已矣！赵普以之始，秦桧以之终，端开于杯酒之间，而祸成于风波之狱。畏子弟之渔盐米，而以授之仆妇，家未有不毁者也。胡氏之于《春秋》言兵也，皆普之余智也。

庄公在位，兵十七举，亲将者十三。次成之役，无适帅焉。其三则溺也，单伯也，庆父仅一出也，选将而无专属也。若庄公者，可谓亲不祥之器，侈用其雄猜而终无以弭奸者矣，胡氏犹曰兵权主散，不当偏属于一人，专授庆父，威行中外，以召篡弑。斯言也，饮赵普之毒已深，而奖秦桧为管仲，以长其杀岳飞解韩、刘之忮心也。职有由矣。

古之受钺者曰："阃以外，将军制之。"当其有事，天之下，地之上，无弗行也；当其无事，而兵习于吏，吏习于帅，威信之行久矣。不将其将，独操其兵，宴居深宫者遥执其敛纵，高谈簿书者分持其长短，挟疑以使，临敌而易之，如稚子之握饴，蚁附其上，而不任人以驱之，何其悫也！宋祸已极，而溢于谭经者之师说，流及昭代，习用其说，总戎尸其名，督抚操其实，中枢捉其肘，阁票扼其咽，科参夺其胆；白面之赞画，游吻之参谋，且足以制大将死生之命，而天下已拱手而授之人，悲夫！故善说《春秋》者，废胡氏之言兵，未为不知治也。

闵公三论

一

春秋之初，定人之国者必以赂。齐桓公存三亡国而无私焉，此桓公之所以为天下匡也。鲁有子纠之怨，卫有子颓之衅，邢之于齐未尝有一日之好，而齐卒收三国，以收天下。故桓之未定三国也，为城濮之会，而后敢伐卫；为鲁济之遇，而后敢伐戎；忧楚之凌郑，未敢兴师，而卜之梁邱之遇。天下未知有伯，固未知得伯之利。未知得伯之利，则不詟伯之威。诸侯之离合未审，而桓不得讼言以南向于楚。三国存而后天下怀，天下怀则离者畏，合者一。齐乃以得天下，而大得于楚。

子思曰："仁义所以利也。"彼营营于一鼎一邑以平人之国者，弃拱璧而取抟黍，智不逾于婴儿。故《春秋》书"高子"，贵之也。贵其臣，则君可知已。又安事亿度其命湫之词以致之恶邪！

二

大胜不以力，大力不以争，大争不以遽。故曰：小不忍则乱大谋，盖恶遽也。大名不可遽挟，大惠不可遽成。救焚者遽，不待操钩缶，徒手以赴之，与于灼而已。拯溺者遽，闻井有人而从之，与俱陷而已。

齐桓公存三亡国，皆以不遽为道，故《春秋》谨书其节目，乐其成也。于鲁则先以仲孙，而后继以高子；于卫则先以无亏之成，而后继以楚邱之役；于邢则两出师，一不与狄战，而犹为聂北之次也。不遽于鲁者，如疗瘵者之无治其龙火也；不遽于邢、卫者，如免豚于虎，卫其豚而虎自逸也。

季友之志不得，庆父之援不削。遽治庆父，则鲁人挟疑而相亢。晋文公以此毙卫之君臣于讼。邢、卫之立未固，遽与狄争，则乘胜负于一往，而邢、卫已重敝于争。晋文公以此几丧宋，而仅不偾于城濮。有匡乱贼距戎狄之大名，而不挟其名以与匪类争生命，有存绝世奠亡国之大惠，而不为焦灼沾濡之容，以见德于颠隮。是故桓公之持此正矣。《诗》曰："于铄王师，遵养时晦。"养之所以铄，无见其铄，而铄甚也。齐桓其殆庶乎！故曰：大争不遽。然且使立僖于鲁，而庆父不逋；立邢于夷仪，而狄犯夷仪；立卫于楚邱，而狄犯楚邱，则其争也未艾。乃立僖而庆父必逸，迁邢、卫而狄不敢再加之兵，则桓之力悍矣。如建千石之钟于岑楼，而三尺之童莫能以莛扣也。故曰：大力不争。从容于落姑之盟，继遣轻车之使，徐修其衣服乘马之赠，翱翔版筑之间，视国贼之与狄夷如蚊蚋也。故曰：大胜不以力。

违是三者，有讨贼距夷之名，则必暴之；有救患之惠，则必骤予以为恩。悻悻然建仁义之鼓，驱其人民，以人家国为孤注，大声疾呼，死竞于一日，不审而为宋襄之败。弗获已，而用晋文之谲。如者而言仁义，吹火而反灭之也。仁义，贞胜者也，贞于胜者不挟贞。故曰：小贞吉，大贞凶。建侯行师，道存焉矣。

三

狄方盛兵以临邢，齐遽率师而临狄。外堙困之，内愤而出，狄之不殊者无几。狄无几而不殊，有必死之心，齐未知其利也。故当庄公卒之年，狄伐邢。明年春，齐辄救之。越二岁，而为聂北之次。齐之善全邢，《春秋》所尚也。

然则文王遏密，"侵自阮疆"，何以克邪？文王一用周之众，无从诸侯，犹心臂之相使也。齐桓自用其众，悬车束马，逾绝塞以征山戎，亦用此克矣。今齐之伯也创始，诸侯之心力未一，牵合宋、曹，以与必死之狄争。夫宋、曹之急邢，岂有必犯难无前之气哉？连乍合之师，用之于散地，未得邢而先失宋、曹，以失天下，智者弗为，决矣。谓兵力有余而不速进兵，力固未可恃也。五国以之溃于秦关，曹操以之败于赤壁，苻坚以之亡于淝水，吴明彻以之禽于淮上，九节度以之覆于邺城，陈友谅以之死于湖口，之数师者，力岂不足哉？心不协而多之适为累也。然则齐桓却二国而以其师进，可乎？当闵之元年，桓用此矣，孤注者无再利，夫差之所以亡，屡用孤也。一试之山戎，再试之狄，不得矣。有无因无，从千里悬军，为山戎之奇捷，抑有从容顾虑，固结同仇，为聂北之全师。一竞一绿，桓自喻诸心而不爽也。

《春秋》见桓之心，故尚其功。不然，燕之病，视邢之亡孰迫？勤于燕，慢于邢，胡为也哉？岳飞曰："运用之妙，存乎一心。"达于《春秋》之所尚矣。

《春秋家说》卷一上终

春秋家说卷一下

僖公三十一论

一

　　孟子曰：孔子成《春秋》，而乱臣贼子惧。不逞之徒，君父可以推刃，而何有于《春秋》！圣人之于彼乱贼者，尊逾其君，而亲逾其父乎？知君父而不知圣者有矣，未有不恤君父而恤圣者也。乃君父所以见弑者，惟无以生奸臣逆子之惧而已。法弛则不惧，刑滥则尤不惧。刑之滥，必成乎法之弛。故虽有严威，日取其臣子束湿之，而适以成乎逆。乃立法之审，均平专一，得所归而不滥，则虽凶人之善，脱无所委，而魄褫矣。《鸤鸠》之君子"正是四国"，专一之谓也。

　　立法之不审，莫大于不专。不专而滥及者怨。滥及者怨，而所宜坐者乘之而亦怨。怨则悻怒以受法，而掩其惧心。滥及者众，则必有不可以概受刑者焉。均此滥及，而或抵法，或逸于法，则法挠。抑必使之概受法也，则且以伤恩妨义，而持法者已与分其恶。法挠于所不得加，与夫加于所不得加而分其恶，乱臣贼子有可反之唇而终不惧矣。《春秋》之法立，而乱臣贼子帖耳戢牙以不敢动者，惟其专也。故般、闵之弑，一归于庆父，而哀姜不与。庆父奔，而不即司寇之刑，则鲁人蒙伏贼之诛；庆父缢，而敖犹与世卿之列，则不志庆父之死，不葬闵公，法得所归，严而不贳也。若夫哀姜，非恶之首也。淫乱之衅，在庄公既薨之后，庆父已成乎窃位之势，蛊之以树内援，弱靡而漫从之。故责哀姜者，以其不闲家而与于乱可也，遽从重而使分庆父之大恶，则庆父之恶分矣。庆父之恶分，则哀姜奔，而亦可听庆父之奔。哀姜不绝，而庆父之嗣亦可卿也。首逆之贼，游泳于浊水之涘，而多所匿矣。且分恶于姜，姜受诛矣。姜受诛，而僖公君臣其可以得志邪？文姜从乎弑，弑夫也。哀姜闻乎弑，戕子也。母戕子，嫡戕庶，妒媚之所成，悍妇之恒也，而使与覆载不容之贼同甘心焉，僖公、季友其能悆然任此而不嫌乎？般与闵，子也；僖，亦子也。母戕子而子遂戕母，为之名曰"讨弑君之贼"，遂无嫌焉，是则人爵重于天伦，讨逆者之逆什百于所讨者矣。故悼其薨，迎其丧，如礼以葬之。鲁之所为，犹秉周礼，以服天下者，用此道也，而《春秋》许之。许僖公之母哀姜，而后弑君之辟专之于庆父，刑得所归，而持法者无嫌于分过，虽有凶人，能无惧哉？喙不得以反鸣，辞不得以蔓引也。

故以大法威天下者惟其审，审于法者惟其专。深文旁及而概举焉，乱臣贼子反窃法以成其逆。赵后姊弟蒙虐杀庶子之刑，骈首就戮，而王氏乃以揽汉于掌，成其篡而无忌。不审以行法，乱贼之资也，可弗慎与！

二

哀姜之薨，《春秋》悼之；齐人以归，《春秋》甚之。致其丧，正其葬，《春秋》弗夺之。氏而不姓，绝齐而怨之。然则姜不见戮，鲁人可迎归而养之乎？曰：奚为不可也！夫姜固不得为无罪矣，《易》曰："闲有家，悔亡。"闲而亡悔，非听家之自闲也。庆父怀窃国之奸以蛊夫人，僖公、季友力不能闲，外避以自免，寄早嫠无训之女子于巨慝之手，而以法从其后，则宗子家相无匕鬯之责，而壹以治涂人之治，治君母也。故曰：正其本，万事理。又曰：择祸莫如轻。本莫之正，祸至而择其轻，犹君子救过之道也。

故哀姜者，生可以养，没可以合食，生不可以养，则没不可以合食。庄公之庙，岂终无与配食哉？于是而且致成风为夫人，则又《春秋》之所重讥而必夺者矣，论者扼腕于吕氏，而欲登薄后以配高帝，溃嫡妾之防，而辱先君以与妾食，不孝莫大焉。一往之论，盍折中于《春秋》！

三

《礼》曰："诸侯不生名，灭同姓则名。"齐灭纪，晋灭虞、虢，皆同姓。不目言其灭，而施以生名之刑，《春秋》之所重创也。

佹诸之于虞、虢，寝不甘寐，操必噬之毒以自封殖，而与周分天下。充其志，非忌不可居之名，则翦宗周如摘疣也，而尚何有于本支？宫之奇曰："桓、庄之族何罪，而以为戮？"大奸元憝，食人不择，以灭同姓为罪名而科其罚，是犹责蛇之不能释蛙也。

诸儿不得纪，不足以表东海；佹诸不得虞、虢，不足以长西河。故王室与婚，而纪卒不免。齐桓方有事于周室，而晋若罔知，壹志以吞颔下之肉，如攫金者之见金而不见市，故《春秋》不复责焉。不复责而责之，取其狎而已矣；不复责而弗之责，敦内治焉耳。内治之无过则哀之，特书曰"纪侯大去其国"，哀之也；内治之有过而足以亡则咎之，特书曰"虞师晋师灭下阳"，移晋之罪以咎虞也。既咎之而抑哀之，再书曰"晋人执虞公"，讳其亡而若祸在一人，犹哀之也。故充诸儿、佹诸之志，则周不能存，而《春秋》亦无资以作矣。

周之所以存亡，春秋之所以兴废，莫危于纪虞之亡。斯二灭者，天下之大故也，而暇与不仁之人治灭同姓之罪乎？卫毁以丧亡之余，志不及于天下，一旦之忿，忘其亲而贪其土，犹夫人也，则亦可以亲亲之道责夫人也。

四

文王之兴，免商诸侯于毁中，事已亟矣，乃其所及者，南尽江、汉之表，而北不逾于虞、芮，岂东诸侯之犹观望于从违，而文王割置之莫收也哉？惧夫以收之者捐之，而以抚之者贼之也。《汝坟》之诗曰："父母孔迩。"惟迩也，而后可以为之父母。江、汉之表，纣威之所不及也，虞、芮之北迤东，纣力之所可加也。争孤豚于猛虎之吻，幸而夺之，而豚已毙矣。拯之弗及，无已而捐之，则将重其祸而绝其归。故仁者不以爱成其不爱，知者不以一得成其终失，知量而已。

江、黄之事，管仲得之，而桓公失之，亦既皎然矣。《春秋》纪江、黄之会于前，详江、黄之灭于后，所以伸管仲之知，而显桓公之妄也。夫以积强之楚，一旦牵帅天下以与之争于此焉，岂有他哉，所仗者义，所视者力而已。义不可以势益，力不可以旁贷，得不可以期诸非望，望不可以托于弱小。力有余，则无所藉矣；力未有余，姑徐之而未晚也。取给于不可恃，以徼旦夕之功，宁有幸哉？且力者非固强弱也，精用之则强，专用之则精，暇用之则有余，遽用之则不足。故孰谓谢安为不知兵者？遣桓冲之援以孤寄之，淝上之师专斯精，示以暇则无遽也。即无已而有所资以为声援，如晋之资吴焉，可矣。乃晋且未得志于楚，而早牵于吴，厚吴之亡，而赵鞅怏恨于莫恤，况江、黄乎？资江、黄，而中国之师恃江、黄以自懈，故陉亭之众雁行而不进。资江、黄，则意注于江、黄，而所以劝用中国者，形其菲薄，故陈、郑交诼而不受其归师。资江、黄，则楚知中国之力莫能自壮，而倚彼所肉视之江、黄以为雄。故屈完得以其方城、汉水，傲齐之不能攻，而齐终无以大得志于楚。故用江、黄者，失之丛也。遗楚之轻，解诸侯之心，弛八国之力，以成于江、黄之亡，而天下之势遂莫之能挽矣。

乐毅资赵以破齐，故燕无必得之威，而折于即墨；诸葛资吴以伐魏，故东师不振，而褒斜之屡出徒劳。待非所待以失己，知者弗为也。土门之兵不出，而袁、颜之胠舌溅血于常山；朱仙之旅遽班，而香盆之父老骈死于河、汴。动之已早而失人，仁者弗忍也。孤忠之士，愤起遐方，不揣而重用之，悬之以必救之势，动之以相倚之情，本无胶漆之心，视其亡而固不能为之奔命，死者逋者，狼狈以资敌人之笑，于是而天下以义兵为戒，帖然从彼以反戈，所固然矣。传者曰：与是谋也，何与哉？

五

召陵之役，齐之得志于楚，未也。楚亦元德之裔，而周之封也，宁殄灭之，而后可以得志与？虽然，以齐为得志于楚，固未也。王号未削，弦黄之师旋起，包茅之贡不以时修。故谷梁子曰：以桓公之得志于楚，为已仅矣。桓未得志于楚，而《春秋》以已成之绩纪之，然则《春秋》之所求于楚者，如是而止乎？扬雄曰："齐桓之时缊，而《春秋》美召陵，《春秋》达时以知权。"谓齐之求于楚者，如是而可矣。所谓时者，非谓当时诸侯之不能，而桓仅能之为愈也。时之不能，桓独能之。君子之道，不责其所不能，而责其所能。桓公能之，而仅能乎此，尤君子之所责。故夫言时者，非幸桓之犹能乎此，而谅桓之仅能乎此也。

何言之？桓之于楚，不正其僭号之罪，则楚无由而自削其号；不数其犯夏之恶，则楚末由而辑其兵。惟桓终不期大得志，故小与之以可惩。则何也？楚之僭号，周之贼也，楚之犯夏，郑之祸也。桓未能乎郑，而大不得于周，则欲责其僭，而周固顺之，责其犯夏。而郑不我征焉。今虽有孝子疾其父之敌，而父且昵之，则彼反挟父以相难，而先受不孝之名。虽有友兄，人捶其弟而代之讼，弟且阴去我以党于所捶，则未有不屈者矣。以惠王为之君，以宰孔为之相，内有叔带之构，饵郑以反援于楚，而申侯之徒，操长短离合以瓦解诸侯之势，乃欲桓之大得志于楚，削其号，辑其侵凌之兵，是或缚其臂而望以扼人之吭，形碍而理不得伸，岂待问哉？僭王伐郑之罪，桓不可声；陉亭之下，桓不可战。有词不吐，欲战不能，犹且取召陵之盟以全中国之威，故《春秋》以桓之得志于楚者为可矣。

夫桓于此，其勇于义与？则尊王，大义也；存郑，至仁也。挟至仁大义以临人，假周之威，挟郑之怨，周与郑亦岂能显比于楚以相难哉？虽然，所恶于伯者，惟其假也，假仁义以恣行而无所忌惮也。有能不假而量时，忌君以养晦，顾内以图全者，则岂不独贤乎？子曰："齐桓公正而不谲。"以是为贤于晋文也。桓温不忌其君，西灭蜀而北伐燕，如孙绰者，犹将操清议以持其后，况君子哉？故说《春秋》者，责桓之不请命以伐楚，则过矣。请则不得伐。舜之不告而娶，义通此也。不请焉足矣，而又假挟之以为名，是与曹操之伐袁绍者均，陈琳固将反唇焉，胡屈完之独不可邪？故曰：齐桓之时缊，以伤周而恶郑也，扬雄之于此知言夫！

六

子曰："德不孤，必有邻。"为德而虑其孤，则彷徨之念起，长短之术用，而正大之情移矣。正大之情移，其于物也未尝动而遽欲变也。物不动而使之变，则情益否而有不期之咎。且即以行于人伦，表于大义，终未正也，则齐桓之戴世子是已。王世子之会诸侯，非世子之道也。世子郑之会诸侯，非惠王之心也。失子之道，逆父之心，世子不可以为子矣。世子出会，而王忌其成，间郑比楚以慼齐，其于世子犹仇雠也。惟位之恤而成父之仇，爱猷识理达腊之所以亡元也。世子不可以嗣周矣。

夫齐桓立乎父子道衰之世，毅然以匡彝伦为己任，岂不恤此而与于逆，以贻亡道于周乎？曰：惠王之悖，不可训也；宰孔之奸，不可裁也。浸令谏惠规孔，俾置带而立郑，固将悍愎而不从，夫是所为虑德之孤，而操长短之术以速其成也。世子虽定，而惠王之志不悛，宰孔之邪不遏，叔带之慝不戢，未旋踵而终成奔郑之乱。不动之变与弗变均，挟长短之术以终其德，亦何济邪？是以君子居德以靖，正大以动天下之情，情动斯变，不言之福，非有争也。故以唐德宗之愎忌，舒王之怙宠，而李泌翛然一身居闲以弭大乱，况齐以诸侯之长，功在王室，控大扶小，连辂觐周，亢大义以感惠王于广厦之上，宰孔慑，叔带戢，而何忧其不济乎？成乎郑之不子，则王亦可以不父；成乎诸侯之不臣，则王亦可以不君。乃俾楚得乘之，郑得贰之，叔带终有挟以睥睨，宰孔且怀怨而相难。惜哉！桓公之为此也！

虑德之孤，德乃孤矣。故《春秋》殊言王世子，以尊其名，示不可同会，而世子之轻，诸侯之逾，亦可见矣。然则何为而逃郑伯也？惠王之悖，宰孔之奸，郑伯之终心乎楚，而乐乘其隙，是尤德之莨稗也。呜呼，化莨稗而养嘉谷者，其惟大人乎！正己而物正，诚以动，动而后变也。

七

理有必顺，势有必均，偏有必倾，咎有必悔。襄王不子，惟大位之是求，倚齐以制其君父，桓公歆于名之正，事之成，而不恤理之逆，势之歆也，故上激而惠王、宰孔挟楚、晋以蛊郑，下滥而襄王终以不孝开内衅以几倾其国，桓公盖未几而悔此矣。

宁母之会，却子华以怀郑伯，有鉴于周，而后管仲之言易从也。葵邱载书，首不孝之诛，冠诸树子之上，殆以是戒襄而扶其倾与？虽然，其已晚矣，徒以取媚于襄王，而成宰孔之妒也。故悔于己者，无庸惩于人。惩于己，以不重受子华，则郑为之宾；惩于人，前已裂不孝之防，而继欲挽不孝之流，则襄王终无悛心，而宰孔反操其短。《易》曰："不远复，无只悔。"君子之于过也，有复而无悔；悔不救败，是以君子重谋其始也。

当桓公翼戴之始，平以酌理，顺以循势，合诸侯之忱辞，匡惠王之溺志，命发王廷，建郑而远带，则王情以平，宰过不显，父子君臣取正于雍容之下，虽文王之请释炮烙者，不是过矣。惜乎，桓之不及此也。然而《春秋》厚诛郑以伸桓，而不正首止之责，何也？不以文王之道责桓公，圣人之刑书也！

八

卓之称君，正里克之为卓臣也。奚齐之称君之子，正里克之为献公臣也。献公卒，克奔郑，未尝一日立于二孺子之庭，君臣之名胡为定邪？国人子奚齐，克固无可不子，国人君卓，克固无可不君。则君臣之名定矣。名定则义正，义正则刑中。是以正里克之弑，而不得以出亡辞。克之君卓，惟国人之君之也；克之子奚齐，惟献公之子之也。有天下者受命于天，有国者受命于王，仕其国者受命其君，故献公之所子，克不得而弗子也。前乎奚齐之未立，克为献公之臣矣；后乎奚齐卓之已弑，克犹为晋之臣矣。臣乎献公而刃其子，臣乎晋而戕其国之君，臣则必受命焉。受命则名不可释，名不可释而刑不可逭。故目言其弑，速即刑而弗容贷也。

若夫卓，则克固欲弗之君矣。乃君者，岂人臣之可或欲而或弗欲者邪？克之于晋也，爵位犹诏于国，田里未收于野，与事卓者比列而为大夫，晋所君，克何能弗欲君之邪？如欲弗君，则亦弗为之臣。蘧瑗之得为君子而贤于晏婴，惟其去而已。去则非臣；入而弑，则固臣也。不洁其身以求瑕于君，乱臣贼子谁则无辞，而奚但克哉！

且夫克之安忍以弑二君，推其心，岂果以为义之所必弑乎？扳亡人而立之，己居不赏之功，以长有晋政而已。方且欲长有晋政，而何辞于为晋臣也？观其辞曰："不有废也，君胡以兴？"而克之贼心见矣。不道之臣，不令之子，恶莫大于藉于为之名而从其欲。公子翚以惠公之志为名，曰："隐非吾君也。"卫辄以王父之命为名，曰："蒯聩非吾父也。"君子亟夺其名，则气不可以作。故曰君之子，曰其君，名正而刑罚中矣。故献公之溺嬖，不可以为克分咎。《春秋》业以杀其世子目晋侯，不待贬奚齐为非子而绌卓为非君也。惠公之同恶相戕，不可以为克矜，为书曰"杀其大夫"，以明晋侯之既以大夫酬克，则不足以讨克，而非谓克之犹可赏也。祸乱相仍之国，杀之而不载，各正其名，各服其辜，而不相蒙，当其事者为之主，则狱有所归而得所惩，以是为权衡而铢两交得。故曰：非圣人莫能修《春秋》！

九

末者，本之所生，非本之所必有也。故曰：物有本末。非有末而无本，亦非有本而即有末，互相为有而各有其有也。互相有，故未当有末，则治其本，本治而末从；各有其有，故当既有末，尤严其末，末之善败尤甚于本也。有种树者于此，勤壅其根，数加灌焉，而日剪其茎叶，以为无足理也，则岂复有本哉？《春秋》书"晋侯杀其世子申生"，本治也；书"里克弑其君之子奚齐""弑其君卓"，末治也。治晋侯者，一治而无可再施之治矣。迨奚齐、卓子之弑，犹追源而罪晋侯，以贷里克。是则墨胎乱次，伯夷可以弗逃；蒯聩不孝，卫辄可以称兵矣。晋侯之杀世嫡，不父不君，责其无人之心可也。而必其有里克之弑，以为不爽之报，然则里克者，天其假以致罚于献公乎，里克奉天诛而可弗咎矣。是孔子可假阳虎以杀季斯，亦可假季孙以逐僭八佾、窃两观之鲁君。权倒于下，不极乎大乱而不止，是故君子之已乱而救刑也。

当其本之已凋，则急救其末以息乱，而渐向于治。若其惟本是图，本失则莫惩其后，顾奖末之乱以胜本乱之所必有，夫安得尧为君、舜为相，而后施五品之教于天下也哉？尧为君、舜为相，本大治而末从，则又无所事《春秋》之法矣。子曰："天下有道，某不与易。"此之谓也。

十

鄙召忽于匹妇，登荀息于三忠，则奚以若是其差邪？荀息以君命奉君，召忽以己意置君也。

息有先君之命。命之不正，君任之，非息之任也。故人道莫大于受命。父子兄弟受命于天，夫妇之合受命于亲，朋友之交受命于道，五品之亲莫不有所受命，一受其命而不可改。臣之戴嗣君也，受命于先君者也，犹天命之为父子，亲命之为夫妇，道命之为朋友也。有所命而受之，则为性。故曰"天命之谓性"。制命之原，理所自出，莫非天矣。非有所命，则己无所受。无所受而以己意置命焉，逆天者也。故人臣之恶，莫大于以己意而置君。以己意而置君，犹以己意而弑君也。以己意而置君，亦将以己意而置父乎？逆天置命，干不祥以徼功，不得则悻悻而死之，匹妇之道矣。故召忽之死拟诸荀息，若萤之与日也。

然则张世杰、陆秀夫之立君，亦无不可乎？曰：命无所受，以道制命，若张、陆者则可矣，外有所甚逼，而内无与争也。无知受弑，小白在莒，纠在鲁，皆可君也；申生见杀，惠文在外，奚齐、卓在内，皆可君也。桓既入，而忽犹挟纠以争，与奚齐、卓之固奉弥留之命，于是而别。子纠死，惠文不返，而齐、晋不患无君。外无压境之敌，内无必亡之恐，为人臣者，守正以奉君，固一以命为准。均之无命，则长幼序焉。张、陆行权而召忽废正，不得以例相求矣。制臣子之命者君也。必不可得于君父则制之者，道也。道原于天，君命之宜共者道，道即天也。知君命之符于天，可与通性命之实矣。

审别于义以叙伦，则外不失物，内不失己。里克、宋襄不知此，故交陷于恶。

人伦之叙，莫大于受命。臣受命于君，朋友受命于道。受命于道，不相为命矣。受命于君，则否君之可，弼君之违，伸于命之未受，而屈于既受。既受，则不可贰君，命即道矣。故荀息戴不正而列于三忠，而里克当弑君之辟。

奚齐、卓，夺嫡者也。公子昭之于无亏，嫌于立而未有属者也。乃晋献之命可伸于荀息，命之不正，咎在命而不在受命者也。齐桓之命不可伸于宋襄，朋友之义，美则成之，恶则违之，其生也忠告之，其没也革正之，可正而不正，则立非所立，咎在宋襄而不在齐桓。《春秋》甚宋之伐齐、闵齐受伐而予救者，以悼齐桓之无友谊也。里克以朋友之道加之于君，斯以坐无上之辟为已僭矣；宋襄以君臣之义施之于友，则自处为已贱也。相为友邦，且将继之以主中国，善不弥缝，恶不匡救，戴其乱命，守以不违，殚己之力，敝人之国，穷兵构怨以从之，不已贱乎！

贼里克而君臣之义明，恶宋襄而朋友之道正。君子之明于人伦，所由异于野人者，惟其别而已矣。故君子乐学夫《春秋》，近而正，远而不御也。

十一

德不可以袭，仁不可以市，孟子通论五伯为假之，已甚之词也。假而犹成乎伯，以维系天下，则天下之大、诸侯卿大夫之众，胥无有是非之心矣。孟子固曰："是非之心，人皆有之。"奚可掩哉？伯者之于德仁，驳也，非尽假也。驳与假之异，得失之由也。

齐桓之定御说，而宋戴以两世；定子申，而鲁奉之以终身。宋襄之勤子昭，犹宋、鲁也。孝公定位曾未逾年，而早合于楚，以利宋伯之不成，兵败身伤，犹兴重师以乘其敝，是其施之同而报之异。岂有他哉，德非所得而仁以市也。于此观之，假德不威，假仁不恩。令齐桓而亦若是也，则亦安能久假而不露衅于人邪？

陈、蔡、楚、郑之会于齐，齐志也。《春秋》不目齐人之会楚，许齐之外宋也。齐侯伐宋围缗，讨其不与于齐之盟也。《春秋》不贬齐侯之爵，以宋之宜于伐也。如宋者，齐孝公倍其德而不以为浇，用楚师而不以为悖，伐其敝而不以为憯。何也？宋惟市齐以责偿而夺之伯，恌人之德也。苟从桓公之乱命而一如仆妾，细人之仁也。假德者恌，假仁者细。故陈人请盟之辞曰："无忘桓公之德。"宋之为惠于齐孝，假而非有，陈且知之，而况于齐乎！故孟子曰："五伯，假之也。"以加之宋襄，而后无所逃也。

十二

盟于齐，齐、楚合也；盟于宋，晋、楚合也。齐、晋合楚而遂丧伯，则合于楚而二国敝矣。且非徒其丧伯也，楚得齐而蔑宋，得晋而窥周，则齐、晋合楚而天下裂矣。故蟊贼《春秋》之天下者，莫甚于合楚。

陈为合楚之词曰："无忘桓公之德。"宋为合楚之词曰："弭天下之兵。"为之名者得矣。呜呼！谯周之主降魏，桑维翰之主事辽，秦桧之主讲金，亦孰不依附于义以为之名哉？而姜维覆以逆天蒙讥，景延广覆以生事尸咎，张浚覆以丧师取尤。故成天下之大害，亏君人之大节者，莫剧于佞人。陈穆、郑文、宋向戌之恶不可胜诛矣。

君子恶佞人而谨祸始。于齐之盟，首陈卑郑；于宋之盟，地以宋焉，当辜而不可辞也。生非义，胡与立？民非君，胡与戴？国非自立，胡与存？黩义则曰贵爱其生，堕国则曰保全其民，依敌以偷安则曰慎保其国。审此三者之为邪说，佞人远矣。《书》曰："谗说殄行，震惊朕师。"诚畏之也。

十三

盟于齐，地以齐，减齐之罪也。齐居其国，楚来受盟，受之也其亦可矣。且齐孝之立也新，诸侯初离，民心犹贰，宋市恩以责偿于代伯，而夺其诸侯，陈以无忘桓公蛊之，而楚佯听命焉，未见受楚之贤于走宋也，故减齐之罪，以专其辟于陈、郑。

盟于宋，减宋之为首恶也。宋无陈、郑之逼，而裂中国之伯统，胡为其减之也？晋之志先见于宋，故向戌得伸其邪说。平公之窳，赵武之偷，六卿之有窃心，息肩于外侮，以专于内蚀，彼向戌者因木之腐而蠹之，非其特为奸也。晋席世伯之势，无所诎于天下，诸国之至宋者，赵武先焉。冒耻宵征，就楚而嚣合，则晋不得以宋为罪之委矣。故减宋以甚晋，非谓向戌之邪说降于陈穆也。《春秋》折中以议刑者也，有所减以有所甚，故罚不溢，而恶无幸免。

十四

　　《春秋》书事实以显善恶，有欲避之而弗使避者，有欲得之而即与之者。执宋公以伐宋，陈、蔡、郑、许、曹之所不敢当也，而《春秋》必使与楚均之，此欲避之而使弗避也。公会诸侯、盟于薄，释宋公，鲁固以得请于楚为己荣，而侈宋公之释为己功，若曰："宋不能自免，夫五国者不能为之释，而我能释也。"于是《春秋》如其意而系之鲁，此欲得之而即与之者也。五国不敢当执盟主之名，畏楚而不敢辞，其实心若可愍，而偷已甚，非君子之所愍也，则以恶被之。鲁固无释宋之实，诱怵于楚以为楚用，而犹自以为名，偷已甚而尤贱也，则与之以名而益贱矣。

　　且夫楚宜申之来也，三尺之童知其无如宋何也。与之盟而执之，谲暴已甚，而威力亦殚矣。杀之则负大责于天下，归之抑无以自诧于诸侯，睨鲁之可为居闲，假乎献捷以授之风旨，得鲁之请，而聊以谢鲁，则宋蠥益剧，楚威益全，而中国之权益替。夫鲁即无能声义以谁何，而称病不行，置宋公于楚以穷其诈，则楚且谢宋之不遑，而宋犹小竞。斯术也，目夷用之于当时，晋人用之于韩之获，于谦用之于土木之狩，彼且以加诸君父而无嫌，况友邦列辟，祸不相延，而义无丧己者乎？臧辰之知岂不逮此？而为尔者得当以媚楚，且卖楚好以动友邦也，施施然曰："吾会楚于薄以释宋公。"而鲁之耻荡然矣。

　　僖之中年，见止于齐，几获于邾，胁从于楚，杀人以苟说于晋，弱莫甚矣。其君臣方枵然自大，饰泮水，广门阙，侈坰牧，张英縢，福其祸而攻其败，以鬻其强，皆斯术焉耳已。故僖公之贤，不如其无贤；臧辰之知，不如其无知。

十五

　　狂以动于恶，愞以弃夫善，皆君子之所绝。故吴、楚僭号，杞沦夷，情异而罪同，《春秋》两狄之，其科一也。

　　狂以动于恶，不知恶之分际者也；愞而弃夫善，无其善之津梁者也。王者之法，宥不识，赦蠢愚，则何为此而无贷词？不知恶之分际，有冥行者矣，有妄以为的而志之者矣。妄以为的而志之，则知其分际而恶愈不止。故七国自王以裂封建，不终于不知也，而吴、楚之狂实开之先。无其善之津梁，有姑废而待之者矣，有利用其敝而以自利者矣。利用其敝而以自利，则浸有其津梁而亦不为，故赵之胡服骑射，秦之燔书灭礼，非其力不足也，而杞之衋早启其端。

夫不为恶者，不恃知其恶诚不可为而已。勉为善者，非有待于可为，诚必为而已。诚之者，人之道也。人道废，则君子忧。有甚忧者，斯有孔怒。施之大罚而弗之矜，以为非是，而人道莫与立也。

十六

王猛、敬王之难，始末具者，鲁与知也。襄王出居于郑，不纪其入者，鲁弗与也。圣人所求乎臣子，不以己为则而因之以为量，不以己所至极而责人以功，故易简而易从，不以非其量之及而被人以罪，则当罪者无可为辞。是故力有所可竭，时有所可为，人有所可望，非是三者，无责耳矣。

昭公之末，折于楚，屈于吴，辱于晋，制于齐，力之衋也。君失守，国失主，时之穷也。君有国而不能保，臣有君而不能事，人之偷也。王室之乱，与闻其事而无忘，姑亦可矣。来告则书而弗削，不能必有功也。僖公据全盛之国，臣民听令，臧辰执政，亦既知官守之当奔问矣，恝然置天王于汜水之上，臣子之义已绝也。但书天王之出而不存其入，明鲁之绝于周，《春秋》所以绝鲁也。

鲁于周为大宗，受夹辅之命。庄公弃惠王以俾之齐，而鲁遂役齐。僖公弃襄王以俾之晋，而鲁遂役晋。遗大义，委大权，蔑大法，自贻之弱，不可植矣。故夫不忠不孝而欲免于人役者，未之有也。具臣亏国而制于宦寺，逆子忘亲而制于悍妻，岂有爽哉！

十七

谲正相背，而用有殊施。用之君父者正，用之寇仇也亦正，可以免咎，亦可以集功。《春秋》之所为与齐桓也，正以免咎，则虽咎而犹非其咎；正以集功，而功有不集，则功或堕或集，因乎时矣。

齐桓之奉襄王，咎矣，犹非咎也。其收功于楚也，幸其非晋文之时也，而功亦仅矣。用之君父者正，用之寇仇者谲，斯无大咎而有显功，然而古今之能尔者鲜矣。何也？谲正者，相背者也。一游其神知于谲，则肯綮熟而志气捷，复能择其不可施谲者而矫以正，虽强有力者不给。故晋文之谲，用之楚者谲，用之天子者亦谲，功大集而咎卒不免也。虽然，以道制心，则谲无往而不可用；以心制道，则用之君父者正，用之寇仇者谲，亦何病哉！且夫晋文之以谲用于楚，而亦何碍正用之于王，然而不能者，非不给也，则亦晋文之迷于制也。晋文即无往不正，而于楚固不容不谲。不容不谲，仅用之楚以救中夏，奚必志气盈捷，肯綮习串，欲罢而不能邪？

盖晋文之时，非齐桓之时。齐桓可以正治楚，而晋不能矣。桓之与，中国相为信从者三十年，而始有事于楚。晋文遭家不造，仅以存立，立而即有事于楚者，四年焉耳。势不成，威不伸，信不结，上无召廖赐命之宠，下无存三亡国之功，夕与为敌，而且挟一义，是袭义也，宋襄之所为丧师而辱身也。故晋文之不可以正兵临楚者，时也。乃此以为说，则抑或咎文之欲速成也，胡不师桓之从容而必遽邪？年即迟暮，而创业垂统，强为善以俟子孙，功之成否，惟天所授焉可矣。而抑非也。今之楚，非昔之楚也。桓之起也，八年而楚始一犯郑，又十二年，而楚始再犯郑。兵五加郑，而一未得志。自郑以外，无楚尘也。桓乃防之于事早，虑之于几先，如扑火于未炎，而可不失其度也。齐桓卒，楚颛强，执盟主，暴中国。东得齐、鲁，北得曹、卫，南得陈、蔡、郑、许，而仅争一宋也。宋下，则无中国矣。乃使晋人俟之三十年之后，待天下之合，而以正兵临之。三川夷，九鼎出，不复有周，而讵有晋哉？故晋文之谲楚以收一战之功，可无咎也。

知其无咎，而惟用之宜。则知过此以往，不可加于友邦；循此以上，不可施于君父；谲之用亦何与正而相背哉！何也？中国之于夷狄，歼之而不为不仁，夺之而不为不义，绐之而不为不信。非我类也，不入我伦。川流用殊，亦何碍于大正之施？其不乘此故心，循为熟路以加之于君父，亦明矣。子曰："晋文公谲而不正。"谲可谅也，不正不可原也。谓其君臣父子夫妇友邦之间，积咎为已至矣。携曹、卫，激得臣，取必一胜以免天下于夷，又何病焉？

十八

王者修德，伯者修刑。德不厚不足以王，刑不审不足以伯。惟王者无慝，伯者不能无慝者也。不能无慝，而人亦服，刑审故尔。有慝于己，刑人抑不以其罪，则必底于败，宋襄公之于曹、滕是已。晋文公之伐曹、卫，其刑审矣。

齐伯之衰，宋伯之偾，楚之横，中国之溃，罪莫有甚于二国者也。奚以明其然邪？郑之觐楚，力屈也；齐之盟楚，绐于陈也；陈、蔡、郑、许之从于围宋，楚盛兵北向，径四国而胁与偕行，欲无从而不能也。曹、卫之于楚，幸而得宋以为之蔽，无所毒矣。乃宋为北诸侯蔽，而曹、卫方内溃以应楚，断宋北援，而扼之以必亡。审于刑者，鞫罪之所首坐，非二国之归而孰归邪？《胤征》曰："胁从罔治。"以势矜也；《梓材》曰："杀人历人。"以情坐也。曹、卫故历人而不与胁从同科矣。楚惟得二国以为藏匿资给之主，相与知情而为之经干，乃以东不畏齐，西不畏晋，取必于亡宋，而无孤军悬缀之忧。故熊颊已知不敌，而得臣不为旋师，有恃故也。

始自宋襄之围曹也，威不伸而但取怨。故盂之会，曹实构楚以逞其怨。坛坫之上，挟驵戾以干群侯而无忌者，此曹与楚之成言也。卫侯郑之不揣也，薄收于莒、鲁，而遽兴怨于齐，自顾非敌，而倚楚以亢，故先保楚以残宋，宋亡则楚兵夕移于齐，此卫与楚之成谋也。曹利报宋，卫利报齐，楚利吞宋，而东惧齐、西惧晋。曹者，齐援宋之西道也；卫者，晋援宋之东道也。则使曹制齐，卫阻晋，乃以悬军蹙宋而无忧。曹利亡宋者也，间宋之深，而护楚之已勤，则不毁曹而宋必亡。卫挟楚巤立乎宋后，拒晋师之东，离齐、晋之合，以固曹而替宋，则不毁卫而曹不可下，齐不可收。故二国者，溃中国以益楚，裂天下而蔑宗周之魁也。是故得臣所必得者宋，而其为二国请也，则不惜释宋以祈免。逮乎楚师败，楚子还，得臣死，而卫侯且走楚，以为他日之图。是二国以楚为腹心，楚以二国为羽翼，陈、蔡、郑、许，犹其为腹下之毳矣。专曹、卫而释从于围宋之诸侯，是以知晋侯之修刑审也。

楚之不偕曹、卫以围宋者，齐用江、黄之故智尔。留曹以塞齐，留卫以塞晋。晋不能改辕于南河，则宋敝于楚久矣。卫之力，鸷于陈、蔡、郑、许者远矣。其心狠，其力鸷，岂若彼四国者为附膻之蚁而易散哉！《春秋》无中事而再言者，再言晋侯，难词也，大词也。难之故弗略之，大之故不以遂事书之。明乎心迹之重轻，以立功罪之准，夫然后可与议天下之大法。

十九

执狠者不可激，垂亡者不可骄，以宋之几亡而得臣之狠也，执曹伯以畀宋，宋受之而不累，受曹伯之俘，而得臣不致死于宋。由斯度之，曹之足以亡宋，而曹毁则宋存，审矣。故《春秋》目言晋侯以显其独断之精，特起变例而书曰"畀"。贱曹伯，如一物之相饷而绝之于人伦之外也。《传》曰"曹伯赢"者，其失言矣。曹赢以力而悍以心，灭天下以得志于宋，靡不为也，居间以制晋、楚之胜负，无所让也。曹伯入宋，而楚颛不敢凭其威，得臣不敢终其忿，于是而晋侯之力始坚。故所恶于遽者，不审其罪而亟加之酷也。曹峙于宋东，卫峙于宋北，而宋围急；曹伯执，卫侯奔，而宋围解。急夺其所恃，而楚之君臣先不保而斗于穴，则遽者非其暴。所恶于谋者，间天下而乱之也。置曹、卫于腹心，则以疑天下，睽齐、秦，孤宋而导楚以狂。曹伯执，卫侯奔，而中国之乱如纽散而纷皆理，则谋者非其谲。藉其不然，内患未除，归途不夷，东无以收齐，而西梗河北太行之道，将使轻车束马，争死生之命于宋城之下，是荀林父之掬指于邲也。

舍包藏祸心之曹、卫，抑问罪于胁从之陈、蔡、郑、许，既无以伐谋，而示拙于勃敌，亦且深入南国，无齐、宋以相援，申息之师当其前，围宋之旅当其后，曹、卫扼河而绝其归，自亡亡宋以亡天下，在此役矣。说《春秋》者曰："正其谊不谋其利，明其道不计其功。"亦谓夫义正而害自远，道明而功固不可败也。执一结楚亡宋之匹夫，以伸其罪于宋，谊何有于不正，而与道相背驰乎？夫岂不利而害，无功而败者之，乃得为道谊也？以此为教，功利之士乃以诮道义之适足以亡，是与于不仁之甚，而诈力益昌矣。子曰："晋文公谲而不正。"非为其制楚者言也。

二十

义不可以势取，而势逆则义堕；力不可以旁求，而旁挠则力屈。《易》曰："安其身而后动，定其交而后求。"以成义也。故晋不得齐、秦，则不可与楚战。晋之得秦，固得之矣，若其于齐，交之无素，结之无因，且齐犹是伯国之余，而不相下也。东西悬绝，而曹、卫哽其中，卫尤拥诸侯之成者，以遏塞其声问，晋即间道以驰一介之命于齐，而齐必弗信，况其鸟道已绝，而胠虿不通邪？故破卫之塞，而后齐师可下；援齐以坚秦，而后秦人不孤。定其交者，必为之安其身，君子之所尚也。且晋之于齐，交之无素，结之无因。往者葵邱之会，中道回辕，而齐且西怨矣。一旦而收契阔之齐，托以生死之命，夫何以哉？智取力胁，则先逢其怒；词卑币厚，则只召其辱。是故收齐之心以定一旦之交，非去其甚恶而平其深怨，未之动也。

夫卫者，齐所再造之国也。桓尸未寒，遽倚夫琐琐姻娅之荆蛮，收莒党鲁，无故而兵加齐境，揆情则不仁，度理则不义。齐之仇卫，义所得仇，明王之所不禁也。敛盂之盟，晋方厚结齐以有事于楚，遽纳其蟊贼而强之同歆，此齐、鲁之不能得诸郯、莒者，而新起之晋其能以加诸积盛之齐乎？故责晋以不受卫请，非知势者也。势有逆顺，义有从违。势之所顺，义之所安也。逆情理以受卫，而抑齐之所可仇者，以从其姑息之爱，抑非知义者也。谋莫大于收齐以坚秦，知莫审于却卫以结齐，义莫大于拒逆以抚顺，权莫大于定中国之交以毁夷狄之党。益以知再起晋侯之文以冠伐卫，大晋侯之伐也。

二十一

《春秋》有一国之辞，有天下之辞。因鲁史以立文，故有一国之辞。其事则齐桓、晋文；桓、文之事，天下之事也，而《春秋》以立天子之事，故有天下之辞。一国之辞，殊鲁于他国，以伸尊亲，则其辞隐。天下之辞，立天子义，任齐、晋之功，则鲁与听治，而其辞无隐。

隐、桓、闵之见弑，哀姜之受讨，叔牙、庆父之服刑，内地之失，君行之辱，一国之祸福善败也，可以伸其尊亲者也，故讳。

乾时之战，以败齐桓之伯者也；公子买戍卫，以尼晋文之伯者也。鲁受其祸，则福以天下；鲁当其败，则善在天下，不可伸其尊亲以废天下之事者也，故不讳。

乾时之书"师败绩"，外词也，大齐败鲁之功也。公子买之书"不卒戍"，幸词也，幸买之不卒戍以成晋功而甚其刺也。鲁之戍卫，非徒为卫戍也，受命于楚，扼晋于河山之间，以坐取宋，而移祸于齐也。买卒戍，则晋人出山之师，非失据以授楚禽于宋，则朒缩西返而事不成矣。晋师不出，宋围不解，齐且为虢，鲁、卫且为虞，周失东国而坐毙于楚。则买戍不卒，瘳鲁愚，堕卫恶，散楚交，释宋困，成晋功，安百余年之天下，以免民于左衽，其祸福善败之枢机亦大矣。故曰：《春秋》天子之事，非徒鲁史也。

二十二

仁非博爱之谓也。微言绝，大义隐，以博爱言仁，而儒乱于墨。墨氏之仁，妇姑之仁也，于是而宋钘、惠施之徒，衔之而为止攻善救之说，以狐媚愚氓而益其乱。说《春秋》者曰：凡书救者，未有不善之也。安得此墨之诐辞而亟称之哉！

夫救之与攻，有异名，无异实。党其所同，则伐其所异，得失因乎曲直，而不系乎主客也。故论救者之曲直，以所救者为案；论所救者之善恶，以救之者为证，夫然后义立而仁不妄。置所救者之曲直而俱谓宜救，是救曲之贤于攻曲也。譬诸畜牛捍虎，虎憗而挝牛以全虎，有人之心者所不为也。置救者之善恶而但得救之即荣，是许恶人之怙恶为党也。譬诸父笞其子，悍隶夺杖以击其父，而以庆子之得助，有人之心者所不许也。无人之心，不仁之尤者也。故以兵救曲，罪坐救者；见救于恶，罪坐所救。无妄救，斯无妄攻，君子之仁所由异于墨、释也。《春秋》书晋侯伐卫，楚人救卫，而卫党楚以病中国之罪定矣，卫罪定，而晋侯之伐不亦宜乎？爰旌目拒盗食以殒命，石敬瑭怙契丹以篡唐，观其所与为徒者，而贞士恶人之辨悬绝于天壤。故曰："惟仁者能好人能恶人。"为不仁者之所好，视诸仁者之所恶而尤恶也。

二十三

权衡之设，可以审大，可以审小，可以程重，可以程轻。物之贵贱，人之知愚，蔑不用也。以等一切，以度一物，蔑不准也。今有权衡于此，钧石用之而效，铢累用之而差，以程金玉则审，以程蒯枲则迷，用于君子则底于平，用于小人则任其紊，无为贵此权衡矣。王通曰："《春秋》，王道之权衡。"谓此焉耳。以程天下而准，以程一国而准，以程万世而有通义，以程一时而有适用，中国贤主以开其大治，夷狄小人以救其凶危，大而不疏，互成而不相悖，无意无必，无因无我。仁之溥，义之贞也。

《春秋》之于楚，贬之无余，而进之不遽，立天下之权衡也。其杀得臣、宜申、公子侧也，与中国同辞而无异，精一事之权衡也。为天下言，则楚君之淫刑，楚臣之自毙，中国之幸也。为楚言，则君臣之道丧，刑杀之法淫，亦人道之忧也。夷狄之势屈而中国之利兴，此不待权衡而审也。既为君臣，则不可以无道，既有刑杀，则不可无法，虽在夷狄无能掩也。此非权衡而莫审也。

且夫君子之待恶人，中国之待夷狄，恃我之贞胜而不恃彼之召亡，则权重于己而无侥幸之心。业已为恶人而又加之暴，业已为夷狄而又益之乱，则彝伦益斁，涂炭益甚，生人之祸益烈。固君子之所重悯也。悯之重，则姑从其末，就一事而程其失，救已甚之祸以仁天下，而不悖于古今之通义。子曰："可与立，未可与权。"非精义者，其孰能与于斯！

二十四

治治人者，贤人之业；治乱人者，圣人之德。惟圣人洗心而退藏于密，然后以治乱人而皆得其理。藏密者，非隐而不示之谓也，谓夫致而不疏也。所谓致而不疏者，非繁苛也，不以一心之梗概，统好恶而专之一也。故曰无意无必，无固无我，洗心之效也。卫之君臣兄弟，无一而非乱人也。乱之所自生，则卫侯当之。结昏非类，以逞怨于齐而毙宋，毁中国以崇楚，厄晋伯之成而疾视宗周之裂。事圯国危，且犹走楚以图复逞。如是者，伐之而非暴，执之而非虐，废之而国固非其国，或代之而代者宜若无罪矣。故贤人之茬此，则必举祸本以蔽罪于卫侯。罪蔽于卫侯，而叔武、元咺之罪以释。武、咺之罪释，而许弟以夺兄，假臣以讼君，方治其乱而益之乱，不如其无治也。此无他，以一心之梗概，统好恶而专之一也。

乃《春秋》之法则不然。伸其法于本，不废其治于末。曲者之固曲也，不废夫曲者之自有直也。故君薨而嗣君称子，不忍死其君而遽代之文也。君存而立者称子，系之死君之词，以其有死君之心。践土之盟子叔武，所以治叔武之忍也。卫侯杀叔武不见于《经》，听卫侯之治叔武也。君失国，介弟冢子摄，不泯其社稷，而经营以复君，义也。故献帝夺而昭烈兴，晋愍俘而元帝绍，宋钦虏而高宗继，则宗社由之以不泯。惠公获而子圉贰，宋襄执而目夷守，裕陵狩而景泰嗣，则故君因之以复归。盖代其立者乘于不得已，而誓不与所仇者相比以安其位，则可以自献于出君而无嫌。叔武之受盟于晋，列诸载书也，踵鲁申而冠蔡甲午之上，俨然不复有卫侯矣。无卫侯而与晋欼，比于晋以锢卫侯，叔之心成乎篡而希冀其兄之不返，岂犹夫目夷、子圉之心哉？以成乎篡，非社稷之为忧也，希冀其君兄之不返而人理绝矣。卫侯即获罪于天下，抑岂宜得此于叔武乎？

立天下之大纲，则绌卫侯以表华夷之防；救一国之民彝，则伸卫侯以正攘窃之法。洗一成之好恶，因变而各法之，则已乱而不益乱。本末相扶，屈伸相济，大无夺小，义不妨恩，施之天下而准，施之一国而准，曲成万物而不遗。呜呼！此《春秋》之所以藏于密也。

二十五

君子之治恶也，穷其恶；其抑诈也，弗穷其诈。故君子之道大矣。道之大者，治之蕲乎治，抑之蕲乎止，不一以得情为喜也。乱臣贼子，恶无所惮，《春秋》目言其恶以穷之，大勇之无挠。晋文公怀谲诈以事周，《春秋》略其诈而不穷，大知之不眩也。乳虎狂兕之奔，非大声疾呼以警众，则莫之或治；蜂虿之怀毒，过乎前而如弗有，则一与蝶蚓均也，无能螫矣。

故《春秋》纪践土之盟，如诸侯之自盟；温之会，如诸侯之自会，无殊乎《春秋》诸侯之屡相约也。公觐于王所，如王之偶至其所，不言其自来。王狩于河阳，如王之自狩，不言其所事，无殊乎盛世王者之自为巡省也。于是乎晋文之谲，犹蠕动之营于幽壤，而人固可弗之察矣。夫晋之召王，谋之秘，出之力，甚矣。乃王之替，非以是替也。晋即不召王，而襄固为寄位之王也。晋伯之成，非以召王而成也。大者终不能以改步，小者诸侯固已蚁附，即弗召王，而晋已伯矣。故晋文之谲，入于君子之心目，犹蝶蚓然，无能为蛰也。

故君子之道大矣，而小人之术陋矣。曹操之破袁绍，非取给于汉献之虚名；宇文泰之挫高欢，非凭借乎拓跋之余焰。无文王服侍之诚，而阳尊之，阴胁之，多其术以摇荡天下者，皆徒尔也。徒尔者，君子如无闻焉，如无见焉，岂屑屑然与竞妇姑之智，而矜钩距之得情哉！

二十六

恶之尤者，则目言之：王之杀佞夫，郑之克段，晋之杀申生，宋之杀痤是也。卫侯杀武，削而不书，故知许卫侯之杀也。许卫侯之杀武，不许郑伯之克段，段未篡也。未成乎篡，可以全恩；已成乎篡，可以伸义。故兄弟父子之间，莫大于先造逆节，而罪坐为主矣。

段之逼，武之篡，皆有挟焉，而所挟者别。段挟母以逼兄，母之志可伸者也，而寤生为忍；武挟晋以篡君，晋之志不可厌者也，而叔武为贼，允矣。叔武惩卫侯之失，摄国以守，下晋以请复其君，正也。惧宗社之亡，立乎其位，允晋而仇之，犹之可也。挟好于晋，受晋命以位，幸兄之不返而窃国焉，人理灭矣。且卫侯之失国，亦谋国之不臧，而非若太康之从欲，厉王之播虐也。外得罪于伯国，而内无大咎于先君，其君若臣，共谋一国，而托之不固，谋之既败，专委罪于一人，为臣子者，方卖主外市，挟仇敌以夺其位，叔之逆百于段，而奸倍于象。虽有仁人，不能为之庇矣。

藉舜之处此也，则如之何？曰：缓追逸贼，亲亲之道正，于此焉宜矣。不取杀弟之恶，加之不能如舜之卫侯，无求备也。义重于讨贼，故于讨之者无求备焉。《春秋》成而乱臣贼子惧，惧此以夫！

二十七

武称子而没其杀，武当罪也；瑕称公子而目其杀，瑕不当罪也。称公子者，瑕之未尝君，审矣。系乎元咺而言及者，咺贵而瑕贱，制在咺而不在瑕，咺累及乎瑕也。瑕不当罪，则卫侯恶矣。以死君之词，称乎生君之代，知武之成乎篡也。然则握发之喜，让国之名，元咺讼君之饰辞，而传者徇之也。瑕附咺后，而不改其公子，知瑕之未立乎其位也。然则元咺立瑕之说，卫侯杀瑕之诬辞，而传者徇之也。卫之君臣，其乱滋深，免于恶者，其惟瑕乎？

故无能已乱，姑勿自乱也。无能远害，姑勿徼利也。太上知乱，替治日之权宠以自抑；其次不与于乱，守治日之名位以自安；最下利乱，乘君父之不幸以自幸，上假光复之名，下希拥戴之功，贾复、诸葛亮、刘琨、崔圆之不能免此，而三代以下君臣父子之伦以蚀，况武与喧以挟仇雠以攘君父者乎！

执义回天，臣主相挽维以图存，上不启君父之怨，下不授乱臣以名者，非有他也，远其利而已矣。屋漏在上，知之在下，稍有低回于利之心，而咎不能辞矣。故令景泰不徇王文之邪说，于谦不受宫保之虚荣，安之以无有乱之心，不浮于所得者以自崇，则死不足以为忧，加之恶名而不足以为辱。《大过》之上曰："灭顶之凶，不可咎也。"公子瑕之死见哀于《春秋》，卫侯虽欲被之恶名，不可得已。惜哉于谦之不讲于此也！

二十八

细人以好恶从欲，诐人以好恶从气，独行之士以好恶从志，君子以好恶从道。从道者，不因恶此而好彼，不因恶而奖恶人以同恶。故卫侯之即楚，非见逐而以奔书，绝之于卫也。绝卫侯于卫，武疑于可君矣，而称子以甚之，则尤不许武之立也。卫侯之复归而名，重绝其挟楚也。挟楚则重绝之，援晋者疑无罪矣，元咺归，亦以自晋书而绝之，尤不许咺之挟晋以亢君也。

咺挟晋以亢君，受不臣之诛矣，则疑可许卫侯之杀咺矣。而咺之杀称大夫，不与栾盈同科，故不许卫侯之杀咺也。夫然，故足以立好恶之权衡，而彝伦皆叙，不许国君以即夷，不许臣子以干君，不许其弟之忍于其兄，不许其君之不自反而淫刑以逞。

乱人可怒而有弗怒，自我治之，而不听其相为治，惟其道焉耳。道斯平，平斯至，至斯不滞。不滞斯不测，不测之谓神。故天下莫神于道，循理而不矜志也。

二十九

动以正者，失而弗失；非无失也，失而有不失者，固无丧也。动以不正者，得而失之，其得也捷，而其失也烈矣。齐之用江、黄，无成于楚，失也。用而不用，则失之于楚，而无丧于江、黄，江、黄不与齐为功，亦无能挟去留以制齐也。晋之用秦，一战胜楚，得也。用之楚也得，而用之郑也失，其得也侥得之，其失也永畏之矣。故晋遂自是而终有秦难。夫以介在戎狄之国，俗悍兵强，君好阴谋，士夸战绩，吾之废兴，方视彼之德怨。而可挟以周旋，屡逞而无忌者乎？以必不可保之秦，岂独晋不之察，乃迷复以凶，十年不反，则惟贪于权利之心莫之辑也。晋文虽谲，灼见而或荧之矣。是何也？动不以正，则非滨乎失以蕲得而不可为功也。

《春秋》书晋人、秦人围郑，而晋数用强秦，履险不戒之失著矣。《履》之象曰："履虎尾，不咥人"，刚得中则不咥矣。六三之象曰："武人为于大君。"悦以近刚，进而不反，授虎以咥，而幸虎之驯，眇之视，跛之履，明穷而行踬矣。且夫郑之不训，无能为晋大患，而右介王都，为秦东道之吭，晋有求于郑，既挟王命、合友邦而谋之，即自以其师加诸其城下，夫亦何惮于志之不得？乃持之已固，必欲大逞于一旦，启秦东窥之径以从其欲，则郑失险，周失防，山东失势，而晋之所控扶以成其伯者，皆授诸秦人之手，不三年而秦且谋并郑以东矣；向无先轸之致死以救其溃，则包三川，腹周室，以东制淮、岱者，不待甘茂宜阳之役也。

是故工于利者利必去之；重用人者人必图之；毁其防者防终不可立也。虞之以亡于晋，而晋复用之，岂其谲不足以及此哉！故善制胜者不以谋，谋不恤险，危道也。

三十

受伐而盟，有乞盟之耻；伐人而盟之，乞盟者耻，而盟者竞矣。卫人侵狄，因以盟狄，于是乎终春秋之世而卫无狄患，盟不地于狄也。于狄，而卫耻免矣，我以知《春秋》之许卫也。乘人之乱，师临其境，胁以与讲，谖谋也；谖谋而许之，狄之于我非类也，而又被其毒以几亡，若此者而弗谖之，是宋襄公之于楚矣。

故中国之于狄，胁之不为不忠，乘之不为不义，迫以凌之不为不仁，狄之于禽无几也。伏羲氏作为网罟，以佃以渔，盖取诸《离》。离，明也，明于其义，是故可掩可杀，可诱可乘，以致养于人而远人害。岂与夫释氏之冥行，有所忍辱，无辱不忍，有所护生，无生不护者哉！

卫见围于狄，迁以避之，方易岁而天夺狄衷，以有内乱，可以有胁而弗之胁，姑且待而卫又制于狄矣，他日且求城下之盟而不得，乘而盟之，惟其速而已矣。然则胡不卒殄狄，而犹许之盟？卫未可以得志于狄也。新造之都，人无宁志，内婴晋难，力屈外图。间其难以息难，卫之所得于狄者止此矣。可得于狄者止此，犹侵而旋盟之，靖百年之乱于一举，其视寇准澶渊之歃为功大矣，而曾何浑犐、平凉之足忧。

三十一

谷梁子曰："秦之为狄，自殽之战始也。"君子之道，不以一眚绝一人，不以一人累一国。狄之为狄非其一行之狄，其所由来者胥狄也；非其君之独狄，臣与民之胥狄也。秦之谋郑，贪而诈，为有狄心。虽然，春秋诸侯之不嗜利启疆、怀谖忘亲者鲜矣。卫毁以施于同姓，而仅名；秦任好以施于交相诈之郑，未成而遽斥以狄。从其一眚，累及终身；治在一人，累乎通国。《春秋》无此法也。

且夫狄吴、楚者，不仅狄以其恶也。荆之聘，吴之会，善犹狄焉。则因其狄而狄之，非一眚之累，审矣。故《春秋》之法，为宗周存大统焉，为帝王存封建焉，为友邦存疆守焉，为生民存人道焉，危乎其欲固之也，愁乎其惟恐伤之也。秦之利晋丧而蔑其伯图，并郑以启东国，岂徒其贪诈之有狄心哉！是伯之所由成堕，周之所由存亡，封建之所由兴废，世会之所由升降也。藉其得志，则嬴政之祸，早已见于任好矣。内中国，则破中国者狄也。存宗周，则逼宗周者狄也。纪伯事以缀帝王之封建，则与伯为敌以毁伯者狄也。以此狄吴、楚则以此狄秦，其义一也。故曰：秦之为狄，自殽之战始，先此而未尝有图东夏之心也。乃若此者，其君臣之邪谋，而胡以累乎通国邪？秦之俗戎，其来旧矣，安其居，仍其俗，弗延及于中夏，授之初服而不革，聊以绥之也。渐欲并中夏而主之，则固不受化，而且以其俗延及于中夏，君子忧之深矣。

夫任好之伯，西戎之伯也。其俗戎，所伯者戎，则其挟以蹢入乎中国，役夏之民，乱夏之族，破夏之疆理以施戎政，蔑夏之矩度以从戎习，敛夏之金粟以食戎人，斩五帝三王众建之邦，夷元德显功之裔为编氓，而宠戎人以居其上，皆自此起矣。故吴王则中国化于岛夷，楚王则中国化于南蛮，秦擅天下则中国化于西戎。以其主戎者主天下，而天下戎。故谷梁子曰："乱人子女之教，无男女之别，秦之为狄，自殽之战始也。"秦狄，而晋之罪不可贳矣。率之伐楚，义也；率之伐郑，以启东国之祸。不得已而始败之，狐偃犹曰"未报其施"。呜呼！此桑维翰所以贻千年之祸，而议者且伸偃以诎轸也。邪说殄行而人纪裂矣，悲夫！

《春秋家说》卷一下终

春秋家说卷二上

文公十九论

一

通《春秋》之文以知其义，常事之大者，以笔为贬，则削者之无讥可知也；以削为贬，则笔者之无讥可知也。昏祀蒐狩，失正则书，故知不书者之得正。公即位，有故则不书，故知书者之得正。"元年春王正月公即位"，正也；所以正者，周道然也。"百官总己以听于冢宰"，殷礼也，殷尚质，质从乎情；周尚文，文从乎理。然而质有废文，文无废质，故曰："郁郁乎文哉，吾从周。"后世言礼者，有大患焉，患夫议与任者各挟所值而不相成也。议者不值乎任，推情以求至，而不知情之固有其理；任者迫于所值，审理而未得其安，乃不知理之不远乎情。故崇殷礼者，挟总己之说，责嗣子以其情，将欲使旷年无君，开奸邪以窥大位，曰：必尔以终三年之爱，而后人子之情至。乃以议之，则无与瑕之而固不可行矣。于是任者乘其所不可以非之，曰：三年之丧，非今之能行者也。夫然，而挟天位之重以为名，便人欲之私以为实，将遂税衰麻，弛遏密，锦衣玉食，轩县佾舞，若非是而旷天工者然。呜呼，此礼之所以自亡，不相为成者贼之也。

疏衰之服，饘粥之食，自庶人达于天子，礼也。逾年改元，冕服以告庙临群臣，小事从其司，大事决于丧次，礼也。逾年即位，从其文而不废质；服丧三年，从其质而不害文。故殷之质未备乎周之文，而从周之文不废殷之质，则挟天位之重以为名，便人欲之私以为实者，其邪说不得立矣。食旨不甘故弗食，闻乐不乐故勿闻，居处不安故勿居，君子之居丧，若是焉耳矣。天之所命，亲之所畀，臣民之所待，以制其乱，以保其危，战战栗栗，无疆惟恤，夫岂食稻衣锦有可乐而生其不忍者比哉！故衰绖可以临，垩室可以议，含痛隐忧而不相为妨，负荷克家而以终乃事。若此者，亦既与丧纪相成而不悖矣，则何疑邪？

或有疑者，即位之冕焉尔。夫疏衰之三年，固不可斯须去也。《礼》有兄弟之丧，则服其服而哭之，反次而后反服，是伸之斯须而不废其庸哀，文之所以不害质也。即先君之位，承先君之国，以终始先君之大事，其视兄弟之丧不尤重乎？伸斯须之冕以共天命，亦何疑邪？故孟子之所告，滕文公之所行，尽之矣。服食达于庶人，命戒废于在殡，周之道，春秋之法，如是焉耳。孔子曰："古之人皆然。"周不尔也。周不尔，而子从周弗从殷矣。

二

非其所保而有获，苟不审乎进退之则、去就之正，为乱而已矣。卫自灭邢而其志张，成公用之终始以与晋为难，身屡辱，国滨亡，杀其冢卿而仅得免。《春秋》书晋侯伐卫，卫人伐晋，其忿不思难、难不悔祸之咎，未之掩矣。卫之不能敌晋，势也，君子非奖势者也；卫之不得亢晋，义也，君子不奖非义者也。伐而相报，亢如其敌，君子斯以咎卫而奖晋矣。

三代之有伯，犹后世之有党也。有伯而天子下替，有党而公论下移。故伯之与党，治世之所谓害也。然夏之昆吾，商之彭、韦，周之齐、晋，终以救三代之崩亡，汉之李、杜，唐之裴、李，元佑之洛、蜀，万历之东林，终以存士民之纲纪。伯竭其力，党竭其死，仅与天下争，而匪人者恒起而败之，故君子恶之深焉。

暴秦不欲天下之有伯，乃重削子弟大臣之权而独操之，是以匹夫称兵而天子束手，则是以操之者散之也。元不欲使臣下之有党，乃任文法，斥议论，废台谏以束之，是以百官互蔽，而天下蒙毒，则是以束之者弛之也。

孟子曰："其事则齐桓、晋文。"然则亢桓、文而敌之以败其事者，君子之所恶，审矣。君子之以奖伯而伸党人也，治衰世之大义也，岂但其势然乎哉！

三

幸人之陷于恶，以为之名而制之，小人以之间君子，小人之恒也。幸小人之稔于恶，以操其憝而利所欲，则君子行而小人心矣。且夫所恶于夷狄者，唯其嗜利灭义，安忍贼仁，禽行兽斗，而不知君父耳。故夫夷狄之未若此也，君子犹将恶之，为其足以为此而不难也。乃既已成于大憝矣，则君子之怵惕奋怒，思以伸天之所必讨，岂曰壅恶已盈而利在我哉！

《春秋》书楚商臣之弑頵，与蔡般之弑，固无异词，无异治也。斯以为仁之诚，义之充，恃君子之道以正天下，而无有幸也。恃我之仁，而不恃彼之贼仁；恃我之义，而不恃彼之灭义。仁之诚，义之充，则夫贼仁灭义之介乎前，如大川之受秽，疾流而去之，无所留也。如利刃之加物，悉割而刌之，不有择而听其自坏也。知弑父与君之为大憝，痛心疾首，而忍以为幸也乎？

西北之谋臣不知此义，幸俺答父子祖孙之淫乱，以持其长短，而窃以自安，乐道其丑而惟恐不然。以此谋国，不亡胡待焉？故不知《春秋》之义，虽以救败亡而不给，况其大焉者乎！

四

天下无恒治人，无恒乱人，时乎乱者，斯乱之所归也。故君子无恒予人，无恒夺人。乱则夺之，夺其成乎乱也。将欲夺之，则必详之，详其所为乱既已彰著，而后夺之，以斥而不复予。是以《春秋》始详楚，晋文以前，乱在楚也。当文公之代，尤详秦，晋襄以来，乱在秦也。方是时，王室苟安；齐、宋苟睦；楚内溃而力不及中国，陈、郑、蔡、许苟免。收西周之故地，西吞戎，南结楚，以败晋之伯而觊争中国者，秦而已矣。晋襄在位十有三年，而秦、晋之兵争也八，《春秋》举之无遗词，乃以使秦之为乱人，昭著而无所掩。于是而爵晋侯以大之，狄秦以摈之。河曲以后，秦之所有事者不数见于《春秋》，置之于裔夷而弗与治矣。

秦非恒乱人也。溃晋以溃天下，欲虽未逞，而志已极也。故治乱者因时，惩乱者因治；拨乱世反之正，弗操一恒好恶以有所固必。君子之义，所以周流而不穷。

五

《诗》治已乱者也，楚僭王而秦犹未也，故摈楚而录《秦风》。《春秋》治未乱者也，乱未成乎名而已成乎事，乱之归矣，故秦继楚而受诛。《书》议道于朝廷者也，春秋诸侯佟外国，忘内治，而秦有悔过之誓，故《秦誓》与鲁列而踵周。《春秋》勒法于邦国者也，宋、卫、陈、蔡之属，虽有恶适以自敝，不及于天下，而秦祸中于中国，故列国之贬削有平词，而夷秦于吴、越。迨其后《无衣》之赋，秦以却吴全楚，大有事矣，而《春秋》略之，不施褒贬，俾从乎夷狄相攻不志之例，则楚犹内而秦益外矣。《春秋》无恒予夺，《六经》无恒进退，故学者不可以不知权。

六

秦定晋文，施及襄，而有千乘。襄之仇秦不遗余力，《春秋》无贬词，不与秦之为惠于晋也。秦不得惠，晋固不得报。故夫以背惠责晋襄者，不足与于《春秋》之旨矣。戴天子，承先君，君一国以屏王室，义不可得而怀惠。怀惠者，小人之舍义趋利，背公而死党者也。况乎狨焉介戎狄，而生其觎冒之心，始以惠饵，终以惠挟，将蔑友邦而替王室者哉！

臣怀惠则遗其君，子怀惠则后其亲。惠如生我，则人皆父；惠如爵我，则人皆君。君父之惠不逮路人，将路人其君父而莫恤也。故曰：小人怀惠。戕仁贼义，胥此焉成之矣。且夫秦之为惠于晋以收晋也，晋文歆于利，用其所饵，以虐杀子围而得国。以义言之，秦故晋文之蠹也。若襄公者，废秦之私恩以伸天下之公义，夫岂不可哉！突厥以惠收唐，契丹以惠收晋，堕其饵中而弗受其毙者鲜矣。渭上之师仅救其危，桑维翰之谋不疗其败。悟之速，则徙义而支于已坏；迷之不反，则力为之尽而以自亡。舍日星之大义，顾熠耀之末光，则岂不悲夫！

使晋襄者顾其援立之恩，上不恤王室，中不恤伯业，下不恤友邦，息殽之师，引彭衙之咎，废取江围祁之役，以惟秦命，其不与童贯、孟琪贪饵以丧天下者几何哉？序四国之连兵，伸伯讨也；爵晋侯之伐秦，显伯功也。《春秋》之所以大晋襄者，涤先君之垢以自免于小人也。

七

礼议自下，成之于上。大事于太庙，跻僖公，成其恶于文公也。恶开于臧辰，而成之于公，不分恶于下也。故有国者，议道莫审乎辨奸。奸者，道之贼也。辨奸之道，以言为类，不以言为质。考其初终，揆其从违，察其所自歆，发其所必护，而奸无所容矣。故夫臧辰之以尊祢蛊文公，非徒然也。辰之所歆，附僖以为功；辰之所护，绌闵以逃罪。盖辰者，庄之末年已执鲁政，般、闵再弑，叔仲再逆，推国之存亡于年少位卑之季友，浮沉于逆乱之廷而不舍其位，则其初终从违之际，不可掩矣。

乃所附托以自为功者，僖之附伯苟安，传之嗣子，容容多福已耳。故其以伸僖也，非固有爱于僖也。僖未之伸，则闵不得绌；闵不得绌，则闵固辰之君也。闵固辰之君，弑而辰不问，辰不得免于恶矣。惟伸僖以长，则闵若不可立；闵不可以立，将庆父可弑而辰可弗问，于是乎辰可以为社稷之宗臣而持权于鲁。操此心也，自非文公灼见其奸，殄其邪说，岂夏父之流可以口舌争逆顺者乎？闵弑鲁乱，僖公立以靖国，正也，无待于绌闵而后伸者也。僖立以正，惟无嫌于为闵之臣，故无愧于为鲁之君。辰不使僖为闵之臣，则亦与辰之浮沉于贼者同乎乱，而不足以君鲁。故文公之以大正事亲者，正僖之臣闵，而僖光矣。此之不谋，绌君父以为奸人之渊薮，没其大正而陷之不正，文公之成乎恶也，奚容辞哉！

呜呼！辰之为言，亦荣亲之说，制人子以必从者也。惟考辰仕鲁之初终以知其所护就，斯情穷而诈见，可不惑矣。故夫奸人者，无一言之可听者也。子曰："君子不以人废言。"非是之谓也。言加于君父，非非其人者之得言；人党于乱贼，终不复有一言之可听。故《诗》曰："盗言孔甘，乱是用饯。"非其言之盗也，盗者之言甘亦盗也。知盗以知言而恶其免夫！

八

皇然举六国之师，加之孱弱之沈，大其名曰伐，而目言其溃，以是为不相当之词也，而晋愈矣。《师》之五曰："长子帅师，弟子舆尸。"长子者，刚大之智也；弟子者，纤轻之慧也。故师尚大智，不贵纤慧。晋之愈，晋之纤为之也。

晋之得伯也，以威楚伯也。城濮以后，八年于兹，楚既内有惩心，晋方外有秦忌，襄代文起，未尝一有事于楚，于是而惧其寒也。寒于楚，则将寒于伯，无以答诸侯之望矣。顾欲全师以向楚则不给，分力以摇楚则不能，无已而姑小试其南向之师，加诸易溃之沈，盖自以为慧之得，而不知已纤甚矣。楚探其志而知其无如何也，且效之尤而资以相报也，不旋踵而姑用之江，江已灭而再用之六。卒之沈不益晋，而江、六益楚，则得失利败之多寡，不相偿而反负矣。

晋之有秦难，楚之有内乱，无以相及，均也。无以相及而姑试之弱小者，又均也。乃其得失多寡利败之不均也如此，岂徒远攻近取之势有便不便哉，纤慧之为用，利于小人而不利于君子，利于夷狄而不利于中国，其来旧矣。巧者，无义之可尊而姑尊者也。有义可尊，舍义而尊巧，开巧窦以延夷狄小人之入，则黠诈贪没之尤便，其不相敌也，岂有幸哉！《诗》云："毋教猱升木。"教之而不如猱之捷，固矣！家氏曰："伯者当伸大义于天下，以讨商臣之罪。"故正兵以讨商臣，上也；畏掣于秦而姑置焉，次也。伐之不足以为威，溃之不足以为胜，慧益纤而势益失，莫善其终矣！

九

商臣之罪，晋在所当讨乎？曰：此非一切之词所可制也，故曰可与立未可与权。天理者不息，不息故密，其惟纯粹以精，退藏不忒，而吉凶善败亦于此乎受度。若夫一切之词，立一义以该一切，可与否尽之矣。可与否既各成其端，端各有义，故天下无争仁而有争义。吉凶善败，巧历所不能殚，乃争一废一而不顾其中，皆一切之词之所蔽也。

最下之说曰：夷狄之无父无君，自相蹄龁以终于乱，中国之利，勿问可也。似也，而恻隐之心亡矣。且所恶于夷者，惟其取人之伦而灭之也。所恶于彼者此，而又幸其若此，诚反之心而不亦已偾乎！

其次曰：王者不治夷狄。不治则无乎治矣。无乎治，虽弑父与君，而固无治也，又谁与拣其重轻哉？夫不治者，谓要荒之外，声不相问，迹不相及，其兴其丧，非我所知也。周裂土以封楚，授服以爵楚，其与中国，固尝与乎盟会观问之事矣。故不治云者，汉之于冒顿、宋之于完颜雍是已，_{雍弑亮。}而非楚之谓也。

又其次曰：中国所虞者，楚也。楚且有覆载不容之罪，乘其罪而执之，是一举而两义伸也。于是而楚之臣子，内愤大憝，外资义问，从中而应，戮商臣以谢晋，改立君以听命于中国，虽使之削王可也，此因义以成乎利矣。呜呼！惟此之为说，似是而尤非，以蠹王道，莫之或先也。

夫义，一而已矣。大义在我，无所容假，而更假一义以益之，则并所秉之义而俱伪。"立心无恒""莫益之，或击之"矣。夷之僭王，子之弑父，奉义以治之，致一而已足。故曰"一人行，则得其友"。阴惩其僭，而阳讨其弑，则是僭不足诛而必待其弑也，抑弑不必讨而惟僭者之弑为必讨也？拓跋氏之以胁萧鸾，惟无可秉之义耳。有义可秉，而此之胁，楚之臣子岂不足以察我之情实，而瞀焉恣我以得志乎？是故拓跋氏终不能得志于齐，浸文王而用此，亦不能得志于昆夷，而欲望晋之得志于楚也，不亦难哉！

汤武之放伐，施之君父而无嫌，志号一焉耳。志一号一，内顾不诚，用诈且不足以有功，而况于用义邪！是故一切之词，遽可其可，遽否其否，不患乎无执。而以处两端之中，歆止歆动，幸以为利，掩以为名，则功必堕，而义先丧，自非可与权者，固不足以与于斯矣。且所谓权者，亦非轶可否之两端，以有其神变也。立者因道，权者因心。立者心合道，权者道从心。心合道则道画心，道从心则心生道。欲心生道，必无往而非道。无往非道，纵广于道，因时以愤盈，是故可亦人之可，而有其必可，否亦人之否，而有其定否。以此而决大疑，诚于发，诚于义，则诚于功。帝王之所以张弛进退，宰天下而无嫌者，此而已矣。今且执大权以决此疑，则商臣之逆，其必讨焉，固也。乃其用以讨者，则非若前之所云讨者也。

义有序。序者，心之伦也。夫楚固非不治者矣，然疴痒之关心，固不能与中国齐也。内之国中，上之王室，下之友邦，晏然无可生其怵惕者，则当时之大愤，固莫急于商臣矣。故宋之于完颜雍，不可讨也：吾君父之仇未报而问彼之君父，则心已先乎熠矣。惟内顾之莫阙也，志暇而义充，楚非不治者也。于是而闻商臣之辜，怒盈于中，诚将其勇，愤于一往，莫之低回，僭王猾夏之罪，留以俟之他日。不幸其乱，不冀其服，致果成刘，得罪人而他无求焉。用斯以往，楚之改君以听命，有陨自天，非所望也。定而复叛，固其所也。揭日月以行，无有阴匿，而或为阳声，则志亦易获。而楚之臣子，不能操我于所挟以相挠。王者之治远人，君子之治乱贼，惟此焉耳矣。

用斯以往，其未可以望之晋也，明矣。内之国中有急焉，上之王室有急焉，下之友邦有急焉。晋之所急者尤多，而急不在楚。急不在楚，则恻怛愤怒之心不生。义心不生，则义道不生于心。道不生心，则诚不动物而物挠之。心不生，道不立，诚不动，物遽可遽否，徒然托于道以成其欲。幸而止焉，欿而往焉。呜呼！此大同之以纳景丧梁，万历之以救鲜疲国考，曾不如置而弗问之苟免于咎也。行止之几，吉凶之本，无他，心而已矣。心者道之权，德之流行者也。不知天德，不可与言王道。为一切之词者，弗思耳矣。

十

成风之死，与敬嬴同辞。是成风之不得为夫人，与同逆之嬴氏同科也。成风不可以为夫人，而庄公固不可以无配食。然则配食乎庄者，舍哀姜其谁邪？

夫之妻其妻，从乎父之醮之；子之母其母，从乎父之妻之。室家之事嫌于爱，子母之爱嫌于私。尊之以父，而后人别于禽兽。故父之弗妻，子弗敢母，子思所以绝出妻之服也。父之所妻，子弗敢不母，《春秋》所以伸哀姜之尊也。父之所妻，逆不加于父，虽有罪焉，臣子不敢以黜。其可黜者，惟文姜之躬弑，武后之自篡，逆加于父也。逆不加父，虽危国家，陷嗣子，固不可自我而夺父之配。《凯风》之得为仁，仁此焉耳。

哀姜之所戕者，子也，僖亦子也，己与所戕者均乎为子，怨其戕兄弟而抒其忿，犹怨其戕己而报以逆也。怨其戕己而夺之以报其怨，德其立己而褒之以报其惠，则是子母之际合离以利，而天伦斁矣。哀姜以怨黜，成风以惠升。怨惠行而父失其尊，母失其亲。则僖之立以正而成乎悖，与宣之立以逆而怙其乱，又何别焉？利行于天伦，害中乎风化。僖之颂曰："令妻寿母。"其臣子导谀以胥溺也，久矣。其无忌惮矣！

十一

成风之僭，文公其可革诸？曰：胡为其不可革邪？既曰"父之所妻，子弗敢不母"矣。父之所母，子敢而不祖妣之，何也？夫母从父，祖妣从祖者也。不以父命废王父之命，非卫辄之所托也，正谓此也。且孝子以道而事其亲矣，故曰"有子考，无咎"。僖以怨黜哀姜，而以惠升成风，非道之尤者也，匡救之，得矣。

孝子以道事其亲，而曰"父之所妻，子弗敢不母"，何也？妻者，夫之所可得而妻，可得而弗妻者也，夫道制也。母者，子之所不可得而弗母，不可得而或母者也，子道顺也。哀姜于庄公存之日未有恶焉，庄公之道所可妻者也；如晋，贾氏而后不可妻，乃可弗母。非成风之固为妾，僖公之道不得母者也。

且庄公之妻姜氏，实也，而名因之，名实合一者也。名从实，夫人之为夫人，义尽此矣。僖公之母风氏，实也，嫡妾之辨，名必异乎实者也。革其名，固不革其实。生而文公养之如僖公之养之，得矣；没而配食于庄公，固不得也。以父之乱名，加诸王父之非实，于是不得为孝子。故《春秋》备录成风，从敬嬴之例于文公之代，文与逆矣。

十二

《易》曰："《乾》以易知。"天之知万物也，以易知之，则人之欲知天者，亦必以易知之。况圣人为天下知天，而率天下以共知者乎！古之治历也，十二月而为年，不从岁而从月；因月而立闰，闰立则岁要于大正，而不恤其小差。夫天之运也以岁，其化也以岁。物之生也以岁，其成也以岁。月者，非运化之所周流，生杀之所司存者也。不主岁而主月，则岁固有愆者矣，然而弗恤以从月者，本天以亲民，从其易而已矣。

一岁之实三百六十有五，有余分焉，古今之所聚讼而莫之或一者也。令要此三百六十有五及其余分以定岁，其归密矣。密者，不易察也。且又剖此三百六十有五及其余分，以成乎十二中、二十四气，其委尤微矣。微者，尤不易察也。中之相嬗，气之相授，有数而无象，寒暑之化，动植之应，固不齐矣。不齐者，欲察之而无从也。以朔为象，以望为衡，以三旬为仿，五十九日而二月为率，无中气而闰为正，虽纪年之与成岁有小差焉，乃差者不越三岁而复归于合。是故主月置闰，从乎易也。易则天固不越，而民自不迷。易简而天下之理得，于斯至矣。故治历而用其烦难之知者，不足以当于天知也。《书》曰："天聪明，自我民聪明。"民所易知，天数在焉。故夫求数于归扐之奇，索象于斗柄之指，犹术而非道，况谓天无是月，<small>谓天无是中犹可，谓天无是月妄甚。</small>闰可不告，其灭裂以言天，不亦悖乎！

十三

秦至于穆、康之世，中国之义已绝，而成乎夷矣。归襚而略其君臣，伐晋而特以号举，盖至是而《春秋》之词缓楚而急秦也。秦方为君子之所急，而况于晋乎？晋之不急，反托以置君。赵盾之所为，操心积虑以成乎逆，惟擅晋之利于己，而不恤天下之忧，恶已憯矣。盾所弗恤，君子不得而为之急。令狐之战，平词以缓秦，所以甚赵盾之心也。

夫秦吞西周之壤，东向以争天下，周之君子赋《黍离》焉，归过于天而无如何也。所难者，晋而已矣。晋捍秦以捍中国，而周托以立命，故曰"周之东迁，晋、郑焉依"，郑捍楚，晋捍秦也。郑弱而非楚敌，故楚以威劫之；晋强而秦不能劫，故秦恒以好诱之。文公之伯，得之楚而失之秦者，唯秦挟援立之饵也。以文公之盛，一受其饵，则终制于秦，以为嗣子忧，而况其后乎！

夫盾岂弗察，而甘心托国以召侮？盖石敬瑭、赵延寿之心，有他存焉故也。盾以国人不与，而幸不亡，敬瑭、延寿以决计必为，而底于灭。乱臣贼子谋锱铢之利，延天下之毒，贪斯须之权，流天下之祸，罪不胜诛，而惨有余痛，韩厥犹昌言曰"宣孟之忠"，小人滔天之恶有如是夫！

十四

求《春秋》之例，而以意例之，传《春秋》者之失也。文公之世，盟会不序者三，传《春秋》者各以其意为例，而不相通。安于此，杌陧于彼，屈圣人之旨以从其意，义几成矣，而亦何贵乎一曲之义也？《春秋》之书，文因鲁史，史之所详，有其可略，史之所略，无可复详，岂徒义不可益哉，欲详之而不能也。而一详一略之间，文之纯驳，风会之醇醨，君道臣义之得失，胥此见焉。统之以诸侯而不序，斯其以为文公之世与！

诸侯者，非鲁所得而诸侯之也。即大夫者，亦非鲁所得而大夫之也。国君之邦交，相接以等，相应以诚，相择以人，相知以素。惟其人以立爱，惟其等以立敬，不敢略也。故惟天子之旅见诸侯，则得以统诸侯。惟天子之临天下，黜陟一定而情无异施，礼无异设，则得以诸侯概诸侯，大夫概大夫。故曰：君不尸小事，臣不专大名。诸侯于其国，君也；于其邻，友也；于天子，臣也。小之不尸，而专其名以自大，弃侯度矣。夫文公之世，鲁亦弱矣，虽其不臣，固未敢有干上改物之心也，而枵然偷自大于其国，概诸侯以诸侯，概大夫以大夫，则亦荒而已矣。君荒于上，臣荒于下，史荒于官，行人荒于职；风会习之，文言传之，言不顺，事不成，而鲁道衰矣。

文公之荒以衰也，其来旧也。僖公之季，窃两伯之威，苟免于受兵者，迨是而四十余年。收人之余以自富，假人之力以自强，诬鬼之臧辰，倡士大夫以导谀之习，而上蛊其君，门天子门，宫天子宫，祀天子祀，颂天子颂，且不自知其非天子矣。两世踵荒，狂以通国。以诸侯待诸侯，不辨其尊卑也；以大夫待大夫，不问其贤佞也。不择其友，不宾其人，伛偻于外而傲言于国，史臣亦窃之以为文而成乎荒傲之史。《春秋》承之，固无由以改其妄，则如其文以显之，而荒主，谀臣、诬史之失见矣。故曰：传心之要典也。

呜呼！史因世为升降，而其所系也亦大矣哉！西汉杂而迁谲，东汉褊而固俗，刘宋乱而烨绞，赵宋疲而修弱。上移之，下化之，心生之，文成之，政因之，匪不效焉。况夫诐荡之魏收，际荼乱之元魏乎！又况夫脱脱之处于元世乎！有尊史者存，而史乃立。《春秋》以史为天子之事，盖重之也至矣。

十五

诸侯不贡而天子有求，求赙求车，继世而相仍以至也。求车以来，至于文公之中祀，七十余年，诸侯安于不贡，王室亦安其不相贡矣。襄王之崩，毛伯求金，旷世而一举焉，周有挟也。成风死，荣叔归含赗，召伯会葬，周以是挟鲁而望之偿，知必得而后求焉。敆不终使，得臣继往，于是而果如其望矣。呜呼！君天下者之若此，不亡胡待焉！共主之威福，先王之典礼，及于非所及，而仅以责锱铢之报，福殚礼辱。此物亦安足系人心哉！

鲁之有丧，天子所加惠者鲜矣。尤重者，仲子、成风之僭，桓公之逆而已。非僭非逆，则诸侯之富，"岂曰无衣"，不必自周而安吉矣。惟僭逆者假王以为荣，则非僭逆者正以不待王而荣。非僭逆者不待王而荣，则王荣之加，适以显僭逆者之有待。于是而僭逆者且欲自躐于非僭非逆之等，亦不待王荣而安吉也。况有待焉，则必有以相偿；未相偿也，则必有以相索。僭逆者且避偿索之劳以掩其辱，故自毛伯之有求，而敬嬴之僭、宣公之逆，亦无藉于王，而固安且吉矣。下无所假于王，王亦不能有求于下，自是以后周无求焉。盖有求而王衰，不能有求而王且均于亡也。命田和、命三晋，只以乞命自延，而不得其斗粟一缕之报。势所必趋，欲不亡得乎！

十六

　　河曲之战不言及，《春秋》之视晋如秦也。秦既狄矣，视晋如秦，晋亦狄也。两狄相攻，中国无主，于是而天下裂矣。春秋之始，中国相攻，而莫为主；春秋之终，天下相攻，而亦莫为主。中国相攻而莫为主，王之裂也；天下相攻而莫为主，伯之裂也。天下相裂，咎不在一人，君子有恕词焉。尸中国之伯以主天下而裂之，晋于是不能逭矣。

　　秦之战晋，以天下争也；晋之战秦，非以中国争也。君臣相蠹，自成其私，舍天下之防，徒以恣赵氏废置之愍心，授秦以重轻之柄而开其衅。于是而晋不足以伯，操戈以竞狄，是亦一狄也，而奚辞哉？秦方结楚以病天下，夫亦患衅之未开，则婴不轨之声而不足以逞，乃假以置君定国之权，且将天子秦，而又以私背之，与穴斗焉，天下无所望矣。不竞于秦，固将下楚，徒以力相角也。晋固为天下僇，而何匪狄邪？

　　故夷狄者，克以惩之，将自宾也；无以惩之，未能逞也。鄙夫怀猥邪之心，举国以与之谋，而后不可弭矣。郭子仪之用回纥，固危道也。杜甫未能知道，而《花门》之诗，有深思焉，其犹贤乎！

十七

　　弗克者，欲克之而有所拂也；不肯者，几其肯而莫能得也。晋之失伯于齐，齐之不能争伯于晋，皆一诎于小国而终不伸也。

　　邾之却晋曰："齐出玃且长。"玃且之长，岂待其辞而后知哉？乃始曰："辞顺而弗从，不祥。"故谷梁子曰："何知之晚也？"邾之却晋也，曰"玃且长"，名也；曰"齐出"，实也。实畏其挟齐，而以名逃于顺。新城之盟，聚列国而谋，所欲克者，畏而弗克，赵盾其犹鼠乎？白书欲窃，得人影而姑返也。

　　且盾岂惮义不尔克，而忌弗顺之不祥者哉？商人逆则定之，宋鲍逆则又定之，至于熊頵庶其恶，视郑夷、陈平国蹀血相仍，则直无能问矣。由灵公未弑之前，养天下之恶以相师；迨灵公既弑之后，护天下之逆以相覆。非拂经莫之予，非怀慝莫之亲，非毁冠裂冕莫之助，仅然畏齐，辞捷菑以免挠败。盾之为鼠，人得而制之，而况齐乎！晋师甫返，而商人咆哮以西，固其所矣。

盾养其奸，晋丧其伯，曰"弗克纳"者，穷奸人于所沮也。

十八

齐桓之子六人，而四为诸侯。商人弑君称公子者，著其以公子强也。齐桓初没，四公子盖尝争矣。争而孝公仅立。孝公立，而潘也，元也，商人也，安处齐国，无宋冯秦针之忌。夫岂莫之忌哉？呜呼！以弱教者靡，以强教者悍，意者桓公之以强教其子与？

桓之戍卫，武孟方弱岁，而早从戎事，克以捍狄；则四公子者各有徒众，分处国中，互相制而莫为下，可知已。孝公死，潘杀其子，潘岂不忌商人之且杀舍哉？舍弑，元鄙商人曰"夫己氏"，商人抑岂不忌元之攘臂以仍哉？相忌而莫能制，终待其敝而收之，皆桓之教也。三族赤，而后元世有齐。齐乱亟矣，乱亟而国不危，桓之所以伯，桓之所以仅乎伯也。司马氏乱，而嬴秦促亡，亦此而已矣。

十九

子恶之弑，归贼于仲遂者，季氏之辞也。归父欲去三桓以张鲁，季忌而逐之，无以为之罪，而使坐乎弑君，史册徇之，传《春秋》者因之。呜呼，史出私人而国是泯，率然举滔天之恶以授之胁从者使独坐也，悲夫！《绍圣实录》成而司马殆于奸，《三朝要典》出而东林成乎邪。兼举并行，而一忠一逆以紊。论者舍圣人之旨以从乎所诬，奚可哉！

孟子曰："《春秋》成而乱臣贼子惧。"惟其允也。当坐者出，则贼可免而不忧；不当坐者入，则人可使为贼，而惟规以自免。《春秋》之书曰："秋，公子遂、叔孙得臣如齐，冬十月，子卒。"辟有所归矣。何归乎？归宣公也。使举上客，而得臣并书，以明夫谋于齐以立接，非遂一人之志也。书其如齐，不著其返，一若遂出而子弑，明夫弑者之非遂也。出姜者，齐昭之以妻鲁而结鲁者也。商人元固忌昭，而因以忌姜矣。舍弑，叔姬出，出姜已无授于齐，而抑齐之贼臣所必葸也。嬴氏探此以蛊齐，齐利污鲁以收鲁。接怀篡逆之邪心，内依母宠，外怙强援，贼杀其嫡兄而攘之，不赦之辜，惟接为允，更谁归哉？公子遂内制于先君之悍妾，怀刃之凶人，而外胁于甚毒之强国，无能有无而不克止其械，负卿职焉，其罪也，虽然，其与偕行之得臣、荐贿之行父均矣。行父蒙忠称，而遂承大罚。以此传《春秋》，不如其无传也。始与得臣并序，继与行父同辞，归父之奔，而犹以礼遣之焉。《春秋》夺季氏之诬，以定宣公之辟，而法定矣。

赵盾实弑，而假之出；遂实不弑，而陷之入。有赵、季之私书，无晋、鲁之公史。《春秋》所为作，非以此哉？"雨雪瀌瀌，见晛曰消。"正《传》以《经》之谓与！

宣公十三论

一

君见弑，篡者不在国，则不坐篡者。故宋冯、晋夷吾不坐，而坐华督、里克。篡者在国，则坐篡者，故卫州吁、齐商人、鲁轨与接坐，而公子翚、仲遂、得臣、行父减。《春秋》之于内无达辞，由桓之正月不称王，见杀于齐而以地，知其坐轨以减翚矣。由仲遂、行父、得臣同词，而无首从，知其减三卿以坐接矣。

然尤有辨。宣之坐也，减三卿以使宣当罪，而无穷宣之词。桓之坐也，穷讨贼之词以加之，则是桓之罪不啻宣也。君见弑而篡者在国，一也。乘间侥幸以弑且篡者，不穷其辞；处心积虑必篡故弑者，穷其词。呜呼！此《春秋》之法所由异于一切也与！

夫使乘间侥幸以弑且篡者，同于处心积虑之元憝，犹之可也。乃使处心积虑必篡故弑之元憝，同于乘间侥幸之贼一切受法，则重于彼而此不适重矣，奚可哉？故夫立法以定刑，一切以为严重，将以震天下，而大奸覆以不惧。大奸之惧，惧《春秋》焉耳。是以刑不綦果而綦慎；慎不轻果，所以致果也。减宣而有留词，桓之辜乃以不赦，慎故不可复逃也。一切者惟其不慎，不慎则陷人者有挟以鸣。陷人者有所鸣，而当辜者亦因以鸣。枝叶长，辩驳繁，杀日积而民愈犯。申商之法，怨有余而惧不足，无他，不慎而已矣。

二

放奔，一也。奔者，以自奔为文，不见容于国也；放者，以放之者为主，国不容之也。放之而君弑国危，则藉不放之而祸不成矣。故晋放胥甲父而夷皋弑，蔡放公孙猎而盗杀申。盗之憎主人也，非固憎也。欲盗焉，则可无憎者而憎之也。故赵盾放胥甲父而弑灵，栾书杀胥童而弑厉。甲父窜，先辛走，赵盾之所为莫之禁矣。

先胥之存亡，晋公室之盛衰也。先都死而赵氏振，晋权始落。甲父窜，先辛走，而赵氏横；胥童死，厉公弑，而赵乃复兴，晋遂不竞。国之世臣，惟执政者放杀之而无所忌，《春秋》之所为悯晋以甚赵也。

三

善治《春秋》者，先大义后微言。求诸大义而不得，于是求之于微言；求之大义而得矣，抑舍而求之于微言，则大义蚀，而党人之邪说进。故大义已昭，信圣人焉足矣，党人之言勿庸也。三《传》者，皆习闻见于党人以蚀义者也。故我知赵盾之弑其君，而他无问焉矣。

《春秋》书曰："宋督弑其君与夷，及其大夫孔父。"贼罪正，忠效立矣。宋人之言曰："殇公立，十年十一战，民弗堪命。孔父为司马，弗能改于其德。"党词也。《春秋》书曰："晋赵盾弑其君夷皋。"罪人得，大法审矣。晋人之言曰："晋侯侈，赵宣子为政，骤谏不入，不竞于楚。"又曰："赵宣子，古之良大夫也，为法受恶。"党词也。

夫二君者，抑岂若楚虔之虐，齐商人之逆，齐光、陈平国、蔡固之禽行哉？彼数君者，且不逭其贼臣之辜，而奚足以为盾逭邪？抑以为盾之未躬之也，则司马昭之当辜，亦未尝躬之也。豢死士以竞勇于廷，穿之所与弑者，固盾之爪牙也。抑或为之说曰：赵盾能讨穿也，司马昭能斩充也，则可免弑君之罪。茅堂胡氏云。然则朱友恭、氏叔琮杀，而朱温免矣。既以手不推刃宽之，而抑以“不竞于楚”为之名，枝词两设，以曲出其罪，情之穷也。两端设词，而党人之奸露矣。

以微言伸幽蒸者，得一言而不白之隐白矣，奚事诎于东而又救之于西乎？且党盾者之毁灵也，奸亦易见。灵之立也以襁褓，尸位十四年而见弑，曾未及于弱冠之年也。太甲之狎不顺，成王之信流言，欲遽加之以不君之罪，亦奚不可？而固弗以不君终矣！弹人而观其避，童子之嬉耳。盾执国政，能竞于楚，岂一执弹童子之能制之邪？

当灵公襁褓之日，范山已早知北方之可图；迨灵公既弑之后，楚乃疆舒、蓼，问周鼎，而赵盾不能以一矢争及乎？县陈入郑，逼宋灭萧，晋伏处穴中而不敢一问，盾之所以经营者何在？荀林父以其私人而承盾之迹，乃以大衄于邲，而晋几亡，尚得起早夭之灵公于血刃之余，以为盾分过哉？不竞者盾，幸免于负国之诛，而反假为行弑之资，不亦僭乎？

灵之立也，非盾心也。盾怨襄，而欲绝其嗣子久矣。盾固与灵不两立也。罢外争以专图之，伏死士以劫持之，盾之刃无日而不俟于灵之脰，所忌者襄夫人之啼耳。夫人逝而刃发，夫岂一晨一夕之故哉！晋人党而为之词，传者习而徇其妄，乃假为仲尼之微言，以蚀《春秋》之大义。呜呼，横议流，人心蛊，而天理之灭久矣！

华氏世执宋政，故孔父被从昏之名；赵氏遂有晋国，故灵公专不竞之咎。势之所集，势人归之；利之所在，利人荣之。强者为之尽力，辨者为之饰智，党人行其好恶，天下丧其是非！王宗盛于六代，而同逆之导不与含应同诛，乃得并美于谢安。南轩延誉于君子，而不忠之浚，不与桧、卨均罚，乃得齐名于赵鼎。势利在廷，而国是乱；势利渐于野，而公论亡；势利移于史，而纲常毁矣！况乎以党说传经，托圣言而为乱贼劝哉！

四

礼行于不可继，则必承之以乱。周制诸侯为天子服斩衰，不可继者也。不可继者，非谓夫人之情欲未能胜而遂弗胜也。斩衰之制，居倚庐，昼夜哭，且夕一溢米，杖而后兴。若此，固不堪以治人事矣。是以嗣天子之处此，总已以听于冢宰。诸侯之服三年，将谁为之听邪？夫臣犹子矣，而嗣王不言，冢宰听之。则夫冢宰者，莅其官，居其处，在事则若未有丧也。侯之谊不笃于冢宰，冢宰听而侯独宅忧，是尊卑疏戚之等杀不立也。故以知诸侯之为天子服斩衰，有其服而已矣，宅忧之制，倚庐之居，溢米之馆，旦夕之哭，固不与嗣王若也。

乃夫君子之以服服丧也，岂徒其服哉！哀之所至，服以变焉；服之所成，哀以纪焉。以服配哀，质生文也；以哀配服，文行质也。诚信于中而达于外，则起居动静言语谋为，无不准此矣。故服者躬事也，哀者心纪也。起居动静言语谋为，心之绪、躬之实也。襮于躬，弗本于心，感于心，弗改于实，则亦胡贵此菅麻者为哉！

不能废事以从心，则不能闲心以从服。事乱之，心渝之，始之于不容已，而继于所可已者亦弗之已，此必然之势也。若水之下，导其流而不能复遏也。故行之未几，而诸侯之淫于礼者，遂并弃其服而不恤。其始曰：受命以君国，固莫非王事，而不可以丧废也。其继曰：以丧食丧居而听一国，力非所堪，无已而居食且无改也。其终曰：夫饮食宴乐之不废，而况于礼崩乐坏之宜恤者乎？于是而天地社稷越绋行事之邪说登矣。呜呼！钟鼓振于县，干羽舞于缀，黼黻假于躬，饮福拜胙相庆于位，哀无复余，而敬不问其所自生，礼之乱也。居然以对天地鬼神而无惭，则何如其早为之节也。

《虞书》曰："百姓如丧平声。考妣"，圻内百官从嗣君以斩衰终也。"四海遏密八音"，四海诸侯服有杀，而弭乐以终三年也。言乐之遏密，则礼视此矣，谓冠昏宾祭之不行也。但言遏密八音，则服之斩衰，食之馆粥，居之倚庐，皆不与嗣王众子圻内百官等矣。节之于服食居处，而后可节之于宅忧不言。节之于宅忧不言，而终不纵之于行礼作乐。以是为折中之极也。天理顺，人道宜也。

不可以为乐，则不可以为礼。不可以为礼，则无资以将敬。无资以将敬，则不敢以事神。废郊者，非废天事也，不敢以不备之礼乐事天也。犹夫人之子丧，废宗庙之祭，非废祖事也，不忍以哀毁之余情，施斯须之敬于祖也。若夫臣民卑也，兵刑食货贱也，以哀余之情治之，尊不废卑、贵不废贱之道焉耳。故诸侯之丧天子，惟《虞书》为允。周之旧制，子夏之所传，殆于过矣。"冬十月天王崩。春正月卜郊。"周道之不行于天下久矣。诸侯之慢，盖亦制礼者之失也。

五

嗣君居忧，听于冢宰，不废事也。诸侯丧天子，弗谅阴，亦不废事也。夫丧有不废之事，非独民事矣。母之忧，不废父之养。孤子当室，执父之丧，不废大父母之养。诸侯居其丧，不废王之贡。民事，卑者也；父、大父母、天子，尊者也。尊者之事有不废，故儒之驳者为之言曰：不以王事废天事。似矣，然而其驳也。何也？养，地道也，阴道也，故主乎爱；祭，天道也，阳道也，故主乎敬。阴阳异发而殊情，故爱之与哀，可同时并致而不相妨。哀，阴用也。其与敬阴阳异用，移乎彼则失乎此矣。

郊社之事无养道，惟宗庙为有养道。宗庙之养，荐也，非祭也。自天子达于士，丧不祭而固荐。庶人荐而不祭，丧无废焉，不废养。爱与哀不相妨，无庸废，故不废，同之推也。哀妨敬而敬为虚，敬妨哀而哀为替。故大哀废敬，异之别也。郊社之事敬而非爱其辍，明矣。

敬乃成乎礼，礼乃合乎乐，礼乐之所弗至，敬弗至焉。此有废有不废之道焉，而奚以尊卑贵贱之相夺者言哉？阴阳之异用，夫人之情也固然。达其情而礼达矣。

六

《春秋》书楚子伐陆浑之戎，有内词焉。盖自是而盟辰陵，围郑，灭萧，伐宋，咸内楚也。所恶于楚者，以其僭与？则从乎四夷虽大之列，没其王而子之，足矣。所恶于楚者，以其夷狄之道也，则自召陵以来，通王贡，列会盟，而已为周之侯氏矣。以楚而视中国，楚夷狄也；以楚而视赵盾为政之晋，非独夷狄也；以楚而视陆浑之戎，楚非夷矣。

陆浑之戎，居于伊川，淫于洛表，谁实为之？秦、晋迁之也。晋为中国伯，挟周以令天下，偕蚕食西周之秦，揖被发之异类，逼王畿以销周，而楚伐之，楚内矣。于是而楚不独夷，晋不独夏。楚不独夷，可内也；晋不独夏，则移内晋者而内楚，其亦可也。晋用陆浑之戎以间周，戎且用晋以变天下。天下且受变于戎，而先王之礼法已圮。有能伐之者，君子不复问其僭王之罪而不以夷狄相攻之例例之矣。故《春秋》不与楚庄之伯，而于是则若将授之，使与齐伐山戎等。

楚者，于周为夷狄，非天下万世之夷狄也。陆浑之戎，天下万世之夷狄也。言语嗜欲，居处婚葬，衣服器制，惑蚩蚩之氓以毒天下。流及后世，义阳之蛮，梗宋、齐、梁以掣其北伐。又垂之千年，而毛葫芦之所据，流民之所依，东渐唐、邓，西垂梁、沔，虽号为士大夫者，类皆贪食垢面，驵戾而不知有君父，罔非陆浑之戎风也！圣人见微知著，内楚以外夷。地之经，人之纪，于此焉定矣。

七

正大义者，其惟权乎。权，轻重之准也。移轻于重，则重者轻；委重于轻，则轻者代重而重者虚矣。《春秋》之法，不舍贼而求贼，弗移轻于重也；不许贼之治贼，无委重于轻也。故曰：可与权者，其惟圣人乎！义正焉耳矣。

不舍贼而求贼，则宣公坐弑，仲遂弗受也。不许贼以讨贼，则仲遂虽与闻乎弑，宣不得以贼故薄之也。不成乎贼，斯成乎卿，宣不可得而贼之，鲁故可得而卿之。卒仲遂，擎不卒。讥犹绎，《春秋》之不贼遂而卿之，审矣。于是以知遂之党贼，非敢于贼也。党贼者，行父、得臣之所均，他日委罪焉而遂从重，乃由其委罪而知遂之轻矣。

夫果成乎贼者，必有可贼之势。前乎弑而有其势，然后得动其恶；后乎弑而有其势，势益重而以之不拔。华氏之于宋，赵氏之于晋，恶为之掩而恩礼有加焉，势重故也。仲之没也，归父嗣焉，旅榇未返，鲁人遽与裁其恩礼，而宣公听之。归父之不保，于此兆矣。宣不以之为功臣，国人不比数之冢卿，遂如是其孤立，而曾足以弑邪？知遂之不足以弑，则宣实弑主，遂无与分其恶也。

若乃遂之苟从于逆而不足为有无，则见媚于其党，行父。见轻于其君，夫亦有以自致矣。呜呼！萧衍篡成而沈约斥，匡义位定而赵普废，挟觊望之情，为乱臣贼子之所奔走，待其势谢事已，惟恐其死之不速，而帷盖无恩，此《氓》之诗所以咥笑于兄弟而徒自悼也。解缙谪，黄淮囚，顾曰："练子宁而在，吾将用之。"姝姝媛媛以从人，抑何为哉？仲遂卒犹绎，而万人焉。非所据而据焉，身必危，有如是夫！

八

有语而必死，有不必死而必语；有不必死而必默，有不可默而必语。比干之谏，谏而必死者也。知必死而谏，道在死者也。百里奚之不谏，谏亦未必死也。以不欲语，虽不死而不谏，道在默者也。陈灵公之无道，凶德不如纣；泄冶之言，危词不如比干；则泄冶不必以死为道。不必有死之志，而固然其必谏，如是谏焉而无死者多矣。可以无死，不死可也；因无死而不谏，不可也。孟子曰："君有过则谏。反复之而不听则去。"泄冶未逮乎反复，犹未有去之道也；待之反复而后去，未逮乎反复而遽死，事之变也。君子尽其常，不恤其变。变之非常者，如食鱼而鲠以死者有矣，固不畏鲠以废鱼也，君子之所废者，鯸鲐而已。纣，鯸鲐也；陈灵，常鱼也。微子废鯸鲐，而泄冶食常鱼，亦何必泄冶之为过哉！

子哀之去，因乎昭公，母子之难也。骨肉之疑，尊亲之却，颉颃其辞，以发宫闱之隐，而未有以处焉，则祸足以死而不瘳于国，去之可矣。叔肸之不食禄，君已成乎恶也。正言其贼则必讨，祸再发于天伦而以危社稷，无与闻焉可矣。陈灵无鲁宣不赦之逆，无襄夫人不可解之隐祸。淫昏之咎，且改之而夕免于败，默而居其国，一容容之懦夫也。悻悻而去之，则春秋之季，足以托足之廷亦鲜矣。接舆、荷蒉惟不忍此，而见谪于圣人。夫生乎乱世之末流者，恶得夫伯禽、卫武以为之君，而以行君臣之义哉！

史家据成败贬节义，左氏、司马迁、班固、范晔，率用此道也。故折中于《春秋》而后定。治《春秋》者又从而抑之，将谁正邪？《春秋》之文无可致其褒，则不贬而已足。书《曰》："陈杀其大夫泄冶。"甚灵公也。甚杀之者之罪，而杀者荣矣。浸欲褒之，抑将何以褒之邪？死谏者，臣职也，特文不可起也。书字者，非常也，吾不知哀与肸之果非名否也。哀、肮名不别见，应即其名。无已，而加之相杀之词。陈侯固君也，不可以伸冶故而紊大伦也。无所施褒，不贬而忠已显矣。称国者，君臣同昏，分恶于宁、行父之流焉耳。以史之诐辞而求经，又恶知圣人之情哉！

九

语曰："因不失其亲。"亲者，非情亲之谓也。君子之亲，以性以义；野人之亲，以类以伦。所固亲者为其亲亲之道也。因者，因其固然而相因也。夏，楚子、陈侯、郑伯盟于辰陵。冬十月，楚子入陈。明年春，楚子围郑。未浃岁，而戴以主盟者，县其国，入其都，肉袒牵羊而后释。陈、郑之所因，其效可睹矣。

非我类者，不入我伦。义所不得合者，性固离也。讨夏氏有词也，然固非辰陵之盟所讲也。入陈而陈不觉矣，移兵以向郑，而郑愈不谋也。其合也如聚沫，其加之兵也如飘风，要亦奚足怪哉！不阳与之以可亲，虽庸人弗因。阳与之亲，而忧其易露，非急易面目于旦晚之间，则觉而不得以逞。禽为心，狄为道者，何恃以加人乎？恃此面目之无恒，旦晚之速易者而已矣。沐猴之冠，乍见而人，少间而无似人者，是以速用其无恒，而后以加人而必克。呜呼！陈、郑即疑其不可亲，而不料其变易之已速。踯躅少间，兵已临闉，庸人至此而始悸，亦孰知其固不足悸哉？

以国因者丧国，陈、郑是已；以身因者丧身，崔浩、杨愔是已；以功因者丧功，王猛是已；以名因者丧名，姚枢、许衡是已。前者丧，后者复因，君子迷，野人陷，古今之大哀也。《易》曰："入于幽谷，三岁不觌。"亦何三岁之足恃哉？晨加诸膝，而夕刃矣。

十

战之有主客之辞，曲直之案，轻重之衡；尊卑之差，亲疏之别也。均乎可以为主，则及者志战者也，所及者应也。曲直之案，轻重之衡也。或情相等，或义不相掩，则及者尊统卑，亲加疏也，所及者卑疏而不可使为主也。曲直之案，轻重之衡，一事之褒讥也；尊卑之差，亲疏之别，人伦之体裁也。人伦之所系，一事之得失不足论已。

以鲁视诸侯，鲁亲矣。为我亲者，我所尊也。战于奚，战于纪，战于郎，以鲁及者，亲加疏。若曰：我不欲战，则彼不我战，不使敌之加我。亲者全乎尊矣。以中国视楚，中国尊矣。尊于中国者，我所宜亲也。战于城濮，战于邲，战于鄢陵，以晋及者，尊统卑。若曰：楚不敢必战，晋与之战而后战，不使楚之加乎中国。尊者全乎尊，而于我亲矣。尊之统卑，亲之加疏，人伦之纪也。尊或失其可尊而必尊之，亲或失其可亲而必亲之，全尊亲之体。义系于尊则不问其曲直，义系于亲则不相为重轻，以尊亲为裁也。体裁者，因天之理，正人之纪，一事之是非，不足以掩之矣。故城濮之战，得臣志之；邲之战，林父所弗志也；鄢陵之战，楚晨压晋军而阵。之三战者，志皆在楚，而夺其志以伸晋，功不问其成亏，义不问其得失，因天之理，正人之纪，而大义行矣。

呜呼，晋、楚之力敌矣。以晋统楚，非实也。乃圣人力夺诸楚，以柄授晋。迨夫长岸之战，以楚及吴，而圣人之情愈有不得已者存矣。楚不可尊，吴愈卑则楚可尊。楚非可亲，其亲吴也，则无宁亲楚也。夫吴之与楚，僭王均也，而吴则被发文身之吴也。以臭味言之，楚于我亲矣。故《易》曰："黄帝、尧、舜垂衣裳而天下治，盖取诸《乾》《坤》。"《乾》《坤》毁，则无以见《易》。无以见《易》，天地不可立，而况于人乎？

所欲者曰及。及者事之主，所及者听也。欲战则战，不欲战则已，故主乎战；欲平则平，不欲平则可弗平，乃主乎平。宋之受围也亟，欲平，其情也。且不有欲平而卒得平者乎？欲平则平，楚弗得不听，宋得以伸其欲，而宋伸矣。伸宋者，《春秋》之勿使楚人伸也。宋之得伸者，宋固不自屈也。惟不自屈，故君子以可伸而伸之。其自屈矣，则强猘之楚不听其平，是欲平而不得平之势也，恶能为平主哉？见围经年，死守而不为之屈，上下有同力矣。力同，则同欲者伸。故以人书者，显非其君臣之私，即楚而失众也。

呜呼，楚之猘也，兵未加而先靡以从，若鲁归父之策者众矣！宋终亢之，殆于亡而后姑与之平。与之平而楚不得不听，宋于是而有死之心以报晋也。晋之伯，宋两困于楚，而晋无一矢之救，宋终不屈，以听晋而辅之。是宋有大劳于晋，而晋无造于宋也。无造而不忘，戴之以死，终春秋之世，鲁、卫、郑、蔡叛服不恒，而惟宋不易志。知天下之无王，则不可以无伯。知伯之不可恃，而终不恃夷，宋之以厝国于不倾者审矣。鲁、卫、郑、蔡，或亡或削，而宋免焉，非王偃之狂，不先六国亡也，宜哉！

十一

立义于此，无待人之求而自得者，非君子之文也，夫惟为之激昂之词以相显而后求明者，无待求而自得。激昂者必有所偏，而道多所废矣。王通氏曰："《春秋》，王道之权衡。"权衡者，无所激昂，恒平以待人之求也。知此而例之不足以立，审矣。为之例者，必有激昂。故《纲目》贱扬雄之死而屈于狄仁杰，徇例也。例"灭"者曰"亡国之善词，上下之同力"，非也。国已亡，世已殄，实灭也，不待激昂而故起"灭"文也。例"以归"者曰为其"服为臣虏，故绝之也"，非也。彼以焉，此与归焉，实以归也，不待激昂而故起"以归"之文也。善而书"灭"，将不善而不书"灭"，则是"灭"者之为功为罪，以受"灭"者而掩。绝之而曰"以归"，将不绝而不曰"以归"，则是"以归"者之为功为罪，以与"归"者而掩。故有所激者必有所沉，有所昂者必有所俯。斤斤以显一人一事，使夫人无待求而自知，其废道多矣。

圣人之于经教，若悬日月焉。晖不为物设，而物遍取照。冥行摘埴者之不可与于明，圣人行于所无事，而不能与天地争功也。故"灭"之为义大矣。齐灭谭、遂，悲王道之沦于伯也；楚灭江、黄，悲伯业之沦于夷也。均是言"灭"，而悲悯之深，且非徒为谭、遂、江、黄悼矣。晋灭潞氏、甲氏、陆浑之戎，幸中国之返于正也。均是言"灭"，而欣幸之深，讵可云赤狄与戎亡国善而上下之同力足悯邪？楚以献舞，甚外之暴也；鲁以邾益，甚内之曲也。均是言"以"言"归"，献舞、益之贱行同，而恭楚尤鲁之情异矣。晋以潞婴儿大戡狄之功也。均是言"以"言"归"，将婴儿不受缚于晋，讵可以贵道贵婴儿邪？狄祸之中于郑、卫、齐、杞也百年，而其于晋尤不两立也。灭其族种，俘其君，于是乎尽春秋而冀、豫、青、兖无狄患，垂至于七国而犹晏然。故若狄者，殄之而不为不仁，俘之而不为无礼，以谋胜之不为无信，乘其危而并之不为不义，上下同力，适以甚其恶；倔强不屈，适以益其不赦。彼夫以"灭"例"灭"、以"以归"例"以归"者，胥于此而亡当矣。

由是推之，《春秋》之教，悬其实以待人之求，功罪得失，咸取照于平衡。弗之思者，固无能得也，授之以例，俾易知焉。专家之学，所以自标榜于师说者，譬之以饴饲婴儿而使去其母。圣学不传，邪说益逞，可胜道哉！

十二

嬴秦之为无道，天下之所知，乃秦之为无道，固有为也。固有为，则固有其道。固有其道，则必有与道相得者焉。夫妇之义，至秦而定，至汉而章，是犹与道相得者也，古未之逮也。

《春秋》书郯、杞之女来归，平词而无异，非《春秋》之不以为异也，当时之习，周之制，不之异也。妇之不若，夫出之，正矣。妇以不若出，而犹备其车服，厚将迎送，归告诸宗庙，史张大而无降词，显书于策以垂后世。若是者，将以成出者之厚，而弗忌乎奖所出之薄，过矣。周之道所为文胜而伤其质也。《归妹》之象曰："君子以永终知敝。"永终者，永君子之终；知敝者，知细人之敝。不若而可出，出而以礼将之，使可嫁也，君子之以永终也得矣。乃不若而出，出而弗替其礼，细人于是乎无惭而翱翔于去留，细人之敝所必至，君子之所当知也。

臣之于君也，可存可亡，翱翔于去留而不失其荣，则细人无忌于毁其国。妻子之于夫也，可合可离，翱翔于去留而不失其宠，则细人无忌于毁其家。故三代之丧天下也，无仗节死义之士，贤如箕子，而犹逊志于周。秦以上之无烈女也，视其夫之死亡若遗，而《凯风》《有狐》之诗乃以陈之太史而无嫌。臣之不二君、女之不二夫。秦以后之所为名教也，细人敦矣。周之道敦于君子，薄于细人；秦之道薄于君子，敦于细人。夫君子之以敦为德，而不惟其文也。且天下而不皆君子矣，则无宁劝细人之敦者，为以别人道，而成俗者大邪！

臣之无适君，封建之天下，仕乎侯国者可矣。侯国之臣，犹今之属吏也。故以封建之臣礼，事郡县之共主，非妄人焉不能；则以郡县之臣道，责封建之陪贰，于道不得矣。若妻之于夫，古今均也。是故秦汉闲家之法，古未之逮也。《春秋》从周之文，无能改焉，虽史氏而弗为异词，以为人道之缺，俟之后王。故曰："其或继周者，虽百世可知也。"固必有所损益矣。

十三

理以纪数，数不足以该理；化以成象，象不足以知化。统其一原而听其万变，君子之道斯以异于异端也。数之不齐，而有偶齐；象之无定，而人可以私意定之。夫苟从其私意以征于偶然，于是儒之疵者执为感应之说，以与释氏之报应相乱，而君子之道隐。君子之道，以已乱也；释氏之教，以劝善也。穷乱以已之，惩恶以劝之，释氏立言之心未可重非，报应之说若可以存矣。而固不然，惟其无与于化理也。

说《春秋》者恶桓、宣之弑，曰：宜得夫水旱凶灾之应。恶晋侯之杀世嫡，曰：宜得夫奚齐、卓子骈首受刃之报。夫既滥于释氏之言矣，洵然将使五谷登，薄蚀不当其世，遂可推刃君亲而无忌乎？奚齐、卓子窃位，使以保其天年而国无恐，遂可听嬖妾以杀冢子而无忧乎？人不足以行法，弗获已而求之冥冥，匹夫贱妇穷而呼天者，此情焉耳。故报应之说，释氏芟须去眉之悫词，流俗之浮喜浮怒者所乐闻也。释氏利诱乎愚贱，无聊之徒以为之从，故恒取其无聊之悫心而为之慰。夫君子宪天道，敕王法以正天下：惟皇作极，皇自作也；向用五福，君自向也；威用六极，君自威也。皇不自建，委之乱人以推刃，付之水旱不齐之象数以行惩，则将焉用夫君子哉？

乱人者，非已乱之人也。臣弑其君而以报其君，行自见杀而又以报其弑。祸之相寻，恶知其极？故释氏以为人食羊，羊食人而无终已，求尸其权者而不得，则妄设一啖魔王以操天之柄，而悫极矣。不齐之象数固不齐也。桓、宣弑，而水旱应其民，是天且助凶人以益之乱矣。以为代隐公、子赤而抒之怨，则彼固何怨于南亩之妇子？以为警桓、宣而使之慑，则彼且安忍于君亲，而何恤于沟壑之老羸邪？恶动一人而害移于气数，故释氏以为一念妄生，山河消陨，而等天地于浮沤，以惟人之起灭，枵然自大，而愈悫矣。

呜呼！为此说者，将以为引天治人、参人于天之大用，乃徒用夫匹夫贱妇情穷势屈之劣情，以浸淫于芟须去眉者之猥说，废人道，乱大纪，谓之曰儒之疵者，不亦宜乎！此说不辟，妄者淫焉。故李贽之说史也，指操、懿、裕、衍之赤族以怖天下，乃君子则既不可怖矣，小人者怖以须臾，而恶发则忘者也。无以惩之而姑怖之，虽与怖之，固无怖者，抑只以充狂夫下士之嬉笑。呜呼，此贽之所以为贽与！

《春秋家说》卷二上终

春秋家说卷二下

成公二十二论

一

受天下之归者，太上得理，其次得情，其次得势。"我遘之子，笾豆有践。"得理者也；"芃芃黍苗，阴雨膏之。"得情者也；齐桓、晋文，非有受命，而诸侯景附，得势者也。三者无得，间其无归而争为之受，虚内以竞，人固不与，为乱人而已矣。鞌之战，齐、晋之争伯也。两相争，而《春秋》主晋以宾齐，不许齐之争晋也。诸侯者，非晋之所得有，齐、晋迭伯，君子无适与焉，则何为主晋以宾齐邪？明乎此者，可以知时矣。

晋自赵盾之不竞，失诸侯而莫克受，所未相舍者，宋、卫而已。会不可征，伐不可服，强与盟而无能固，几三十年于兹。齐之能为归而受之也，亦讵不可？乃晋之失矣，齐未有天下之图也，志欲妄动，而无道以受其归也。平莒而莒不从，伐莱而莱不服，仅以援立篡逆之小惠，笼鲁与俱，而索报无已，敛其君臣之怨。晋虽失之，齐固不能收之。故君子宁虚诸侯以因仍其四散，而不能以授之齐。非末授也，齐固不能受也。不能受，而忮晋以忮天下，南向授楚，冀逞其欲，以延楚之蚑行于中国。齐于是而得罪于天下也大矣。

楚之渡河而于鲁、卫，自齐始也；楚之大合诸侯于山东，自齐始也。则是齐之争也，非能争伯，而但为伯裂也。裂王而犹伯，裂伯而遂夷，夷不能有，而天下四战。然且不主晋以与之争也，将以听天下之裂也，得乎？《春秋》书国佐如师受盟之事，屈齐以主晋，齐视楚矣。晋除狄难而始有事于齐，以为鞌之胜；平齐难而始有事于楚，以底鄢陵之捷。狄、齐、楚，之三国者，晋伯之成毁，天下之合离系焉。齐之视狄、楚也，夫何远之有哉？

夫晋之得主诸侯者，势得也。势者，非君子之所荣，弗获已而以势为主宾，因乎时焉耳。诸侯之不足于自立也，势有与归，则相因以立，而后外不趋入于夷，内不成乎四战以殄其民。故曰"其事则齐桓、晋文"，主伯事也。蔑伯以为之主，君子虽欲治之也不能。故势合而后可以言情，情得而后可以言理。伯统裂，天下溃，三代之道法坠地而不复修。孟子继圣人而处乎无伯之世，言井田而不及封建，知其不可复也。

二

惟君子为能惧而不乱，惟与君子交为可惧而不乱。小人无其不可乱，惧以仍之，弥不恤其乱，而以为善逃之智，虽可无乱，弗欲也。小人以意力操天下，而与交，故将乱之以成乎其可惧；与之交而欲无乱，不得也。

为兵之言者曰："禽之制在气。"小人之言也。以气制人，有所奖以助其气，有所抑以张其气。利一往之气，物莫能自守，而耳目惊于所新。楚婴齐以之升秦于诸侯之上，以昌秦而自昌，若曰："吾所与者，诸侯莫敢上也。"抑齐于宋、陈、卫、郑之下，以下齐于诸侯，而使结诸侯，若曰："吾所为来者，诸侯能协我以相助，而皆可上之也。"惟然，诸侯固一惊其耳目，而不敢违矣。且诸侯之不敢违，非乐与而固恃之也。齐未几而授玉于晋，宋、鲁、卫未几而合兵于郑。方其惧之，即惧以谋，而谋即在是。故小人之言兵者曰："禽之将击也必伏。"鲁以之而不惜以君盟大夫，卫以之而不惜下秦，齐以之而不惜为宋、陈、卫、郑下。楚方为齐以讨鲁，鲁免讨而可以矜齐，君与大夫夷，不之辱也。楚固为齐讨鲁、卫以争晋，齐得屈鲁君而服卫，降班以夷乎小国，不之辱也。造次以终楚事而各有心，则惟其命焉可矣。惟然，故楚以得行其乱令，而诸侯姑听其一往之为，后亦不可得而式从也。

故小人之气，生小人之机，小人之以制人，而小人即用以相制，观乎盟蜀之序而见矣。言兵者两有取于禽，小人用禽道者也。君子之安其身也，无苟伏；定其交也无为气。取小人之道废于己，则禽之制不足以逞，亦何至乱其所守哉！

三

奉大义者不可以无略。略者，取舍之迟速，名实之弛张。迟速之机，徙义之几也；弛张之宜，措义之宜也。略裁于心，心制以义。故略之与义，均出而互用。《春秋》书五国之伐郑，大其伐也。郑合于楚以侵卫，导楚以大盟诸侯，郑于是不可不速伐，晋于是不可不速以伐郑。鲁、宋、卫、曹受婴齐之盟于蜀而戴楚，晋于是不可不速连四国以伐郑，鲁、宋、卫、曹于是不可不速伐郑以辅晋。

冬十一月，楚人盟诸侯于蜀；春正月，晋、宋、鲁、卫、曹会伐郑。略之以速为利，义在速矣。晋乃以不忘诸侯而避楚，诸侯乃以不固亲楚而悖晋，故败于郑而不书，以为无暇谋其不败也。郑合于楚以侵卫，导楚以大盟诸侯于蜀，郑以是不可不伐，晋于是而不容已于伐郑，实也。讨邲之役，名也。不名其实，而名非其实者，晋知弛张之宜矣。

楚师之北，晋罢于齐而不与敌，鲁、卫、宋、曹歘然尽丧其守，以受楚盟而戴之。若此者，咸与郑分恶，而晋不可执言于郑矣。邲之战，晋救郑，而郑合楚以陷其师，名之可执者也。弛其不可执，以张其可执，晋乃以无愧于名。

楚师之北，齐实启之，而郑特与俱。首祸者齐也。齐已挫而请服，则不可咎楚兵之所自至而更以责齐。齐不可责，舍齐而专责之郑，是舍首以诛从，固不若邲之咎为郑所独任矣。且郑之合楚以病中夏，非自侵卫始也。战邲以来，相承以党楚者，十年于斯。而邲之战为其祸始。

张其独，弛其同；张其源，弛其流。晋之名乃以无爽于实。名因于实，实成于名，名正而几速。晋不内愧，宋、鲁、卫、曹疾应而无嫌，郑亦无以为口实而相抵，乃以坐困婴齐而待其覆。略之有定，义之无回，君子奖而大之，其宜矣。

四

《易》曰："比之匪人。"奚以知其为匪人？匪人者，殆非人与！与相近者，见可利焉，不图远也；与同病者，见可乘焉，不虑以益夫病我者也；弱于己者，见可攻焉，不推以己也。敝敝于齿舌锱铢之间，见可怨焉，不察其不足以为怨也。喜非人之喜，怒非人之怒，与非人之所欲与，攻非人之所忍攻，故曰：不亦伤乎！夫伤，非但己者也，伤夫所与比者，行自伤矣。故匪人之有国而敝其国，匪人之有家而毁其家，匪人之有身而危其身，无他，见己之喜怒而不见人之险易，见人之强弱而不见己之存亡也。春秋诸侯之可与比者，鲜矣。

强于己者，不可与比，固比之。弱于己者，不与比，而更伤之。鲁之于邾、莒也，宋之于曹也，卫之于邢也，皆比焉而见可利，以见可怨者也。虽然，之三国者，犹未尝与彼而同病者。夫邾之于鄅也，莒之于郯也，均之为弱小，而更弱者伤矣。虽然，其病犹未甚也，至于郑之于许而极矣。北不得于晋，于许焉偿之；南不得于楚，于许焉偿之。许亦日敝，敝以奔命于晋、楚，而郑惟此之为怨，一伐再伐。许不诉楚以难郑，弗姑释也。一迁再迁以三迁，终导楚以灭之，而归利于楚。呜呼，郑于是而不可以人理求矣！求之于人理而不得，抑不可以人情求矣。相乘相攻以相胥于亡，郑殆不复有生人之心矣。匪人者，非人之类也，《春秋》绌之以狄，其存亡为不足恤矣。

五

是非之心，性之端也。性依道以有是非，是非仿道而或欺其性，因以各是其是，各非其非，于是而有非道之毁誉。居尊而给于才者，乃以伸其所为，而移天下之习。习是其是，习非其非，以成乎流俗，而亟名者骛之。故子曰："乡原，德之贼也。"一乡之所习，一国渐之；一国之所习，天下渐之；天下之所习，后世渐之。是故君子之忧此其亟也。

鲁之有臧辰，鲁人之所圣也。继辰而有行父，鲁人之所忠也。忠者，人臣之极致，为臣而致其臣之极，殆乎圣矣。呜呼！道降于上，教乱于下；居之似忠，行之似圣；求媚于国，而国人媚之，夫孰知二子者为奸之尤哉？辰之于圣也，行父之于忠也，如文绣加牺之终非人也。然而鲁人奉辰于前，行父师辰于后，鲁人复奉行父以继辰。彼居不疑，而人言无间者，岂有他哉！辰之相鲁也，作南门以拟营洛，登《鲁颂》以侂《清庙》，跻僖公以肖明堂之严父，其以为似周公矣。仿于圣周公者以圣辰，辰称圣矣。行父之相鲁也，作武公之宫，配伯禽而不迁，以拟周文、武之庙，其以是似臧辰矣。习于圣辰者以忠行父，行父忠矣，虽有据典礼以事君者，不能与之争是非也。是其所是，以成流俗之是；非其所非，以成流俗之非。其始也，臧季之私人，居尊而才给，以胥动于浮言，而一国习之，天下渐之，施及后世而成乎邪说。班固之言曰："颂述功德，忠臣效也。"固习之以作《典引》，柳宗元习之以撰《贞符》，丁谓、王钦若渐之以矫作天书，蔡京、秦桧渐之以妄修礼乐。大奸巨慝，引其君以背忠孝而戕败其宗社者，率此道也。奸为忠，诞为圣，是非移易以相化，所由来者久矣。

《春秋》书跻僖公，立武宫，有特词焉。恶乡原，诛臧辰，讨行父，见诸行事，深切著明，而后鲁人称圣颂忠之邪说不昌于后世。故千载之下，人知班固、宗元之邪，而谓钦若、京、桧之奸，识者辨之于早。圣教不明，乡原之是非不折，其不以之数奸者为周公，鲜矣。

六

将欲乱人之国，必先乱之。乱之者，导以之乱。乱始于上，而后可得而乱也。故前有谗而不见，后有贼而不知，佞人在焉耳。佞而导人以乱，乃以克成其乱心。臧辰之窃位也，暮年而情益僭，于是乎而始窃鲁。行父之窃国也，逐东门，败齐师，而意始昌，于是乎而遂将有鲁，顾有以先之矣。辰之将窃，南门以作，姜嫄以祠，《鲁颂》以登。行父之将窃，文世室，武世室，并立不祧，而以拟周。惟使其君之礼乐一视天子，乃以使己之权禄一视诸侯，而僖、成两君从其导以自首于乱，其愚亦可悯矣。

鲁侯之窃，窃其似者也。窃其似，而终不得以有天子之实，犹童子之以楮为冕而南面于塾耳。辰、行父之窃诸侯，窃其似，遂窃其实矣。辰以是要名于国，而世执其政；行父乃以要利于君，而中分其国。鲁君以贸贸然歌天子之诗，临天子之门，修天子之祀，而贫弱曾不逮其陪臣，寄命其手，逐之置之，惟命而莫违矣。上以狂拟诸天子，而下以自丧其诸侯。故夫之二君者，其愚为不可瘳也。有贼在侧而不知，且曰戴我以尊者，忠臣效也。君歆之，国人艳之，孰与知其奸哉？

《春秋》书作南门，立武宫，归恶于二君从其导者为之首。大愚之弗瘳，君子之所不悯也。

七

《易》曰："莫益之，或击之，立心勿恒，凶。"其召击也，惟其求益也。其倏而击也，是以不能交相益也。故夫无恒者不可与交以冀其益，而心勿恒者乐交无恒以冀益，若者固宜为凶之府。入春秋百五十年，吴无干于中国。晋景之季年，吴始伐郯，晋召之也。晋召吴以掣楚，吴未加楚而先及于郯。吴通于晋以图楚，兵未及楚而先加郯。驵险以为性，贪饕以为情，且受言而夕相图，蛮夷之勿恒久矣。无恒而求其益，是求击也。晋之未伸于一楚而又屈于一楚，以为中国病。或击之，不期而得击也。惟然，故亦知蛮夷者可以乘俄顷之胜，而不能宅强盛于百年。勿恒之凶，亦行自凶矣。

王者益天下而不击，伯者益之不可而后击之，强国者授之以益而击继焉，蛮夷者无为人益而徒击者也。击之莫测其端，故天下乍震其威；击之惟其所便，故天下无以相免。求益而莫益之，久与之习，而望之之情绝；求之益则反击之，弗与之为缘，而毒亦不我施矣。不望其益而弗与为缘，则不我能击。故其兴也，乍如燎原；而其亡也，瓦解一旦而莫之或拯。先乎入州来而伐郯，故甫会于黄池，而越已入其都。晋恃吴而屈，吴无信而早亡不救，作《易》者先知之矣。

八

《书》曰："罚弗及嗣。"及者，相累及也。故恶有大小，子孙族姓有与不与。恶大而与者，非累及之罚所正矣。赵盾躬弑其君，其子孙族姓怙盾之能乎弑，以举族而贵于晋，恶大而与者也。在礼，臣弑其君，在官无赦。今法：谋反大逆，期功同居皆斩。盾逃其刑，同、括服辟。《春秋》书曰"杀其大夫"，何也？非夫罚之可弗及嗣而弗及也，非夫嗣之可弗及罚而弗及也。

鲁讨东门，郑讨子家氏，晋讨赵宗，皆其所不得讨者也。郑襄，贼所立也，晋景、鲁成，贼所立者之子也。讨归生之族而戴坚，讨同、括而戴㺃，讨归父而戴黑肱。其以贼所立者为不可讨邪？抑可弗忌于所立者而讨之邪？贼所立者不讨，但乘贼之死，利弱以讨其族，是法之张弛一因于势之荣落，而无固法也。弗忌于所立者，正名为贼而讨之。于是而季孙之窃，栾书之弑，明示君父之死生悬于其手，姑纵而实操之矣。故乱臣贼子，凡民之所得诛。而心乎逆者，窃法以行，窃名以逞，则不得与凡民齿，而不授之以行讨。

《书》称"火之燎原，犹可扑灭"。前此者，已无及扑矣。行父、栾书之恶，方燎者也。礼遣归父，以大夫之名，与同、括所为，不扑其炬，而扑其焰也。使黑獭无挟以讨高欢，玄感无词以诛杨广，乱庶沮夫！

九

人自为爵，天子莫必其命，于是而知封建之必毁矣。封建者，以爵相维者也。爵，天秩也。天也者，凝于人之心而生其心者也。凝之而宁，生之而畅。故曲沃之诗曰："不如子之衣，安且吉兮。"安者，心所凝也；吉者，心所生也。故曰："天聪明，自我民聪明。"人之不必此而安，天去之矣；人之不必此而吉，天弗与应之矣。《春秋》纪鲁十二公，殁而命者一，生而命者二，其九未尝命也。以僖公之两觊襄王，且自服其服，自爵其爵，施施王廷，曾不生其弗安弗吉之惭，况他公之偷主其国者乎？文、成受命而不加荣，余公无命而不自贬，天遗周而去之，诸侯遗天而背之，于此决矣。天遗周而去之，周必亡也；诸侯遗天而背之，侯度不灵，而封建必亡矣。

商之亡也，其诗曰："皇矣上帝，临下有赫。鉴观四方，求民之莫。"天遗商而去之，民之所莫犹在周也。商不足以宰命，王季、文王犹必听命，而后为侯伯，听命于商者，听命于天之所为命也。周之亡也，诸侯无所听矣。诸侯不以其心而凝天，天乃不生于诸侯之心，民乃不莫于无命之侯。大涣者必别有所萃，已反者必重有所复。故于是而封建之移于郡县，匪郡县而不安，匪郡县而不吉矣。

天子失天，诸侯不能得；诸侯失天，大夫固不能得。失者，必有得之者，命乃以凝于草泽之英雄。欲贵者，亦安草泽而吉之矣，以大涣者之必有所萃。天之涣其群也，人自为命，而不必天子之命。天子不尸其命，而人心之欲贵也，终以不安于无命而吉之。龙战于野，七日而不远于复，乃以大敛瓦解之人心而聚之于一。欲贵者，安于其一，而奉之以为吉矣，此反者之重有所复也。天之反复其道也，命不凝于天子，而周必亡；命不生于诸侯之心，而封建必废。夏、商之季，未尝有无命之侯也。王迹熄而后《春秋》作。无命之侯，其自桓王之世、鲁隐之摄而始乎？

十

吴之通晋，兵未及楚，先加于郯。非晋不能保吴，吴固不可保也，于是而晋觉矣。

夫郯，嬴者。晋方下吴，郯受兵而恶得不下？晋其以何者为心而伐之？晋方下吴，郯事吴，而兵即加其国。方通而即与之争，晋其以何者为谋而伐之？士燮，晋之良也，忍于嬴郯，不戒于挑吴，劳诸侯之师，取必于鲁，若将宁失鲁而勿纵郯，胡为者也。于是而知晋之非为郯争也。吴不可保，而晋觉矣。

齐之南鄙，鲁、邾之东郊，去吴率近，而郯介焉。郯犹户也。郯事吴，吴且介于郯以北窥，则齐不保胸，鲁不保沂，费、邾不保峄。晋为东诸侯虑此也，乃纠三国以兵郯，张威震吴而塞其北径。故通吴以还几百年，而汶、泗之北无吴寇。非夫夫差之横，齐景之怠，鲁哀之自启其键，艾陵城下之师弗能举也。觉之早，震之先，士燮之决于争郑，百年之利矣。

鲁略燮以缓师，非靳郑也，畏吴焉耳矣。吴一兵郑，而鲁即惴吴以逆晋令，犹莫之治，其可得乎？虽然，晋之为此已劳矣。方通之，旋震之。自以为阖辟之上，而不知其毁隄以塞隧也。用非其所用，保于其所不可保，夫乃争于其所本无有争。《易》曰："得敌，或鼓，或罢，或泣，或歌。"言乎其所孚者非其所孚也，不容自已矣。

十一

古者夫妇视朋友，朋友以道，夫妇以义。以道者，合以道同，离以道异；以义者，合义在迩，离义在远。受命于道义，有不轻离而无更合。夫子之丧朋友，曰："生不于我馆，死不于我殡。"生死之际，道义之所尤详也。

杞伯姬之出，三年而后卒，义已绝矣。杞伯逆其丧以归，受而为丧主者，堕义；授之而使为丧主者，不仁也。受而为之丧主，杞之屈于鲁也。屈以其势，是弗克自强而夺其义也。藉曰为义屈焉，则义可为之主，而胡出邪？杞之沦于夷久矣，授之使为丧主，鲁屈杞也。以势屈之，是崇势而堕人之义也，藉曰以义屈之，则义不可屈，而胡受其归邪？

虽然，鲁之为此以屈杞者，奖伯姬也。何以言其不仁也？丧也者，如丧去声。之也；丧去声。之也者，弗忍其去而戚之也。葬也者，藏也；藏之也者，安之也。故夫子之丧友曰："生于我乎馆，死于我乎殡。"其所安者，而弗忍去之亦。妇之出者，生不为其故夫之亲养，死不为其故夫之党服。女之出而归者，丧父以斩衰，丧母、丧昆弟以齐衰，犹未嫁也。不为其故夫之党服，则故夫之党不报以服。服所不报，而使之丧，是委其女于涂之人而道殣之也。为其父母昆弟之服如未嫁，不报之以未嫁之礼，而授之非所主者，是犹捐其为父母昆弟而弗之丧也。

夫鲁之屈杞以自伸也。屈死者于道殣以伸一旦之威，是借化者之骴骼，逞其爪牙搏吮之雄。杞盖夷也，而鲁禽矣。鲁秉礼而禽，则君子何望焉？《诗》曰："其何能淑？载胥及溺！"此之谓与！

十二

离义以言势，不知义者也。其于势也，抑犹乘回飙而欲济也。春秋之季，列国之政在大夫，邦交之离合，亦惟大夫之意是从。然则欲取人之邦交者，宁君是犯，而勿伤其执政与？而固不然。陈辕齐，涛涂执；郑贰齐，申侯死；卫干晋，孔达杀；鲁亲吴、楚，意如囚。国不怨，民不怨，终听命焉。宋襄执滕子，终以是而失诸侯；晋文黜卫侯，再世而不能得卫；晋景囚郑伯，郑益坚南向而绝心于晋。大夫激，国人怨，汲求合而捷得离。然则屠君之执尤重于权臣，夫岂不即义以为势哉？

故善扼势者，必有所避也。扼其轻，则重者制矣；扼其重，轻者不固从也。是以君子不为已甚。已甚者，义之所忌也。义之所忌，成乎势之所必竞，虽强有力，无固获焉。所制在轻，以摇其重，重者摇矣；摇而图安，弗恤于屈。所制在重，重者失重；已失其重，不更屈矣。将欲求伸，激而改图，如支石之坠，而不顾其所庀，则必左右倾也。是故郑不顾而为伐许之师，晋乃弗获已而强归郑伯。于是郑以知晋力之已尽，晋义之已折，死拥楚而不为晋用。晋其能更执其君以伐之与？自是以后，晋日争郑而郑不与，非介宋以求合晋于楚，郑固不北向而廷也。

由是言之，大夫势重，义固轻已；君虽势轻，义固重已。义所固轻，势虽重，轻已；义所固重，犯义以激乎势之重，则趋于一往而不可复。均之为君，赖强大以为盟主耳。累之辱之，逮于无可如何而后谢之，不忠之臣不令之民，犹甘心致死而不忘，况率天下以共戴一王者乎！刘、石、苻、姚、耶律、完颜之无遗种也，激于天人者深矣。

十三

"灭""入"者，国词也。下阳之言灭，为虢震也。郓之言入，为鲁震也。

郓者，莒、鲁之塞。入郓，殆入鲁矣。陈之去莒，殆乎千里。婴齐自陈悬军以入莒，震东方之国，夺吴、晋之道，旁午以堕两都，驰骤乎鲁塞，殆入鲁矣。而婴齐欻然而返，盖婴齐之为将也，善乘其所不备，以乍伸其威，而不能固也。昔者介葛师之未返，一至鲁矣。今固知晋之不给于东应而乘之，巫臣盖已先知之也。夫悬军千里，罙入以逞志，非秦之以偾于殽者与？晋即不给于东，齐、鲁、郯、邾要其归以击之，婴齐可使无返轮。乃鲁固不能，而仅缮其中城，齐、郯、邾之固不能，而如无闻也。之数国者，欲免于危，得乎？

虽然，亦有所以。楚兵之加莒，非莒能司吴、晋之交也，道径焉耳。楚自与吴、晋争，而祸遗于东方。东方诸侯固无决志以要楚者，抑不欲以吴故而重亏楚也。吴祸之中于海岱也，视楚为亟。且吴苟得志于诸侯，不仅楚若也。他日者，呼好冠，索百牢，骃戾之气，逆风而若嗅其膻。故齐、鲁、郯、邾之戒吴也，无宁折于楚，而惟恐其不远。故之数国者，惴惴而无固心，婴齐乃得乘之，以旁午鸷击而无所忌。以是知晋之用吴，晋之独志也。晋祸纾而齐、鲁、郯、邾之祸急。移祸于人，而欲使之竟，其将能乎！

《春秋》书莒溃入郓，而鲁城中城，震鲁之两受敌于吴、楚也。

十四

晋、楚之合，中原之大故也。晋以合楚告鲁、卫，而后为西门之盟，非鲁史之不得书矣。中原之大故，鲁史承告而书，求其所以削，知《春秋》之略矣。《春秋》所书，志其得者嘉予之，志其失者忧而恶之。得不足当于予，失不足当于忧，因以无恶，君子之所不屑治也。晋合楚为西门之成，非果合楚也。权合楚以利有事于秦也。伐秦之词曰："楚人恶君之二三其德，亦来告我，诸侯备闻斯言，痛心疾首。"由是以知合楚之利有事于秦矣。

且非独其利有事也。权合楚，以间楚于秦，秦将恶楚，则楚亦将重恶秦。秦、楚交恶而不相救，故逾年而胜秦，又三年而胜楚。晋之为谋，阳得之秦，阴得之楚，其以是为已密矣。合楚以孤秦，离楚于秦以孤楚，非果合楚。故虽有合楚之嫌，而失不足以为恶也。合楚以孤楚而胜楚，则虽延楚于坛坫，而中国之防未毁，失亦不足以为忧也。然则其谋之已密，可嘉予之与，而抑不足嘉也。有君子之略，有策士之略。君子之略，策士之所浅，策士之略，君子之所弃。暂而不可久实，乍得而名大去之，是以君子重弃之也。

乍得楚之一间，使楚恶秦；乍得楚之一言，使秦恶楚。楚恶秦，因以胜秦；秦恶楚，因以胜楚。两收其胜而秦、楚两败，则既示秦、楚之孤必败而牖之合也。秦省所以恶于楚，惟晋之乘其间；楚省所以恶于秦，惟晋之诒其言。晋之市于楚，以孤秦而弱楚，章于秦、楚矣，则又坚秦、楚之恶晋而激之合也。故秦、楚乍离而卒合，大举天下以胜秦，而终不得志于秦。两君蹀血，仅然胜楚，而失郑毁宋，兵十一起而后定，是暂而不可久，君子之所弃也。

晋之合楚，非固合也。非固合者，必不敢显其非固合之名。名著于合楚，而楚于是乎固可合矣。楚之不可合，非乍合，而即有大害随之也，以合楚为忌而立之防焉耳。名固合楚，则晋因是而不忌；宋、许同之，害不随焉，则宋、许因是而不忌；播告于鲁、卫，称说于伐秦之诸侯，则天下因是而不忌。宋、许不忌，故他日而有向戌之请；晋人不忌，故他日而有赵武之盟；天下不忌，故交相见而趋入于楚廷。楚乃以入主中国，而晋安让之。仅以小胜秦，幸胜楚，而祸延于三十年之后，实乍得而名大去。名去则实必随之，尤君子之所弃也。

故斯盟也，以谓得，则固不得矣；以谓失，则犹有不失者存也；以谓谋之密，则锱铢之获、房帷之智而已矣。君子之略，固弗然也。合其所必合，离其所必离，正义于百世而不诡于一旦，大取于实而不丧其名。正大而天地之情见，见其情以治之，何忧于区区之楚哉？其以视策士之所谓略，犹巴歈之于《韶濩》也，弗屑录焉矣。

十五

合秦以攻楚，合楚以攻秦，孰愈？曰：城濮之战，晋尝合秦以攻楚矣，败敌以后，秦不可得而合也。秦不可得而合，故狄之。以不可得合而狄秦，知合秦以攻楚之大，愈于合楚以攻秦也。秦不可固合者也，晋固与之合，则弱晋而乘之。弱伯主，乘中国，秦之所为狄也。乃其害也，孤中于晋，而未及夫齐、宋、鲁、卫、郑、蔡、陈、许，以迫周于东。合楚以攻秦，晋之祸纾矣。祸纾于晋，而害遂及于天下，此得失之枢，予夺之由也。

秦之窥天下也，晋亢之。晋亢，蔽天下于秦，故《春秋》狄秦，而许晋之攻。虽然，能亢之，固不若其能服之也。且秦之去晋也近，楚之去晋也远，晋西破秦，犹未有下楚之势也，威秦而楚固不震；南破楚，而中国之势壹于晋，则威楚而秦震矣。是故合楚以攻秦，固不若威楚以震秦之得也。秦以难晋，故趣入于狄，狄秦，以晋也。楚不以难晋，而后为狄。晋惟威楚而后得为霸，故舍楚弗威，则晋一秦矣。舍楚弗威，中国可以无晋。舍秦弗攻，秦即胜晋，东国之诸侯犹得摈之于河、山之表。故其后楚削秦张，中国持之，待之数百年，而后蔑周以并天下。浸令秦削楚张，天下之亡趣急矣。

盖秦、楚者，俱以蔑宗周，坏封建，毁文物，而为志者也。势有难易，地有远迩，恶有先后。故春秋之季年，虽或摈秦而进楚，而楚之不可合也固然。秦窥天下始于晋，其合于晋也，则其罪释矣。楚之乱天下也不中于晋，虽合于晋，害固在天下，其罪不可释也。楚合于晋，罪不可释，则晋之合楚也弱不可疗，而恶不可赏矣。恶不可赏，而姑于西门之歃赏之，惟鄢陵之功故也。晋败楚于鄢陵，而秦不敢报其麻隧之怨；晋折楚于萧鱼，而秦不敢亢其济泾之师。故知合楚以攻秦，不若威楚以震秦之得也。

十六

秦、晋之构怨，四十年矣，晋不能牵天下以向秦，天下亦无为晋恤。鲁成之十三年，会于王都以西讨，山东之国集焉，而秦始非晋敌，天下敌矣。《春秋》书公自京师会诸侯伐秦，显命受于王，为天下之公伐也。牵天下之力，快晋之忿，君子不抑焉。

盖秦至是，非仅难晋也。且秦之难晋，亦非徒为晋故也。楚北向而争天下，郑蔽之；吴西向而争天下，鲁蔽之；秦东向而争天下，晋蔽之。楚得郑，而后及于宋、鲁、齐、卫；吴得鲁，而后及于齐、卫、晋、郑。秦惟弗得晋，而不敢出关以争。秦之出关，诸侯之祸，周之忧矣。秦既已有西周之地，凭山而东制诸侯，而思以逞者。惟晋蔽之尔。晋为天下蔽，天下之所宜助；为周蔽，周之所宜佑也。

且秦之合楚也，楚不能用秦，而秦用楚。秦之用楚甚狡也。不韪之名，楚犯之；中国之怨，楚婴之；勤师暴骨，楚任之。楚固不若是之愿而安为之用者，晋失秦以授楚，秦不吝捐利以结楚也。城濮以还，楚折矣，商臣得秦而后振，是以有江、六；芈旅得秦而益张，是以收陈、郑而残萧、宋，婴齐得秦以尤逞，是以下鲁、卫而蹂莒、郓。楚恃秦之掣晋以无忌，而秦非为楚掣晋也。秦委争于楚而敝晋也。

秦之悍也，祸未中于天下，而天下忘之。故微秦而楚不足以张，微楚而秦自若也。是天下阴有其巨患，晋孤任之，而天下不恤，天下之昧也。乃晋之捍楚也有名，其捍秦也不知收秦，而又负不直之咎于秦，晋是以不能得之天下，四十年而后得之也。

晋得天下以敌秦，秦乃慑于天下之威，而不敢显为周愬。故先乎会伐秦之日，使问赴告旁午于中国。后此者，天下乃始绝秦忌秦，闭秦于关以不相及者，终春秋之世而天下亦以小安。故夫晋为周蔽而周听之，周得矣，非夫惠王通楚难齐之愚也；晋为天下蔽而天下应之，天下得矣，非夫鲁伐莱、郑侵蔡之妄也。故秦者，晋之所宜合天下以有事者也。上者收秦以为天下用，而秦以绥；其次胥天下以绝秦，而秦以戢。惟不孤用其忿，而与天下共焉，则其事公矣。《春秋》张诸侯之伐而临之以周，公之也。

十七

吴、楚、秦，皆《春秋》之所狄，尤有等也。

诸侯之不安于侯，于是而有伯。成乎伯者，王之所自衰，君子贱之；近乎伯者，王之所未亡，则君子犹不绝之。盖伯者，王之委，非王之敌也。伯之始兴，类亦破王法，兼并以自强，然逮其强而足以伯矣，兼并之事于是而止。故齐兼纪、郜，灭谭、遂，逮乎召陵之师，成伯而止；晋灭虞、虢，开南阳，逮乎践土之会，成伯而止。非其后之不足于狡以启疆也，蕲乎得伯止矣。

秦之始，攘西周之地，吞梁、芮，并西戎，穆以伯矣，而狡以启疆曾未止也。窥滑、郑，向三川，冀驾晋以凌周室，是虽得伯而不为之止，伯而不止，则狄矣。故殽之战，北征之师，《春秋》夺其伯而狄之。

楚之起也，在齐桓之前。首僭王号，食申、息，争蔡、郑，意存代周，而不蕲乎伯。故《春秋》之始见，即使从狄。不蕲乎伯，固狄也。逮乎芈旅，有江、六，并群舒，胁陈下郑以向宋，犹不蕲乎伯也。县陈不有，平宋而归，而楚之并中国也为之衰止。犹知止焉，则固近乎伯矣。不足于伯，而免之于狄，以其有所止者之近乎伯也。

惟夫吴，贸然以起，贸然以来，不知有伯，固不托焉。始无蕲也，可争则争焉耳；终无止也，可犯则犯焉耳矣。不知伯，故不蕲伯。不蕲伯，则不近乎伯，而究无所止。其败也，贸然以败也。藉其成也，将贸然而无惮以不逞也。

夫贸然者无固恶，然而君子早绝之而弗宥，非已甚也。刘渊、石勒、阿骨打、铁木真之初起，岂其蕴为条理，若然以蕲之，若然以得之哉？燎原之火，不谋所爇，无与止之而不止，乃以帝天下食万民而有余矣。故贸然者，尤甚于其有固恶也。《春秋》之于秦也，弗绝于其始，以其有所蕲也；于楚也，弗绝于其终，以其有所止也；于吴也，以号始，以号终，起于钟离，卒于黄池，与于会盟，而不得与中国齿，唯其贸然无所蕲而不知止也。故知君子之恶夫贸然者，尤甚于其有固恶也！

十八

佞人之说不效，当言而荧，言已而败，佞不仇矣。佞不仇，君子何恶于佞哉？德人之言也效，效以此，言以此，言直而效易见，或以易见而浅之。佞人之言也效，知效之在彼，而言之于此，效焉而疑若神，庸人之所为神之也，而恶知其避就之奸乎？士燮之言曰："外宁必有内忧。"言已而效矣。呜呼，此燮之所以为佞也！惑于其效之疑若神，中其佞而以乱义，于是以说《春秋》曰："鄢陵之胜，幸也。"夫晋之图楚，自盟蜀以来，十四年矣。合齐通吴，间之于秦，诵楚言以绝秦，以间秦也。大乞列国之师，树齐、鲁、卫之兵为后援，誓死以当楚而后胜，其何幸哉？彼云幸者，直欲置楚焉耳。苟置楚，而晋又何以伯邪？

外宁之有内忧，不幸而燮之言中尔。岂外不宁而后内果无忧乎？赵盾之世，三方交警，而夷皋以弒，又何说也？晋之内忧，厉公之不忘情于栾、郤，而书与偃侧目其君也。效其有忧之在彼，而暴其忧之说于此，燮亦既明曙乎忧所自生，特匿其情以避，而驾其说于不测尔。故忠佞敌也，燮惟不忠，斯以善佞，迨他日之效于彼，而人且神之。君子之恶佞，惟恶其首不测而尾疑神也。汤归于克桀而仲虺诰，武王通于蛮夷而召公训，亦惟是修德令终之戒，未闻置寇于垣而以警室人之器者也。燮诚有内忧之戚以忧晋，燮胡不以死争三郤之杀于前？燮胡不以义折书、偃之弒于后？置君父之大忧，含污以自免，乃于非有忧者，姑为若知若不知之辞，以衒前知之哲。呜呼，燮之心，路人知之矣。路人知之，而传《春秋》者弗察而师之，甚哉，远佞之难也！

且夫所恶于佞者，非仅其不救于败也。摇人心，乱国是，长寇仇，启败亡，言于未兆而祸必因也。惟其侥效而疑神，人神之矣。神之将师保之，抑将奉行之，而祸以发，燮一市其阳此阴彼之邪说，取效三年之内。故后之君惩厉公之弒，后之臣鉴三郤之死，弗内反其取杀召弒之各有由，一归其咎于败楚。知䓨以疲其师而不敢战，赵武以让之歆而不敢争，叔向、女齐以天方授楚而坐视陈、蔡之灭。伯统绝，天下裂，秦、楚之迹日迁于中国，晋之强宗乃以瓜分公室，保河、山而自固，周因以亡，山东诸侯因之以尽。前乎此者，不任其咎，一自士燮之言始也。然则鄢陵之战，殆伯事之终与？而悼、平两世，得以延中国之微绪，实此一战之功也。藉从士燮之言，敛师而退，三郤亦无以免先、狐之诛，厉公亦无以御夷皋之弒，徒使楚举郑吞宋而涊食天下，又胡外患之非内忧哉？《春秋》大鄢陵之战，目楚子之败，其异于士燮之邪说昭矣。传者舍《经》而从之佞人，惑君子于千岁之后，吾不知何所税也！

十九

叔牙逆而书"卒"，君讨也。内有逆，君讨之，讳以全恩也。公子偃未成乎逆，而书"刺"，非君讨也。大夫之相杀，不足以为之讳。目言之曰"刺"，以全国法，章偃之亦有罪焉尔。公子偃其何知焉！介于乱而不能避，怙君母以立异于强宗，夫恶知季孙、行父之得刺公子以摇君哉？

行父之执，叔执季也；侨如之崩，季逐叔也；苕邱之舍，晋听叔也；郤犨之盟，晋听季也。大夫自相攻，晋为大夫讨，鲁之君无事焉，惴乎立其上，睨叔季之兴替，以役于晋而已矣。乃复归罪于匍匐入阱之子偃，施以无上之刑，何公族之易于杀也？即如季氏之辞而鞫之，侨如首也，偃从也。侨如奔而豹嗣，偃刺而不录于国。季之留余地以居三桓者至矣，而奚但公族之果于杀也！

以婴齐之贤也，犹为之言曰："夫二人者，朝亡之，鲁必夕亡。"夫岂蔑与行父之不可亡哉，季孟之不可亡而已。季孟不可亡，叔亦不可亡。自相攻也，自相树也，所假于先公之法果行而无靳者，成公之弟焉耳。大夫相攻杀以摇君，君不适主焉。君子之修《春秋》，恶足为之讳哉！

二十

百川学海而至于海，苟学焉而皆已至也。以其至而尽海于一川也，陋矣。知海之非一川，而谓川无所至也，亦陋矣。《春秋》，义海也。以义达之，而各有至焉。孙复曰："称国以弑，举国之众皆可诛。"亦一至之义。王回、常秩不审而驳之，陋矣。

夫《春秋》之为义海也大，大故不可以一例求也。以一例求，是尽海于一川之说也。故莒、薛、吴之弑，不可以晋例。莒弑庶其，薛弑比，众乱而弑，无适主也。吴弑僚，夷之甚者，不足与治也。晋弑州蒲，非莒薛之小弱而无权臣，吴之夷而等于化外，亦既有适主，而罪必坐。然无所坐而称国者，知罪之加于举国。惟孙复之说，至于《春秋》之一义矣。

且夫"举国"之云，非下逮乎编氓也，闻国政者当之耳。盖栾书、荀偃、士匄、韩厥无一而可从末减也。首弑者书，而非书能独任之矣。偃之必得书，犹书之必得偃也，故书不可以偏释也。韩厥之词，一郑归生之词也。老牛其君，而欲避其名，名沮之而实劝之。怀其心而嫁其名，是书偃愚而厥狡，厥愈不可释也。士匄之词，一韩厥之词也。匄嫁之厥，而厥不受，厥师匄狡也。厥匄同情，而匄藏之益深，匄固不可释也。然将以释宋坐归生之例，举而坐之匄厥，则抑不可。宋无可弑之权，以听之归生，而书偃无可听也。乃竟释书偃而坐之丐厥，则书偃之奸仇，而君子为可罔矣。

且夫归生之弑，宋胁之，归生欲已而不能。书偃之弑召丐厥，丐厥欲不与，而能立乎锋刃之间，高卧以从容于事外，其力劲矣。立于事外而祸不及，其望重矣。厉弑周立，厥执政，丐继之，栾、荀不相忌而相报，其情同矣。力竞而不以免君于死，望重而不为止其恶，情同而巧避其名，丐厥之恶与书偃等。之四人者，无一而可减矣。无可减者，无首从之别也。故孙复曰"举国之众皆可诛"，尽乎执政之谓也。何疑乎三晋之半天下，等诸商鞅之赤渭水也乎！

复之说，为晋言也，至乎圣人之旨矣。至者，一至者也。不期乎众至，引而概夫薛、莒、勾吴之弑，则以一川为海矣。以概夫薛、莒、勾吴之不可通，遂并废其义于晋，是谓川之终不至于海也。精义以各求其至，无为尔矣。

二十一

以梗概求义者，执一以齐之，一则泥。泥而不通，强为通之，则入于乱。故欲执一例者，未有不终于乱义者也。不知称国以弑，薛、莒、吴、晋之有异，抑弗获已而为之说曰："厉公无道，栾书不得坐视，固将易位，而程滑遽弑焉，故没书之名以贳书。"夫厉公之召弑，亦除恶之亟尔。曹髦之事不成而司马终篡，厉公之诛未竟而三晋终分，天也。岂必如司马德文欣然以宗社奉贼臣而后为有道哉？

夫厉公之不若诸儿、平国、齐光、蔡固之鸟兽行，审也。抑不若齐商人之躬为大逆，审也。彼诸君者，或弑之，而无上之刑必正，则无道者固不足以藉贼之口。乃厉公以奉周治秦，亟中夏攘荆楚之大勋，曾不足以保首领于其臣，而弑之者无罪也，不亦惨与！

诸侯危社稷则变置，非其臣之谓也。故曰得乎天子为诸侯。变置者，惟天子独耳。以天子之权授诸大夫，废置之不得，则无已而弑之。弑之而不足以为罪，覆加大有为之君以无道之名。率天下以祸义者，非此言其孰邪？故知书偃、丐厥之四贼者，情均逆，辜均重，刑均辟，杀均无赦。主名不可偏坐，而举国之刑伸焉。孙复之以定晋案，得圣人之旨矣。恶有差等，则法有独伸；罪无同异，则刑无偏置。独伸之而非有纵，众被之而非有酷，义精而宏，词同而意异。故曰《春秋》者，义海也。

二十二

惩恶之法，已败者戒，未败者诛。已败者天既治也，未败者天所未治也。天所未治，为之行诛，故曰赞天。

君而见弑，固有不善之积也。见弑于臣，天之治之，足矣。显其所以然，而人知戒，无容更加诛也。臣弑其君而逸于讨，天治之所穷也。于是舍其君召弑之罪，而专治弑者，不得分恶于君以从减。臣之弑君，虽即于讨，乃以贼臣之死偿君之弑，而不相抵，亦天治之穷也。虽受讨而恶名犹不可辞，而后天讨蔑不伸也。故齐诸儿、宋与夷之暴，齐光、陈平国、蔡固之淫，卫剽之篡，齐商人之逆，至于见弑，不施贬词，而况外树大勋，内诛权逆，若晋厉公之固非无道者乎！

故未弑，则责君以道，道先自治也。已弑则略君于法，法审其重也。方治臣之弑君，而复治君之见弑，则是以平恕处乱贼而以申商治君父，法之颇，不如其无法矣。明著其见弑，而人主固可以鉴矣。略其所以弑，而后贼穷于蔓辞。蔓辞穷则爰书简，爰书简则国法壹。故曰："《春秋》成而乱臣贼子惧。"辞穷而法壹也。

《春秋家说》卷二下终

春秋家说卷三上

襄公二十三论

一

晋灵公之世，郑、宋争，而楚因郑以逼宋；晋悼之初，郑、宋争，而郑借楚以亢晋。故楚势莫如郑，晋势莫如宋。乃宣之元年，晋出微师以挠郑，而宋人偕。其后遂委宋之自战，而晋无事。此赵盾所以丧诸侯也。襄之元年，晋勤师以加郑，韩厥独行，诸侯次于鄬，而宋人不与。楚、郑屡犯宋，晋皆当之，而宋人不报，此韩厥所以能合天下也。

晋委宋于郑，则威丧于郑，恩丧于宋，弱宋以自失其辅，是三丧也。晋专郑于己，而置宋于无争，则郑无深怨于宋，而益畏晋。宋益暇，而可以为晋拒楚，是交得也。郑畏晋之专己，威不丧也；郑无深怨于宋，则有加于宋而不力，宋乃暇焉，则宋恩晋也。宋不争郑，楚无衅以过求夫宋，辅不失也。是故韩厥之为是谋，审于利害之归矣。

天下无非义而可以利，《传》曰："放于义而行。"以其知伯者之义矣。以其身而任天下之伯，利亦己择之，害亦己赴之，实亦己任之，名亦己尸之。害不分，名不委，夫然后可以守诸侯而任天下之赜。故《易·姤》之二曰："包有鱼，不利宾。"象曰："义不及宾也。"象言利，夫子言义，义在而委之，利亦委之矣。故义者，利之合也。知义者，知合而已矣。

二

老子曰："圣人不死，大盗不止。"激夫窃礼乐者攘臂以仍成乎大盗，而已甚言之也。已甚之言，激于末而忘其序。夫窃者固有序，窃于人者亦有序，是故反之以防其失也亦有序。礼乐之窃，与其见窃，则皆自征伐始矣。征伐未之有窃，而遽有窃礼乐者，必不受窃也。童子之手扶杀，莫与批之，固不可得而夺矣。征伐之不能窃，而遽窃其礼乐，必不能窃也。一夫无挟，遽黄其屋而冕其首，狂而已矣，且然而夕戮矣。夫知窃者之序，先于征伐；受窃者之序，先丧其征伐。则礼乐之窃，大乱之极，而始防不在是也。非乱之始，则礼乐虽窃，不任其咎，况其本不听窃者乎？

又况夫礼乐之行，节征伐而制其度，足以治夫征伐之窃者乎！故弗获已而咎征伐之为窃资，犹贤于其咎礼乐也。鸡泽之会，大夫受盟；溴梁之会，大夫庚盟；宋之会，大夫尸盟。大夫盟，而齐遂移，晋遂分，鲁遂专。是会盟之为盗资也，而非也。悼公立六年，而后亲将以出。乐、韩、荀三大夫，专以其兵驰驱天下，控扶齐、宋、鲁、卫暨小国之卿，胥制诸侯之师，以成乎下移。兵归之，民从之；功归之，天下望之；权归之，君且畏之。以无耦之威，成尤重之望，率习于相从之民，上逼其主，而后会盟之窃，若行所无事，而用其不容已。是故弗获已咎征伐之召窃，犹之可也。征伐不可弭，固不可勤，即可以勿勤之道防之也。征伐勤，国君倦，怵之以凶危，诱之以尊安。于是受窃者发其箧，出其器，恬以授盗而不惊。大礼之行虽勤不倦，大礼之制尊而光，大礼之仪恭而安。以审度而节兵，利器不操而固无所丧，恶容彼窃者而斤斤以之忧为？

三

善用者不用其所用，善威人者不威以其所畏。天下无可频用，而威无固威，久矣。用频则竭。威以所必畏，则徐测其无足畏而威亦尽也。楚之为天下患，自熊通始。熊通之以患天下，自蔑周始。蔑周而不能得志于天下，楚犹有畏天下之心，而无畏于周明矣。齐桓召陵之师，实以天下之可畏者制之，而名以周之职贡收之。楚固不欲暴其畏天下之实，无宁收之于畏周，而楚服。惟夫齐桓之不殚其威，而以不用者用也。乃桓名用周，而实未用。则其用周也，固未尝以用用之也。夫名者，固有时而生乎实，楚无宁收之于畏周，而遂成乎畏齐。故以庄王之强自处以伯，不绝于周之侯服，去熊通之自大也已远，于是乎忌周之势成。楚忌周，则是周可以畏楚，而晋得以用之也。

乃周仅有其威，而晋之不宜频用也，亦审矣。何也？周之威，惟以不实用而仅有者也。晋厉之伐郑，三用尹单柯陵之盟，二子与歃。逮乎悼公收郑通吴，以为鸡泽之盟，而单子复莅，是何用周之亟也！夫晋之不能下楚，而仅争之郑，不足于楚之势也。争郑而不必得郑，同盟以谋之。尤不足于郑之势也。仅得郑而大会以收之，要盟以保之，自无可必保。而扳吴以怗之，尤大不足于楚郑之势也。有不足之势，暴于楚，暴于郑，然且煌然引重于周，则晋之不能得郑而急保郑，无以抑楚而仰之吴，实已暴，名已无权，周之威无有余焉者矣。暴周威之无余，贻楚以无畏之慰，而益生其力。楚力生，晋力死，故竭其用者，竭其力也。于是而齐桓之阴阳名实，起无威之用以伸威于楚者，其短长尽露，而道为之穷。

夫晋之始伯，无是也。战胜楚，而后为温之会，示楚不足当周之治也。灵、景之世，晋为楚诎，而犹无求于周，故庄王之强，不自处于伯而不得。厉始用周，"悼踵用周"，而周竭。周竭而晋恃以伯者亦竭。幸楚审之非熊通芈旅也，悼乃薄收之郑而不丧诸侯。以厉、悼之事，值通旅之敌，晋偾而周亡久矣。晋悼之宜丧伯也三，而奖大夫不与焉。用周，用吴，无能加楚而全力以向郑，三者皆足以亡，恃无其敌焉耳。《春秋》书悼公之事，张皇纷纭，喧豗劳疲，情形具于策，望而知晋之且替。《传》曰："史外传心之要典。"其此谓乎！

四

以德建者与畜德者邻，以道建者与适道者邻，以谋建者与善谋者邻。故《书》曰："臣哉邻哉。"邻其所邻而有功。故《易》曰："出门交有功。"晋悼之不择，下而与猥末之陈、郑相邻以谋，功之诎也，不亦宜乎！郑之决从楚也，盟蒲以后，十三年矣；陈之不北向也，辰陵以来，二十有九年矣。公子申殪，楚诎于吴，婴齐恚死。夫二国者，乃惊愕失措，而请盟于晋。呜呼，以此谋国，亡之徒也！与亡之徒者邻，惊喜失据，奉王臣，合天下，以与之谋，晋之去陈、郑也能几哉！

往者晋得郑，则楚师必及于荥。郑受盟于鸡泽，楚兵不加郑者五年。侧戮申殪，婴齐不保。壬夫贪而专国，陈以之叛。夫非谓楚衅之不可乘也，非谓陈、郑之来而不宜受也。陈、郑偷而附于晋，晋能弗以偷受之，则知二国者，失据而无固志。悯其弱以悟焉，重可悯而不可恃也。悯而受之，知不可恃，徐收之而不为之动。晋文之于卫，请盟不许，不恤褊心之讥，而持之益坚，此志焉耳。奉王臣，合天下，以敷心肾肠于不可恃之羸者，相与为偷，以待壬夫之死而后戒，何戒之晚也。若夫楚之有可乘矣，上不难以请王命，致王臣，下不难以尽合山东之侯氏，投间而起，大举以向申息之北门，亦奚求而不得？而屈一郑君，致一陈大夫，即若定天下于几席之上，沾沾然两旬之内，再勤鸡狗马之血，指天画地，而谋保此一日，是陈、郑之以救亡而取亡者，晋乃欲用之以伯，是可不为之大哀邪！

齐桓之用江、黄以成伯，而即以毁伯，固不如晋文之独用齐、秦也。江、黄无恃力，而陈、郑抑无恃心。亡之徒者，恃我以为心，未闻我之以彼为心也。晋厉公再振之业，衰之悼，丧于平，绝于昭，无他，不择而已矣。己未盟于鸡泽，戊寅及陈袁侨盟，庸主具臣之偷心，《春秋》传之矣。

五

孟子曰："以小事大，畏天者也。""畏天者，保其国。"通其义者，非谓事大之即为畏也，惟畏而后可事大以保国也。故大功有所居，大名有所当，大事有所任，大机有所秉。秉大机，任大事，当大名，居大功，吉之所生，凶之所伏。凡若此者，非国小人微可乘间以揽之己，其亦明矣。晋之欲合吴也，盟于蒲以俟，而吴不应；会于鸡泽，专使以迎吴，而吴不赴。蕞尔之鄟，介鲁以通吴于晋，而吴远去其国，以受盟于戚，何鄟之无忌也？

鄫者，吴之北道，鲁之南鄙，莒之西徼也。鄫南得吴，北得鲁，以邀功于晋，鄫乃无莒。鄫南得吴，西邀事于晋，灭于莒而不亡，灭鄫而鄫复见，犹陈、蔡之灭于楚而又复也。《公》《谷》说不足信。鄫乃无鲁。无莒无鲁，鄫不复有畏威之心矣。会戚之明年，剥丧于莒，不三十年而并入于鲁。任天下之枢，系一时之望，嫉于人，而居之已盈，远怗而近不恤，不亡何待焉？

夫弗畏而以正，犹莫之保，江、黄是也。况鄫之通吴，通非所通，以肇中原之乱者哉！《小宛》之诗曰："哀我填寡，宜岸宜狱。握粟出卜，自何能谷！"畏者，畏其不谷也。巫之如晋，与叔豹齿；戚之会，与吴人齿。无所往而不自谓谷，无所往而不得亡也。

六

圣人之言，与天同化。天化之缊，中也。中者，不偏不倚而藏诸用者也。藏诸用，无显用矣。故德行于生杀，而生杀亦不以意，天之所为易知而不可测也。圣人赞天之生杀，而天不与圣人同忧；夫妇与圣人之知能，而圣人不与夫妇同激。圣人不忧，则无以修道而立教，天之道教固行，不待忧也；夫妇不激，则不能好善而恶恶，圣人之好恶已诚，不待激也。谓莒人以其子为鄫后，灭人之祀而有其国，与灭国等，此激论也。二《传》以其激怒为圣人之激词。审然，一往之喜怒，感而为已甚之生杀，夫妇与能之，而岂曰"游夏不能赞"邪？

且夫莒之以子后鄫也，鄫之宗祀未殄，鄫之社稷未屋，鄫之公族未降于编氓，鄫之宗子可与争，而特未能争耳。与夫毁宗庙、屋社稷、编氓其子姓，婴城力守，丐免而不得者，情理之相去，岂但疑似之间哉？况乎鄫君实自亡，而后莒私行焉。宽鄫以亡国之善词，是贾充不宜得恶谥也。

有激词则有深文，有深文则有姑纵，终以逆夫妇之同情，拂天地之生杀。躁以乐新者，特未之察耳。故我知莒人之灭鄫也，我知赵盾、许止之弑君也，我知郑髡顽、楚麇之以病卒也，我知蔡侯申之为盗杀也。平情笃信，以观于圣人之言，易知者或尚莫之测也。激喜而津津，激怒而悻悻，激易简以成乎险阻，奚当哉！夫妇有圣人之知能，圣人无匹夫匹妇之喜怒。道之不明，激者乱之也。

七

或说《春秋》曰："录毫毛之善，贬纤介之罪，非君子之言也。"韩非、申不害之煱道，卫嗣君、曹叡、唐宣宗之蠹治，此而已矣。小知詹詹，大知闲闲。小知者，大知之贼也。录毫毛之善，鄙师、酂长之课也；贬纤介之恶，督邮、巡徼之司也。《春秋》天子之事，而从乎鄙、酂、邮、徼之知，以此治经，不如其无治矣。《春秋》之取舍，圣人之喜怒也。喜无当于圣人之喜，齐桓存卫而有不予；恶无当于圣人之怒，晋文召王而有不夺。故夫善不全而恶未极者，赏罚有吝焉，慎之至矣。

乃均此一事也，此有毫毛之善，而彼有邱山之恶；此有纤介之恶，而彼有江河之善。词难两显，姑无已而抑大以伸小，则元德隐而巨憝逸。故弑君，大恶也，郑髡顽之如会，小善也，以髡顽之不宜于得弑，而逸弑君之辜，将有君而贤，人戕人弑而弗治乎？考髡顽之事晋，非果有弃夷即夏之志也。公子申戮，婴齐死，楚挫于吴而去之若惊，以势沮焉已耳。善固不可采，弑君之恶固不可逸，采之于纤介之疑似，而逸邱山之显辜，申、韩之学所以仍自屈也。役情于一往而屈于其继，或怵惕有余而是非隐，或恶怒不返而斟酌废。曲以为名，细以为法，取新于耳目，以疑天下之适从，非夫敢于贼道者，无尚此也。

故曰：我知髡顽之自以病卒也。二《传》之传闻，或者晋人欲以文致郑罪而胁郑乎？以晋人之词为词，非天下之公言也。髡顽卒，郑为晋讨蔡，而受会于邢邱。则从晋非髡顽之独心，而大夫之不以此弑也，亦明矣。

八

兵者，毒天下者也。用之而即毒，不待其多杀也。行于不得已焉则杀，得已焉则勿用，故曰不戢自焚。今夫以毒攻疾者，无已而攻之，已疾而后可勿攻，则疾已而固勿攻矣。

畏巴菽之劫也，姑弗使大饮，而日咀之，疾固不可夺，而元气尽，岂不愚哉！晋之舍楚不竞而惟郑是求，愚犹此也。

畏楚之毒而浅尝之郑，以频挑之，会楚无熊通芈旅之为君，谷于菟、叔敖之为相，故亦贸贸往还于郑而相报尔。及其浃三年之内，四兴向郑之师，且饮至而夕发轫，车敝马羸，兵疲将惰，劳天下以寒诸侯之心，而徒忌与楚一战。三军之众，十有二国之君卿，其以资晋人翱翔之戏邪！故悼公君臣有自焚之道焉，而奚啻不足以霸？《易》曰："高宗伐鬼方，三年克之。惫也。"伐者，鬼方也，非故从我之郑也。三年克矣，非翱翔而避坚敌也，然且曰惫，则晋悼、荀罃之免于亡，岂非幸与！

夫争郑者，缘制楚也。无求于楚，焉用郑？郑不服者，恃楚也。能创楚，郑将焉往？本末逆顺之势，夫人而知之矣。乃疲天下于四年之中，仅以得歌钟女乐之饷。是婴儿之控首呼天而以易一饵也。君道长，臣奔命，兵死于驰驱，氓死于转饷，郑之边鄙，死于侵掠者不知凡几矣，而徒畏一日原野之暴骨，是盗跖日脯人肝而分以饲饿夫于道也。仁不足以仁，让非其所让，威而益丧其威，合诸侯而即以召离。晋自是而兵不能复及于中原，令不能复行于列国。甚哉，悼之以小知而堕伯业也！说《春秋》者犹从而奖之，不已过与？

夫杀以止杀，未闻留杀以滋杀也。萧鱼之会，弗获已而后以倦归，王者之所不忍，伯者之所不屑，《春秋》叠序其兴师之勤，绘其黩也。郑人请成而不列于会，明乎非召陵、袁娄之绩也。虽有乐黩武而惮除患者，不容叛经以为晋悼释。

九

合十二国之诸侯以伐郑，始以会于萧鱼，终合十八国之诸侯以侵楚。始以盟于皋鼬，终两书曰"公至自会"，未毕其初事之词也。召陵之侵，无救于蔡，无得于楚，萧散无终，而以盟毕之，信为未毕矣。

萧鱼之会，郑服也。郑服而何为未毕邪？夫晋牵帅天下之君师，暴露三年，未遑税驾，只以收薄赂于郑，而仅服之，其以是为可毕事也与？将欲毕之，入其都，俘其君，迁其国，无已而灭其社稷，于以收十二国三年四举之威，而亦仅报其大劳。然而以此加郑，而固不得矣。夫郑者，非天下之大害之司也。深伐之而不可，浅伐之而徒勤。由其萧散无终，大会以解者观之，晋人之不揣以争郑，自困于恩威，而失霸宜矣。

服郑之道，德绥之，上也；立威于楚而郑自来，次也。不能于楚，则固不能于郑矣。不能于楚，仅能于郑，是终无以有能于楚也；不能于楚，仅能于郑，而其能于郑者亦仅也；故虽得郑而终不敢问楚，既且授诸侯于楚，以戴之而长诸侯。晋悼之所成，概如此矣。誉之者乃曰“推至诚以服郑也”。夫以至诚服人者，固必牵帅天下之君师，疲敝于道路者三四年而无税驾，一歃再歃，姑弗获已，而收功于纤芥之贿乎？会而不言郑与，以伐郑出，而以会终。《春秋》之陋萧鱼，亦如其陋皋鼬也。说《春秋》者以悼公为复伯，吾不信也。无已，其齿诸宋襄而可乎！

十

小人之心惟君子知之，与小人为类者弗相知也。苟弗知之，重之以疑，益之以忮，竞之以遽，还相为遽，而祸极于不已。莒于鲁，故未有郤也，一旦以小犯大，方伐其鄙，旋重师而环其邑。鲁之救台，台围释而亟破其别都。祸发于一旦，两相为遽，而惟恐不力，是何其相忮之深邪？台，费之旁邑也；郓，台之接壤也。鲁城费而莒围台，鲁城防而齐围成，其故一也。且夫鲁之亟城费与防也，其非为齐、莒设，明矣。季欲分鲁而费城，臧欲要鲁而防城，斯亦何与于齐、莒，而遽为齐、莒忧？

虽然，其启疑者，固有以也。季与臧之欲夺国也新，而居势也不厚，为之利以啖其君，为之名以蛊其民，必将曰：费城而南制莒，防城而北捍齐，收莒亢齐，国家之利。二氏其为国吠犬也。之情也，能知之者，其惟君子乎！君子之审于事，惟知人也。其知人也，惟审实也。宿纥之不自靖，而费防之筑，不足为齐、莒难，亦易见矣。

国无能自固，则见似而疑；情无能自守，则方疑而忮。疑不虑，忮不惩，愤于一往而不思其反，故莒、齐于鲁，兵连祸结，君俘国围，咸自召也。

夫君子有弗信之人而无过疑，有必争之实而不以忮。故天下方乱，不与其乱，内先自固，可以无忧，事猝惊心，有以自守。待之须臾之顷，小人之情形尽见，而我亦可以无忌矣。夫小人之名为攻也，意不在攻也；名为弗攻也，固将攻也。幻以摇庸人之志，而实不能佚君子之鉴。是以情穷于君子，而君子不代之以受恶。

宿与纥也，一仇其奸，莒为之残，齐为之毁，晋为之敛怨于莒、齐，而勤天下以召叛，况鲁襄之童昏受掣者乎！时无君子，交相为愈，猝然颠越以成乎乱，然后小人之求益仇，而得益坚。鲁遂分，晋遂失伯，齐困莒凋，费防耦国。与小人为类者，恶知其底止之如斯邪！

十一

开大功者不保其终，则或起而残之。残其身，没其功，掩其成以为己绩。虽然，亦无能居也。

晋悼之君臣，有合诸侯勤天下之迹，或艳称之。求其实，皆厉公之余业尔。悼之有事于天下者三：服郑也，用吴也，拒秦也。厉无鄢陵之战，楚何为失郑而终已？无麻隧之师，秦何为见伐而不报？无钟离之约，吴岂听蔑尔鄙之命以北向而受盟？悼公因之，是以有求而亦得。栾、荀士匄因之，是以执政于晋而为诸侯雄。

夫悼公固无桓、文之志，书、偃、罃、匄之区区，亦岂虑天下而勤之邪？业已推刃厉公，而堕其十九之功，则无以自掩而谢国人之咎。故三役者，皆非悼公君臣之得已也。席厉之业，竟厉之事，苟可掩厉之成劳为己迹，则薄收遂已，而无过望于大成，亦偷心之固然矣。薄收之郑，而得赇旋师；薄收之吴，而退吴于向；薄收之秦，而械林遽返。舍三方以无成，天下之去晋也亦自此始。悼无成功，晋无成伯，只借手以为权臣得晋之资。呜呼，又孰知悼之资贼刃以得国者，徒勤而终非固得也，抑孰知栾、荀、士氏之终以得晋而赤其族也。不祥之犯，祸莫大焉。窃人之功，名终毁焉。天之道也，王之法也。

《春秋》于萧鱼，不序郑服之绩，于会向伐秦，目士匄、荀偃之专行以劳天下，而显其无成。奸人之奸，无可掩矣。悼公没，荀偃死，吴自竞于南，秦自竞于西，楚分诸侯于晋。栾氏先亡，荀、范势夷，而赵武、魏舒、韩起代兴于晋。故曰："天之所佑者顺也，人之所助者信也。"履不信，思不顺，或又起而残之，将谁尤哉！

十二

《春秋》之奖伯，靳天下而一之也。伯之未兴，诸侯相攻而无已，王以是而益如赘，民以是而益如焚。民既病而偷相仇，王既无以禽天下，而自保也亦危。故子曰："微管仲，吾其被发左衽矣。"非仅山戎、狄、楚也，一朝之忿，竟其民以死之者，皆山戎、狄、楚也。

伯兴而天下犹一矣，天下犹一则若存若亡，仿佛之声灵，固天子也。民有辑，固以存其生；民有归，固以心无妄竞也。微此，将枵然自保乎伯之名，而诸侯不禁于相攻，恶用奖伯而徒以替王邪？故诸侯之复自相攻，于是乎而伯不足奖。是以《春秋》亟夺其伯，而一以无伯之治治天下。

晋悼之季年迤于平公之世，齐、莒、邾攻鲁，鲁攻邾，宋攻陈，卫攻齐、曹，一朝之忿无所归辑，视诸齐桓未兴之日为无愈矣。平公之合诸侯，盟不书同，执大夫而称行人，非伯之词也。后乎溴梁之会，七年而伐晋之师举，与卫齿焉，无伯之词也。圣人之欲治天下也益难矣。王者不兴，伯不可用。故曰："天下有道，某不与易也。"非圣人其孰能易之哉！

十三

惟固有德，则乘于道者不能与争。德非固有，而先丧其道，乘于道者虽无德而争之有余。盖道可乘也，德不可乘也。道用天之自秩，因先王之已制，约乱人而俾勿甚其乱者也，故可乘也。德非固有，不足以丽乎道，则恒为乘道者之所诎矣。故曲直老壮，壹因乎道。

晋为溴梁之会，命诸侯曰："归侵地，抑齐之强，扶鲁之弱，弭邾、莒之乱。"德人之言也。直于齐，壮于齐，谊不得与之争，而齐无忌。晋德虽衰，其于齐之秉凶以为德者，不犹远乎？盟而其臣逃，未几而伐鲁之兵五出。执邾、莒而邾、莒不顺，围齐而终不能修袁娄之已事。何齐之壮邪！

学《春秋》者，比其事，观其所由，而得失之故显矣。齐灵之悖，德悖也。德悖于人，而道不圮于中国也。会于溴梁，大夫盟，上无诸侯。齐之伐鲁，比年五出，而君将者四。齐乘道，而晋乘非道，不相下之势在此矣。

故道者，德所乘也，亦无德者之犹无可乘也；德者，道所秉也，非无道者之可秉也。鲁惟为季孟树邑，而邾、莒憎；晋惟为荀偃抒怒，而齐灵逞。道无可乘，詹詹之德言不足以令，久矣。故用人情者不如用天秩，用己志者不如用王制。君臣父子之外无德也，尊亲令恭之外无直也。齐由是而张乎天下者逾三十年，迨乎陈氏之强，而后大挫于吴。鲁之益弱，晋之不竞，又奚怪焉！

十四

诸侯之盟会征伐，必亲者也。委之大夫，而权以替，国以不振，虑事者之所宜尤慎也。乃以此为虑，赵宋之君相收权于上而替其臣，渐溃以弱，国丧于金、元而莫之拯。通此者极难矣。

夫道者，一致而百虑者也。尽其百虑而一致通，何疑哉？道之所自秩，等杀有体，端委有绪，古今递革而一致者，固不紊矣。盟会征伐所自出者，天子也；将而行之者，诸侯也。诸侯之臣大夫，非犹夫天子之臣诸侯也。三代之诸侯，后世之将帅焉耳，其大夫，属吏焉耳。春秋之诸侯，上拟天子而尸盟会征伐之制，故以将行之权委之大夫而权失。赵宋之天下，尸诸侯之事而替其臣，使不得视诸侯，以夷于陪贰，自卑以卑其臣，而举国无权。

自天子出者，诸侯之所宜躬亲也；自天子出者，非天子之所吝而不出者也。封建郡县之殊致，上下之等，相仍之尊，任使之道，相辅之势，一而已矣。知其一，则下不移，上不摄，各有司存，天秩之不紊，审矣。故春秋之季无诸侯，诸侯上拟天子而失其诸侯，大夫之所以终成乎诸侯。弱宋之制无天子，天子自视诸侯而削其诸侯，诸侯不建，则任卑贱之陪属以与强邻争，宜其仆也。三代之礼，郡县之权，革其文，必因其实。以天子统诸侯，以诸侯治大夫。未有无诸侯而不倾以丧，古今一也。

十五

同盟，同欲盟也；同围，同欲围也。忌齐之争伯者，晋也；毒齐之屡伐者，鲁也。以鲁勤晋，以晋勤天下，宋、卫、郑、曹无怨焉。滕、薛、杞、郳狃于齐而惮其强，久矣。若莒若邾，又比齐以干鲁而试晋者也。夫恶以云诸侯之同欲哉？欲之从其私而翕于一时者，虽固欲之，君子不成其欲。不成其欲，不许其欲也。欲之出于理势之必然，而固将以是为安者，虽弗固欲，君子必成其欲，以为不欲而不可得也。

晋之勤鲁，非独为鲁也；天下之勤晋，非独为晋也。天下可无晋，翕然从之，而适成乎党；晋可无鲁，牵率天下以争，而适成乎诐。党以诐，君子不许之。以勤天下，而天下固然不效其勤。合诸侯之众，无怨者，狃者，比者，翕然固之，而弗得不欲，天下其何欲哉？不欲夫无伯之情同也。

晋当灵、景之世，尝失诸侯矣。其失诸侯也，失之于楚；其失于楚也，先失齐也；其失齐也，失鲁于齐而后齐抗也。断道之盟，晋得鲁而后能挫齐，齐已挫而晋乃以暇求于郑而折楚。是故鲁之系于晋重矣。齐西抗晋，不得鲁则晋压其户；齐南联楚，不得鲁则横绝其声息之往来。故齐桓之伯也，盟于柯，而始有事于郑；定僖公以讲于柽，而始有事于楚。楚之静躁视齐，齐之出入维鲁。惟然，晋恶得不勤鲁，而天下亦恶得不为晋勤邪？

晋之勤鲁，非鲁事也。勤鲁以争于齐，非晋事也。非鲁事，故晋以大号天下而不吝；非晋事，故晋以大号天下而不惭。天下自为以勤晋而以勤鲁者勤之，故不恤无怨，不畏非敌，不敢不释其比党之邪心，而共勤一伯。且夫萧鱼之会，晋伯之功浅矣，溴梁以来，晋伯之势夷矣。功浅者，将无以服天下；势夷者，暂一合而殆不可久也。将无以服，而服于其所服；殆不可久，而犹暂一合焉，固君子之所甚珍而欲挽之者也。人心犹可用而瓦解未成，伯之存亡，系之亟矣。围齐之功不终，天也。荀偃死，赵武以偷心继之，东无事于齐，西无事于秦，南无事于楚，舍鲁不恤，置邾、莒不理，而小国悉离。四国交战，吴、越入而为主。斯役也，介乎伯之将裂而挽之者与！

十六

人心之坏，其始不堪于义而犯之，其继狃于不顺而忘之，而终怵于不道而覆执以为义，极矣。覆执以为义，则奉之为典，建之为名，循之为毁誉，用之为赏罚。呜呼！典其非彝，名其非正，毁其誉，誉其毁，赏其必罚，罚其宜赏，而人无纪，不禽者鲜矣。

故君子甚恶其忕于不道也，始不堪于义，不敢名言不道之为道，坏未极也。君子甚恶其忕大于不道，则不堪于义者，宜若可矜，然而君子弗矜也。不堪于义则轻犯之，犯之屡则必狎之，狎之熟则盈一国之心腹肾肠锢于是焉，以匪此而不典，匪此而不名。故夫不堪于义者之必以忕于不道终，端委一致之势也。厥貉之会，蔡始从楚，《春秋》即书曰："楚子、蔡侯次于厥貉。"郲之会，陈、蔡背晋，《春秋》即书曰："陈侯逃归。"蔡果忕，从楚以为义，执以为赏罚，而杀公子燮；陈果忕，从楚以为义。执以为毁誉，而公子黄、二庆互操以相谤。毁誉无忌于下，赏罚无惭干上。陈、蔡之去人而即禽也，震霆之所不能警，江、汉之所不能浣矣。

故人心之害，莫大乎不堪于义，弗可以情之穷困而贳之也，弗望其他日之悔而姑待也。习成于偶然，妄生于一念，治之早而已。《易》曰："臀无肤，其行次且。"立志以循义者，岂有末流之可争哉！

十七

《春秋》之义，不比事不足以达微言。其人当罪，习俗夺于势而隐之，则起特文以显之；其人未当罪，习俗夺于势而文致之，则不起特文，如其所文致者以暴之。晋人杀栾盈，郑人杀良霄，当时文致之狱辞也。取讨贼之词，加之盈、霄，君子之修《春秋》，无此已甚之法，知为当时之文致矣。

栾氏之亡，汏也；良氏之亡，亦汏也。复入其国而不言叛，恶止于汏而无叛心。其复入也，固无叛事，不叛而比之于国贼，知《春秋》之无此法也。盈霄不当讨贼之辞，君子无治焉，因当时文致之辞为辞，加之罪者之慝章矣。天下无王，国无君，有得罪于执政大夫者，罪视弑君之贼，乘骄淫沉酗之纨绔，灭人家而以利其私，定为爰书，告之邻国，登诸史策，廷无异议，天下无异词，此夫《春秋》之所深痛者也。痛之甚，而无以显文致者之奸，故为如其词以达其恶。若夫盈与霄之不可以州吁、无知例也，则不待起特文而自明矣。

里克、宁喜，亲弑者也，弑而得以大夫称。赵氏，贼也，贼而不没其世爵，以杀大夫之礼杀也。栾盈、良霄，得罪于执政，乘其汰而杀之，不得以大夫称，不以杀大夫之礼杀之也。夺其官，绝其籍，肆其尸，灭其族，举国仇之，尽锄其党，拟于宫官之辟，极矣。襄公之末，伯无统，官无治，廷野无公是非，而盈、霄当罪，前乎此者未之有也。《春秋》之词隐，君子之志戚，非达于词外者，不足与于圣人之微言，惟此类焉耳与！

十八

兴不浃旬者，亡不逮于望朔。其所以兴者，即其所以亡也。吴见于《春秋》者七君，而五以兵死，一再战而不胜，国遂以亡。以兵兴，则以兵死，而以兵亡。其甘兵也，以之死，以之灭，犹固然其甘之矣。故胡子髡、沈子逞卒于战而书"灭"，其以兵死为惨而凶讣之也。吴子遏、吴子光不书"灭"而书"卒"，其以兵死为幸而正讣之也。从主人之词，不为之书"灭"以悼之，绘其乐杀轻死之心，而系之"门于巢""败于欈李"之后，以显其实。吴之为吴，见矣。

畏，厌，溺，不吊者也。为千乘之君，乐得不吊之祸，以倡臣民而奖之死，故《春秋》之贬蛮夷者，未有如吴之甚者也。晋乃以之为援，晋之所以不振；鲁乃与之为婚，鲁之所以益衰。彼且速兴捷亡，而贸贸者犹恃之，"困于石，据于蒺藜"，不偕之以捷亡者，其犹幸夫！

十九

"卫宁喜弑其君剽"，"其君"云者，喜之君也。"卫杀其大夫宁喜"，"其大夫"云者，卫侯衎之大夫也。喜其君，则弑者服辜；衎其大夫，则杀非讨贼矣。剽不可以为君者也，喜不可以为大夫者也。故喜之迎衎，正也；衎不杀喜，亦以私劳而废公法也。然则衎与喜，何如而可以免乎？

夫不正于本而免于末，未有能胜者也。故为喜计者，殖之死，知剽之非所当君，则弗君之焉，可也。舍其家而亡，洁身而不知其余，正矣。

《蛊》之上曰："不事王侯，高尚其事。"善干蛊者也。弃剽不事，从衎于夷仪，图以与之俱入，可矣。《比》之象曰："不宁方来。"得所比者也。用斯两者，则喜可以不君剽，而抑可以不弑矣。

为衎计者，喜之许迎己也，正名宁氏之为贼，弗纳而自求入焉，正矣。《诗》曰："无纵诡随，以警无良。"昔诡随人，今诡随己，无良一也。诡者之随，若将浼己而不可纵也。受宁氏改过之请，使全剽而以公子处之可矣。《诗》曰："君子如祉，乱庶遄已。"以祉已乱，未闻其以祸也。酌斯两者，喜固不得为贼，而衎亦可不杀矣。

故介于乱，反于正，去于祸，从于福，斟酌于原始，姑为忍待而弗遽，非君子其孰能免哉！喜怙其九世之卿，不忍于宠禄，而求以盖逐君之恶，则恶益剧。衎沮于十有二年奔窜之苦，遽欲因不正以反，导人为乱以假之权。逮其末流，喜虽欲弗君剽而不得，衎虽欲以贼讨喜而固不能矣。正其本者，理不可据，先遏其欲。欲据于中，理以为名于外。虎其文，羊其鞟，将谁欺哉？

二十

恶而无以为名，其恶不昌。充其类至于弑父与君，亦各有名也。名不可以意取，故民不可以苟悦，事不可以猝靖，祸不可以遽已。遽已其祸，猝靖其事，苟悦其民，此三者，邀名者之所乘也。夫天下有兵连于二百年，而可以一旦弭者乎？二百年不解之难，一旦姑弭之，苦于役者之不审而悦也。若病炅热者之授以冰也，虽益其病，乍悦之矣。于是而以事靖祸已为之功，而大名遽归。呜呼！孙绰、王羲之之以沮晋，秦桧、汤思退之以误宋，使无名，绰、羲之何以得为名士？桧、思退何以言出而上下靡以从邪？

宋向戌之恶，泯王迹，裂伯统，乱夷夏，启纷争，俾无名焉，亦奚至此哉？夫向戌者，恶能以其意取之，名动天下乎？孙绰、王羲之固尝欲以为名矣而不能，而向戌捷得之一旦。夫向戌恶能以其意取名也？楚之谋深，阳饵而阴用之，故利用其邪说；赵武之志偷，欲以弱晋而自保其力，故乐假其诐词。而小国之君，三晋之氓，且如炅热之得冰，益其病而不恤，乃相率以奖戌之名，戌乃以名报其意，而绰、羲之力争而不得者，一旦而捷收之矣。自是而后，八年而楚夺诸侯以为盟主，率天下以蹀血于东方，十二年而灭陈，十五年而灭蔡，炅热者得冰而疾果益也。乃诸侯夺于楚，陈、蔡，灭于楚，赵氏乃以罢外兵，专内图，蛊其君，狐媚其民，渐渍而晋移于赵，授炅热者以冰，听其病以死，而我且有其室也。楚之诈，赵之奸，戌乃以为名于一旦，烈哉！名之为害，莫之拯也！

桧、思退之俎豆，绰、羲之之余也。绰，羲之之宗祊，戌之系也。名之嬗也，有源流焉。民速悦之，争速靖之，祸速已之，故举二百年之难若已之一旦。而华夷之辨，人禽之纪，不旋踵之患，阴阳之用，生杀之数，惟其邪说以莫之纪。祸开于春秋之季，稔于东晋之初，极于南宋之世，惟向戌之为名俾以有名焉耳。夫邪人之为名，争之也，无如其没之也。争之其名竞，没之其名亡。故《春秋》两以宋地而不登向戌之名于武建之列。若曰赵武自偷，屈建自诈也，宋介其冲，不得辞焉，非戌之所能尸也。夺其意取之名，而弋名者寒矣。绰、羲之言焉而莫听，桧、思退乍仇而天下谪之。圣人不与邪说争名而名乃正，殆犹天乎！杀物不以威而物自燔矣。游、夏之所不能赞，其诸此与！

二十一

道之诐也成乎邪，邪成乎乱。以卫鱄为信，以灵辄为义，以伍员为孝，而大乱极矣。

卫侯之杀宁喜，过不在杀也。"政由宁氏，祭则寡人。"衎不杀喜，衎将续剽以死。即弗死，而卫移于宁矣。且喜固北面事剽，一旦志移于衎而推之刃，功虽在衎，私劳而已。已发之罪，弑君之贼也；未觉之恶，移国之贼也。国贼固然其可杀也。如鱄之志，怀其私惠，保贼为臣，举国授之，丧先公之守，而鱄乃以不失其信，安于卫而为卿，是鱄幸而喜杀以奔也。匪然，鱄之不为华歆、褚渊以终者几何邪？故鱄之信，不足为信也。背公死党，匹夫之谅而已矣。

若夫鱄以失言为病，何病之晚也。善保信者，可生可死，而不可使为乱。卫侯之介鱄以命喜，命之以弑也。而其辞曰"政由宁氏"，之二言者，道之以逆，许之以窃，君言之不君，臣奉之不臣，友将之不友。呜呼！恶有与其臣言，使弑其君、擅其国而可以信守者乎？荀息之不食言，殉君也；鳟病失言，怙贼也。始之不择，继之必保，荀息且有白圭之伤，而况鳟乎？《春秋》书曰："卫侯之弟与宋辰、秦鍼均恶。"其挟小信殉匪类，忘君亲而贼恩也。谷梁子曰："鳟之去，合乎《春秋》。"吾未知奚以合也。

二十二

《春秋》，天下之公史，王道之大纲也。以事而存人，不以人而存事。事系于人，以事为刑赏，而使人因事，人系于事，不以人为进退。而使事因人。人之臧否也微，事之治乱也大。故天下之公史，王道之大纲，不以人为进退。

刘绚氏以不施殊词于吴札，疑于贬札，非笃论矣。圣人所取，若管夷吾、蘧瑗、史鳅、国侨，不假事而著其名于《春秋》；圣人所恶，若臧孙辰、楚申，不因人而讬事以贬，《春秋》书其得失，一因其事，而无溢词。故子曰："斗筲之人，何足算也。"言其不足以当于王道之大纲也。然则札之贤，不得因其来聘以为之特词。义系于聘，而不系于札，其与椒术同科也。何嫌乎札之异于椒术哉？

且君子之责人也，至于贤而止。责之以贤人，企圣矣；责之以圣人，趋狂矣。贤者之自靖也，尽其道而无忧。尽诸在己，可弗忧矣；忧非所忧，道先荒矣。故君子不以圣责人，圣非可责者也。知然，札何足以君吴。而圣人奚以君吴望札哉？藉曰："叔齐之德，不越伯夷，诸樊兄弟贤不逮札，将使伯夷、季札各操自贤之心，以酌君父之命，为公为私，而天理亡矣。"且僚之愚，光之狠，伍员、专诸、庆忌、要离之流，挟雄桀以喜乱，而札乃恃自贤之心排嫡系以自立，乱不发于僚而发于札，为达节之言者，不能任其无咎也。僚、光之乱不自札开，札惟为僚则身名交堕，进以希圣人之权，退受黔牟、叔武之祸，札且亲以其身而为戎首，安得以积仁之岐周，戴季历而晏然者，望穷兵乐祸之勾吴哉！

故君子之于札无可议也，札之于父兄之命无可屈也。微子去纣，商灭而不损其仁。勾吴两世之难，天也，于札何尤邪？札无可贬，《春秋》不因聘以贬札，如实而书，从乎椒术之例。说《春秋》者，无所容其凿知矣。

呜呼！达节之兴而逾矩以为圣，邪说之有枝叶也，而人无固志。东晋之士，薄井丹而尚相如，故中原陆沉，而篡弒相绍，祸亦烈矣。秦桧善无常师之说，用此知也。李贽之奖谯周，进冯道，祖此术也。君子好辩以争而不得，佞人片言乱之而有余。绚游二程之门，不思而淫入焉，亦为不善变矣。

二十三

札终辞而不君，自靖之仁也。争弒之祸，咎始于寿梦之失正，道失于诸樊之虚让，祸成于余祭之妄立，札无咎焉。

若然，则札无议乎？以君子而议札，其惟诸樊死、余祭立之日乎？诸樊之始欲让札也，非道之正，而犹父志也。札不从，诸樊乃传之余祭以及札，是轻宗社，乱典章，而其为谋也亦迂矣。札于斯时，昌言其终不立之心，以息余祭之望，革诸樊之命，而固请立光，是仁人孝子恸哭力争之日也，而札文弱而不能。《易》曰："介于石，不终日。"一失其几，欲成其介而不得矣。

夫诸樊舍子以崇让，札不可以言语争也。余祭非次自立，以冀传之札，札可以言语争者也。彼即有迂曲以传季之心，其能曰吾必欲立乎其位以舍光哉？如其执而不我听也，札逃而去之，得矣。札逃，而余祭无可传；无可传，而余祭因无辞以自立。余祭避位以立光，光立而札返焉，顺也；光终不立，余祭且传之夷昧，终身不入吴国焉可也。不失其身以事亲，犹承志也。待之夷昧死，僚篡立，而札已无可为矣。况僚立而札犹不去，"好仁不好学，其蔽也愚"。札所无能解矣。

诸樊之谋也迂，余祭、夷昧之妄立也僻，僚之无忌惮也狂，光之思得国也固。札以嫌疑之身立乎其间，而札亦危矣哉，其仅得为君子，而几不免于同污也。乃欲以天地之德，圣人之中，非常之事责之乎？抑又何足以当《春秋》之进退哉！

《春秋家说》卷三上终

春秋家说卷三中

昭公二十九论

一

审于听者，惟同异之辨。同异之精，臧否乃正。善听古人之言者，知其有互形之词焉，知其有觭立之辞焉。说《春秋》者，贵王贱伯，王之贵，以伯之贱贵之也；伯之贱，以王之贵贱之也。观于伯，而得王之贵，因以贵王；观于王，而得伯之贱，因以贱伯。此互形之词也。王之贵，贵于伯，非仅贵于伯，即无伯，以视无伯之乱世，尤贵矣。伯之贱，以王贱之，既无王，以视无伯之乱世，伯弗足贱矣。此觭立之词也。

奚以明其然也？既无王，抑无伯，能贤乎有伯之世而足贵邪？则君子之于《春秋》，当其有伯，宜冀其无；当其无伯，不靳其有。何也？伯之贱，亘古而恒贱，如王之贵，亘古而恒贵，则终不愿天下之有伯矣。然而《春秋》弗然，于有伯也，固有夺矣，尤有予矣。于无伯也，匪直不幸之也，尤忧之，而靳之，靳其尚有也。故萧鱼之会，伯之终也；宋之会，赵武自绌其伯以让楚；虢之会，楚抑晋而列之诸侯，晋欲救莒而不敢自尸。天下固无伯矣，而《春秋》弗忍焉，以昔之伯伯晋，惟恐中国之无伯也。则《春秋》之不幸无伯，而弗贱伯于无王之日，圣人之情亟矣。

夫圣人岂于其所贱者而争之必有哉？故曰：伯之贱，以王之贵贱之，犹夫王之贵，匪徒以伯之贱贵之也。王至贵也，伯非至贱也。君子之所尤贱者，裔夷而主中夏，大夫而主天下。狙诈与，灭亡相并，处士横议，封建大裂之天下也。故三晋、陈恒贱于五伯，秦、仪、衍、轸贱于巨室，陈涉、项籍贱于处士，刘渊、石勒贱于匹夫，当其贱，思其贵，当其尤贱，思其所不贵，君子之情也。执一切之见，不审于互形觭立之微言，臧否乱，世教不立，天下无统。读君子之书而趋入于惑，不审而已矣。

二

王之既衰，伯之未兴，人竞天下，惟力是求，伯者亦以此而起。齐之未伯，先求之乎纪、阳、谭、遂；晋之未伯，先求之乎霍、魏、虞、虢。以此而伯，则亦以此忌天不之竞求而惩之。故伯事成，灭国取邑之事为之衰止。

鲁襄之中年，晋不得志于楚，鲁于是乎取邿；晋伯已失，鲁于是乎受郓、莒之叛邑，争郓灭鄫，犹齐、晋之未兴，莫之惩也。而晋亦不忌，其言曰："疆场之邑，一彼一此。"过则有刑，犹不可壹。举鲁一国，而他国可知已。

夫伯以相并而成，王之蠹也；伯成而天下莫相并，王之救也。晋则已失伯矣，鲁亦大东之巨邦也，始于蠹，终于救，安在其不可望鲁以齐、晋之事哉？晋之言曰："狎主齐盟，其又可壹乎？"是已虚左延鲁而授之主，惜乎鲁之无以堪此也。周礼在鲁，鲁可以王而不能，晋委其伯，鲁有其资，抑可以伯而又不任，昭非其主也。季孙宿有雄心，而不受命也，强鲁以自强。宿死，意如踵之，则惟恐鲁之不弱也。

呜呼，赵武之欲窃晋也，替晋以自保；宿之欲窃鲁也，强鲁以自张。弗之获已，宿其犹贤乎！武替晋以自保，外媚齐、楚而惟私是求，不竞物者，物不竞焉，而赵氏安坐以收晋。宿强鲁以自强，见忌于齐、晋，而意如又堕其功，内外交诟，无不诎也，季乃终以不得于鲁。谋益工者术益下，武之盗晋，胠箧之偷而已矣。惜乎季孙之可以乘之而终弗能乘也。

三

中国于夷狄弗言战。晋战楚，齐战吴，犹言战者，变夷，非夷也。非变夷则不言战，不使戎狄之得战中国也。与狄战，则书败狄；不能败狄，则隐其战。公追戎于济西，不能败戎，仅书其追，所以全中国而悯其弱也。

战者交绥，两可为敌，而不相下，冗词也。全中国而冀其自强，譬之射虎者，不得虎，则不足道。故战狄者期乎败狄，不能败之，抑不足道矣。书败者，谊词也。是故知中国之于夷狄，殄之不为不仁，欺之不为不信，斥其土、夺其资不为不义。苟与战而必败之也，殄之以全吾民之谓仁；欺以诚，行其所必恶之谓信；斥其土则以文教移其俗，夺其资而以宽吾民之力之谓义。仁信以义，王伯之所以治天下匡人道也。

故齐、晋之伯，成于制楚。《春秋》许齐、晋之伯，则因其制夷。齐伐戎却狄，救邢、卫，故许之于召陵。晋败狄于箕，于攒函，于交刚，于大卤，灭潞甲氏，伐墙咎如，灭陆浑，故始许之于城濮，终犹不夺之于平邱。许以伯，而后变夷者可许之治也。夷不治，不得以治变夷者。宋襄无功于戎狄，而仅争于楚，则事以败，而《春秋》弗许。成败之际，予夺之宜，因其序而已矣。《春秋》之许晋也，匪徒许其制楚，虽通吴而犹弗夺也。逮赵武之失伯，帅诸侯以长楚，而犹弗夺也。晋之通吴下楚，犹贤于宋襄之争楚。或功于狄，或无功于狄，成败判，予夺分，内外轻重之辨大矣。北败狄于大卤，南灭陆浑之戎，大荀、吴之功，以留晋伯。故曰"其事则齐桓、晋文"，宋襄、秦、楚不与焉。此其大焉者也。

四

事有微而浅言之，知者弗为也；事有显而深索之，信者弗尚也。正乎罪而求出之，仁失而愚也；不正乎罪而求入之，义失而贼也。夫仁不愚，义不贼，知不迷，信不贰，君子以此学乎圣人不远矣。故君子之治《春秋》，考同则知异，观异则知同。同异之间，微显以别。正天下之功罪，无出入之失，不苟求深，以矜异而伤仁义。故子曰："索隐行怪，后世有述焉，吾弗为之矣。"

圣人之教，如日有明；正受其明，则有耀矣。非明之藏，无事于烛继也。公薨不地，则知其弑，知之者以非弑之必地也。吴、楚之君不葬，则知其僭，知之者以非僭则卒必葬也。于其同，得其异；于其异，知其词之微。微斯不可率然而浅求之，虽索诸隐，非索隐也。

圣人之教如日。日有阴霁，耀有显微，而终不舍日以求之，故曰非索隐也。列国之君，弑则书弑，卒则书卒。恶莫大于弑君。圣人之所尤惧，圣人之所尤悯，亦莫大于弑君，惧之甚，悯之甚，则虽有他故，不暇以分其专治。恶莫大焉，刑莫重焉，则正乎罪者之不可佚，不正乎罪者之不可陷，天讨所临，虽圣人莫敢易也。以此求《春秋》之旨，如日中天，无隐待索。舍丽日之耀，炳烛以求明，荧而已矣。

故我知赵盾之弑其君夷皋，而不知其他也；我知许世子止之弑其君买，而不知其他也；我知郑髡顽、楚麇、齐阳生之卒不以弑，而不知其弑也。如《春秋》之教，求圣人之旨，且患弗得，而曲为之说，坐非弑者以上刑，纵弑者以末减，立怪帜，标隐旨，以荧天下，不足为功于《春秋》，无亦其罪人尔与！

谓楚麇之弑也，孰弑之？谓虔也？虔而贼，贼不足以为君矣。齐商人之贼而君，齐人君之也。楚子麇卒，公子比即出奔。比归，虔即受刃。比之不臣虔，皎如白日也。比不臣虔，虔固贼而非比之君，虽迟之十二年之余，比可以为麇而讨虔。乃《春秋》书"楚公子比弑其君虔"，则不与齐人之弑其君商人者均，而虔无州吁、无知之罪明矣。为怪说者弗获已而苛求于比，责以高世独立之大节，曲成乎虔之果弑。炫精核之知，述于后世，而俾以世迷。呜呼，安所得舞文之知以治《春秋》，至此极也！

赵盾，贼也，而曰"见忠臣之至"！许止，枭獍也，而曰"见孝子之至"！髡顽自疟，麇自疾，阳生自夭，而加大恶于臣子，以他为之辞。必如是以学夫《春秋》，不如其无学之愈矣。何也？仁愚则戕仁，义贼则贼义，知凿故恶于知，信不足有不信。则以叛圣人而荧天下之大经，诚不如其无学也。

五

世子与于观会之事，下其君之礼一等。宋，公也，世子下视侯也。申之会，降乎小邾，而从淮夷，楚灭宋矣。故礼者，自理者也。自爱，人斯爱之。自敬，人斯敬之。希人之爱，而恃足以当人之敬，是以爱敬任之人也。苟任之人，爱与憎、敬与慢，莫能必矣。夫任人者莫之自必，而况于匪人者乎？宋之盟，虢之会，导晋以诸侯授之楚，宋为之也。

昔者楚与晋争伯，而恒阻于宋。楚以之两争于宋，宋困而不为下，楚乃以疲。楚故重宋急宋，宋一旦折而合于楚，且为之大致天下之诸侯，是足以当楚之重矣。足以当楚之重，敬可恃也。楚所不欲弭者兵，而姑与晋弭之，楚情见矣。晋持其北，吴蚀其东，不辑于晋，弗能东向而治吴也。辑晋以得诸侯，乃大会而驰师于江介，楚怀此亟矣。怀之愤盈，而重为之辞，探其意，成其欲，缓其北顾，并其东力，皆宋成之也。宋为楚舌，而利导其心，爱可希也。乃楚既合晋，而宋固为弁髦矣；楚大得诸侯，而宋亦腹嶢矣；楚探宋希爱恃敬之心，而情尽于宋矣。故恃焉而不敬，希焉而不爱，世子与于会而不敌附庸之小邾，此奚怪哉！且非徒敬之弗可恃，爱之弗可希也，楚得徐、滕、顿、胡、沈、郯而宾淮夷，是扣宋户而夺其键也。爱不足则憎仍之，敬不足则慢先之。微楚虔之死，宋将不有其国，求如昔者之两受围而将不得，兆先见矣。希爱者得憎，恃敬者得慢，偷安者得危。天下莫贱于偷，此之谓也。

且夫楚之重宋也，惟不得于宋也。其不得宋也，非宋之固能磊岸也。楚越陈、蔡、郑、许、顿、胡、滕、郯而攻宋，则力穷于远驭，晋且必争，而久顿师于宋，则情葸于孤悬，将欲北收宋，而吴睨其东，则势危于中折。夫既已合晋制吴，而东诸侯之惟其命矣，顺其腔味以啄宋，犹右臂之伸也。故幸而吴之不易举尔。晨下吴而夕军宋，晋不能收已涣之诸侯以与争，敝宋而返，席卷陈、蔡、郑、许以北疆河上。申之会，楚人之欲，天下之势已大概见矣。其驰骋也，将自宋始。故慢之憎之，蔑其班序以挑之，于是而宋始有悔心。故自是以后，宋日远楚而不敢亲。昔以恃敬，昔以希爱，惟恐不得也。迨乎不得，以履危机，则虽施之以爱敬而不敢受。夫至于爱不敢希，敬不可恃，大爽其初心而后悔，贸贸者之恃人以自丧也，不亦哀乎！

是故君子以自不敢慢而敬人，非敬人以恃其敬也；自不忍薄以爱人，非爱人而希其爱也。不恃敬，天下不敢慢；不希爱，天下莫能憎。忘天下之爱敬而天下归之，事不相待而道成焉，取之己而已矣。乃君子之为尔者，将矫持天下以逆操其情乎？而抑非也。自敬者，非其亢之谓，敬其天而已；自爱者，非其咨之谓，爱其道而已。天以临天下，弱不茹，强不吐也；道以抚天下，来不昵，去不惊也。天之所秩，因尊以尊之，而己不卑；天之所叙，因亲以亲之，而己不孤。君子之所尊亲者以其类。君子之类无小人，天尊之矣；中国之类无夷狄，天亲之矣。类斯同，同斯顺，顺斯辨，辨则拒非其类而不嫌于异；异斯攻，攻斯服。故君子希道以恃天而天下服，恶知天下之爱憎与其敬慢哉！小人之附于道也不然，以道见重，不见道而惟见重。见其重，不复见道；知以人，不知以己。见其重，因而任之；知以人，权去于己，而人司之。名丧于前，实毁于后。毁焉而后悔，《困》之“动悔有悔”也，宋之不终戴楚而存也；毁焉而弗悔，且听命于人以自倾，《蒙》之“见金夫不有躬”也，陈、蔡、顿、胡、沈、许之终于亡也。贞淫之几，存亡之致，岂不辨与！故曰：天之示人，显道惟彰；君子不谋吉，而吉无不利。无已，抑凶而不咎，天佑之矣。

六

申之会，不殊淮夷。《传》曰：“在会之诸侯皆狄也。”然则齐、鲁、卫、曹、邾、莒免于狄乎？会于虢，弗会于申，以为犹贤矣。齐委贼于楚而假之讨，鲁固且亟觏于楚，而卫、曹、邾、莒可知已。其得免者，弗获已而犹知避乎大恶，《剥》三之所以无咎也。陈、蔡、许之役于楚，旧矣，顿、胡、沈弱而不足以国，滕小邾从宋者也。然则申之会，《春秋》所亟揳者，宋、郑焉耳。乃宋、郑之合楚也，于是而甚，其离楚也，亦于是而始。两伐吴而不与从，会乎厥愁而不疑。《复》之初曰：“不远复，无祗悔。”为《复》之初，不尤贤于《剥》之三邪，而又何狄也？

夫知人之慧，与德人之知，有近似者矣。知人之既知，亦反而合诸正也。反合乎正，殆乎德矣。乃知人之反，以择利而反正，固利而利乎正也。德人之觉，不安于不正，而正以为道，道必利，而非以道利也。道利之分，人禽之间尽之矣。宋、郑之合楚，利焉耳矣。己不从于伐吴，而亟受盟于厥憖，利焉耳矣。其利也，适值乎道，道斯利也。乃其道也惟利，斯道非以道也。非道之悔，数悔而不定者也。

楚虔汰，伐吴之谋失，陈、蔡、许、顿、胡、沈固宗楚，而亡将及之，宋、郑南向之初心，弗获已而小革。迨夫伐吴之果不足以逼，陈、蔡之相续以亡，楚虔之不保其终，乃以自矜其早觉而离之决。浸令楚遂并吴，虔无内叛，从容挟陈、蔡以求之宋、郑，子产、向戌之区区，将匪过是悔，而悔其悔，斯何足以当《复》初之盛德哉？无当于《复》，而亟从于《剥》，固不若齐、鲁、卫、曹、邾、莒之犹有惮也。鄙哉，恃知而知者之徒为黠也！从淫而害有几，则悔其淫；从贞而利不逢，抑悔其贞。长年有觉，长年以迷，长年以悔，谁与原而赦之？

七

赏有所裁，罚有所止。如其适上者而轻之，未有不逮者矣；如其适上者而重之，层累而有不胜者矣。赏极于侯，罚极于死，莫能增，则亦无之增也。周公相武王以有天下，成王幼，公殄商，定周礼，致太平。相武开周之功，视太公而均赏矣。殄商定礼，公勋有加焉，其封也俭于百里，而与齐均。赏之所裁，适上而无以加也，加之以礼乐。而子曰："周公其衰矣。"莫之裁而逼乎上，不胜上也。以非常之功，有必裁之赏，用同而不用独，况夫罚极上刑，层累有穷，而不可加者乎？层累有罪，罪其重者，适上之极也。重者服，轻者置，从重以止也。均乎上刑而使即乎一，勿两罪而一刑，君子不黩怒也。均乎上刑而即其一，何舍乎？何即乎？罪有公私，因其人，因其事，归所重而已矣。杨氏之徒非必能孝，而但责之曰"无君"；墨氏之徒非必能忠，而但责之曰"无父"。治以天下之教，不暇治其私也。

楚僭王而变夷，中国之大恶也。弑君之贼，诸侯戴之，亦大恶也。从乎僭王之与弑君，弑私罪也，僭公罪也。私罪视公罪而尤严，则以私罪服刑，一国之案也。从乎从僭之与戴贼，戴贼者有畏而陷私罪也，从僭者无忌而逆公罪也，舍其私罪而治其公罪，天下之案也。故使楚虔而弑君之贼，与讨其罪而勿之从，楚臣子之责也。楚之臣子不能讨，而始以望之诸侯，诸侯不讨而戴之，罪列于楚臣子之下而末减矣。若楚僭王以变于夷，为之臣子者，固弗能治，且相仍而戴之，亦情也。使之主盟以令中国，诸侯之专辟也。舍诸侯之专辟，而使即乎末减之刑以增重焉，然则楚虔不弑而可戴之为盟主乎？申之会，不殊淮夷，以狄诸侯，治其从僭而非治其戴贼，审矣。从僭之罪，蔑以加也，斥之狄而罪止，刑极于死之说也。从僭已适乎上，而抑又加之以戴贼，犹之乎其弗加也。从僭者狄加之，戴贼而犹然狄。怒黩于己，而无能为庸，诎于势何如其折于理邪？顾置其从僭而治其戴贼，欲增之乃成乎减之，犹夫加周公以天子之礼乐而祇以辱公。黩喜无劝，默怒无惩，君子弗由已。

天威天福，天险也。天险不可升，升者坠矣。故刑极于死，罚极于狄。天下之公罪，极于僭王而变夷。虔即弑，诸侯不更坐焉，况乎楚虔者固未尝弑君者也。《春秋》正楚子麇之卒于前，罚戴楚之诸侯于后，大义各设，炳如日星。徇《传》之深文，屈圣人之大法，刑黩法乱，恶足以治天下哉！

八

史克之颂，溢颂者也。顾其诗曰："居常与许，复周公之宇。"疆域正，侯度犹存焉。庄、僖之盛，鲁无入地也。襄、昭之衰，并邿与鄆，受漆闾邱、漷水于邾，受郓、郓、防、兹、牟娄于莒。孟子曰："今鲁方百里者五，皆非其力取之，时敝而坐收之也。"恶莫大于灭人之国，而或必有讨罪之辞，其犹可以居之矣。惟夫谋之也不以知，夺之也不以力，受之也不必有名，于是而诸侯之为盗无忌也。无知者谋之而亦获，无勇者夺之而亦不保，不必有名，瓦解以授之人而不敢争，于是而小国之不自立也亦甚矣。小诸侯无以立，大诸侯不忌于盗，尤大之诸侯愈以多得而无厌。无度者无侯，封建之不毁何待焉！

《春秋》书三叛人，其词直，其刑核。瓦解之势，即文而显。举鲁以该天下，而天下可知已。

九

会申之役，楚长诸侯以伐吴，伯词也。号举淮夷而不殊，犹未纯乎伯词也。明年，楚再帅诸侯以伐吴，徐、越称人以进。孰进之？楚进之。楚纯乎伯矣。

《春秋》为之伯词，诸侯之伯之也。非诸侯之能伯楚，晋授之伯也。晋授伯于楚，而后楚得肆志于吴。晋授吴于楚，而后楚得成乎其伯。成乎其伯，而后诸侯弗得不伯，伯词成矣。故中国之授夷狄。君子之授小人，授之利弗可授之权，授之权弗可授之义。义以立权，权以收利。利不损名，权不损道，虽君子弗能夺之，况细人之倭从者乎？

吴之于中国也，毁衣冠，殊言语，异饮食，别好尚，义之所必惩者也，故楚伐之而义。授以义而欲损其权，授以权而欲分其利，必不得矣。晋不得争，诸侯不得拒，《春秋》不得夺，靳乎楚之但以伯也。《春秋》之为之伯词，犹若有幸焉，而圣人之心迫矣。

十

奚以知贬毫毛之恶，扬纤芥之善，非《春秋》之通旨邪？贬毫毛之恶，为无恶者言也，既可无恶，而犹有毫毛之慝，君子之所惜，故贬；扬纤芥之善，为无善者言也，不望其善，而犹有纤芥之美，君子之所矜，故扬。齐桓帅诸侯之师以侵陈，贬毫毛也。楚子杀陈夏征舒，扬纤芥也。若夫大善大恶之司，为天下之所盛衰，犹且取凶人之纤芥而扬之，摘君子之毫毛而贬之，狷薄以行喜怒，非君子之所庸心，而规以求《春秋》之旨，难矣。

晋与楚，有分天下之心。故授吴于楚，授诸侯以从楚而攻吴。楚东向淮海，而晋乃以北启中山，南北裂，天下之大故也；伯之所自毁，王之所自亡，中国之祸所不可百年定者也。《春秋》于此，穷赵武、屈建之情，达衰周不返之势，进徐越，伯楚而狄晋，其义大矣。逐虎者失鼠，吊死者勿问破盂，犹且取毫毛摘纤芥以窥君子之喜怒，胡屑屑邪？吴之助庆封也，且不如楚之助鱼石也。助鱼石，无尤贬之词，知不以庆封故，而尤贬吴矣。楚虔之杀庆封，不如其杀蔡般也。杀蔡般，无矜美之词，知不以讨庆封而善楚矣。楚酖其甚吴之心，而会有庆封之事，虚据其偶执之名，以进退吴、楚，则是受楚欺而责吴者已细也。故知进楚者，伯楚也；外吴者，成楚伯也。成楚伯，而后成晋之狄。晋亦一伯，楚亦一伯；楚亦一狄，晋亦一狄矣。狄晋则无宁于伯楚，伯楚乃以知秋晋之由。

大善大恶之司，天下盛衰之际，创巨痛深，君子不得已而起特文焉，非细人之所知久矣。庆封之赏殛，有司者之治也。《春秋》天子之事，有司也云乎哉？

十一

平者，前有不平也。夷仪之役解，齐景公立，鲁与齐同与于诸侯之事者三。齐兵不西，鲁不东，戒十二年矣，固无不平，而何平邪？故暨齐者，非但平也，齐亟收鲁，而鲁不听晋也。《春秋》之书平，皆有天下之大故焉。郑输平，郑始离鲁于宋，而齐伯肇。宋、楚平，楚始收宋以讲晋，而楚堕晋伯之谋成。暨齐平，齐始收鲁，以离东诸侯之西向，而晋伯遂不可复。故鲁无狐壤之辱，易子之厄，无怨可释，而以平为文，曰：自此而勿以晋间齐也。故鲁之结齐也，虽不能保，而弃晋也，由是而卒不得合。鲁弃晋，东诸侯之弃晋无遗矣。故厥慭之会，晋欲因诸侯以谋蔡而莫之听，平邱之盟，以兵胁之而众愈携。乃《春秋》之纪平，非甚不与之词也。齐收鲁以亢晋，鲁释晋而合齐，伯事败，中国分矣。《春秋》之事，齐桓、晋文将奖伯以聚天下而纠其乱，败伯以相党，而胡弗甚不与邪？

呜呼！昭、定之际，圣人欲更为诸侯谋伯而不得矣。晋无伯功，无伯力，而更无伯之心也。无伯之功，中国灭于楚而不能问；无伯之力，睨诸侯之瓦解以去而若无知；无伯之心，赵武、韩起、魏舒之心，路人知之矣。志专内窃，畏名义之相临；舍南图北，窃中山以自肥也。中国灭于夷而无与问，则弗已而听近者之相保。诸侯瓦解而若无知，则即欲昵之而彼不受。执政之心，利失伯以移国，则义不可为权奸之私人。故为鲁者，婚于吴，觐于楚，屡辱于晋，抑不如其平齐之为得矣。王之不王，不如其协以戴伯；伯之不伯，不如其离以救亡。圣人与天下同忧患而乘于时，逮乎昭定以降，而《春秋》之志隐矣，殆乎不可为矣。权衡之大用，不能一概以施，而用之也密。子曰："吾其为东周乎！"非圣人莫能为也。圣人弗为，大贤以下且无以措其手足，颜、闵终老于布衣，以此夫！

十二

谋国家者，谋之以其安，祸之徒也；谋之以其危，福之徒也。日谋其安，则戒匪人之比也必甚。故夫恃国之恒固，恃子孙之恒令，以之危而不亡者鲜矣。此亡国败家者之以祸发于猝，内溃外逼，臻于一旦，抑将归咎于天，而不知其皆人也。

介楚围之方得诸侯，以将大会而逞其欲，蔡般于是而弑其君固；迨楚围之已得诸侯，将大有事于中国，陈溺于是而假其弟以杀其冢嫡。故楚之灭陈有机，灭蔡有名，不自其先，不自其后。裨灶、苌弘、叔肸、国侨之以小知言天，由此始也。

春秋诸侯父子君臣，安忍以相戕贼，或讨或逸，而国不必亡，岂独陈、蔡之宗祧为必弃于天哉？故曰：不恃国之恒固、不恃子孙之恒令以之危而不亡。诚以国之固，子孙之令，谋国者之所深愿而不可恃也。君有凶德，而乱卒定；国有贼，而或为讨以靖之。鲁庄得之齐桓，晋献得之秦穆，曹伯庐得之晋，卫庄公得之陈，夫固有其不倾之道矣。故曰：非我类者，不入我伦。为我伦者悯我灾，不入我伦者幸我灾，固其恒也。故畜鲵者勿纳鳢，字雏者勿养鹯，不恃其鲵与雏之工游而善匿也。蔡自厥貉以来，陈自会邾以后，授命于楚，游羿之彀中而逃之久矣。

国无恒固也，子孙无恒贤也，蔡固兽行于房闼，陈溺湛爱于床笫，而国已悬于楚之吻，何从得姻娅宗姓，恤名顾义之齐、秦、陈、晋，而与忧其不吊邪？《黍离》之诗曰："悠悠苍天，此何人哉！"外有犬戎之相乘，而后伯服足以亡周。不然，宋劭之逆，唐玄之忍，父子喋血而无或夺之，何天之独甚周邪？

十三

《春秋》之纪陈乱也，其词详，详以悯陈，而莫悯乎陈侯溺之卒也。

废偃师，溺志也；属招以立留，溺命也。招奉溺命，成溺志，然而溺终忧恚以自杀。呜呼！一往之夫，始之以一往之志，假手不可恃之奸人，志已露，命已移，虽欲止其燎原之势而不可得，则惟有忧恚以死而已矣。

故夫天下无可恃之奸人，而尤不可恃者，奸之在兄弟姻娅间者也。乃君子处不令之周亲，岂必厚疑之而固绝之哉？其犹可养也，命之必正而导之顺也。故曰"中也养不中，才也养不才"，无弃焉无疑焉之谓也。其尤奸也，不可养也，有弗命，而命必正也。故曰"烝烝乂，不格奸"，勿使得有为之谓也。

悲哉，溺之愚也！天下有与其兄弟谋杀其子，而能保兄弟之不相逼者乎？杀子之志已露于兄弟，则兄弟习我之忍而胡弗相师以忍？杀子之命直授之兄弟而不忌，则兄弟且忌我之忍而胡弗先我以忍？已使奸人窥我之忍，则彼灼然早知我之不可终事，而我犹恬然相倚以共谋其宗社，迷者日迷，猜者日猜，身不死，国不亡，其胡待焉！

偃师杀，溺恚以死，留奔，过受戮，招乃逸罚于越，故莫悯乎陈侯溺之卒，其弱不可瘳，其祸不可弭也。

十四

称陈侯之弟，亲爱之词也。亲其所固亲，爱其所必爱，陈侯之于兄弟未有过焉。而嗣子杀，身恚死，国旋以亡，何也？非陈侯之不宜亲爱其弟，陈侯之不宜亲爱其奸也。

以弟故爱之，虽奸而非保奸；以奸故爱之，虽弟而非友弟。天下有与其兄弟谋杀其子，而恬然不疑其忌者乎？则天下有兄弟命我以杀其子，而可受命以无拒者乎？必拒而不拒，非奸人孰能任之？招自任，而陈侯推心焉。故曰：保奸非友弟也。

是故命之杀人而不应者，其忠易见；命之杀人而力自任之者，其奸易见。惟庸人则不然，恒忠其所奸，而奸其所忠。志已不可戢，命已倒持，而后恚忿从之，自毙速矣！

呜呼，不得有道之子臣而与属焉，不得辅仁之弟友而与交焉，必也与之谋非常之事而不遑，命之以非望之功而不居，志所欲为率与同为而不应，己所好而犹为发其短，己所恶而犹为称其善者乎！《易》曰："或出或处，或默或语。"言其不相比也。用其道，则蛮髦自效；反其道，则兄弟为奸。招之恣行而无忌也，陈有骨鲠之宗臣，犹弗敢也。陈之无人也，溺之忠其奸而奸其忠已久矣！

十五

有哲人之愚，有愚人之哲。愚人之哲，亦甚便矣。楚合陈、蔡、郑、许以围宋，鲁遽往会之；楚灭萧以逼宋，鲁遽往会之；楚因陈乱而灭陈，鲁遽往会之。儇捷之甚便，鲁数用之而无劳再计，所谓愚人之哲甚便者也。

楚挟大欲以睨中国，疏不加怨，亲不加恩，视其力而已矣。力苟未足，即深怨如宋，而取平以旋师。力苟有余，陈、蔡日叩其廷而数墟其社。然则鲁高枕山东，而楚弗能以一矢相加，审矣。挟走权之心，乘趋时之捷足，无能自固以因之靡，故甚便者，愚人之哲，哲益愚也。

楚虔无道以兴，其兴也倏焉，倏以兴，即其遽以熸者也。鲁则君执玉，大夫将贿。弃疾立而自戕，封陈、蔡以谢天下，谢天下非忘天下也。鲁则君无南辕，臣绝行李。故夫愚人之哲，亦岂其善走权而疾趋时也哉？震以一旦，歘以一旦。一旦之乍炎，魂褫神游而速去之也，亦如枹歇而鼓瘖。呜呼，处无道之天下，而欲为君子，其亦难矣！

道之据，不如势之张。志之大，不如气之盛。里之强，不如表之荣。非夫善世而不伐，不见是而无闷者，恶能与浮沉之流俗相迎随而弗丧其守者乎？宁弃疾之寥寥也，勿宁虔之奔走天下也。愚人无所用其哲，而己乃全。《诗》云："无然歆羡。"此之谓已。

十六

《春秋》书楚人杀陈夏征舒，许之讨贼之词也。书执公子招，诱蔡侯般，执世子有，不许之讨贼之词也。招杀世嫡，恚怒其君，而不去其公子；般弑君父而称侯，子称世子。不于其讨，目言其贼，贼非楚子之得讨矣。

臣弑君，子弑父，凡民罔弗憝者，人之大伦存焉耳。而非我类者不入我伦，不入我伦，人伦之善败，非所治也。非伦者而治人之伦，人道息矣。故君子之恶虎豹蛇虺也，甚于夷狄；恶夷狄也，甚于乱贼。恶夷狄者，为其变而之禽兽也；恶乱贼者，为其变而之夷狄也。已变者甚于将变者；不待变而固然者，甚于变者。彼已固然，而犹责人之将变而类己，愔不知者，且许之以义名，要岂可以欺君子哉！非若楚庄之退安于伯，志讨贼而不有其国，必弗为之假借之词，君子之不可欺也。以此立教，不善变之臣，犹取讨贼之名，奉非类而戴之，而人道遂灭。夫乃知《春秋》之所忧患，远矣哉！

十七

楚人执蔡世子有以归用之。世子无降伏之道，见执而死，以为世子之道得矣，有之为世子之道未得也。有固不可以为世子也，故《春秋》以"用有"目楚人之恶，而弗为之死难之词以隐恤之。臣弑其君，在官者杀无赦；子弑其父，在官者杀无赦。况有为般之世子哉！世子乎般，亦般而已矣。

然则为有者将何居？景公弑之日，有有知焉，死可也。幼而无能死，长而遂志以引决，未晚也。弗获已，而不立乎世子之位，逃以去，犹之可也。般者，天下之所不容，不得以食乎蔡之宗庙。有立则般祀，贪得其国而祀元凶于先人之庙，以夷先祖于大憝，蔡仲之鬼，不如其馁矣。故国之存亡，非有之事也。有弗获已，早逃其位，国人求景公之别子以嗣其先，俾般之罚正于死后，有之所得为也。有为般之世子而有恶矣。爱死而死不可免，贪国而国以亡。书曰"用之"，楚恶而有贱，君子之所弗恤也。

十八

有受治者，以天子之治治之。故贬其爵，微其人，陋其事，目言其所为恶。举凡灭仁礼，去信义者，用此法也。有不受治者，然后以王者之不治治之，则为之号举。故戎狄荆、吴之举号，号非罚也，贬绌之所不加，示不相统焉耳。以法治诸侯，以不治治化外。故曰："《春秋》天子之事。"

殽之战，号举秦；许之伐，号举郑；鲜虞之师，号举晋。曰：彼且于宗周未亡之天下，自国其国，我不得以治诸侯治之矣。故殽之狄秦，非谓其贪利蔑亲也，卫贪邢以灭同姓，而犹生名以治之也。伐许之狄郑，非谓其附楚也，陈方会逃归而即楚，犹目其事以治之也。伐鲜虞之狄晋，非谓其诈也，献公绐虞公，执而灭之，犹称人以治之也。惟之三役者，天下离合之几，宗周存亡之故，封建兴废之由系焉。窥宗周，离天下，以废封建，则不得为中国之诸侯矣。不得为诸侯，天子所不治。彼自为秦，为郑，为晋，非我侯氏，犹荆、吴戎狄之为吾敌也。

自殽之战，秦于是而东争豫土，周不保其巩洛之势始于此矣。自郑之亟伐许，天下遂显然以不从楚为罪，削周之东援，启楚之北道，南北分疆之势成于此矣。自晋之数有事于鲜虞，尽卷河北以分天下，而伯者弥缝中原以奉一人之势解矣。故昔者弭兵之约，向戌之说已陋，而听之速；楚围之相辱已甚，而居之安。晋分天下之心目，移于中山、冀、代之间，委南诸侯于楚，谓争楚之无益，弗如弃南图北，割据以自实，可捐伯而以谋王也。师楚之知，抵楚之间，嫁窥周之恶于秦、楚，而实以吞周所封建之天下，拊山凭河以临周，于是而七雄之势成矣。七雄之势成，而晋得其三，是晋半得周之天下也。王失则伯维之。捐伯不居，而雄心有在，是周之亡，不亡于秦、楚之争，而亡于晋之委也。故鲜虞之师，周之所由亡，人不知其以亡周；封建之所由裂，人不知其以裂封建。而君子知之则已早矣。曰：晋自是而非吾之晋也；敌也，狄也，有天下者为之防焉耳，无用治矣。

呜呼！秦窥周，而周外有秦；郑裂中国，以楚为名而争天下，则周外有郑；晋以山东饵楚斗吴，而自食河北，则周外有晋。秦为秦，郑为楚，晋为晋，齐、燕因之，遽以分天下，灭宗周，而尽蚀封建。秦倡之，晋成之，齐犹有俟焉，齐其免夫！故六国之亡，韩、魏为先，赵为惨，齐最后亡，而杀戮亦浅。秦一宇内，遽燔于匹夫之手，为万世笑。《春秋》之所摈为不足治者，天之所重罚。故曰：圣人之于天道，合一者也。

十九

以道定天下之刑，名实而已矣。刑不从名，名不从实，别为之意，以或出之，或入之，刑不中，道不立，自矜明断，而天下去之也若惊。故矜明断者，未有不惊天下者也。

楚围实未尝弑君也，故《春秋》正其名曰："楚子麇卒。"楚公子比实弑其君也，故《春秋》正其名曰："楚公子比自晋归于楚，弑其君虔于乾溪。"齐不以讨贼之罪杀商人，故《春秋》正其名曰："齐弑其君商人。"弃疾以讨贼之罪杀比，故《春秋》正其名曰："楚公子弃疾杀公子比。"以比之称公子为疑，则商人之弑君，亦称公子矣。以先言归，而后记弑为疑，则比尝出奔，非纪其归，将嫌于在晋之不得弑也。正乱臣贼子之刑，使速即辜而无辞，名正焉耳。授弑父与君者以名，使终得名而不怨，实核焉耳。故曰："征诸庶民，质诸鬼神而无疑。"实以庶民之闻见为征，名以鬼神之怨恫为鉴。"《春秋》成而乱臣贼子惧"，惧此焉也。

邪说兴，疑辞滥，暴行有托以免，巧者避之，愚者婴之。故其诗曰："有兔爰爰，雉罹于罗。"王道之坏，名实先乱，《诗》降而《风》，乃作《春秋》，以名准实，以刑准名，刑准名实，而兔不得逸，雉不徒陷，《春秋》所以拨《诗》之乱而反之正也。圣人没，大义隐，传者矜明强断，出贼而入良，则《春秋》反为乱首。君子知赵盾、楚比、许止之实弑，而郑髡顽、楚麇、齐阳生之实卒，虽有淫词，勿听之矣。

二十

美之大，有传人；恶之尤，有罪主。不立夫罪主者，非其恶之尤也；不足有传人者，非其美之大也。雷震夷伯之庙，而目言夷伯，以为其独以当天之怒矣。石碏杀州吁，雍廪杀无知，而概之以人，石碏讨贼之力微，雍廪乘乱而无必志，不足以当讨贼之实也。二百四十二年之间，一与一相当，取推刃弑逆之贼，无倚于人而伸其独愤者，公子弃疾而已。

《春秋》书"楚公子弃疾杀公子比"，大词也。大之乎石碏之与雍廪，而弃疾传也。圣人没，大义隐，淫词以乱，覆大恶，掩大美，知义者之所弗取。弗取之者，不足取矣。谓弃疾胁比以立，而又忌杀之，则是比弱而弃疾强，比拙而弃疾狡，比犹贤而弃疾固恶也。诎弱以伸强，势人之术，《春秋》之不为势人，审矣。拙者为狡者之囮，而护狡者之谖，以弑君之罪归拙者，愚人之断，《春秋》之不为愚人，审矣。抑弗获已而曰比贤，而《春秋》责备之邪？夫责之备，爱之深也。责之以大粹，而摘其小疵，全之也。取他人覆载不容之恶，推与之以即污潴之刑，人何利有君子之爱，一陷小疵，而即婴无上之辟哉？严其所恶，奖其所爱，君子之情不回，而天下顺焉；苟其所爱，贷其所恶，虽得天下不能一朝居。甚矣，淫词之以害治拂情而贼道，如此其烈也！《春秋》传弃疾之人以甚美其讨贼之独力，二百四十二年之仅见。立臣子之鹄以伸天讨，大义昭，无容掩也。

二十一

《春秋》之始不授伯。授伯者，以拒楚也。授伯以拒楚，楚虽善而不纳。递乎长岸之战而内楚者，以拒吴也。故君子之道"无适也，无莫也"。忧患日深，乘时以盈虚，"行其庭，不见其人"。人虽不可与，有无见者矣。"楚人及吴战于长岸"，号吴人楚而殊之，内楚外吴之旨明矣。

外内者无定形，以内视之而外，以外视之而内，犹门庭之与室也。庭视室而外，视诸门而内矣。楚始僭矣，是于周外而有楚也，故从乎周而外楚，中统边之词也。楚受贡于宁母，争晋而不敢争周，终乎伯而忌王，衣裳礼物肖中国，而从于会盟。吴乃以断发文身之质，蔑礼寻兵，而亟乘楚祸。则从乎吴之外而内楚，近统远之词也。近远者，非地与族之谓也。均是人也，言不可得而通，服饰器用不可得而名，嗜好怨恶不可得而知，斯远乎人矣。远乎人之必外，故近乎人之必纳，是以弗获已而纳楚。

近乎道者近乎人，远乎道者远乎人。道不可得，维其人；人不可得，则又维其人道之近。授伯，则以人存道，而道可屈；内楚，则以道存人，而人可泛。故曰："行其庭，不见其人。"广大其心以存人道，而无适人，君子之于人道至切矣。

二十二

夫子叹："吾犹及史之阙文，而今亡。"文亡阙者，曲以成其说也。阙而曲成之，则抑不必阙而亦曲成之。罪人之曲辩，党恶者之诐词，简牍未删，或乐其新以取之，而是非挠。于是圣人作《春秋》，据名实，定诛赏，诎曲以伸直。实有者不故出，实无者不故入。圣人无意，因天下而不私。其书曰："许世子止弑其君买。"赫然举覆载不容之罪加诸人子，实所本有，不得而出焉，定矣。传《春秋》者犹曲为之说，纵止于大憝，而陷《春秋》以深文之过。俗儒淫，大义隐，卮言日繁，世教之凌夷久矣。

且夫出人罪而使之轻，则轻者无处矣；入人罪而使之重，则重者无处矣。不尝药而言弑，何以处夫楚商臣、蔡般之躬为枭獍者也？纳商臣、般于不尝药以毁死之等，而商臣、般可自托于孝子之列矣。

且夫不尝药之不可言弑，犹其不可言孝也。周衰礼废，二百四十二年以卒葬见者百有余君，其子之能尝药者，吾不知其仅几也。药之杀人也，或尝而得，或不可尝而得。以尤毒之药攻疾，虽无疾者尝之而眩，百不一也。已寒而清之，已暑而温之，表疾而里之，里疾而表之，虽杀人也速，要皆不可尝而得者也。故尝药者，孝子之末文也。仅以一尝终臣子之文，而子道毕；仅以一不尝未修己末之文，而弑名定；是率天下以为伪，而蔑其固有之良矣。故曲为之说者，不足以贼道，则圣人何叹焉？有其所无，无其所有，司曲谨，纵大恶，逞末文，损天懿。圣人之叹，叹此焉耳。欧阳氏之辨，得圣人之旨。必伸传而抑之，胡氏之保残专己，固矣夫！

二十三

葬者，人子之事也。君弑而贼不讨，以是为无子矣，故不书葬，有贼臣以当罪，而子犹与于恶也。虽然，与于恶而恶亦灭矣。罪定于推刃之贼臣，特以不葬诛其子，使视夫捐其亲于沟壑者，当不孝之罚。以情议法，等杀差也。

若夫为世子者，既弑其君亲，大憝之刑，致一而已，则不复以不葬再诛其子，已从乎重，舍其轻也。已从乎重，复从乎轻，是犹可求之于为子之道，而大恶逸。故蔡景、许悼之书葬，不复以子处其子也。臣弑君，贼不讨，以不葬诛其子；子弑父，贼不讨，不以不葬诛其臣与其余子。何也？葬非臣事也，丧有主，而弑父者为丧主，亦非余子事也。身为储君，分尊势逼，威行于中外，恬然就宫中为逆而代之立，中材以下，为之臣与其余子，固不能旦暮讨也。君子矜焉，而有待，不遽诛也。且不葬之罚，诛世子者也，臣与余子终不能讨，亦不于葬诛之。法之所丽，贵贱之差辨矣。

知此，则蔡景、许悼之葬，其义也。许止之为枭獍，又何辨焉？曲说者求之于葬不得，则又求之于日，无所不为许止解。意者其乐枭獍之私昵乎？

二十四

诸侯之世子必名，故当丧有故而亦名。子般之以名卒，犹子同之名也。王世子不名。会于首止，君在而不名，则君没当丧不名，审矣。以是知书"王猛"者，非以"猛"系王也。犹之乎郑忽、齐小白、莒去疾之以国系名也。王室不可以言"周"，则曰"王猛"，犹云"王国之猛"云耳。王国之"猛"，犹之乎"王札子"也。系"猛"以王国，猛可以有王国乎？猛可以有王国，则犹敬王之即得称天王不名矣。猛不可以有王国，为猛治也，故从乎"王札子"之例，以名猛而绌之。猛可以系之王国，为王室治也，故从乎郑忽、齐小白、莒去疾之例，以国系猛，而诛子朝。猛可以系之王国，胡为其不可以有王国邪？

长幼之大伦，天下之公议也。父子之仁，兄弟之恩，当其事者自喻之，义也。景王之意，废长立少，秩大伦者所不与，猛所不得而夺也。长幼之大伦，天下之公义，人子不可得而奉乎？曰：奚可哉？故伯夷者，非夫高人绝世，不可遍责天下人子之行，而苟弗伯夷，尚得以为子者也。孔子曰："道二，仁与不仁而已矣。"孟子曰："欲知舜与跖之分，无他，利与善之间也。"苟弗伯夷，不即均乎盗跖者，小德之或然也。苟弗伯夷，即均乎盗跖者，君臣父子兄弟之间也。子朝以幼夺长，乃先王则有其志矣。先王之志不行，猛立而朝争，则罪专朝而猛免。先王之志或奉之，朝有挟而猛争，则猛与朝分罪。《春秋》书"王室乱"，王室之人皆乱人，非独朝乱也。非独朝乱，而猛先之，朝乃应之。是故敬王未立以前，《春秋》不目子朝之恶，而以王猛居皇，系诸"王室乱"之下，明乎乱王室者猛也。父子兄弟，称兵相向，曲直为轻，先后为重。苟先之矣，虽直，曲也。苟欲弗先，虽欲不尽责人以伯夷而不能也。故君子之责人，不遽求其如舜，而责人之子也，则必之以大舜、伯夷、泰伯而不为苟。故曰：瞽叟底豫，而天下之为父子者定。定者，必至之准也。

朝有夺长之心，而猛先之以事，故猛未卒，朝不适罪。朝既有争猛之事，而敬王立以靖乱，故猛已卒，朝恶不戢，敬王讨之以有名，然后目尹氏立朝之恶，而正敬王居尊之号。敬王所奉以讨朝者，争猛之无罪也，朝篡而成乎贼也。王猛所挟以首乱者，景王之过也。挟父过者，不孝之尤，则不可以诛人之不弟也。追景王之失，以治子朝于他日，义著于天下，君道也；名王猛以绌诸世子之外，掩子朝之恶而未发，义喻于当人之心，子道也。当人之义，动诸心，悦诸虑，不可以名争，不可以天下之公论为所挟，故曰"义内"。

二十五

父之志不可夺，无之而夺焉者乎？曰：权衡者，非适有也。物无适权衡，而乃以用夫权衡。故心即为权衡，而非有权衡焉听心之用也。彼心之所轻重，若将为之权衡矣，而我适从之，是吾无义也。或适违之，则父子兄弟之际，不得以有义矣。审彼轻重之所向者，吾心之用也。故礼莫大于别嫌，仁莫大于全爱。无嫌而爱可全，君子之以精义也。是故景王之志，志立子朝，王猛夺之而为乱首。丐之争朝犹猛也，猛以夺父之志受诛，而丐无嫌。审此者可以全爱矣。

景王之志，欲立朝也。猛长于丐，绌于长而朝不得立者惟猛。当景王之存，猛固存，丐固无压朝不立之势，则景王之所甚恶而忌焉者猛之立，非丐之立也。子朝不当立而立，景王之邪志犹之可夺矣。猛为景王子，景王恶其立而忌之，父之恶子可行于子，不可以邪志言也。猛见恶忌于君父，而欲挟己之是，夺父之志：犯其所甚忌，居厚实于己，以彰先君之过，猛乃以受大恶而不可辞。敬王之立，非先君之所忌矣。先君无恶其立之心，则矫先君之邪志以挽而之善，敬王可以无大恫于鬼，而伸大义以靖社稷，爱未损也。使敬王让篡兄之乱人，迎先君之邪志，与于邪者也。先君无忌我之心，疑焉而不敢立，成先君之恶者也。故伯夷逃，叔齐不可立，而中子可立。子朝篡，王猛不可讨，而敬王可讨。孤竹君无忌于中子，景王不预恶夫敬王。无忌无恶，不得以亿君父之或忌或恶而自疏，所以曲全乎爱也。

景王缘朝而忌猛，弗获已而宁立丐。于此而自信以不疑，非夺父志也，其庶几于干蛊者与！《春秋》书"天王居于狄泉"，大义以无嫌而定，全父子之仁也。

二十六

《传》曰："《春秋》因鲁史之旧文，有可损而不能益。"允矣。夫不能益，则传闻、所闻、所见，辞无可异。而或益也，夫子作《春秋》，定大法，无所避就；而有所避就者，不以其知之凤而侵史官之职也。故传闻、所闻之不益，非惧其不确也，所见确矣而不益，史有其司，圣人不以意侵之也。不以意行，故曰"无意"；不以我侵人，故曰"无我"。善言圣人者，即于此而得之矣。

故王室之乱，自言其乱，猛、朝、敬王之备记其始末，皆鲁史之旧也。公孙于齐，迁之晋，其"次"、其"居"、其"在"，纪之已详，亦鲁史之旧也。昔者王子颓之乱，志齐之伐卫，而尽隐子颓之实。叔带之乱，志天王之居郑，而不著复入之事。或曰：颓之乱，齐平之；带之乱，晋平之；鲁未有事，而史不详。乃猛朝之乱，鲁亦未有事，昭公出，意如不自保，夫岂暇为王室忧？而旧史犹详之，《春秋》不损，何也？当时晋不能伯，无能奉敬王以靖乱，而天下之人心戚矣。昭公出，季氏不敢立君，日锢公于外，而以逆公以为名，国人未忍忘也。国人未忘，而公卒不返，鲁国之人心戚矣。心之戚，故志之详。衰在王室，失职在伯；罪在强臣，过在昏主；崇货忘义，在齐、晋之执政。史臣无所取裁，乃孤伸其意以立文。

圣人之于《春秋》也，下失道则挽权于上，上失道则取衷于下。鲁之史臣内戚其君，上戚天子，志之弗谖，言之不忍略。圣人以是为不可损也，即人心，立大法，专用民志，以存天彝。以为有变例而特书，启王通、《元经》之妄作，诬矣哉！

二十七

事之未败则人竞其说，事之已败则败者徒咎。夫人之欲避咎，则无如其避事之得矣。避之于事先，便以归咎于任者。呜呼！何进、景延广之以其身为咎府，而田丰、李纲之挟败以为名，复谁与之为淄渑哉？

事未败而两说疑，否彼而可此者，未尝有固可否也。人之所可，从而否之，其否之也力，而自可也不力。非不力也，无固可者，必将居于不力之地，假人以胜，而便咎其败也。天下之祸，莫大乎议事者有幸败之心，先居于竞之无力，授人使败，而己避之。匪然，天下亦安得亡国之与败家哉？及事之败，咎不我尸。咎既有归，然后以无征而持其固可，立为定论，垂于后世，说淫辞坚，而追论者信之。

如"昭公弃晋主齐"之说，放于数千年而莫辨其诬，乃不计昭公方出之日，孰为谋而以主晋为固可邪？昭公之未奔也，七觐于晋，劣得成礼，一而已矣。晋之于公何如也？故意如非能逐君也。孙宁有晋，而后衎亡；鲁接有齐，而后赤弑。逮乎叔舍见执，公自往请，次且河上，托疾以返。不待晋人之辞，而公已愤然自绝于晋矣。然后阳州之役，何忌、籧庈敢于比贼以攻君。晋人曰："君不使一介，辱在寡人。"将谁欺也？晋之无志于伯也，晋卿之下比以交蔑其君也，路人知之矣。士鞅黩货，不廉于梁邱，而权尤重，志尤慝。晋不可恃，弗获已而改图，故当阳州、野井之际，昭公所可与为主者，亦惟齐而已矣。晋失伯，而齐欲得之；陈氏有下比之私而犹不敢逞，梁邱之贪贿行于莫而犹忌于昼。是齐有三可恃而晋无一也。齐不足主，而奚况于晋哉？

从乎主齐而不成，则晋挟以咎齐，而为之说者挟以咎公之失主。向令主晋而不成，齐且挟以咎晋，为之说者抑曰："野井之唁，鄟陵之盟，齐勤鲁如斯，而昭公舍齐以自陷于晋也。"其又何辞？惟先以主齐，而主晋之说伸。事败之余，乐抒任事者之短，以捷取前知之名而立乎成败之外，以塞任事之口而寒其心，国奚其不亡，而家奚其不败乎！公奔未几，齐暗已先，围成不克，鄢陵继会，公自无反国之才，于齐何尤焉！

探本者，末论之平也。平情者，听荧之砭也。设其不然，要以观其终者，尽变之道也。以彼参此，早计而取必其可否者，惩利口之法也。以是衡量乎百世，略成败而持公论，事虽败而咎不偏归，君国长民之要术也。而佞人远矣。夫佞人者，岂无挟以荧人哉？幸人之败以自奖，无固可而有固否，君子之所甚恶，恶此焉也。

二十八

《春秋》之与晋，不如其与齐。齐失伯而犹列之侯，晋未失伯而先已夷也。《春秋》之狄楚，不如其狄吴。楚进而以中国之治治之，吴终不以中国之治治也。楚颒、虔之弑，为诛其贼。鄢陵君伤，目言楚子，通之乎中国之君臣矣。吴遏与光，死于战而不言灭，不戚其兵死也。吴弑其君僚，不著其贼，不足与诛。不得其说者，以为僚不宜立，宜见弑，而贼可无治。卫剽篡立，犹目宁喜，僚之失正未烈于剽也。抑以吴之大臣不早废僚而召弑祸，归罪于大臣，是大臣特不能知权以建非常，而遽即上刑，贼反逸焉，轻重之衡慎矣。故曰：属辞比事，《春秋》教也。刑比其类，例比其同。以知僚弑而不目贼，以吴之为狄已甚，而不足治也。故大均天下者法也，齐为天下伯，晋自为伯，君子以法进退之，而大均平。辨夷夏人禽之维者礼也。楚以僭王夷，吴以被发文身夷。君子以夏治楚，而退夷之，以禽治吴，而进夷之，而大维清。

所恶于夷者，无君臣父子之伦也。以大伦故而别夷夏，不以夷故而废大伦。商臣、比所以服刑于司寇，所恶于无君臣父子者，疑于禽也，疑禽则治之。断发文身已成乎禽，君臣之义、父子之恩复何望焉？号举吴以视，司冠之所不治也。别夷于夏而王事兴，别人于禽而天道正。以王治晋，以天治吴，圣人无异用，人事有异受，故曰：理一而分殊。

二十九

《例》曰："夷狄相攻不志。"志吴、楚之兵争，则内楚以外吴，不从乎相攻之例矣。吴、越之相伐相入，词平而无所内，无所内而犹志之，《春秋》之例于是而变也。天下之势，必有所在。昭、定之际，晋无伯心，齐欲争伯而不成，楚奔命于吴而不给，势之所趋，合离之所竞，西不在晋，东不在齐，南不在楚，吴、越于是乎受势之所归，以司天下之轻重。故其相攻也，天下之所视也。天下视之而天下变，天下变则例变，□□□之攻，所以甚天下之变也。天下变则例变，例变则道亦可变与？曰：道有随例而变者，君子之所以用时也；有不随例而变者，君子之所以不为时用也。

昔者《春秋》尝不授齐以伯矣。已而授之。授之齐而又授之晋，继而惟恐晋之不足以伯矣。此夫例因天下，道因例用，用时以治时者也。其于楚也，尝号举之矣，已而为存其君，已而引之以内，惟恐其不得志于吴矣。此夫以例从天下，屈道从例，不获已于时而救时者也。至于吴而无望焉矣。无望于吴，亦不可改而望越；无望于越，终弗容复望于吴。吴、越之事，轻死崇杀，奖诈尚力，自战而不为天下动，苟胜而不为之名，弃衣冠而贱肤发，由古以来，未有如其不似人者也，故君子可用时而不为时用。楚可用者也，吴、越必不可用者也。必不可用而用之，则为之用而已矣。

故吴、越相攻之词均，而不以内楚之道内吴也。人禽生死之际，道之尤严，舍此而君子无道，奚容变哉！然而天下视之矣。吴胜则走吴，鲁、卫走之，而晋且走之也。越胜则又走越，鲁、卫走之，而齐且走之也；迨二国者之已灭，其遗知余习，犹以染战国之天下，赵武灵、秦庄襄、始皇之所尚，皆吴、越以为师。则天下之大变，始开于吴、越。君子不能自爱其例，而为天下录变，乃不容不自爱其道以治天下之变。故《春秋》有三变，王变而伯，伯变而夷。当其伯，不能为王存也，而存伯之词恕。当其夷，不能为伯存也，而存夷之词危。其词恕者、裕道以望伯；其词危者，守道以望夷。每降而君子之心益伤，见乎辞矣。

《春秋家说》卷三中终

春秋家说卷三下

定公十四论

一

"六月癸亥，公之丧至自乾侯。戊辰，公即位。"割戊辰之前以君昭公，正戊辰之始以君定公，《春秋》之义例，鲁人之情，意如之有惮而托乎礼，三者合也。意如无惮，则鲁人不得以畅其情；鲁无其情，则《春秋》不得以存其义。故知礼者，先王束不肖于义而尽人之情也。凡民之所畅，君子之所存，不肖者弗敢异焉。

然则夫礼者，虽不肖之情莫之或违也，不然，孰迫之惮而必遵此哉？祭仲之心乎嫡也，叔武之未忍于君兄也，宁殖之死而不忘悔也，其情亦可反之正矣。而国安于无礼，无以约之，则不足以生其惮心，不肖者冥行自是，而国人习焉，于是而圣人莫能为之例。郑仪、卫剽与出奔者而并称君，卫叔武非丧而称子，生死存亡，一彼一此，无义之例，圣人弗能正也。故凡民之所习，不肖者之所惮，君子之所正，相须而成乎典礼，义不诎矣。

公子宋逆丧于乾侯，其犹授受也。五日而殡，殡而践阼，其犹顾命也，季氏不纯乎贼矣。故治贼者严，鞫贼者辨；鞫不辨，治不得严。驱季氏以等于祭仲、元咺、孙林父之刑，彼何惮而不早为其已甚者与？文亏则求之质，质亏则求之文，文质两无可原，而后刑之不贯。鲁人有情，质未浇也；意如有惮，文未害也。子曰：“我爱其礼。”礼在而成之，不忍诎也。文以留情，质亡于一时而存于后世，圣人犹且爱之，岂徒爱其文哉，爱其欲畅之情，有惮之志也，无庸深求之矣。

二

观诸瘵者，非固瘵也。适有所因，炅气乘之，拙工为之诊曰：“此他日之必瘵者也。”遽而攻之。攻于所已病，而助病力之未逮；攻于所未病，而导病以入。五攻五入，病周乎藏，于是乎而瘵成。拙工固曰：“吾信他日之必瘵，岂妄也哉！”忌其为毒而攻之，攻而必得其不胜。故忌瘵者恒得瘵，忌敌者恒得敌，忌亡者恒得亡。

吴之通晋而叛楚，因为晋而窥楚，未能如楚何也。晋之请已勤，如试之州来，浮动之炅也，奚其必楚瘵哉？楚于是而殚力以事吴。抵于阖庐之七年，兵加于吴者七。吴固不勤于伐楚，楚自勤于伐吴。吴一伐楚，而君死原野；楚七伐吴，而败者六。长岸不胜，鸡父熸。卒于舒鸠氏之诱，未浃两岁，而入郢之祸烈。夫破楚者诚吴也，虽然，吴奚有破楚之志哉？一伐再伐，殚于七伐，楚未尝不朒也。是楚召吴骄吴坚吴，以贸吴而一往不返，不可御矣。吴其如楚何哉！忧之如无忧，谋之如无谋，争之以不争，防之以无所防。曹丕曰：“囚权于江，锢亮于山。”诚哉其审于敌也，而吴、蜀不能为魏瘵矣。

楚昭王之反也，吴怨酷矣。置吴以授越，而不夹越以攻吴，故越为楚灭吴，而终蕴于楚。侧、婴齐、建之不逮此，况囊瓦之区区者乎？呜呼！夷狄非吾瘵也，师一举而地一丧，再举而地再丧，五六举而天下随之。无曹丕、楚昭之知，不瘵以死者几何邪？

三

有拾仁，无拾义；有拾地，无拾人。仁，人心也，拾而固保之，则仁归之，因心之不远也。义，制也，非我制之，天下之制无有于己，而终不制也。地，从人者也，偶从之，因而保之，或欲与争，而抑难矣。人，不相从者也，彼失之，不必此之得也。拾而得之，如抟沙之不能须臾也。

晋定公之为君，范鞅、荀寅之为政，召陵之大义，召陵之大众，介然拾而用之。《春秋》纪诸侯大会于召陵，而终之曰"侵楚"，犹以一纶之丝束千株之条枚，而置诸独轮之上也。侵楚者，拾义者也。楚有可侵之义，而晋拾之。晋固无侵楚之义于怀，而抑不能灼然持之以侵楚也。蔡曰"楚可侵"，诸侯曰"楚可侵"，弗已而侵之，楚自诒侵，而晋何有焉？十八国之诸侯集，而晋主之者，拾人也。楚遗陈、蔡、郑、许、顿、胡于四达之衢而莫之收，晋乃淡然相遭而拾之，齐、鲁、宋、卫、曹、莒、滕、薛、杞、邾乍惊其拾之众，弗已而从之。乃诸国者固无依晋之心，晋亦固无收诸国之志也。合而会，会已而离，不谋其来，不保其往，旋拾之而旋失之，晋亦不戚戚焉。

呜呼！使义而可拾也，则商纣之世，人得为天子也；使人而可拾也，则陈涉之戍卒，翟让、李密之饥民，足以定天下于俄顷矣。且夫拾义拾人者之奚但无成哉，拾义而义不保之，乃以怵废于义而益保利；拾人而人不保之，天下益以知其无能为主而离矣。故荀寅之贪，至召陵而剧；晋之失伯，至召陵而不可救也。《春秋》之书此，犹以一纶之丝束千株之条枚，置之独轮之上。《传》曰："化工赋像，情不得通。"征矣。

四

无小国则大国孤立。大国孤立，则相逼而互以相亡。故君子治三代之衰，尤为小国念也。小国之羸，则既不足以自存矣，于是因人以存，又必因者之可怙也。怙非其怙，犹免于亡，君子之所弗责；怙似可与怙，怙之以亡，君子之所弗嘉。

夫鲁莽而驱入于人，无宁延旦夕以有冀，小国不获已之谋也。驱使之动而以亡，无宁置之而犹存，大国不获已而亦以宁小也。一动焉，一招焉，一驱焉，一若有怙而果不可怙，昔之尚为冠戴之伦者，今陆沉而受非类之戎索，犹且曰慕义，义其以亡人之国者乎？顿、胡、沈、许之戴楚也，小国之逆，伯者之耻也。乃其以戴楚故，而不趣亡于楚，则犹守先王之侯服，崇明祀以待王者之兴也。

呜呼！蔡一动，晋一招；动之弗动，招之不前，而疾为沈矣；动之动，招之至，而终为顿、胡、许矣。沈亡之后，二岁而许亡，又八岁而顿亡，又阅岁而胡亡。胡亡之逾年，而蔡以围于楚。夫此诸小国者，从未尝一执玉于晋廷者也。晋无此诸国而诸国存，诸国一有晋而诸国速灭，然则即不执玉于晋之廷，而何莫非三代之提封邪？

四国驱亡而陈、蔡不立，陈、蔡不立而中原解，中原解而七国孤，七国孤而必并于一。周之所以亡，三代之所以讫，七国之所以鱼烂而终，此祸之不爽于远者也。陈、蔡、顿、胡、许一受命于晋，而齐、鲁、郑、卫之去晋也如惊。得小而丧大，得名而丧实，此祸之不爽于近者也。周公曰："君子德不及焉，不享其贡。"保人以自宁也。晋定之为君，士鞅、荀寅之为政，而大会天下于召陵，君子之所深为天下念也。

五

俘人之君，甚矣！甚其无忌而为之也。襄、昭以前，灭人之国者不及其君，犹有忌。楚之以蔡献舞，夷之乱中夏也。晋之以潞婴儿，伯之治夷狄也。夷之乱中国，固无所忌；伯之治夷狄，固可弗忌也。均为分土之诸侯，俘其君，将臣仆之，以加人者，人得而加之。当其淫以逞而不知忌，夫岂有人之心哉？蔡以之加于沈，郑以之加于许，宋以之加于曹，鲁以之加于邾，国失其所以为国，君失其所以为君，不相驱以亡而不得矣。

且夫势果有定乎哉？俄顷之势，而乘之以为名，天下之至贱而安忍者莫是过也。沈一不会于召陵，而疾被俘杀。召陵以前，新城以后，蔡之宜得俘杀者百年，而以责沈于一旦，曰吾有名而固有义也，所为至贱而安忍者也。故灭人之国，贪也；俘杀人之君，忍也。贪者吾将惩之以仁，可使勿贪；忍者吾将惩之以义，不可使无忍。苟忍而袭义以为名，即有名矣。有名而义不得施其惩，故君子甚恶夫安忍而蹈乎至贱，无从而救之也。孟子曰："恶死亡而乐不仁，是犹恶醉而强酒。"俘人之君者当之。

六

"庚辰，吴入楚。"当从《公》《谷》。目言吴，以免蔡也。柏举之战，蔡为之，郢之入，非蔡为之也。不许吴之入楚，故目吴免蔡以专乎吴。不许吴之入楚，非不许蔡之入楚也。吴入楚，而楚他日报怨于蔡。楚非所报，而蔡徒得怨。蔡徒得怨，则使蔡与于入楚之役，蔡且免于报矣。非我类者，喜怒不可以理求。苟可以强，而强非我罪。苟可以强，而终以强慑之，彼且慑焉。然则蔡猛于战楚，而惮于入楚，吴专其咎而蔡免。蔡之不足以自免，始于此矣。

楚之强，无有大折之者，大折之以入郢之衄，蔡又惮而不与吴终其事，君子之所大悯，故词免而实不免。惜夫楚之大衄，授之吴而成其恶，靳之蔡而不竟其功也。盖蔡之惮楚久矣，志惮而实惮之，实惮而名亦惮之。蔡固以宗周视楚，战之者，不胜其一旦之忿焉耳。忿已事裂，而恧然不居。天下之不勇于义者，非义之不能为勇也，一旦之忿，不惜其素所宗周视者，遽引封豕长蛇以相攻，蔡固不义，苟袭义而义亦馁也。

忿，实也；义，名也。非所据而据，非所困而困，楚得以争曲直于吴，而蔡为怨府。故无实而奄其名，神守先丧，而败随之。蔡恶敢毅然以入楚？不敢入楚，而又恶得免于败之郑？故蔡之恧然不居，取怨之招也。

七

属人为与，而委怨于人，未有不失人者也。故《姤》之二曰："包有鱼，不利宾。"象曰："义不及宾也。"义不及宾而委之宾，是委义也。宾本无鱼，而委之鱼，鱼在宾矣。鱼不及宾，而我及之，宾不固获鱼，而鱼不固怨宾，是委宾以鱼而委义于宾矣。义之所不及者，利之所违。身任天下者，虽欲不慷慨自任而不能。义，吾义也；利，吾利也；怨，吾怨也；未见怨之可委者也。

晋失诸侯，郑首叛之。然则治郑者，舍晋其谁任哉？晋任之，然后与诸侯图之。晋不忌郑怨而以为功，诸侯不邀郑功而安于无怨。伯者之以属诸侯，纠天下，固非此而不得。晋之不能而委讨郑于鲁，则何如勿讨之为得乎？鲁能服郑，则鲁不必晋，而可以逞于诸侯，郑将蛊鲁以亢晋，晋无庸矣；鲁不能服郑，则鲁之不利，晋之不利也，鲁小损其实，而晋大丧其名，晋无幸矣。

鲁无固争郑之心，薄伐于郑，而郑不固怨。鲁方责郑之亲晋，郑方觊鲁之合齐，兵加之而不怨，鲁意且释，而郑是听，晋不能必鲁之不叛，而况郑乎？鲁弗固怨郑，郑弗固怨鲁，无故而激人以相怨，鲁且自丧其所谓而怨晋之嗛己，晋无辞也。

呜呼！委怨于人者，人之力且穷，人之愤且平，人之相酬也亦藉手以告无过，进不能为之图功，退不能为之任祸。故鲁一侵郑，再侵齐，齐、郑益急鲁以蛊鲁，而鲁长舍晋以东合矣。故知委怨于人之失人，义之所违，即利之所穷也。

晋尝失郑矣，郑移祸于宋，晋不使宋当郑，而自任之，悼公之所以服郑也；晋尝失齐矣，齐移祸于鲁，晋不使鲁当齐，而自任之，平公之所以下齐也。服郑而宋益亲，下齐而鲁益固。悼、平之伯，伯之微者也，而自任也且然，况桓、文之盛乎！晋委郑于鲁，乃以委鲁于郑。诸侯之兵竞起而散，非固委也，人抑末能收之也。

八

观其表，知其里，可以喻天下之心；观其行，知其志，可以测君子之权。故鲁之侵郑，非竞郑也；鲁之侵齐，非竞齐也。奚以谂其然也？侵者，无意之兵也。公羊子曰："粗者曰侵，精者曰伐。"精云者，壮也；粗云者，浅也。鲁无怨于郑，而抑不觊利以兴兵，故不壮于竞郑；齐临鲁以兵，而实觊合于鲁，鲁知其故而无深怨，故不壮于竞齐，浅用其师以动之，不执罪名，不叩国都，姑以侵焉，可以释则释矣。是以逾二年而平齐，又逾年而平郑，聊以瓦之会谢晋，而终于无竞。故郑、齐之师不得信之为竞也。弗察其中情而信其表之竞，为愚而已矣。

夫君子将许之乎？曰：由君子之许鲁以平齐，知其许鲁以平郑矣。奚以谂其然也？十年春，鲁及齐平，夏，会于夹谷，孔子相。诸其甲车三百乘之从，受其归田之谢，是以知君子之志也。书及齐平，无贬词；书及郑平，抑无贬词，是以知君子之许平齐以平郑也。诸侯之从王也受命于天，其从伯也受命于天。从伯之受命于天，何也？小役大，弱役强，天也。强弱无恒势，从违无恒理，昔之强者而弱，昔之从者而违。天有革命，而人奚得不从哉？天命以从伯，势以成乎理也；天命以从王，理以成乎分也。势不可为典要，分不可为推移。故春秋诸侯之背王也，为重伤之，迟回而不之听；其背伯也，可以听而即听之，无待也。分司典要以伤人之纪，势善推移以劝人之功，无当于人纪而功可起焉，君子胡为而为之迟回邪？

势在伯，则许其从伯；伯不给伯，则许其自为功。自相平，自相伐，相与谋其邦交，以辑宁其国。伐而非以竞，平而非附于夷，虽许之焉可，是以君子躬行之而赞其成也。

九

伯之不伯，诸侯无攸保，将自保也。自保者，立国之本计；邦交者，人伦之大节。并行而弗相夺，君子之道不当如是邪？伯之不伯，舍之而弗为之迟回，非君子之薄也。伯之不伯，姑系之而只以自伤也。

齐桓之伯也，成乎宁母以通王贡。为通王贡之名者，王贡由齐而输也。诸侯致贡于伯，伯致于王，则不纯乎王，而贡者多矣，是犹季氏之尽征而贡于公也。齐始之，晋因之，悼公改之，平公增之。观夫子产之争，叔孙豹之请视邾、莒，则竭侯国之力以供亿一伯久矣，大夫又从而私索之，然则将欲自保而姑系于伯，内虚其国，外弗与恃，国势之所必诎。故诸侯之奉伯也，名小诎而实大诎也。南宋谂金之必亡，而不能自绝于岁币，金亡而随之，迟回而不舍，宋以天下毙焉。百里之提封，其不足以胜此，明矣！

竭立国之资，上不以媚王，中不以修备，下不以纾民，委之于屡愆之壑而意又睒焉，是将以国命民膏贾长厚之名。君子之厚也，非此之谓也。《诗》云："鲂鱼赪尾。"劳民以奉君也，文王以之。以文王之事殷者事伯，殆乎愚子割肌以疗母之后夫也。使伯不以列国为腴，列国不以伯为渔，伯不以列国为薪，列国不以伯为斤，虽失其道，犹将依之也。苟得其道，南国之所以戴文王也。《诗》云："父母孔迩。"君子岂欲人之轻去其父母哉？《春秋》书鲁之平齐、郑以背伯，惟其非父母也。

十

记《礼》者曰："礼不下庶人，刑不上大夫。"是靳礼于上而专刑于下，不足以语王道矣。彼将见庶人之不足备礼，而大夫有议贵之科也，泥于一端，概以全节，斯恶知政本之与礼意哉！王者之法，刑尤详于贵，礼必逮于下。大夫以下，刑有不足施，王者弗治焉。不治而欲弭其乱，则修礼以自严，而销天下之萌于词典。知此，可以知《春秋》之议刑矣。

封建之天下，递相臣也。递相臣，则赤递相君也。天子臣诸侯，诸侯臣大夫，大夫臣陪臣，相递以尊而分各定。故诸侯专则夺之，大夫窃则诛之；目言其所专所窃，以正罪名而致之辟。专兵则目之，专地则目之，祸施于国、背凌其上则目之。大而不降，小而不遗。《春秋》之以刑治诸侯大夫者详矣，而惟陪臣则不然。阳虎之乱也，觊杀其主，挟其君公，据邑反兵，蹀血于都市而播恶于邻国。藉大夫而有此，栾盈、华定之诛所必严矣，而《春秋》甚略之。略之者，非谓其罪为不当刑也，以其人为不足治也。人不足治，则罪亦不足刑。故刑有详于大夫，降于士，而宥于庶人。王者乃以统贵治贱，而不与天下争生死也。

刑所不详，治所不屑，有以治之，而不恃治于法，王者之治太平也固然。而猝逢其乱，起于愚贱，王者将听之而弗治乎？曰：可弗治者，固弗治也；所必治者，不可弗治者也。故阳虎之欲杀其主，挟其君公，据邑反兵，结强邻，蹀血都市，胥弗治也。其窃宝玉大弓，固不终窃也，然而必治也。所弗治者何？王者端本以议刑，恶肇于季氏，终滥于陪臣。大夫陪臣，统贱也。两贱而不相为讥，治其本、贳其末可矣。故刑有不下逮于士，而无不上于大夫之说也；议贵者，非此之谓也。所必治者何？王者之齐天下，置刑而尚礼。齐者，贵贱一矣。宝玉大弓者，先王之以礼镇元侯而显之于器与名。惟器与名，王者之以一天下而观之以礼也。虽暂窃之，必固诛之。出乎礼，入乎刑，为弗赦矣。故刑之所至，礼必至焉。礼修于上，而必达乎下，庶人之不能备物，非其不能备礼也。

以刑治者，治人者也；以礼治者，自治者也。大夫之渐贵，诸侯之迤尊，非其亲之可亲，则其贤之可贤，亲者弗率，贤者弗能自奖，贳而弗治，独奈何忍以责之卑贱？故王者治人，不专于贱、略于贵也。若夫以礼下达，缘礼而议贱者之刑，则王者不但治卑贱，而先以自治矣。故书盗窃宝玉大弓，又书得宝玉大弓，自治之词也。自治而乃以治人，出乎典礼而后即乎典刑。王者之治卑贱，惟自治焉耳。自治而治人略矣。后世之议刑者不然，多求卑贱者于法，而宽之于礼，曰：礼者不下庶人者也，刑者大夫以下之所详也。束湿钳网，一以不道无将之辟，摘愚贱之冥趋而禁之。至于国家之大典，人道之大伦，咸以晓然播告于天下，逮其显相背犯，则又以过误而宽之。此无他，自弛于礼，弗能修明，而后恃刑以劫天下，刑礼上下之间，颠倒混施，而上慢以下贼也。故刑日繁，礼日圮，人而致之禽，生而致之死，可胜悼哉！

十一

宋兼殷、周之道以立国。用殷者，从世守也；用周者，从侯度也。故微子之诗曰："亦白其马。""亦"云者，亦彼亦此之谓与？殷之盛也，则有若伊尹、仲虺、甘盘、巫咸、傅说以起而在位；其亡也，则犹有祖己、胶鬲、商容以立乎其廷，皆非同姓之胄也。是故终殷之代，有取亡之主，而无取夺之臣。周先同姓而世卿启，崇世卿而君无固权，鲁、晋、齐遵周之侯度以终始者也。夫不保其无取亡之主，无宁无相夺之臣，即不保无倡乱之由，无宁无怙权以移君之事。奚为其然也？天尊地卑，而其位定。《乾》《坤》毁则无以见《易》，立人之道灭矣。宋用周也，是故戴、宣、武、穆之族，世乎位而不替；亦用殷也，是故迭相执政而权犹司之于君。《春秋》所书，鱼石之于彭城，华向之于南里，辰、佗、驱、大心之于萧，不出则不能叛，不叛则不能专。盖宋有叛臣而无怙权自安之臣，所由与晋、鲁、齐异者久矣。

不能保臣之无叛，犹夫不能保主之无取亡也。有亡主而无亡之之臣，是故文王之圣而纣犹不灭；有叛臣而无怙权自安之臣，是故据彭城，连强楚，分南里，据国都，据大邑，聚不逞，而卒如萤死之光，不能久也。惟夫拥权自安之臣，不必叛也。不必叛，而无可为讨逐之名，天下之所不诛；不必叛，而国如其国，君寄生其上，而一听其生死。故《乾》之极曰："亢龙有悔。"《坤》之初曰："履霜坚冰至。"君无位而臣固其居，乾坤之所以毁也。无位而毁，不必有取亡之主而亦亡。冰驯至而坚，阴不劳而坐困其阳矣。

兼殷以为道，故终春秋之世，君恒亲将而兵柄一。兵柄一，是以不叛而必不敢制其君。乃抑兼周以为道，是故不登立谈之相，不容羁野之臣，而国犹有与守。故三王之道，相终始者也，相参伍者也。故曰亢则害，承乃制；不亢不承，而害不深，制不逆。《春秋》详宋之叛臣，以为犹可得而治之也。

十二

书不尽言，言不尽意，何谓也？谓夫一书而群言该，一言而群意摄，无庸缕尽者也。该群言而不遗，摄群意而不罔，其惟知务者乎？君子知务以通词，不知词以通务，故以例言《春秋》者，怃盛夏之凉雨，而谓之凛秋者与！《春秋》称大夫而里克殊，以里克之名大夫，同诸泄冶之名大夫，未有谓其可者也；称世子而商臣般、止殊，以商臣、般止之名世子，同诸陈款、郑华之名世子，未有谓其可者也。故世子之称，惟商臣、般止殊，而蒯瞆不与。蒯瞆之名世子，常也，无殊乎陈款、郑华之词也。常斯正，正斯顺。故子曰："必也正名乎！"

《春秋》书卫世子蒯瞆，正名效也。灵公存而为世子，是灵公之犹有子矣；灵公没而犹称世子，是与蒯瞆以终为灵公之子，而特夺辄之不使有父也。夫蒯瞆之不肖，史册有余恶矣，而不失其为世子者，则在出奔之举也。谓蒯瞆之弑母者，戏阳速之辞也。速之辞，固二五优施寺人柳之辞也。先乎世子，而公叔、北宫、赵氏逐矣；后乎世子，而公孟逐矣。巨室去，廷为之空，批根杼秀以冀其仆者，世子也，何患乎无戏阳速之为江充乎？

世子将欲无去邪？为申生矣。申生死而不去，君子曰"共"，而不可以为"孝"。然则以申生之孝，而犹不许以孝者，惟不去耳。蒯瞆去，而父子之恩犹未贼焉。蒯瞆行顺，而申生心顺，均以世子称，未大失乎世子之道也。道不失，位不可夺；位不可夺，名不可已，匪直辄也，公子郢亦胡得而攘之？是以知谓郢为当立者，不足与于《春秋》之旨也。无已，灵公卒，辄恶逞，蒯聩其可以已乎？可已而不已，而后父子之伦夷矣。

虽然，蒯聩之于辄，其犹责善之过也。责善于枭獍之子，洵不知，而或曰不仁，则已酷矣。不知以责枭獍之子，夺之不使为辄之父，而蒯聩分恶；非不仁以逃嬖邪之祸，予之为灵公之子，而辄恶无所分。子曰："名不正则言不顺。"两书卫世子而言顺矣。引商臣、般止之例，以词诬意，言恶得而顺？事恶得而成？故曰：知务以通词，贵成事也。

十三

天下之方动，尤知者之所持矣。夫惟有为而应者，介于动而不容已于起者，而足以自静，而端居之与振掉，皆无容心此。君子以之养德，豪杰以之养力，岂徒不介其会而为之淫乎？抑将乐其间而以自旌矣。

晋之不伯，郑始叛之，齐乘郑以收鲁、卫。鲁东折，齐西向，卫居冲而听之。其无与动而因以静者，惟宋焉耳。青、兖、豫、徐之交，心淫气债，师师跃躁，而无止势，宋无事焉。宋亲晋也，抑非靳以亲晋也，国大而得晋久，诸侯所不能动也。怙诸侯之所不能动，而宋亦乐以自静。乃夫介天下之动而能自静者，一动之，制而弗动矣；再动之，三动之，不失其制者，或寡也。然介天下之动，其易与之淫而不制者，惟乍一动之为难持耳。一动之而持之也不失，则夫再动之，三动之，亦犹是焉耳矣。是故能以持始而以持终者之难，亦惟是持终于始之难，而无难于终。而庸人之失，恒难其所无难，已持之而终不禁于一动。惟然，故其动也，未有不咎者也。

宋接郑、卫之壤，其夙与郑怨深矣。宋恒挟晋以加郑。郑不辑于晋而恒泄之宋。是郑之背晋，以东合齐，北合卫，宋之所宜大戒也。会咸以后七年矣，宋自持而郑无如何之也。夫郑之背晋，以逃役也；卫之合郑，以缓逼也。宋可以知其无能大作而听之矣。听之而养德，王者之修也；听之而养力，伯者之谋也；听之而即未有养焉，彼恶知吾之不重有所养于中也？范中行乱，齐、卫庇乱以亢晋，夫岂果足以残晋而散天下之交乎？宋乃遽起而伐郑。始制之于诸方瓦解之日，终淫于小丑佻达之际，郑于是而知宋之无以自养也。知不自持，勇不自制，始于不可测，终于不足畏。《困》之上曰："动悔有悔。"殆是谓与！未逾年而罕达之师加于宋矣，动而悔也，宋之所以召郑悔也。动悔而悔，吉也。既恶于郑，而宋终违齐、卫以自立也。虽然，困之吉，亦吉之困矣。欲以持天下之动，逮有悔而始悔也，不已晚乎！

十四

咎不与祸期，祸必乘焉。故君子不畏祸，而不迎咎。不迎咎者，不求祸也。岂徒祸哉，咎之所生，非尽其期于咎也。卞急者祸至而弗假愚钝者以从容之谋；或方在祸，而若有可乘以利用而释害。斯二者，抑弗获已而与咎逢矣。

从容弗假而气易张，是故郑、卫背晋而晋不容已于遽求焉，然而咎在晋矣。咎者何也？莫能为主而亟责之也。方在祸而有释害之机，则捷乘之以制人，是故晋方迫卫于淇、濮之间，范中行一旦以朝歌而东附卫，宜可以缓晋逼而操晋命以自安也，然而咎在卫矣。咎者何也？奖叛人而干宗国也。

夫晋知迫卫于淇、濮之间，而孰知捷以荀、范授之卫，卫即挠我于淇、濮也？乃卫知挟荀、范之内溃，因晋人而以难晋，又孰知即以蒯聩授之晋，因卫人而以大义临卫也？晋逼卫于邯郸，而衅即生于邯郸；卫胁晋以内难，而即以内难胁于晋。晋不能多得之淇、濮而所丧者多，卫乘晋之叛臣而晋保卫之生父。故夫以咎报咎者，祸报其祸，祸不必意中也。晋之逼卫，固不测荀、范之且为卫用；卫之乘晋，又恶知蒯聩之且为晋用哉？然而君子知之矣。知者何也？知咎之不期祸，而祸应若响也。咎之相报，祸之相沿，每加无已，而后受者烈矣，祸烈而咎深矣。故《春秋》于卫、晋之争，详蒯聩而没荀、范，授晋以讨卫之实也。

哀公十六论

一

楚之围蔡，楚复振也。楚复振，而《春秋》以伯者之词许之。挈随许之君，伸楚之长，不戒楚之复振也。楚之振，《春秋》之所戒旧矣，至是而天下之戒不系于楚，君子弗戒焉。

君子与时消息者也，故戒楚者，殊楚于中国也。殊楚者，以中国之伯殊之也。伯不足以殊楚，而犹系之望，则君子犹愁留之。至是而晋匪直殊楚之不给矣。天下之大纪，侯之不淫而王，大夫之不淫而侯。均此者，冠带之国，殊此者，蛮貊也。楚之殊，殊以其侯而王尔。楚侯而王而不足以王，名王而实不王，殊以不侯而非即不侯也。晋至是而侯不安于侯，大夫且将侯焉。大夫之必侯，匪直名侯，而实亦侯矣。大夫而侯，则将大夫而王。故其终，晋之大夫与楚之君，僭然而并王，是则天下之大戒，舍楚而移之晋。且晋不能治楚，而楚能治吴，楚抑贤矣。治蔡者，治吴者也。故楚之事可伸，而随、许得长楚以摈吴。楚有功于诸侯，其殆伯者之遗烈与！

一时之大戒在吴，无穷之大戒在三晋。伸楚以戒吴，予楚者，所以戒吴也；舍楚以戒晋，不戒楚者，戒晋之深也。是故君子之喜怒，有一至之理，无一至之人。理至而天下之经立，人不至而天下之时顺。盈虚消息，与时偕行，随时之义大矣，此之谓也。

二

楚之治蔡，以治吴也。或曰：楚不能报吴，而释憾于蔡，何为其能治吴也？曰：义有大小，略有远近。一旦之义，砐义也，一旦之谋，堕谋也；故举大而不遗小，举小而大遗矣，规远而不失近，规近而远失矣；大义遗，远谋失，虽欲成其一旦之志而必堕。故砐者，必堕者也。今欲修一旦之怨，不踌躇经宿而谋之果，则固曰楚必报之仇，而与为存亡者，吴也。乃夫吴岂固有挞尸处室之成心，不介蔡而必为之，且一破其都，熟尝之而必再至者乎？且使楚奋以一旦，计以一旦，空国而向吴，又将竟如之何邪？楚之不能久吴，犹吴之不能久楚也。吴幸而入郢，而吏士习轻于楚，楚不能必有入吴之幸，而新败之余，吏士惮吴，率习于惮者之余烬，深入于习轻者之穴，是捐国以觊万一之胜也。

抑吴之入郢，越入其都矣。吴之有越，犹楚之有秦也。怃秦之尝救己，信为亲己而弗防，则越之承吴豢吴者，尤可怃也。秦之救楚，心忌吴之有楚尔。楚亡而秦存之，楚命操之秦矣。武关通，江、汉之险失，而抑挟以虎狼之心，楚空国以向吴，而秦不生拊背之心，无能为秦保者也。楚之大患在通秦，吴为秦驱者尔。吴不能以初起之势，越江、淮而更难楚，其于秦倍蓰之势也。吴持之不得入，秦拊之不得归，蔡乃收江、汝之小国，梗西道以乘其敝。君必死，士必燋，国必覆，虽欲如入郢之难，更得救以复全，不可冀已。国再破，宗庙再夷，鬻熊氏之国馁而，而况平王之宰木乎？

故楚昭之惩此也，收顿胡，降蔡而以临吴，地益集，习于惮者之心益定，师不远劳，而秦不能乘。然而吴之臂已断于西，而坐困于江介。坚持之数十年，而吴不为楚举者，未之有也。故吴之亡于越也，越速而楚缓耳，且吴亦楚实掣之，而越始逸于收邪？是楚之报吴也，不忘吴焉足矣。弗悁悁于一往，弗泄泄于四顾，所以不忘吴者深矣。故曰：楚之治蔡，治吴者也，非近小之知所能睹也，君子许之焉可已。

三

天下有略外之义，无义外之略。略者，一事也，义者，终古也。一事载终古之义，而后其略也不近矣。楚之姑舍吴以报蔡，以为略也，亦非遗义以为略也。报仇之义，非一逞而遂义也，归于报焉耳。一逞而不振则胒，胒则终不能报，而抑下之。是故刘禅以通好于孙吴，宋高以称臣于女真，虑及于败，弗恤而以社稷人民殉之乎？抑将有不能殉，无已而下之也乎？决于殉，是周党之见讥于君子也。以社稷殉，是欲贸小孝而以大不孝贸之也。

且夫一旦之气，信宿而馁，无穷之情，见迫而迁。知不深，勇不固，人役之才而不为人下者鲜。事求可，功求成，以邀功名则陋，以期全其忠孝，则规模宏远矣。故能蹈义者，虑义者也。略不可遗义，犹义不可遗略也。

且夫吴、蔡之于楚，怨亦均矣。非吴必报而蔡不必报者也。吴犹蚤也，蔡事楚宗楚，得国于平王，而疾酬之以祸，是苗酿螟生而螟食苗死也。《诗》曰："秉畀炎火。"恶其于此生而贼此也。纾吴以先蔡，而吴不敢复兴争蔡之师；纾蔡以先吴，蔡睨楚而必要其后，非但其势然，抑有以服其心与否也。故报吴而先之以蔡，其名正，其志伸，其谋允，其事顺，四者义之属也。君子以义配气，小人以气将义。义者，理之中，事之制，非其人不行；一旦之忿，恶足以胜之哉！

四

鼹鼠之食牛，鲜矣。而数食鲁之郊牛，数于其所不恒，异矣。异者，殆天警之与？君子不言警也。君子于己而言警，警其异焉耳。

且夫人之畏天，以为天之权任祸己而畏之，是小人之畏也。君子不以天之福己而媚之，不以天之祸己而畏之。故曰："天作孽，犹可违。"违之可，奚畏其孽哉！

臣之事君，子之事亲，邀其福，避其祸，明君之所进，慈母之所弃也。彼操炎炎而此惴惴，胥史之以事酷吏者也。替之于君父，而靖之于胥史，以为愿则志狡，以为恪则志淫，以为知而疾入于愚。故违天之孽，犹近乎义，邀天之福，必绝乎理。绝乎理，绝乎天矣。

警异者无适警，畏天者有适畏。无适警，不以牛之灾而求之于郊；有适畏，则虽牛不灾而固不敢轻言郊也。子曰："君子畏天命。"非君子则不知命。不知命，妄亿其或然，畏之而益以狎之。善为修省之说者，尤慎之于此。

五

许迁于叶，非中国之故许矣。蔡迁于州来，非中国之故蔡矣。许迁于叶，而楚有许，是以灭于郑。蔡迁于州来，而吴有蔡，是以灭于楚。吴有蔡，则是吴之蔡也，故君子许楚以报蔡焉。《周官·调人》曰："杀人而义者，令勿仇，仇之则死。"楚以蛮夷拘中国之元侯，诉晋侵之，以吴人之。蔡非无义之可执，而胡许楚以报邪？

夫义者，甚恶乎其为名也。名袭义，袭以一旦者也。义集而充，非一旦而可为名也。中国之治夷狄，惟中国之得治尔。吴之蔡而许之治楚，则尤劣于许吴以治楚。君子不许吴以治楚，而况乎吴之蔡乎？且今之为吴之蔡，昔未为吴之蔡而为楚之蔡久矣。厥貉以还，蔡绝迹于中国，公子燮仅一思晋，而通国仇杀之。然则蔡者，楚之肺附也；蔡侯，吴之复封；楚封之而蔡受之，是舍楚而天下无蔡久矣。以楚之蔡，乘楚之敝，忮楚以残楚，且立其廷，夕操之刃，藉许蔡以义名，是恶人之不孝而使其子诛之也。

蔡之忮楚而残楚者，岂以蛮夷不足与而舍之哉？囊瓦之贪于得裘，蔡申之吝于失裘，均之为瓮缶之知，市驵之争尔。瓦以一裘而拘人之君，申以一裘而残人之国，牵帅天子之元老、十八国之冢君为之争一裘之吝，为之名曰"背夷而即华"，将谁欺邪？生死戴之百年之中，国亡而不愤，君斫、世子烹而不恫，俨然受茅土于其廷而不怍，去一称王之楚，得一断发文身之吴，而以社稷委之，犹曰"蔡义"，杀可勿仇邪？是义果惟妄人之袭，而义为贼矣。

谢枋得之拒聘也，必正名其未尝一日降元而后可拒也。刘知远之在晋阳也，必不为契丹下而后可代晋也。"不恒其德，或承之羞。"晨楚夕吴，假手而嚼之，诗人之所为恶背憎与！中国无蔡，一楚一吴，《春秋》详之，非为蔡恤也，悲诸姬之子孙，自亡自灭，而为天下咎，非一日矣！

六

盗杀郑大夫，先言盗而后言郑，不系盗于郑也；盗弑蔡侯申，先言盗而后言蔡，不系盗于蔡也。贱士陪臣，从乎君，称人而系国；逆乎君，称盗而不系国。诸侯之国，有恒大夫，无恒士，从则其人，逆则非其人。诸侯之国，有分土，无分人，其以为天下之通盗耳。

大夫奔而待放，放而籍不绝，尊其固尊，亲其固亲也。贱士陪臣无恒尊亲，合则留，违则去。载贽而出疆，用不极其贵，刑不治其族，周之道也，而春秋因之，是以知春秋用周之道也。

降士于尊亲，以劝天下之厚，公士于天下，以劝天下之贤，故周之道至矣。大夫有固尊而不失，刑而犹不失也，仕于他国而后失之。故君大夫交相劝以厚而邦固。

士，陪臣之贵也，因乎上之庸之，而无固亲也。无固亲，则于此于彼，而皆其士，士亦有以自劝于贤矣。其逆也，于此于彼而为天下之通盗，士愈以自惩于不肖矣。

周之道，封建之法，尊尊，贤贤，亲亲，罪罪。交相维，而各有其精意，圣人因以制《春秋》之法。呜呼，微矣！

七

君弒而贼不讨，则不书"葬"。书"葬蔡昭公"，贼已讨也。卫杀州吁、齐杀无知之必书，录功也，蔡诛弒君之盗不书，盗不足以名见，诛盗不足以为功也。书"得宝玉大弓"，不书盗之逐；书"葬蔡昭公"，不书盗之杀，弗足当于《春秋》之法。君子以是知赏罚之权矣。

故有国者恃弭盗而不恃诛盗，盗诛焉而不足以纪，则弗弭于先而议功其后，不已陋乎？匪直陋也，刘裕挟驱孙恩之功而篡晋，朱全忠挟背黄巢之力而移唐，成尺寸之功，获不赀之赏。赏淫权替，而国随之以亡，可弗戒与！

且夫张角、翟让、黄巢之祸逮天下，非不可芟除之患也。其始也，得虞诩、张纲而已瓦解矣。彼其志力亦犹是肱箧之雄耳，非有莽、卓、操、懿植根于深也，非有契丹、女真、鞑靼之各类而不相下也。酿之于微，戕之于著，国破君亡，乃始侈血刃之功以为己绩。有人之心者，未有不惭者也。贤者不以惭居功，王者不以惭行赏，故合天下之知，纠天下之勇，尽人臣之节，以名垂史册。而人主奉天以行赏者，攘夷狄，上也，除权奸，次也；盗无与焉。唯夫偷中国而主之者，惴然恐失其非据，乃操重罚，悬酖赏，以求除盗之切。何也？己盗而妒人之盗，盗之恒情也。

八

《易》曰："天下之动，贞夫一者也。"一则贞，二则淫，故君子之法，审夫不一以定于一，恶有因人之贤而姑俯之，因人之不肖而故仰之哉？《传》曰："卫辄辞位以避父，则卫人拒蒯聩而辅之可也。"是其为说，浮游其法于不一之涂，为沽名者俯，而为椎钝者仰，劝天下以伪而便于贼恩也。

且夫使辄辞位以避父，其志必于避与？抑志游于可避可弗避，以观国人之情与？如其志于必避也，则未有悠悠之国人能移孝子之心者也。《诗》云："母也天只，不谅人只。"母不能得之子，而臣民能得之君乎？国人其孰辅焉？夷、齐求仁，仁斯得矣。为仁由己，未闻其由人也。如其无固避之心而姑为避也，则以试其欲取固与之术，贸臣民之戴己而委恶于父也。

择子道而不知其至，观天下以伪而贼其仁，良亦酷矣。天下未有不至而善者也，至善者，一而已矣。一者仁也。求仁而得仁，贞于一而守之约也。故君子以心尽道，以道立法，以法立名，以名定礼。孔子之于鲁治叛人，治之以礼；于卫治逆子，治之以名。礼无二制，名无二称。正名之曰"卫世子蒯聩"。正蒯聩为灵公之嗣也。父方为世子，子必不得为君，正辄之必不可立也。辄不可立，卫人必不可扳辄而立之。贞一以断，复奚问辄之避与不避哉？

惟不可立，故必避。既已当避，又奚立？曹丕、司马炎以降，篡者未尝不固辞也，而奸益不可掩，况父子之际哉！言天下之赜而不乱，无他，诚而已矣。诚斯一，不诚斯二。为此说者，吾知其诚之未至也。诚不至，仁不精，执不固，将欲言道，而导天下以淫，儒乃以伪为世笑。可不戒诸！

九

求仁而得仁，未闻求仁而得位者也。求仁而得仁，则无怨矣，未闻求仁得位而以安者也。求仁而得仁，无所贪也，未闻求仁而得位，不待贪而自获也。

蒯聩之出，辄压于王父而不得伸其孝养。灵公薨，辄可伸矣，奚但辞位而避之已哉？请于国人，迎父而嗣国。国人听，是国人之为君子成孝子之美也；国人弗听，是国人者皆辄不共戴天之仇也。诚压于王父之命而不得报，死之可矣。辄必不肯立乎其位而仇国人，国人之贤者感以自悛，必不固裕先君之蛊，其党南子而为潜人以乱国者，且心惮辄立之仇己，复奚辅哉？

辄避，而国人能强之，辄之为子可知矣；必授之辄，而辅之以拒父，国人之为臣可知已。无他，归于不仁而已矣。不仁之人而为之酌其可，何其谬也！

《春秋》书卫世子，而《鲁论》论夷、齐，大义炳如日星，乃犹悬立一国人辅辄之说，以疑天下。洵然，伯夷之去，孤竹之臣民亦可迎夷以归，逐叔齐而立之乎？复奚辨！

十

为此说者曰：仁未尝不利也。辄辞，而国人固可辅，则夫天下之为利计者，亦当于仁焉求之也。辞则得，不辞则失，人亦恶可不自勉于仁哉？

呜呼！婴儿之争饵也，以授之不争者，而相劝于不争，此老妪之教也。君子纳天下于大伦，而立说垂教，以婴儿之知愚天下乎？辅之云者何也？助之以终拒父也。人方避父而我辅之以拒，岂但婴儿之哉？强人而禽之，先自禽矣。

十一

礼有可推而准者，有不可推而准者。可推而准者，虽异而贯；不可推而准者，虽同而殊。故曰近不必比，远不必乖。一色之谓章，异色之谓文。知乎同异文章之情，而后可以言礼。

丧不数闰，非言葬也；葬不废闰，葬非丧也。丧非葬、葬非丧之际微矣。丧之不数闰，谓以年断者也。三年之丧二十七月，闰之积率二十七月而得一闰，则虽有闰，亦二十七月中固有之日矣。天子之葬七月，诸侯之葬五月，大夫之葬三月，士之葬逾月。由逾月而极于七月，其为闰也微矣。闰积而要归乎岁，闰微而受裁于月，天之纪也。

丧者，哀死之情也；葬者，送死之事也。哀死者从情，情恶其不足；送死者从事，事恶其不虔，苟虔而事可举。故从乎死者而为之制，是以自天子逮庶人，丧之期均，而葬之期不齐。故讥葬速之不虔者，允矣；讥葬速之不怀者，非也。自天子达于庶人，有异事，无异怀。信乎速之不怀与，是天子之怀长而庶人之怀短，岂情也哉！情恶其不足，则归闰于岁以尽之；事惟其已虔，则数闰以月而仍之。葬有事焉，自天子降，烦简以差，各得其日月而虔。物以庀，功以藏，同轨同盟外姻以期必至，是已虔矣。已虔而又需之，惧执事者之虔弛矣。

　　《春秋》书"闰月葬齐景公"。葬在闰，从其实而言闰，未尝有讥于其臣子也。丧之与葬，同而异，近而不比，异以成文。呜呼，微矣！审之于微，纤而辨，殊而归一。是以善言礼者，不仅恃夫推也。

十二

　　成乎恶者，志为上，事为下，刑因之，而以施诸弑君之贼则不然。故灭宋冯而督罪当。冯不以分督之恶，阳生不以分陈乞之恶，其法一也，而乞为甚。

　　奚以言乞之甚邪？督之弑君，为冯弑也；乞之弑君，名为阳生弑，而实非为阳生弑也。乞之恶不得以视督。传者以为为法受恶，拟诸里克之列，是犹拟卫鳍于季路。陈乞于齐景之父子，纵之敛之，迎之随之，斗之以自毙，而己乃以有齐。途之人不可欺也，孰是君子而顾为之欺邪？立荼者乞也，逐阳生者乞也，入阳生者乞也，弑荼者乞也。阳生不得以有为其国，简公不得以自保其死。陈氏之邪心，非一旦一夕之故矣。华督于冯与与夷之间，未尝有是阱也，况里克之于夷吾哉？前乎荼之弑，而高国逐，以空齐也。空齐而后乞之弑成，弑成而后陈氏之威福独伸以无耦。

　　刘裕之于晋恭，萧衍之于齐顺，何恩焉而必刃一主以立之邪？裕、衍不以为恩于晋恭、齐顺而操戈，则晋恭、齐顺不以为裕、衍所立而分恶，天下后世无间辞焉。《春秋》之法，亦用人心之无间者而已矣。然则阳生勿立乎其位，不尤善乎？夫阳生者，虽欲勿立而不得者也，立之而乃以夺之，阳生不能禁其不夺，则不能制其不立。谓阳生之歆于立者，将必阳生之亦歆于夺邪？阳生愚而畏死，其立也，冀以贳余生也，然亦未有不惴惴者矣。故阳生、晋恭、齐顺立于弑君者之手，而不与宋冯等逆，陈乞、刘裕、萧衍弑一君以立一君，而不但与华督均罪。弗获已，而仅使视华督之刑，姑从其事而刑之焉耳。

十三

"叔还会吴于柤"，公志也；"仲孙何忌帅师伐邾"，季孙志也；"公会吴于鄫"，公志也；"公入邾，以邾子益来"，季孙志也。狂主乱臣，各携其心而以国试，互相制而姑相从。吴不有越之难，齐不有陈氏之恶，鲁亡矣。

邾，公室之附庸也。邾存而季孙不得以为利；邾割而地蕴于鲁，终季之有矣。公不能于臣，而荫吴以自庇。鄫之会，吴责季孙曰："国君道长，大夫不出门。"公与吴之情可知已。故意如逆，而鲁始大有事于邾。定公有为于国，而邾、鲁睦。哀公立，季亟兵邾，而公亟通吴。季脧邾以脧君，君惩邾而怙吴。邾非公之乐脧，吴非季之乐怙者也。乃季欲脧邾，公不得止，非徒勿止，以躬亲之，公非为季靡也。公欲怙吴，季不得沮，吴人来伐，季受盟焉，季非为公顺也。相妒以情，相制以阱。公虽可止季而弗止，季虽可沮公而弗沮。公淫逞于邾，而齐、吴交至，乃以委怨于季。公外怙吴，而季固困邾以激吴怒，示吴之弗可怙，而过在公。

呜呼！狂主不能戢其臣，阴谋之，阳徇之，试国于凶危，若将临万乘之敌而操其敛纵。逆臣测主志而交相制，姑听之，终挠之，睥睨以为口实，若将挑仇雠之衅而陷之危亡。子贡巨贤也，子服何良大夫也，乘除于掩抑背憎之中，莫能挽而或因之。呜呼！小人之术百变，将盈庭之士有不及尽亿者与？抑亿之已中，各有辞焉，虽欲沮之而不得邪？故阴鸷之谋，腹妒之术，贞人无所施其正，知人无所用其觉。败亡未著，而盈庭束手以听之，死君破国之相积，惟此而已矣。

且微仅祸其国也。季以之而逼害于邾，遗祸于齐；公以之而投衅于齐，导争于晋。天下釜沸，而皆鲁之炀焉。越不起，吴不熸，邗沟开，中原溃，蚩尤之祸将遍天下，而鲁其先矣。吴不亡，公不必更而恃越；吴不亡，公不肯改以平齐。齐敝于吴，而报在鲁。齐噬之，吴腹之，鲁之存百不得一也。吴亡，公且失怙而戚，亦孰知公之戚者乃其幸乎！

哀公之于季，则不如昭公也。昭公弗忍，以身殉之；哀公弗忍，以国殉之。志愈狂，祸愈昌矣。季孙之于君，又不如赵鞅也。鞅下吴、楚以仅保晋，肥挑吴、齐以亟残鲁。保晋则犹有晋，残鲁则欲无鲁。保晋而小人誉，君子不能诘；残鲁则国人怨，邻国有词。鞅终得晋，而季终失鲁。虽均盗与，其成败也亦因之乎得失也。竞愈粗，情愈毒，志愈诡，迹愈庾，为谋愈下。施及战国，田文、周最、韩朋、黄歇之徒，行贾诈于君，以内挑而外合，上害百而己利一，欿然以为奇秘之府。通人视之，虫豸之营也。宵虑之，旦趋之，芒芒然相驱以即于毙，不亦哀夫！

十四

入其国，毁其庙社，绝其世，不有其国，目之曰"灭"，均之乎有其国也。有其国，其世不绝，亦目之曰"灭"，均之乎绝其世也。楚人溃萧，萧地入宋，《书》曰："楚子灭萧。"继此而萧遂绝矣。郑已得许，许复见《经》，书曰："郑游速灭许。"许地已蕴于郑，楚复封之他壤，非故许矣。齐、郑入许，地蕴于郑，犹游速也。仅书"入"者，许叔之返，返其故许也。宋公入曹，曹遂以亡，犹之萧也，仅书"入"者，曹因而亡，宋未疆曹也。故《春秋》之立义精矣。精斯严，严斯辨，辨斯恕。严以恕，仁义在己，而以诛天下于仁义，无有铢累不施权衡，道乃建于天下而无穷。

不得之仁，求之于义，义未戕者，犹冀其仁之动焉，不得于义，求之于仁，仁未椓者，犹留以待他日之为义者焉。宋不兼曹之地，郑庄不殄许之嗣。恕以求之，圣人所以全天下于仁义也。至不仁者，义未戕而固非其义，势不便也，勿使托于义以免；至不义者，苟免于不仁而固非其仁，力不逮也，勿使托于仁以免。楚不得越千里而有萧，许胤在楚而郑不敢问，推其心而无可免，圣人所以正仁义于天下也。全天下于仁义，而仁义不绝于天下；正仁义于天下，而天下不诡于仁义。虽已毁人之庙社，而仁义犹不绝者，性也。君子所谓性，善体天下而登之也。犹未有其国，绝其世，而不可使诡于仁义者，下愚之固于为恶，力穷而心不衰。不可使诡也，命也。受命有贞淫，而下愚不移，圣人弗假之以贼道也。圣人兼君子之大，君子未至于圣人之精。《春秋》有君子之辞焉，有圣人之辞焉。故曰：穷理尽性以至于命。

十五

善利之间，舜、跖之差，舍心以言迹也不得。虽然，亦无难知者也。心之所系，迹不可掩。故王通曰："心迹之判久矣。"君子谓其不知道也。鲁哀公入邾，以邾子益来，齐人取讙、阐；归益于邾，齐人归讙、阐。以迹言之，两相释，两相改，善之徒也。乃即其迹而言之，两跖之相为往复，亦不待叩心而知矣。此眈眈于邾，彼逐逐于邑，虽欲谓非两跖之相劫也不能。此失讙及阐，旋归益于邾；彼见益之归，遽归讙及阐。如筑气于革囊，一泄而枵然皆尽，即欲谓非两跖之相慑而相昵也，亦不能矣。

何也？跖之所为动者，利焉耳。鲁不道而入邾，齐无必讨之责，或以其琐琐姻亚而为之起与，既非义矣，其相报也，置邾而亟兼讙、阐，无以酬邾人之望而不恤。是则鲁得邾而齐得讙、阐，浸假不归邾子，而齐尤为之志满也。贸他人之国以偿利于己，琐琐之姻亚固非齐所急矣。

鲁之入邾，吴兵渐至，宁盟城下而不释，且失讙、阐而夕归其君，知邾之新集，不如讙、阐之固有也。虽知得邾不如讙、阐，无宁少待以示不即劫于齐邪，而鲁抑又不能。非不能待也，以利行者，唾之不舍，挞之不置，覆得不利而疾熸，其心所素喻者既已专也。故如手足之捍头目，无须臾之势矣。于是而齐遂以讙、阐归之齐，亦不能姑待也。非不能待也，鲁返益于邾，齐以遂丧其所据，初不期鲁之释邾，以必求之于讙、阐，以名激，以实应，出于其所不虑，如吹狸耳而不能自保其所啸也。

春秋诸侯之不以利为兵好者鲜矣。疾以利怒，疾以利慑，疾以利迁，未有若是之甚者也。《春秋》所书者迹也。而仓遽卞躁堕谋丧志之情，并其隐而绘之。是以天下无不迹之心，无不心之迹。君子洗心以藏密，莫之藏也，而况于利人乎？利人者，无不遽也，无不躁也，谋无可沉而志无可守者也。跖之为跖，此而已矣。故望而知其为舜之徒者，无他，得之也思，失之也思，拟之而以言，议之而以动，知其为善之致矣；望而知其为跖之徒者，无他，得之也惊，失之也惊，俄然而长，俄然而消，知其为利之迷矣。善利或隐于心，静躁必应于迹，岂难知哉！

十六

获者，不善之辞也。公羊氏云："西狩获麟，孔子曰：'吾道穷矣！'"斯其得于传者不妄也。子曰："凤鸟不至，河不出图，吾已矣夫！"非惟仲尼之已也，尧、舜、文、武百王之道已也。道已而凤不至，图不出，麟见获，圣人无征以兴百王之道，圣人之所谓穷也。《春秋》之作，本鲁史以明王道，必假乎鲁史者，鲁足征焉耳。明王道者必有征，行王道者必有征。子曰："无为而治者，其舜也与！"言承尧也。子曰："无忧者其惟文王乎！"言承太王、王季也。圣人无所承，欲行帝王之道而无所绍。无所绍而始有为，有为而尚或不信从，始有忧。夫子承鲁史作《春秋》，所绍者已非尧之绪，太王、王季之基，则有为而有忧矣。有为有忧，圣人所不吝也。有为，故退时人之所誉，进时人之所毁，予时人之所诎，夺时人之所信；有忧，故先事而惧，已事而思，因其畏心而加之戒，因其惭心而为之讳，王道乃明。

顾圣人之忧而有为也，必事之尚可忧而措之为也。五伯之事，鲁史之文，得圣人而为之，即事而疾变于王道。韩起观《春秋》而赞之，以其近乎王也。近王，则变之也易矣。道托文以传，文不足以传道，不可以为圣人之征。文因事以著，事不能善其文，则圣人虽征之而不可有为。是故哀公之中年，《春秋》之所可绝笔也久矣。鲁之会楚，史犹为之讳也，楚之先晋，史犹内晋而长之也，是天下犹有耻也。齐桓之兴，天下无特会，晋文之兴，天下无特伐，是天下犹有统也。未有伯，天下之争折中于齐、鲁；既有伯，天下之争折中于伯，是天下犹有与也。臣逆而弑，贼不逸讨，国乱而大夫杀，犹假于法，是天下犹有名也。有耻则可劝，有统则可理，有与则可与，有名则可正。耻不竞，统不壹，与不亲，名不审，圣人之所忧，犹可为之忧也。

卫盗杀君兄，蔡盗杀君，陈盗杀执政，天下移于盗而无名矣。宋、郑相伐相取，俘杀无度，而邻国无与折中，天下散于战而无与矣。特相盟而背之无禁，特相伐而执私怨以为词。晋食北，楚食南，秦食西，吴、越猝胜以相食于江东，天下析为五，分而无统矣。吴先晋，而鲁不为存其名；鲁会吴，而公不以为讳，天下甘于戴吴而无耻矣。天下师师不知其正，鲁史无藉以善其文。鲁史无善文，革之则疑，因之则妄，圣人无征以存其道。故夫子立乎获麟之年，溯已往之事，因旧文，立新法，谓夫哀、定而上之天下，道犹可行也；得哀、定以上之鲁史而征之，道犹可明也。断之二百四十二年，励其不竞，收其不壹，洽其不亲，定其不审，封建之宇宙可维，百王之常道不远，圣人之道未穷，圣人不欲已也。事不足以善文，文不足以传道，忧之则已伤，为之则无所承，人理殚于下，天道迁于上，东孛出，麟见于西郊而被获，然后圣人信其已穷，而决谓百王道终于已矣。前乎百王之道穷，后乎中国之道不得而不息。故仲尼没，圣人不复作。天固不忧，而无欲为于中国之心。夫子之泣，岂徒然哉！

夫百王之道，中国之统，有三纪焉：人纪者，井田、封建之所准也；天纪者，凤、麟、河《图》之所诏也；地纪者，中国夷狄之所限也。获麟，天纪之衰也。更四百余年，而三代之天下亡，井田铲，封建灭，人纪乱矣。更四百余年，而胡氏、羌狄、鲜卑十有六族，更王天下，地纪裂矣。故夫圣人道穷之叹，非独谓一圣人之道也。先之前古之法，后之万年之人，而无有不穷也。道不穷，圣人不置，故前乎获麟，而圣人犹忧天下，犹欲有为焉。故《春秋》修，王道立，尽人以俟天。君子之学乎《春秋》，学是焉耳矣。

《春秋家说》卷三下终

《春秋家说》全书终

春秋稗疏

钦定四库全书总目提要

　　《春秋稗疏》二卷，国朝王夫之撰。夫之有《周易稗疏》，已著录。是编论《春秋》书法及仪象典制之类仅十之一，而考证地理者居十之九。其论书法，谓闵公元年书季子、仲孙、高子皆不名，乃闵公幼弱，听国人之所为，故从国人之尊称。然考襄公之立，实止四岁，昭公之出，亦非一年，均未闻以君不与政，书事或有变文，何独闵公见存，反从国人立议？其论《春秋》书戎皆指徐戎，斥杜预、陈留、济阳东有戎城之非，且谓曹、卫之间不应有戎，证以《费誓》，似乎近理，然周之戎如今土司，参错于郡县，观"追戎济西"，则去曹近而去徐远。至于凡伯聘鲁归周，而戎伐之于楚丘，则凡伯不涉徐方，徐戎亦断虽越国，安得谓曹、卫之间戎不杂居？如此之类，固未免失之臆断。至以鹡鸰为寒号虫，反斥《埤雅》之伪，以延厩为延衺其厩，亦为穿凿。杜《注》"陉亭在召陵南"，不云即在召陵，乃删除"南"字而驳之，尤为文致其失。然如"莒人入向"之向，谓当从杜预在龙亢，而驳《水经注》所引阚骃之说误以邑名为国名，足以申杜《注》之义。辨杞之东迁在春秋以前；辨杀州吁于濮非陈地；辨洮为曹地非鲁地，音推小反不音他刀反；辨"贯"字非"贳"字之误；辨厉即赖国，非随县之厉乡；辨践土非郑地；辨翟泉周时不在王城之内；辨莒、鲁之间有二郓；辨仲遂所卒之垂非齐地；辨"次鄑"之鄑非鄑国亦非郑地；辨春秋之祝其非汉之祝其：皆足以纠杜《注》之失。据《后汉·郡国志》，谓郎在高平；据《括地志》，谓胡在郾城；据《汉书·地理志》，谓重邱在平原；据应劭《汉书注》，谓阳在都阳：皆足以补杜《注》之阙。至于谓子纠为齐襄公之子案：刘瑾《诗集传通释》解《何彼秾矣》篇，亦以桓公为襄公子，然瑾由误记，与夫之有所考辨者不同。谓鲁襄公时频月日食由于误视晕珥，亦足以备一解，在近人说《经》之家，尚颇有根柢。其书向未刊行，故子纠之说，近时梁锡玙据为新义；翬不书族、定姒非谥之说，近时叶酉亦据为新义，殆皆未见其书也。

钦定四库全书简明目录

　　《春秋稗疏》二卷，国朝王夫之撰。所论《春秋》书法及名物典制之类仅十之一，考证地理者居十之九，虽得失互见，然语皆有本。

春秋稗疏卷上

隐公

春王正月

以夏时冠周月之说，朱子辨胡氏之非详矣。且以经文求之，言正月而系王，则明此正月乃周天子所颁之正月。公羊氏言："王者孰谓？谓文王也。"说虽迂谬，亦以明改正授时，惟革命之王定其名实，而正月之文自周颁矣。若夫子以己意欲行夏时，则但当言春正月，不可称王；王不以为正月，即不得天，亦不能矫诬以泯乱一代之制，又岂夫子所欲垂法之正月可自称王乎？不敢自专，又岂敢假冒王章以欺天下邪？《春秋》之义微而显。

此言王者，其义不一：周既东迁，诸侯僭擅，盖有不遵其正朔者，故称王以见鲁所秉者周礼，《公羊》所谓大一统，此一义也；王为今王，以王冠月，明三统递建，正月之号不一，而此之正月，乃今王之正月，非夏、商之正月，此又一义也；然以建子之月为正月，惟周之王天下，以革命不相沿之故，立杳茫之天统，而异乎天之显道，则此正月乃王之正月，非天之正月，以寓周正之差，夏时得天之意，此又一义也。经文化工之笔，游、夏不能赞，于此见矣。三统之说曰：夏正建寅，商正建丑，周正建子。云“正建”者，以所建为正月也，故曰王者改正朔，若仍前王之正月为正月，则正未尝改矣。明言周正建子，而谓周称建子之月为冬十有一月，则何改之有乎？《周礼》有正月，有正岁。正岁，建寅之月也；正月，建子之月也。或以“正月之吉始和”为疑，言建子之月，冬气觱发，不得言和。不知古人之候气于微，故三统谓之三微。冬至，日回北陆，一阳生于地下，故从其微而谓之曰和。如于其著而言之，则建寅之月，日方在亥，月吉朔旦，正冬春之交，严寒方冽，亦不得谓之曰和，何疑始和非建子之月乎？《豳风》言“一之日”“二之日”者，乃追赋太王以前事，不足为据；而其曰“七月流火”，则公刘以来自用夏正也。建寅者以立春为岁首，建子者以冬至为岁首，不以大雪。自冬至至春分，阳气始发，可谓之春。春者蠢也，蠢动微动也。春分以后，百昌怒生，其动不蠢矣。建子非春之说，不可执也，何得以臆见立夏时冠周月之说，使圣人矫立王制，而乱一代之成宪哉！

戎

杜氏、范氏皆以为氐、羌之别种。按：氐乃有扈氏之苗裔，子孙迁流，逾陇而西；羌乃三苗姜姓之别，舜迁之于三危，后渐入内地，居陇、蜀间。是氐、羌种类皆居西南，内则武都，外则河湟，去山东悬隔。《春秋》时戎、狄内杂，不闻氐、羌东徙，可云如后世氐、羌之类，不可竟指为氐、羌。传注家泥东夷西戎之说而不知通耳。杜氏谓“陈留济阳县东南有戎城”，似矣。然《费誓》称“徐戎并兴，东郊不开”，鲁所亟与会盟者，必此戎也。孔氏谓“徐州之戎，帝王羁縻统驭，秦始皇逐出之”。此戎当在鲁之东南安东、赣榆之间。若济阳，乃豫州之域，地在鲁西，今曹县地。盖曹、卫之境，未闻有戎居此，则杜《解》固未确也。

向

杜《解》：“谯国龙亢县有向城。”龙亢地在今怀远县境。《汉书》沛郡有向县，《注》云：故姜姓国，炎帝后。地近萧县。言谯国龙亢者，晋并入龙亢，为谯王国邑也。《后汉书·注》云："《地道记》曰《左传》隐二年入向，城在龙亢县东南。"而阚骃《十三州志》曰："轵县南山西曲有故向城，即周向国也。《传》曰'向姜不安于莒而归'者也。"今按：轵县之向，邑也，非国也，《传》所谓"王以苏忿生田向与郑"，《注》云"在轵县西，地名向上"者也。其地去莒千里而遥，莒以小国偏师，安能越齐、鲁、宋、郑而入其国都？则班书为是，阚说非也。地之以向名者不一：轵县有向矣；扶沟亦有向，会吴之向也；长葛有向，襄十一年诸侯"师于向"者也。皆如字。唯此龙亢之向国，音式亮反，颜师古注云然。

赗

《公羊传》曰："车马曰赗。"赗以赠葬，而用车马者，疑为遣车。但遣车途马，为物甚微，而《丧礼》葬有容车，列生时所乘者于柩前，以为容观，不以殉也。仲子僭夫人之礼，其翟厌与？仲子之卒，不见于《春秋》，盖在隐公未立之前。至是始归赗者，与秦人归襚不及大敛同。皆周末文胜之陋也。

纪履绨

《左传》作裂繻。"裂"与"厉"同，《礼记》所谓"鞶革"也，小囊盛帨巾者，加繻以缘饰之。郑康成《内则·注》引此经文为释。繻，采色缯也。名必有义，字必从名。裂繻字子帛，故当从《左》。上读如裂，下相俞反。

日有食之

月之朔望，必以日月之食为准。非合朔，则日何由食？非正望，则月何由食？此历法一定不易之理也。《春秋》所书，有言日不言朔者，有言朔不言日者，有但书月而日朔皆不言者。杜氏以为"史失之"。谷梁氏则曰："言日不言朔，食晦日也"，"言朔不言日，食既朔也"，"不言日，不言朔，夜食也。"专家之学，事理迷谬，焉有日食而可谓之晦日，可谓之既朔乎？其言夜食，尤为舛妄。食限在夜，夜即朔也。所恶于日食者，以日光受蔽，人不得见，故为灾眚。若食限在夜，无所蔽于人间，不足为灾。故历家可无夜食之法。又云"王者朝日"，日出而有亏伤之象，故知其食于夜。尤足令人姗笑不禁。日食者，月正在日下蔽日，人不见耳，于日何伤，乃既复而犹有伤乎？王者朝日，春分之礼，非旦旦而朝日。即令旦旦朝日，偶有阴云，何从得见？唯算入食限，则虽京师云翳，而千里之外，阴晴既异，自见其食，岂藉一王者之目击而始知哉？专家之学，闻不多而疑不阙，不知而作，如此类者众矣。其不言日、不言朔者，《公羊》谓"或失之前，或失之后"，其说较是。所谓失者，朔失也，非日食之失也。周用《天统历》，为法远而多疏，不能审定定朔，则所谓朔者非朔。故夫子曰"行夏之时"，言周历违天，不可行也。其不言日又不言朔者，则所置朔失之愈远，盖有差至三四日者矣。《春秋》因其谬而分别书之，以显周历之谬，以定百王敬授民时之大法，抑不待贬而大义自见，谷梁固不足以知之。

杞

杜氏云："杞本都陈留雍邱县。桓六年，淳于公亡国，杞似并之，迁都淳于。"乃以地理考证经文，雍邱去淳于，地且千里，淳于即亡，杞安能越郑、宋、鲁、齐而远并之，遽舍其故国而为千里之迁？则杜说固属未详。《汉书·注》："雍邱，故杞国，武王封东楼公于此。先春秋时徙鲁东北。"淳于之亡，入春秋后十七年，则杞初不因并淳于而始东迁也。莒取牟娄；牟娄，杞邑。杜氏亦云："城阳诸县东北有娄乡。"《后汉书》平昌侯国有娄亭，《注》谓是牟娄，地属北海诸县，今诸城也。则杞之国在青州，齐之南，鲁之东，春秋前已不都雍邱，明矣。雍邱，今杞县，春秋时为宋、郑二国之争地。盖王子友迁于新郑之时，杞已去雍邱而迁北海，其后或都淳于，或都缘陵，皆在青州之南境，特未都淳于之时，未考其地果何在，要其在安丘、诸城之间，与莒为邻，已久离雍邱之故封，则无疑也。

翚帅师

翚不称公子，四《传》皆以为贬词。左、胡以其固请，强君不义，犹为近理。公、谷谓以弑君故贬，则会师之日，尚未成弑，及其逆女，大恶已成，不贬之于罪已彰著之后，而逆亿之于弑械未成之先，何说邪？无骇亦公族也，不称公子、公孙，《传》以为春秋之始，犹为近古，故大夫不得赐族而但书名，挟也，柔也，溺也，皆犹之翚也。至翚以弑成桓公之篡，故与联族属以宠之，称公子以乱国法，自翚始也。若益师、彄之称公子，则于其死而加以殊宠，非生者之可徼也。称公子之与否，固无关于褒贬。不然，庆父之恶，岂在翚下，而始终以公子称，抑又何也？

濮

地以水名，则凡水之滨皆可名也，而亦必于其水之滨。按《水经》："河水东至酸枣县，濮水东出焉。"又曰："瓠子水东北过廪邱，为濮水。"酸枣今延津，廪邱今范县。盖西自延津，东至濮州，皆濮水之滨，可名为濮。特地在河北，与陈国之境既限以大河，而中间宋地，陈之封壤不得有濮名也。"卫使右宰丑莅杀州吁于濮"，卫人自于卫地杀之；若杀石厚，则《传》言"莅杀于陈"，亦以明濮非陈境矣。杜《解》云："濮，陈地。"非也。此时卫未东徙，尚都卫辉，而延津在其东南，为边境自陈至卫之孔道，杀州吁于境上，亦戮于甸人之遗意。若《后汉·郡国志》言"东郡濮阳，春秋时曰濮"，则迁道而东，非陈至卫之途，盖亦未审。

观鱼于棠

棠在今鱼台县，济水东流过之。河、济合流以来，河径其南，出庙道口。周定王以前，河方北流，独临济水，故《公羊传》曰："棠，济上之邑也。"隐公盖临济而观之。"观"，左氏作"矢"。矢，陈也。济亦大浸也，虽有鱼，非可陈而观者。盖鱼之为言渔也，陈其取鱼之具而观其获也。北方唯冬可以取鱼，故《周颂》"潜有多鱼"，咏季冬荐鱼之事。周正之春，夏正仲冬以后也，于时乘冰合，鱼聚于渊，而多设罧梁罾罟以取之，此谓陈鱼而观也。又按：杜氏于此及"会戎于唐"，皆云"方与之武唐亭。"一地二名者，古者侯国封疆小而人民聚，故栉比置邑，各为之名。子曰"十室之邑"，十室可名为邑，犹今之乡团耳，则唐、棠密迩而邑名异，无足疑矣。

艾

杜《解》："泰山牟县有艾山"，而桑钦《水经》云："沂水出泰山盖县艾山，南过琅邪、临沂。"临沂，今沂州也。郦道元说地近莒之浮来。《后汉·郡国志》琅邪临沂县《注》："隐六年盟于艾。杜预曰：'县东南有艾山'"，又与《左传·解》云牟县者异。按：沂水有二：一则"浴乎沂"之沂，在曲阜，汉、晋以下，曲阜并入盖县，其水南流入泗；一则发源琅邪，东流入海。盖县亦有二：一在曲阜，读如字，古拜反；一音古盍反，齐邑也，地近于莒，后为王骧食邑。是以互相淆讹。艾山自在琅邪之盖，杜云"泰山"者非也。曲阜之盖，古拜反。乃鲁国都郊关内地。齐方强盛，其肯至鲁都而受盟乎？则艾在齐南鲁东，近浮来而属琅邪明矣。吴、齐战于艾陵，其即此艾与？

垂

《左传》云："遇于犬邱。"杜《解》："犬邱，垂也。地有两名。"则杜既知垂之即犬邱矣，而又曰："济阴句阳县东有垂亭"，岂不自相背戾邪？犬邱于汉为敬邱。《汉书·注》云："明帝更名太邱。应劭曰：《春秋》'遇于犬邱'在此。"《水经注》言睢水侧有犬邱，王莽改曰敬邱，县属沛郡，而句阳县属济阴，一临睢水为宋地，一近济水为卫地。《传》称"宋公以币请先见"，修主道也，则垂为宋地审矣。睢阳有雕水，字从犬而音同垂，然则垂本雕也，尤知其非垂亭也。

郎

杜《解》详于纪地，唯郎阙焉。今按：《后汉·郡国志》高平侯国《注》言："隐九年'费伯城郎'在此。"高平于西汉为橐县，在金乡、钜野之间，地近于宋。隐公于时方将与宋为难，故非时亟城之。

防　郜防

邑名有地相近而名同者，考证之所以难也。"会防"之防在汉华县，属泰山郡，其地当在齐、鲁之间，故文姜会齐侯亦于此。"取防"之防，杜云"在高平昌邑县西南"，与成武东南之郜城同在鲁西，而为宋地。鲁既取之于宋，庄二十九年因城之，为臧氏食邑。观臧纥自防奔邾，则其为昌邑之防，在鲁西南可见矣。

桓公

孔父

杜氏既云"孔父嘉，孔子六世祖"，则知孔父之名嘉矣。又曰"孔父称名者，内不能治其闺门，外取怨于民"，何其自相刺谬也！名嘉而字孔，以孔为乳子于玄鸟至之时，于时为吉，于事为亨也。故郑公子嘉亦字子孔。孙以祖字为氏，孔子之姓由孔父而称。若谓孔为名，岂孔子以祖名为氏乎？若谓孔姓名父，则古今未有以父为名者。"父"与"甫"异，颜之推谓"凡系字于父之父，并读如父母之父"是也。《谷梁》谓孔子"为祖讳"，义亦得伸。父者尊称也，孔其字也，盖亦宋之公族，故孔子曰："丘，殷人也。"

郜大鼎

有郜邑，有郜国。隐十年鲁取郜于宋，郜故久为宋邑。若郜国，为文王之子所封，至僖二十年郜子尚见于《经》，非宋于此时能有其地也。杜氏于"取郜"注云："济阴成武东南有郜城"；于"取郜大鼎"注亦云："济阴成武县东南有郜城"，又曰"郜国所造器也"，则混而为一矣。成武之郜，为宋、鲁犬牙相入之壤，是宋邑也，非郜子之国也。郜未亡，地不得入宋，宝器亦不得迁于宋。要此大鼎，乃宋于郜邑铸之者，非郜国所造也。郜子之封未详所在，而成武之郜必非其国都。杜《解》淆乱，不足从。

邓

杜氏《解》云："颍川召陵县西南有邓城。"召陵于汉属汝南郡，在西华、郾城之间，今属开封陈州，盖陈地也。按：桓九年邓南鄙鄾人攻巴客而夺其币。杜云："鄾在今邓县南，沔水之北。"则今襄阳樊城之地，在汉江北者是也，为邓之南鄙。杜氏以邓为邓县，明乎其为今邓州矣。巴人从夔州径郧阳，循邓州之南，由襄入郢。若邓国在颍川，相去甚远，安得南鄙在鄾，为巴人之借径乎？又庄六年，楚伐申过邓，亦取道襄阳，至邓州，遂东向申。今信阳州。若邓在颍川，则中隔陈、蔡，相去亦远，伐申安得过邓邪？邓州之为邓国，古今不易。《汉书·注》应劭曰："邓县，邓侯国。"《后汉书》亦言"邓有鄾聚"，皆属南阳郡。若召陵之有邓城，在郑之东，蔡之北。二国谋御楚难，不应东北向而谋之。胡氏曰："其地以国，邓亦与焉，郑、蔡南至邓而会谋。"斯为得之。

会于郕

《左氏》《公羊》皆作"成"，胡氏独从《谷梁》作"郕"。按：郕，国也。庄八年齐、鲁围之，文十二年郕伯来奔。其国在济南西北，齐、卫之间，杜氏所谓东平刚父县西南郕乡也。成则鲁邑也，在汉泰山郡钜平县，后为孟氏之食邑，在齐之南，故曰："无成，则齐人必至于北门。"纪会鲁以谋齐难，自就鲁以谋，安敢越齐而西，会于济北哉？且地以国者，其国亦与。郕近齐而微弱，亦岂敢为纪主以亢齐？《谷梁》"成"傍加"邑"，自传写之讹耳。

祭

杜《解》云"祭，郑邑"，长垣县东北有祭城，"封人，守封疆者"，因以为氏。胡氏则以为周之命大夫。按：祭城之祭读如字；命于周者，则祭公谋父之后，与祭伯、祭公、祭叔同族，音债，其国邑在王畿内，非长垣之祭也。《左传》称"祭封人仲足"。足，其名也；仲，其字也。故胡氏以与单伯同为命卿。封人之官，秩卑而权轻，安能操废立之权？然则封人者，昔于王室为封人，非郑之封人也。天子之元士视子男，封人出为命卿，正相当矣。祭仲执郑之柄，使食邑于祭城而以为氏，则当有后于郑，而终《春秋》之世，郑无祭氏之族，又足以见其同于单伯，仍归于周，无后于鲁也。又，长垣地临濮水，于《春秋》为蒲，所谓"卫有蒲戚"也。而《陈留志》言长垣祭城有蘧伯玉墓，则祭城为卫邑而非郑地，郑安得有封人于祭乎？以此考之，胡氏之说为是。

燕　谷邱

燕，南燕也，字或作鄢，姞姓之国，在河南胙城县。其召公之后封于蓟者，春秋称北燕。谷邱，《左传》谓之"句渎音钩豆。之邱"。济阴句阳县，应劭曰："《左氏传》句渎之邱也。"郦道元亦云："在济阴句阳县东南。"其地当属曹、卫。杜云宋地，未是。

八月壬辰陈侯跃卒

杜云："壬辰，七月二十三日。"以是年六月有壬寅，十一月有丙戌推之，知壬辰为七月二十三日，壬寅为六月二日，丙戌为十一月十七日或十八日。但杜云"从赴"则未是，岂有日不误赴而月误者？盖传授相承之有讹耳。

葛

杜《解》"葛在梁国宁陵县东北"，此则与亳为邻之国。夏之伯国，汤已灭之，不得阅殷、周而仍在。邾、牟、葛皆称"人"，而鲁旅见之，则皆鲁之附庸。牟在泰山郡，邾在鲁南鄙，葛亦应附近于鲁。宁陵当春秋时为宋地，去鲁远矣。此葛盖所谓葛峄也，今兖州之峄县，与邹接壤，当鲁之南，为鲁附庸，其后不再见于《经》《传》，固无从考耳。

庄公

单伯逆王姬

二《传》作"逆王姬"，《左传》作"送"；言逆则单伯为鲁大夫，言送则单伯为王臣。考《经》之言单伯者不一，皆鲁事，则命大夫之说为长。而自此年书单伯，至文十五年凡八十二年，书"单伯至自齐"，明非一人。若彼单伯为此单伯之子姓，苟非鲁人，何为世为鲁卿？则又不容不疑。但言自周而送，则必至鲁而后书，夏已至鲁，何为秋乃归齐？故二《传》定为鲁使往逆，乃鲁主王姬之昏，则逆之者齐事也。若鲁逆之来鲁，亦当使鲁人，不宜还使周之命卿。盖既使逆之以来，因定遣送之于齐，则可云逆，亦可云送，三《传》未尝不相通也。而单伯之阅八十余年无异称，则终不可解。

大水无麦苗

周历自夏至起至秋分为秋。麦熟于夏，夏正之夏也。大小二麦至小满而尽获，安得夏至以后尚有未获之麦，为水所漂乎？杜云"漂杀熟麦"，非也。《春秋》纪灾，每于公家赋敛之日书之。四月收麦，五月末乃登之公廪，故庄二十八年于冬书"无麦"。盖是年积雨败麦，至夏至后，大水淹五稼之苗，故汇记之耳。此时河尚北流，鲁无决堤之患，唯汶、泗诸泉积雨垄涌，以知无麦者，雨败之也；无苗者，水没之也。

公次于滑

《左传》作"滑"，二《传》作"郎"。滑，杜云："郑地，在陈留襄邑县西北。"盖今大名之滑县。言"次"，则公帅师以往。纪在鲁东南，今欲救纪，而其君轻去国都，帅师以西，次于曹、郑之间，独不畏齐之乘虚以致难于鲁乎？如云约郑，郑之东向纪也，亦不北径于滑。唯郎，则按《后汉书·注》在山阳高平县，今兖州之金乡也，既不出鲁封内，又为郑、纪之孔道。固宜以二《传》为正。

子纠

杜氏谓子纠为桓公庶兄，程子则曰桓公兄而子纠弟。《史记》谓二子皆僖公子，程子则谓皆襄公子。程子所据者，薄昭《与淮南王书》"桓公杀其弟"之文也。杜氏所云，则荀卿言桓公杀兄争国，已先薄昭言之矣。乃以《经》《传》考之，则二说皆未得其实。胡氏于"纳纠"从《公》《谷》不称"子"，于"取纠杀之"又从《左氏》称"子"。胡氏杂用三《传》，惟其意以为去取，则是屈古文以徇己意，往往有此淆乱之病。圣人立法，必无一人而顷刻变易之文，既称纠为子，则"纳"与"杀"皆称子矣。必如《左氏》而后《经》有定论。称子者，从乎襄公而言，犹之乎子般为庄公之子，以未即位而称名，实则在丧之孤也。叔向对韩宣子，谓"齐桓、卫姬之子，有宠于僖"，确有明证。而《传》云："襄公立，无常，鲍叔知乱将作，奉公子小白奔莒。"当襄公初立之日，使小白为其子，则尚在幼冲，且未尝有申生之衅，鲍叔何为遽奉其子，背父而逃？其为襄公之弟明甚。若管、召奉纠奔鲁，《传》云乱作乃奔，则畏无知而出，纠固襄公之子也。纠为襄公之子，有继襄之义，故在丧而称子。小白，襄公弟也，于分不当立，故但以名书。盖襄公既弑，无知又诛，纠以父死子继之义，因鲁求入，而襄公使民慢虐，为国人所不与，故大夫虽受盟于鲁，而不愿戴暴君之裔。故桓公入而众助之，以败鲁而杀纠。是纠非小白之兄，抑非其弟，乃其从子也，于分当立，而桓公夺之耳。若夫子称管仲之仁，则自以其功在天下后世，初不以纠之不当有齐，而以徙义予之。一能徙义，而遂曰"微管仲，吾其被发左衽"乎？

乘邱

杜《解》但云鲁地，未得委悉。《一统志》：曹县有乘邱城，谓鲁庄败宋师于此，乃据应劭说，以济阴郡之乘氏县为乘邱也。乘氏曹地，非鲁地。按《传》：公子偃"自雩门窃出"而犯之，是宋师已深入鲁地，不当西南远在曹境。《史记正义》曰："乘邱在兖州瑕邱县西北三十五里。"瑕邱在今滋阳县，为兖州府治，去曲阜为近，乘邱自当在此。

荆

楚曰荆者，二《传》皆谓州举，狄之也。夫州大而国小，楚未能全有荆州之地，而举一州以与之，是纵之也，岂狄之邪？狄吴不名之为扬，赤狄在潞不名冀，何独以一州授楚乎？《书》称"荆及衡阳惟荆州"，荆自荆也，荆州自荆州也。楚封于丹阳，依荆山以为国，荆山在今南漳县，为荆州之北境，故因以名州耳。其或称荆、或称楚者，荆、楚一也，皆木名也。黄荆本名楚，以之为刑杖则名荆；楚国本名荆，至僖公时始改曰楚。杜氏曰"荆，楚本号，后改为楚"是也。其地产楚，因以名山而名国。或亦恶刑杖之名，改从其木之本号耳。非《春秋》故抑之。《诗》称"奋伐荆楚"，又云"哀荆之旅"，荆国之为荆，旧矣。

莘

地名莘者不一。晋文登有莘之墟，乃伊尹所耕之野，在河、濮之间，汉为阳平县，今东昌之莘县是。"缵女维莘"之莘，姒姓之国，字或作"侁"，在郃阳、渭涘，今同州郃阳县有故莘城是也。《左传》"神降于莘"之莘，虢邑也，在大河之北。此莘乃蔡地。字或作"新"，汉为新阳县。应劭曰："在新水之阳"，今汝宁真阳县是也。楚深入蔡地，蔡侯出御而败之。

扈

杜云："扈，郑地。在荥阳卷县西北。"卷县今原武。此文、宣二公时，晋会诸侯之扈，去齐且千里，去鲁亦远。齐、鲁接壤之国，会盟以讲姻好，非有事于西方，何为远涉千里以结盟？地固有名同而实异者，足知此扈非荥阳之扈。《传》称"夏有观扈"，其地在今东昌之观城，邻于卫而为齐、鲁之西界。孙氏曰："扈，齐地。"得之。

郭公

杜氏曰："盖《经》缺误。"胡氏曰："义不可晓。"是已。又据刘氏以为"郭亡"。汪氏谓亡字从人从乚，与公字相近。乃公字篆文与亡字迥异，不可强通。大要郭公为失地之君，与州公、虞公一例，其下或有出奔见执之事，旧史阙之耳。其称公者，所谓寓公也。寓公不论侯、伯、子、男皆曰公，盖已失其故爵，而所寓之国必以诸侯之礼接之，为之名曰"公"，与本国之君敌体耳。胡氏于州公则言天子三公王者之后称公，州非三恪，抑非入相于周，僻在东夷之小国耳，义既不立；于虞公则又曰"从下执之之词"，曹伯、郑伯皆下执之而不称公，何独于虞而云然？

洮

旧注洮音他刀反，非也。水之以洮名者不一，其音亦异。水出陇西，过临洮东入渭者，则音他刀反；水出零陵东入湘者，音徒到反；此洮在济水之西，濮水之南，《传》所谓"自洮以南，东傅于济"是也，音推小反。

观《传》所言，则洮南故属鲁，而僖公以前为曹所侵夺，庄公之时则为曹地。若洮北则终始为曹地，定公十四年齐、宋会洮，杜云"曹地"是已。而此云鲁地，疏矣。

郿

《公羊》《谷梁》作"微"。京相璠曰："东平寿张县西北三十里有故微乡。"汪氏曰："殷王元子启所封"，其地正在鲁西。杜云："鲁下邑。"则《公羊》《谷梁》之说为长。按《尔雅》："水草交曰郿，通谷者微。"微之为地，下临济水，盖泽薮也。则微、郿互称，有自来矣。春秋筑城皆曰城，有堞闉也；囿则曰筑，围堑而已。然则微囿之筑，围其泽薮而已。故《谷梁传》曰："虞之，非正也"，于义亦通。胡氏以完旧为城，筑为创始，未是。

新延厩

《左传》云："新作延厩。"赵氏谓若新作，但当云作，不当云新。其说良是。左氏似以延为厩名，厩偶为之佳名，无当于典故，何足纪录？以实求之，延者增益而使广袤之谓。厩增则马增，马增故厩必加广。在礼：诸侯之马六闲，闲为一厩，一闲，良马、田马、驽马二百一十六匹。其畜马一千二百九十六匹。今鲁增其闲数，广其厩以厔之，故至僖公之世，盛称其马之富，如《駉》颂所云。盖自庄公时畜牧已夙矣。

蜚

蜚，芳味切，刘歆曰"负蠜"是也。《尔雅》谓之卢蜚，《广雅》谓之蜇蜸音戚觅，小虫也，形圆而薄，气臭，每缘稻茎上食稻花，令不成实。以其害谷，故《左传》曰"为灾"也。刘向乃谓"男女同川浴，淫风所生"，则是蟗也，非蜚也。刘敞引《山海经》"白首一目，行水则竭，行草则死"，音之蜚为此蜚，则古今不再见，为怪而已。汪克宽以负蠜常有，不当言"有"为疑。不知此虫唯水田种稻则多有之，鲁地平衍，麦稷之乡，固不宜有，有之安得不为灾异？

郱

《公》《谷》皆云"纪之遗邑"。杜氏则云"纪附庸国"，乃杜又云"东平无盐县东北有郱城"。按：纪国在齐、莒东南，今日照、安东之间，无盐在今东平州，相去悬绝，纪安得遥有属邑在东平？即云附庸，亦必相邻附，如鲁之于邾、牟，宋之于萧、郎，何容远隔齐、鲁而附于纪？足知杜说非矣。按：《传》称"齐伐莒，莒子奔纪郱"，纪郱者纪之郱也，地属琅邪，在今淮安之赣榆，此则固为纪邑矣。纪亡而纪季犹保酅，兼有郱邑，齐复降而有之。杜氏以次成之师相连而书，疑鲁以降郱故设备，而东平之郱去成为近。乃于时齐、鲁方睦，齐之降郱，将卑师少，何足为防？盖次成之师，自有他故，其事不成，徒劳师久驻，故书以示讥，非缘郱而次也。

山戎　狄

西方曰戎，北方曰狄，《礼》有此文。以《春秋》考之，则不尽然。山戎在北。犯鲁之戎与徐近，在东。潞氏之狄在西。要此戎、狄皆非塞外之虏，秦、汉以下为中国患者。史称桓公救燕，遂伐山戎，至于孤竹。孤竹乃墨胎氏之封，汉曰令支，今为永平之迁安县，固幽州之东境，在榆关之内。戎而曰山，依山而居，则蓟州密云东联喜峰口一带，高山峻谷，自为国邑，与燕杂处者也。狄之病中国也，伐邢入卫，又尝伐凡伯于楚邱，固非绝燕、赵而猝至顺德、卫辉、东昌之内地。盖太行东麓，下属井陉，南迤顺德之黑山，据险为国者。其山之西，则赤狄、白狄倚泽、潞、辽、沁之山以居。要此戎狄皆受子爵于王廷，以时享贡，特阻险弄兵，不纯乎臣仆，犹六代之义阳蛮、仇池杨氏，及今川、湖、贵、广之土司与生熟苗猺。曰戎曰狄者，其族种之旧号。不必定以西为戎，北为狄也。若杜云"山戎北狄"，则又失之。狄而系之曰北，乃极北塞外之狄，周为獯鬻，汉为匈奴，不通中国、不受王爵者也。三代有附塞而居，控御塞外强悍之戎狄，故中国不守边而自固，所谓"天子有道，守在四夷"也。

闵公

闵公

公名启方，而《史记》云名"开"者，汉景帝讳启，故易"启"为"开"。去"方"而但言"开"。则沿公羊氏之琐说，谓《春秋》讥二名也。《史记》桓公名允，宣公名倭，亦林尧叟所谓传异，未闻孰是。

季子　仲孙　高子

三子皆不名，非《春秋》之通例。三《传》以为"贤之""嘉之""贵之"或曰"外之"，义皆未安。大夫之称子，犹侯、伯、子、男之称公，皆假尊号以面谀之。《春秋》时习俗则然，而书之史册，固不可以五等之爵加之列国之臣。况仲湫曰"孙"，尤非名之正。盖鲁国之乱，于闵公之世为已极。闵公虽立，幼稚无知，唯国人之所为，故仲湫、高傒之来，皆不以礼见主君，故湫与傒不言"使"，无所致命也。湫不言"聘"，不成庙也。季友不言"至自"，无所告至也。国人接之，国人纳之，从国人之尊称而书之，所以著鲁乱之甚也。曰："齐桓存三亡国。"鲁无君，无异于亡也。

阳

杜但云："阳，国名"，不详其地。按：《汉书》东海郡都阳县《注》云："应邵曰：《春秋》'齐人迁阳'是。"其地当在郯、沂滨海之间，杜未考耳。

禘于庄公

言庄公者，杜氏谓："时别立庙，庙成而吉祭。"然言公而不言宫，则非庙也。故胡氏、汪氏以为于寝。乃丧唯在殡，则寝为先君之殡宫，既葬卒哭，则主祔于祖，寝为新君之寝矣，不得仍系于先君。维时庄公葬已逾年，主祔于惠公之庙，鲁人屈其祖以从庄公之主于惠公之庙，庙未迁，不得言庄宫；为升庄公于禘祭之列，初行吉祭，又不得言惠宫。"于庄公"者，以主之，所在而言之实则惠公之庙也。失礼之尤，名不能正，益于此而见。《传》《注》皆属未悉。

僖公

聂北　夷仪

杜《解》但云"邢地"，未详其处。按：《后汉·郡国志》"东郡聊城县有夷仪聚，有聂戚。"《注》云："《左传》'聊摄以东'即此。"则二邑皆在今东昌府治。邢本都顺德，于时河水北流，邢本都河西，东渡河而都聊城，则阻大河以御狄，故齐、宋、曹师次聂北以待其迁。聂北、夷仪，地相密迩，次聂北时，已为经营夷仪矣。但聊、摄为齐之东境，去邢远而去卫近，夷仪当是齐、卫之间地，桓公割以为邢都。杜云"邢地"，未是。其后邢、卫交恶，至于相灭，盖由此也。聂与摄通，音尝涉反。

夫人姜氏薨于夷

杜云："夷，鲁地。"按：哀姜已奔邾，不敢复入鲁境。杜云："邾人送哀姜还"，亦无所据。按隐元年"纪人伐夷"。《注》云"夷在城阳壮武县"，于汉属胶东。盖哀姜自邾径莒，欲沿海以归齐，而齐拒杀之也。高密有夷安故县，盖其地与？

下阳

胡氏谓："下阳，邑尔，而书灭，以下阳举而虞、虢亡故。"《经》无此例，灭者必其国也。虢有三：荥泽之虢亭，东虢也；下阳在平陆县大阳之南，滨河之北，北虢也；陕州之上阳，南虢也。东虢，虢叔所封；南北二虢，皆虢仲地，北虢为其故都，逼近于虞，后或渡河南迁，而宗庙社稷故在下阳。晋后再举伐虢，兼取南虢耳。虢国之亡，实亡于下阳。下阳濒河，南虢亡而下阳未失大河之险。晋在虞北，下阳在南，亦不可云虞、虢之塞地，特以包虞而逼南虢尔。

江　黄　贯

江国，杜《解》："在汝南安阳县。"《东坡图》在蕲州界。汝南地接黄陂蕲州，而国以江名，必近江水。蕲州东滨大江，有故江夏城，于汉、晋或属汝南，《东坡图》非无据已。黄，嬴姓国，杜云"在弋阳县"，今光州也，地接黄梅。黄之为州，名肇于此。贯，杜氏以为字误，云是蒙县西北之贳城。按：蒙县之有贳城，他无所考，独闻杜说。汉有贳县，自属钜鹿，贳侯吕之国也。"贯"之非"贳"，三《传》无异。《谷梁释文》音古乱反，明非音世之贳。按《史记·田齐世家》，齐伐卫取毋邱。《索隐》曰："毋同贯，古国名，卫邑。"盖今东昌之冠县。毋、贯、冠音义相通，地与阳谷近。江、黄北来受盟于齐，自应至齐、卫之境，不当屈齐、宋南来。杜于此破文以伸己说，非是。

陉

杜云："颍川召陵南有陉亭。"按：齐桓自蔡伐楚，师进而南。召陵在今郾城县，直蔡西而稍北。既言伐楚，则已叩楚境，故楚曰"涉吾地"。召陵之盟，《传》曰："师退次于召陵"，与上言"师进次于陉"相应，则陉不在召陵明矣。山径曰陉。自冥厄而北，千里无山。苏秦说韩曰："南有陉山。"则陉为楚塞之山，其地应在应山之北，山径微通光山、固始之间，非召陵之境矣。《后汉书》言召陵有陉亭，亦范晔沿杜之误也。

弦

《晋书·地道记》："西阳郡治弦子之国。"西阳右对鄂城，今黄州府治也。杜《解》："在弋阳轪县。"轪县于汉属江夏，与弋阳有楚塞之隔，不得云在弋阳。江、黄、弦皆滨江之国，杜尽系之汝南，皆属未审。

天王崩

《经》志"天王崩"者，此特系以日，尤为详确，而《左传》谓惠王以前年闰月崩，襄王畏叔带之难，惧不得立，不发丧。夫襄王已为诸侯所翼戴，齐桓且坚"勿易树子"之誓，惠王一崩，即当速讣以召诸侯援己，勿容迟缓，叔带近在宫闱，岂能秘至经年？则左氏之说诬矣。《史·本纪》、《年表》俱载惠王在位二十五年。《竹书纪年》："惠王阆二十五年己巳岁陟。"唯皇甫谧作二十四年，当亦雷同左、杜耳。

缘陵

缘陵，营陵也。而薛瓒曰："营邱即临淄营陵。"非是。营邱今临淄县，太公所封，为齐之都会，何容迁杞于此？营陵，今昌乐县也。杞迁都淳于，在齐南郊、莒之间，淮夷沿海而病之，齐桓迁之近齐以避其患。乃营陵近齐而去杞远。杜云"杞地"，亦非。盖亦齐邑，桓公以易杞而使安，既迁以后乃为杞地耳。

沙鹿

杜氏云："在晋地。"盖据卜偃之言，谓灾应其国，则山在其境内尔。沙鹿在今大名府元城县，而晋在河东。当献、惠之世，晋未尝越太行、王屋而东有尺寸之土；及文公受赐启南阳，始有今怀庆地；赤狄既灭，乃出井陉，而东有鸡泽、邯郸、朝歌，然亦止此而已。大名在东昌、彰德之间，齐、卫之界，中隔卫、邢及狄，晋安得遥而有之？实卫地也。若卜偃之言，则山崩之变大，天下皆受其灾，而无德者当之，晋惠失信妄争，以人事言，应受其咎。乃自是十年之内，齐桓卒，国内大乱；宋襄被执，兵败身伤；中国无霸，兵争复起，周室愈衰。则灾应抑不独晋也。

厉

厉，古与赖通。《公羊释文》音赖是已。此所伐之厉，即楚、围所灭之赖也。老子生于苦县之厉乡，一曰赖乡，地在考城、鹿邑、亳州之间。齐移救徐之师，西向伐厉，厉与楚而病徐也。杜氏乃谓义阳随县北之厉乡。随州之厉，乃神农所生之厉山，亦曰烈山，非国也。齐桓帅八国之兵以伐楚，尚次陉而不深入，安能轻率一曹，越江、汉之北而向随乎？且随为随侯之国，非厉国明矣。于时随方率汉东诸侯叛楚，齐所宜招徕者，何为远涉以伐之邪？

鹢

古无"鹢"字。许慎曰："《春秋》'六鹢退飞'。"其字从兒从鸟，入声，五历反，读如"雌霓连蜷"之霓，水鸟也，雌雄相视而孕，亦谓之青雀，船首画之以辟水灾。飞不能高，故其退飞，人得而见之。

项

项今项城县，去鲁远，鲁不能越曹、宋、陈而有其地。《左传》谓鲁师灭之，未是。二《传》谓齐灭之，盖齐方伐英氏，英氏者，今之英山，自英旋师而北，因灭项以与徐。胡氏谓未有外灭而不书国者。灭赖不言楚，非外灭乎？

梁

梁国所在，杜氏失注。小司马谓在冯翊夏阳。夏阳之梁，以梁山得名，谓之少梁，旧为韩侯之封，居秦、晋之间。梁山为晋望，未闻有梁伯之封。此梁国者，乃汉中西乡县，古曰梁州是也，在秦之南，故梁亡而秦有之。又河南汝州亦故为梁国，《后汉书》言柏翳后所封，然去秦远，秦不得有其地，与《传》不合。

鹿上

杜云："鹿上，宋地。汝阴有原鹿县。"水南曰阴，汝水自汝阳上蔡、西平东流入淮，原鹿在其南，则蔡之南鄙，申、息、光、黄之境，宋地安得在彼？杜之不审甚矣。《后汉·志》原鹿属汝南郡。楚于时已有申、息，故《史记索隐》以为楚地。然宋、齐不应远即楚而受盟。京相璠、郦道元皆以济阴乘氏县之鹿城乡为鹿上，其地在今巨野县，乃曹、宋之境。以为宋地，斯得之矣。

践土

杜云："践土，郑地。"按《传》云："晋师还，至于衡雍，作王宫于践土。"衡雍在汉卷县，今并入原武县，地在河内，大河之北。晋败楚于城濮，卫地也。其还师归国，即从卫辉入怀庆，取道王屋、天井而归，天子要于中道而劳之，渡河而北，以至衡雍。郑都新郑，地尽于虎牢，皆河南也，何得衡雍复为郑地？至衡雍而作宫于践土，二地相为密迩，不出原武之境。衡雍本文王子雍叔封地，雍国绝，地入于王畿，始终非郑之有。《传》云："晋、郑盟于衡雍"，则郑渡河以北而会也。《传》又曰：郑伯"使子人九行成于晋"，亦越疆之辞，衡雍、践土非郑地亦见矣。天子劳晋已毕，自温反于河阳而行狩礼。河阳今孟县也，其南岸孟津也，从此归洛，未尝一涉郑地。杜于公子遂盟于衡雍亦曰郑地，其不审久矣。

翟泉

杜云："今洛阳城内太仓西南池水也。"其云洛阳城内者，据杜所见晋世之城而言，非周之旧也。而胡氏云"近在洛阳王城之内"，则失之矣。《后汉书·注》云："本在城外，定元年城成周乃绕之。"《皇览》则曰："太仓旧在洛阳城外，秦封吕不韦洛阳十万户，故大其城，围入城中。"二说未知孰是，当盟翟泉时，不在城内审矣。且胡氏以洛阳、王城合并而言，尤为疏谬。洛阳自洛阳，王城自王城，周公营洛时分建二城，所云"乃卜涧水东，瀍水西，惟洛食"者，是谓王城，孔氏《注》云"今河南城"是也。其云"又卜瀍水东，亦惟洛食"，是谓成周，孔氏《注》云"今洛阳也"。王城在西，成周在东，中隔瀍水。《地道记》云："王城去洛城四十里。"至汉犹分洛阳、河南二县，不同一城。平王东迁，居王城，乃汉之河南县。迨子朝之乱，王猛入王城而不能固其位。敬王立，自狄泉入成周，晋帅诸侯城之，遂为王都。盖王城经乱，庙社宫室想已残毁，故东迁洛阳。从此至宋，皆以洛阳为东都，<small>宋曰西都。</small>而王城为属邑。然在汉，王城犹存，为河南县，一乱于董卓，再乱于永嘉，至拓跋氏南迁，而王城废，并入洛阳，无河南县矣。若盟于翟泉之日，天子固在王城，去洛阳尚四十里也。而翟泉又在洛阳城外，故《春秋》书"天王居于狄<small>狄、翟通。</small>泉"，又书"入于成周"，明初在郊而后乃入城也。晋孝廉董养谓翟泉在步广里，杨衒之《伽蓝记》谓在建春门内御道南，郦道元谓天渊池所注、晋惠帝问虾蟆之地，皆据敬王已迁都、吕不韦已扩城之后而言。后世知有洛阳而不知有河南，知周之都成周而不知先都王城，见翟泉在城内而不知故在城外，胡氏之误所由起也。古今沿革不一类如此，其可据所见以疑所闻乎？

四卜郊

《公羊》言"三卜礼也，四卜非礼"者，月有三旬，旬卜一日，四卜则逾月，故非礼。又云："禘、尝不卜，卜郊非礼。"何休谓"天子不卜郊，鲁郊非礼，故卜"，尤为曲说。使鲁知其不正，则不郊矣，何卜之有？《洪范》言："作内吉，作外凶。"禘、尝，内事；郊，外事。卜者不敢自专，听命于神而后敢祭，曾事天事亲而敢以己意行乎！

败狄于箕

杜云："太原阳邑县南有箕城。"又云："故西河郡有白狄胡。"杜详于考地，而不能审于折中，往往有此。阳邑，故阳处父之食邑，今为太谷县，在太原府南，西河则今汾州，胡种杂处，乃其濒河之北壤，晋都故绛，在其中间。狄在汾州，安能掠晋而东？晋抑不御之于汾西，纵使深入而后败之？盖此狄亦泽潞依山之狄，西掠晋地而迎败之也，非西河之胡也。

陨霜不杀草，李梅实

杜氏以长历定僖公薨之乙巳为十一月十二日，乃谓陨霜亦在建戌之月，霜当微而重，重而不能杀草，所以为灾。此可谓学而不思矣！陨霜系于乙巳之后，安见其非建亥之月？且陨霜不系以月，盖通一冬而言之。若一日乍霜而草不杀，亦其恒尔，安得遽言不杀？况李梅之实，尤非一日而成实。《春秋》书此，记自霜降至冬至恒燠耳，何事曲为之说哉！

文公

跻僖公

大事，祫也；而丧毕之祫谓之大祫，合群庙之主及新祔之主于太庙，各以次序分昭穆。"跻僖公"者，乃于太庙之中，昭穆之列，闵、僖并席，而僖居上；若移易昭穆，则升僖于闵之左，非升于其上矣。抑此但纪太庙中之位次，而未言庙制，故众说纷纭。其云僖为祢，闵为祖，则祖祢之名大乱。闵可云文之祖，其可为僖之祢乎？父子之不可假借，岂以人爵而紊天伦乎？僖为穆，闵为昭，则庄本昭也而穆之，桓本穆也而昭之，而昭穆之名又大乱。周道尊尊，莫重于父子，其生其死，昭穆一定，百世而不改，则世次定。特以先君无子而弟立，于是而五庙之制，不知所从。要此皆为周衰之乱政，若考之于礼，则君无子可嗣，必取诸其子之行以为之后。故《礼》言"为人后者为之子"，而弟必不可立，何况其兄？此乃武、周所定不易之制，昭穆永明，庙制永定。至于后世，篡夺相仍，无立后之典，唯臣子所扳立，则固不可问已。其在于鲁，或隐、桓、闵、僖同为昭穆，如何休、孔颖达之说，或多立庙而祀不啻五世，如汪克宽之说，俱不可知，要以暴行成其邪说。唯无子而不依昭穆以立后，大本既失，其末固莫能挽也。

六

杜云："今庐江六县。"而汪氏谓寿州安丰有六国故城。按：六故皋陶后，偃姓之国，汉为六安王国，正今庐州之六安州。若安丰故县在今寿州霍邱之境，今芍陂犹名安丰塘是也，乃蓼国故墟，非六也。

苏子

杜云："狄灭温，苏子奔卫。今复见，盖王复之。"按苏为县内之国，在西南时刺暴公而作诗者，已有国邑。温子称苏者，东迁后畿内之国已亡，随平王而东，因封于温，其支庶固留仕于周，狄虽灭温，苏氏未亡，王盖复立其支子，仍以苏之故名为其邑号。若奔卫之温子，《传》称苏子者，以其族姓言也。抑考灭国之例有二：有并而有之者；有但毁其宗庙社稷，后不复能建国，而不必有其地者。如楚灭萧，楚不能有而地入于宋，萧因以亡。狄之灭温，狄亦不有其地，地仍为王畿，后以与晋。特温子之后不复有国，而别立苏子，温则亡也。温亡则苏氏固存，不当以灭温为疑。

诸及郓

二邑皆莒、鲁交界之地。诸，今诸城。郓，杜云："城阳姑幕县南有员音运。亭。"今按：姑幕今莒州，乃莒国都近地，楚所入而溃之郓也。此所城之郓，乃在汉东莞，今沂水县。二郓相近，鲁、莒各城，而俱明曰郓，犹六代时南北各置雍、兖州，名同而地异也。

新城

杜云："新城，宋地，在梁国谷熟县西。"谷熟在今归德。然僖六年诸侯围郑新城，杜云："新城，郑新密，今荥阳密县。"凡《春秋》书地，有名同而地异者，如鄁、防、鄑、郚之类，必因其事迹溯其形势，而后可辨。今此同盟，宋、郑皆与，且晋盟诸侯，多就近晋之地，安知非郑之新城而为宋之新城乎？凡此类，杜氏欲自矜其博辨，而不必有实者也。

有星孛入于北斗

"有"者，非恒有也；"入于"者，自外而移入也。唯五纬不但随天而行，故于垣宿有出有入，其余经星随天而行，不自出入。北斗非五纬所行之道，安得有星乍见于外而旋入于中？有之，其为变异大矣！孛星之芒，因日而见。故夕出于东则芒射于西，夕出于西则芒射于东，星之余气散乱，映日而为光芒也。北斗去黄道甚远，日所不映，而孛气发芒，则尤为大异，非但如大辰东方已也。抑岂区区三诸侯之见弑足以当之哉！

莒弑其君庶其

莒、晋、薛称国以弑，自一义例，而《左传》于莒，归首恶于太子仆。使仆果有覆载不容之罪，则《春秋》必与楚商臣、蔡般同正天诛，而何为分恶于国？临川吴氏谓既因国人以弑君，则当自立，何为奔鲁？其说良是。盖国人众起以弑，仆或与闻，而非其主使。季文子所言弑君父者，亦臣子之词，非必仆为庶其之子。孙明复谓称国以弑，国之人皆应坐上刑。胡氏讥其用刑太滥。明复所言通国之人，岂概数万生灵而屠之哉？亦谓在廷之臣及所帅之众而已。如晋厉之弑，栾书、荀偃、士丐谁可末灭？韩厥骄悖之言，亦与郑归生无异，故无首无从，无一可赦。邾定公所云"在官者杀无赦"，正此之谓，何疑于明复之言已甚乎？莒、薛国小，史不详其始末，以晋例之自见。是则莒仆亦一贼也，特非首恶也。

《春秋稗疏》卷上终

春秋稗疏卷下

宣公

平州

《水经》："济水过临济县，又东北，迤为渊渚，谓之平州。"州，古洲字。平州，济之渊渚名也，汉为平安县，在湿沃侧。湿沃，今蒲台县地。杜云："在泰山牟县西。"未是。

崇

杜但云"秦之与国"，不记其地。而任公辅谓在京兆鄠县甘亭。按：鄠于夏为有扈氏，于殷为崇侯虎之国，文王伐而灭之，其地入周，未闻以封诸侯，去镐京密迩，固周畿内地。周自有周之崇，非殷之崇也。且鄠在上林苑南，与杜陵接壤，北隔渭水。周京故地已为秦据，赵穿岂能帅孤军，穿秦境，南涉渭水而侵之？晋虽渡河得少梁，而去鄠犹远，则此崇国必在渭北河湄，虽与秦而地则近晋。杜氏阙之，犹知慎也。

黄

桓十七年，盟于黄。杜云"齐地"，而未详其处。今以公子遂如齐之途计之，齐都临淄，鲁往当迤东而北。汉琅邪郡有横县，读如黄，应是其地。垂则应在鲁近地。故遂以辛巳卒；而壬午讣已闻，为之去籥。杜《解》："垂，齐地。"非是。

舒蓼

舒蓼应是一国。舒不一种，故曰众舒。汉有舒县，又有龙舒。大抵庐江、舒城、桐城、潜山皆群舒之境，舒蓼其一也。故徐已取舒，而楚又灭舒蓼，杜云"二国"，非是。舒既折入于徐，蓼国在安丰，今霍邱地，文五年楚已灭之，岂一国而再灭乎？且《经》文亦当分别言，不应灭二国而统以一灭之文。

根牟

杜云："今琅邪阳都东有牟乡。"按：阳都乃齐人迁阳之阳，非东夷国。东莱郡有牟平，今宁海州；又有东牟，今文登，地滨海而僻夷，根牟自应在此。抑此连"齐侯伐莱"为文，与"莒伐杞取牟娄"同，则取之者齐也。根牟应为莱邑，非国也。《公羊》以为鲁取，齐师方在莱，鲁岂能越莱而取其东国乎？

夏四月丙辰日有食之

范宁谓："《传》例言日不言朔，食晦日。则此丙辰，晦之日也。'己巳，齐侯元卒'在晦日之下，当有闰。"拘守《谷梁》之说既不可通，则曲为之辞，其陋甚矣。夫丙辰为四月之晦，则四月之朔非丁亥则戊子；推而上之，前年十月朔日当为庚寅，月中不得有癸酉。惟丙辰为四月朔，然后可推前年十月为己未朔。"癸酉卫侯郑卒"，其十五日而后癸巳，征舒弑君为五月八日。范宁何此之不知邪？《春秋》纪闰凡二：一不告月，一葬齐景公，皆于岁杪。故刘仲原言是时历法多谬，每置闰于岁终。左氏以闰三月为非礼，盖周历之鲁莽，上不合于天时，下不宜于人事，不待无中气之月，而或前或后，强谓之闰。秦之后九月实仿于此。则四月之后，周历无闰可知，而安得以丙辰为四月晦哉？若日食必朔，而历家疏谬，或前或后，故杜氏曰："不书朔，官失之"，言历官之失也。孔子志行夏历，以立万世之法，故或言朔，或不言朔，以著其失。范宁小儒，恶足以知之！

邲

《水经注》："济水合荥渎东南流，得宿须口，济水于此又兼邲目。"京相璠曰："在敖北。"敖者敖山也，在今河阴县。传称楚子"次于管"，在今郑州。"晋师在敖、鄗之间"，渡河而南，正在河阴，滨河之南岸。背水而阵，于法当败，宜其掬指舟中也。《水经注》所云"济水有邲目"者，河济于此合流，故济有邲名，盖郑之北境也。河阴去郑州五十里。

税亩

税亩之说，诸家不同。考之于《传》，左氏言"不过藉"，《公》《谷》皆言"什一"，以讥其不然，乃未明言其税法之重轻，故或以为什取其二，或以为仍什一而但废助法。《传》无明文，则当熟绎《经》文以求之。《经》但言"税亩"，则非加赋也。故谓"于公田之外，又税其一"，于说不立。然鲁之什二，后不经见，必自此始，则朱子"十而取二"之说自伸。以实求之，言税亩者，谓无亩而不税，故曰履亩。助法一夫百亩，非仅百亩也，唯上地不易之田为百亩。一易中地则一夫二百亩；再易下地则一夫三百亩。助法初定之时，民或间一岁再岁而易耕以休地力，迨其后人众而力有余，熟耨而粪之，皆成熟地。先王亦明知后之必垦为肥壤，正以此宽民力而劝之耕，所谓仁之至也。唯公田则百亩而无莱，_{莱犹今之荒也。}私田则以三等酌其中，盖二百亩而名曰百亩。今此履亩，则凡已耕之土，尽入税额。盖先王虽名什一，而实二十而一，税亩则无尺土漏于税外，以周制较之，什而二矣。此法李悝、宇文融师之，名为清奸弊以裕国，而殃民甚矣。观"履亩而税"之文，则群疑尽释，三《传》之说皆可通也。

宣榭

"室有东西厢曰庙，有室曰寝，无室曰榭。"《尔雅》既有明文。庙以祀先，朝践于堂，事尸于室。无室而何以祭？胡氏谓是宣王之庙，他无考证，独据吕与叔《考古图》郱敦之文耳。宋人风尚以畜古器为雅，欧阳永叔、赵明诚以搜辑金石文字示博闻。于时多赝为之以求售者，莫能诘辨。则此郱敦者不知出何人之手，而可据以释《经》乎？杜氏谓"讲武屋别在洛阳"者，其说甚允。榭本与序通，有堂无室，于射为宜，今之演武厅犹其遗制。而宣王讲武于成周，《吉日》《车攻》，《诗》有明证，岂不较信于未知真伪之铜器邪？若《公》《谷》以为藏乐器之所，则以射必有乐，或于榭侧有乐器之府，榭火而乐器毁，因传闻而遂以为乐器之藏耳。

六月癸卯日有食之

范氏《谷梁传·注》以癸卯为六月晦日，而置后"己未盟于断道"为闰月。按：是年正月有庚子、丁未，若六月癸卯晦，则正月有丁未而无庚子；但六月癸卯朔，则抑有庚子而无丁未。故杜氏以蔡侯申之卒为二月四日，斯为精确。盖《经》文偶脱"二月"二字，犹"壬申公朝于王所"之脱"十月"也。唯六月朔日癸卯，则断道之盟为十七日。范氏巧护《谷梁》，不知历算，与十年日食同。

成公

作邱甲

邱甲之制，胡氏援引考证详矣。顾增乘、增甲之疑，尤属未安。据搜红之车千乘为计甸增乘之征，而以《汉书》一成核之，六十四井而旁加一里为成，旁加一里者加八井也，一成之田七十二井，千乘之赋为田七万二千井，计地方二百七十里稍弱，与《汉书·刑法志》、马季长《论语注》、朱子《鲁颂传》所云三百十六里有异。乃鲁地有今平阴、泰安、兖州、曲阜、宁阳、泗水、鱼台、单县、济宁、汶上、费县、沂水之境，规约成方，岂但二百七十里？搜红之车，不待增乘而已足。况史克所颂"公车千乘"，僖公已然，在邱甲未作之先，非昭公时始有，是增乘之一疑也。抑据楚人二广一乘百二十五人为增甲之征，而甲者以甲士得名，一车之中，车正御右止于三士，虽楚二广亦然，则一乘止于三甲。若得臣之战长狄、齐庄伐卫有驷乘者，偶然贾勇之事，非成法也。一乘四甲，不赘一甲乎？倘增步卒而不增甲士，不得名增甲，是增甲之一疑也。尝以郑氏《王制注》参考之，周公定天下，九州方七千里，名山大泽去三之一，其为名田者约三千三百万井。以一成出七十二步卒乘之，当有三千三百万人为兵，计唐之府兵，宋之禁军厢军、昭代京外卫所之兵制不足以当其百之五，即隋炀征高丽、开河之役，亦不逮其十一。虽三代之兵不如后世死于战争之酷，而劳民罢敝于原野，亦不忍言。是民何不幸而生于三代之世，罹如此之荼毒，曾先王而忍于虐民如是乎？足知李靖之言，不仁之甚，非古之果尔也。若包子良谓十井而出一乘，则八十家而七十二人为兵，天下无非兵矣。竖儒之言，诬古以祸生民，有如此之憯者！按《诗》称"公车千乘，公徒三万"，则每乘止三十人。而《司马法》十井为通，徒二人；通十为成，成百井，井三百家；革车一乘，徒二十人。则原无七十二井出百十二人之法，而井止三家，亦无八家之数。大约秦火之后，古制无稽。释《经》者勿掇拾残阙，强立繁重之法，为殃民者之口实，儒者之立心，当如是而已。侈淹博而重为不仁之说，天所不佑，非但如作俑者之无后也。

茅戎

《括地志》云："茅亭，茅戎也。秦穆公自将伐茅津即此戎。在陕州河北县西二十里。"按：秦穆伐晋，济自茅津，非伐茅津也。魏王泰之误显然矣。所谓茅亭者，在今平陆县境，晋地也。大河之滨，通津所在，非戎所可杂处；去成周亦远，无患于周，周亦不应涉晋地以伐之。按：王子晋之攒茅之田，地在河内修武，以田与晋，而西阻太行，戎固依山而处。周于文十七年败之于邧垂。邧垂，汉为新城县，在今伊阳县，则其为伊、洛以北之戎，夹河而介于河内，明矣。

新筑

《太康地记》："乐陵国有新筑县。"乐陵地在今山东武定州，齐、卫交界之境。卫侵齐而齐迎之与战也。

新宫

不言宣宫而言新宫，刘质夫以为神主未迁，其说是也。然谓其二十八月未迁主为缓而不恭，则又非是。卒哭之后，主祔于祖庙，祥祭皆于祖庙行之。丧毕吉祭，必待时享之月，因行大祫，祖庙迁而上，新主乃居祖庙，而时享必于四仲之月。周正以建丑之二月为仲，则二月立新主入庙之月，而是月之内，三旬各有柔日，卜吉乃祭。今此甲子前有癸亥，卜或不吉，则须乙亥祫祭，主乃入其庙宫，则于灾之日，主尚未入，亦不得讥之为缓。主未入而哭，诚于礼为过，但将欲入庙而庙火，更待后仲月吉祭方行，灵羁妥侑，亦足动人子之哀，礼以义起，亦未为不可。刘氏讥之，过矣！抑于此而见诸侯五庙之制，周衰文胜，其滥甚矣。迁庙之礼，近迁而上，孙居祖庙，于其将迁，稍加丹垩而已。使然，则当其未迁，宣公从祖而祔，僖公之主固在庙中，当名僖宫，不名新宫。言新，则创始为之于二昭二穆之外矣。见于《经》者，炀也，武也，桓也，僖也，不复以昭穆名而从其谥，盖不知其凡几矣。

三望

胡氏于"三望"之说，前后自相刺谬，已据《公羊传》言祭泰山、河、海矣，复取朱长文之言，谓泰山礼所得祭，故不书，而独纪三方。其说新巧，释《经》之大忌也。礼：天子有方望，无所不通。言四者，举其方耳。《周礼·注》："四望"，五岳、四镇、四渎。略举之，其望十三。如周都镐京，西望唯吴岳，余或北或南，皆在其东。望者，不至其地，遥拟其方，望而祭之也。泰山在鲁封内，若特祭之，自当至其山麓。望乃因郊而祭，泰山去曲阜东北百里外，则此亦遥望而祭之耳。鲁既僭郊，因而僭望，而礼损于天子，则就近而望焉，于岳则泰山，于渎则河，于大川则海，而四镇不与。泰山既其封内，亦半属齐。东侵莒地有诸郓，则亦潮之所及，而与海通。其时河虽北流，不径鲁境，而济水自荥渎与河合而复分，则亦河之支流也。故东望祭海，西望祭河，北望祭泰山，《公羊》之说为尤。三者实指其所祭山川之数，非于"四望"去一而三也。若如天子之"四望"而去其一，则北镇医无闾，北岳恒山，皆北望也，又岂鲁所得祭乎？故惟《公羊》之说为长。胡氏察之不详，故言之靡定，此释《经》之所以难也。

琐泽

杜云："琐泽地阙。"按：襄十一年《传》称"诸侯之师右还，次于琐。"杜云："荥阳苑陵县西有琐侯亭。"其地在荥阳、新郑之间，郑地也，晋会卫于此，正二国之中途。泽者以水得名，应即琐也，犹鄢陵之或称鄢也。

壬申公孙婴齐卒

"十一月无壬申"，以十二月丁巳朔之推可知，故杜云"史误"。而《谷梁传》曰："致公而后录。"盖婴齐之卒，以《传》言梦征之当，自洹水之上，去郑近而去鲁远；且从公伐郑，无先归在途之礼，则其卒应在十月壬申，及公告至，乃追书之。卒以壬申，从其实也。书于十一月，公归，枢随以返，乃成丧也。此《谷梁》之义，精矣。

正月庚申晋弑其君州蒲

何氏《公羊注》曰："起正月见幽，二月庚申日死也。"盖因前年十二月丁巳朔推之，庚申当为二月五日，故曲为之说也。乃据是年八月有己丑，十二月有丁未，则正月固有庚申，左氏于前年岁终置闰，"月乙卯晦杀胥童。"厉公见弑于正月之五日，非二月也。周历粗疏，置闰必于岁终，与秦同，亦于此可见矣。

襄公

次于鄐

杜云："鄐，郑地。在陈留襄邑县东南。"襄邑，今睢州境内，以宋襄公葬此得名。其东南，柘城也，为宋邑明甚，何云郑地？《传》云"晋败郑徒兵于洧上，于是东诸侯之师次于鄐以待晋师"，则是密迩相闻，襄邑去郑甚远，岂能知其克捷而不进？《水经》："洧水又东过郑县南，鄐水从西北来注之。"字正作"鄐"。鄐与澬通，音侧真反。《诗》《孟子》作溱者，传写之误。溱乃湖广临武县水，南流入海者也。鄐、洧合流，可谓之洧，亦可谓之鄐。其水东过洧川西华，经陈地，又东入淮，于宋全无干涉。盖诸侯之师在洧川，故《传》云："以鄐之师侵楚焦夷及陈。"焦夷当是谯郡，今之亳州。顺鄐水而东，则陈与谯受兵矣。鄐与鄐国之鄐，字同音异。鄐国音疾绫反，此读如臻。

九月辛酉天王崩

《杜氏》以长历推之，辛酉为九月十五日，推至二年五月，当为癸卯朔，则月内无庚寅；六月壬申朔，九日庚辰，十八日己丑。而《经》载"五月庚寅夫人姜氏薨""六月庚辰郑伯睔卒""七月己丑葬齐姜"，殊为舛错。盖于元年己丑岁终置一闰也。唯有闰，则二年正月乙亥朔，三月甲戌朔，五月癸酉朔，十八日庚寅夫人薨。六月癸卯朔，月中无庚辰，故《传》以郑伯眈卒为秋七月。七月壬申朔，九日庚辰，十八日己丑葬齐姜。知《经》之书郑伯卒于六月者，传授之误也。成十七年丁亥岁，已置一闰于十二月后，至己丑岁杪才二十四月而复置一闰。盖周末历法大坏，以五年再闰为死法，故三年一闰，又阅二年而复闰，全不计气盈朔虚之实，而月唯死守经朔一大一小，乃以二日月见西方、四日未见为灾异。其疏谬诬天如此，此夫子所以欲行夏历也。

善道

宿州有善道驿，盖古名之仅著于今者，宋地也。正吴西北以会中国之便道，与龙亢之向、濠之锺离相枋比。杜云"地阙"，未详。

莒人灭鄫

左氏以莒恶鄫之赂鲁而灭，晋以亡鄫讨鲁，莒人伐鲁以疆鄫田，是莒用兵伐而灭之也。《公》《谷》则谓莒人以子为鄫后，窜其宗以绝其世，事同于灭。盖见昭四年取鄫，疑莒既灭之，不当与邿、邾同文而复灭于鲁。乃莒之以子冒鄫后者，岂非世子巫乎？使《春秋》恶其窜冒，罪均于灭人之国，则不当轻许巫以世子之称。且自是以后，鄫不再见，则安得复有己姓之鄫子？左氏谓著邱公不抚鄫，鄫叛莒而鲁取之。杜氏因谓鄫为莒邑。参观而酌之，盖灭鄫实用师以灭，既灭之后，莒因立其子弟为鄫君，以服役于晋。故晋不讨莒而讨鲁，盖职贡未亡，而姒姓之鄫则已灭也。昭公取鄫，鄫取莒之属国。二《传》传闻未确知既灭之后有己姓之鄫，因为之说耳。《经》于此类，必待推求而后知，如一须句，僖公取之，文公复取之，非善通者，亦且如王安石之讥《春秋》为断烂邸报矣。

邢邱

邢邱之"邢"从形旁之开，篆作井，邢国之"邢"从开。音同而文异，地固不同。邢侯之国，初封在顺德府邢台县，汉曰襄国，后迁夷仪，在东昌府聊城县，卫灭之，地入于卫。邢邱，非国也，地在怀庆。《韩诗外传》云："武王伐纣，至于邢邱，修武勒兵，更名邢邱曰怀，宁曰修武。"怀，今武陟县也。然怀之为名，自虞、夏已然。《书》曰："覃怀底绩。"《史记》："秦使五大夫绾伐魏，拔怀；后二岁，拔邢邱。"《索隐》曰："邢邱在武陟县东南二十里，平皋是也。"《括地志》亦曰："平皋，古邢邱邑。"则《韩诗》以怀为邢邱，亦相近而非。应劭以邢邱为邢侯国，而曰："自襄国徙此。齐桓时，卫人伐邢，邢迁于夷仪，其地属晋，号曰邢邱。"不知从开之"邢"与从开之"邘"，判然为二。故臣瓒《汉书·注》云："邢是邱名，非国。"而颜师古直斥应说之非，谓"晋侯送女于邢邱，盖谓此。"其说是也。《汉书》于赵襄国县注曰："故邢国。"《后汉书》："平皋有邢邱，故邘国。周公子所封。"则范晔仍应劭之误，而臣瓒又折其非。杜氏于宣六年"赤狄伐晋，围怀及邢邱"注云："今平皋。"是已，乃又以为郑地之邢亭。明属晋邑，在河内，晋启南阳而有之，与郑隔河，相去甚远，安得属郑？邢亭之名，他无所见，唯野王西北，京相璠谓是邘亭。"邘""邢"字相近，乃故邘国，因而错乱，抑与邢邱相去二百里，何杜氏之不审而无定论也！

己亥同盟于戏

以五月有辛酉推之，则八月癸未当在下旬。据杜《解》"十二月癸亥门郑三门"为月五日，则辛酉当为五月晦日。八月朔日庚申，癸未为二十三日，十一月庚寅朔，己亥为十日。而下推明年五月，当为丁亥朔；甲午灭逼阳，乃其八日也。此即合经文前后推之，昭然可见。十二月不得有己亥，《传》言十一月，自是传写者误一作二，而《传》言闰月戊寅，十二月己未朔，则戊寅不得在闰月，明年五月亦不得有甲午。此杜之注释《经传》善救其失者也。特以"闰月"为"门五日"，则不如疑而阙之。

柤

京相璠曰："彭城逼阳县故城东北有柤水沟。"逼阳在今沛县，柤在其境内，时尚自为国；逼阳灭，地乃属宋，其南则徐也。会柤之师既就近而围逼阳，则柤在逼阳明矣。杜云"楚地"，盖据战国时楚灭徐、宋后地界言之，非当时疆宇也。晋会吴以谋楚，岂就楚地以结言哉！

亳城北

亳有三：偃师为西亳，于时为周畿内地；考城为北亳，于时为宋地；亳州故谯为南亳，于时为东夷或徐境；俱去郑远，郑方受围，不得越境受盟。杜云"郑地"，郑不得有亳城也。二《传》作"京"者是已。京者，故叔段之邑，在今荥阳、新郑二县间。"京""亳"字相近，京大也，亳亦大也。殷谓之亳，周谓之京。故左氏之《传》误。

澶渊

杜氏云："在顿邱县南。"顿邱今开州也，此宋真宗渡河拒契丹处。考之张晏、应劭所说，乃繁渊，非澶渊也。大名有繁水，南乐在其南，故南乐谓之繁阳。《后汉·郡国志》沛国杼秋县故属梁国有澶渊聚，注云："襄二十年盟于澶渊。"其地在考城之南，丰、沛、砀山之间，宋地，故谋宋灾亦会于此。后世以繁渊为澶渊，而沛、梁之澶渊隐，盖自杜氏始。

九月庚戌朔日有食之　冬十月庚辰朔日有食之

此年及二十四年皆比月书日食，此释《经》者之大疑也。盖日之发敛于南北者，其黄道四十七度八千六百分，万分历。凡一百八十二日六千二百十二分强而反。约略计之，凡四日而行一度稍弱，积一月之日，凡七度有奇。而月之出入黄道，二十七日五分日之一强已复反故道，余二日五分日之三，凡行三度八千八百分强，凡差三度有奇，安得比月而入食限邪？且九月十月乃建申建酉之月，密迩分前，月行黄道内；二十四年则在七月八月建午建未之月，密迩至后，月出黄道外。而日之发敛疾徐不随月为差，何得比月而食，若出一轨？故刘炫以为传写之误，而姜岌、一行、郭守敬皆谓必无比月而食之理。唯董仲舒以比月而食为大异，则不知历法而徒守旧闻，曲为之说也。凡《春秋》所书日食，舛错甚众，其故有三：传写之误，一也；失闰，二也；周历疏错，不能自信，置算法而求之占候，如谷梁氏以亏伤而知食之鄙论，日食之后，人情惊愕，偶有氛珥侵其一隅，即诧传为日食，史官不审而书之，三也。今以郭守敬法上推往古，凡《经》所书，或不日，或不朔，皆史官之失；抑有月分谬错者，则历法不精，置闰不当之误。今据《授时历》所较定；隐三年己巳食者，己巳实朔，史失之；桓三年七月壬辰朔食，《大衍历》及姜岌所推壬辰乃八月朔，失闰也；桓十七年十月朔食，《大衍》《授时》皆十一月，失闰也；庄十八年三月食乃五月壬子朔食，既失日失朔，又讹"五"为"三"；庄二十五年六月辛未朔食，《大衍》《授时》皆七月，失闰也；庄三十年九月庚午朔食，乃十月，《大衍》《授时》所推皆同，失闰也；僖十二年三月庚午朔食，姜岌、《大衍》《授时》皆五月也，传写误"三"为"五"；僖十五年五月食，《大衍》《授时》皆四月癸丑朔食，既失闰，史官又失日失朔；文元年二月癸亥朔食，姜岌及《大衍》皆三月，失闰也；宣八年七月甲子食，杜预以为七月晦，非也，盖十月朔，史失朔而传写又误；宣十七年六月癸卯朔食，乃五月乙亥朔食，以《经》朔为朔既误，而又失算，历谬之尤者也；成十七年十二月丁巳朔食，乃十一月，姜岌云"失闰"是已；襄十五年八月丁巳朔食，姜岌及《大衍》《授时》皆七月也，失闰；襄二十一年九月庚戌朔，二十四年七月甲子朔，推之皆入食限，《经》所书是也，其十月庚辰朔，八月癸巳朔皆已过交限，则必无食理，此算不精而占候者以氛珥为食也；二十七年十二月乙亥朔食，乃十一月，姜岌、《大衍》《授时》皆同，失闰也；昭十五年六月丁巳朔食，五月也，失闰；昭十七年六月甲戌朔食，《大衍》《授时》推之皆九月，传写误也；定十二年十一月丙寅朔食，《授时》在十月，失闰也。详元李谦《历议》。

雍榆

杜云:"汲郡朝歌县东有雍城。"于时齐侯已取朝歌,其锋甚锐,鲁若逼近而屯,遏其归路,必相争战。既有畏而次,岂敢压齐垒以相临乎?按:《后汉书》东郡燕县有雍乡,燕,南燕,今胙城县,在卫辉东南。朝歌今淇县,在卫辉西北。胙城南接曹州,渐向鲁境,非齐西向之冲,可进可退,叔孙豹有畏而次,自应在此。杜《解》失之。

重邱

杜但云"齐地",未详其处。应劭曰:"安德县北五十里有重邱乡,故县也。"今按:《汉书·地理志》平原郡有重邱县,盖在德州、陵县二邑界。晋帅诸侯之师自东昌之夷仪进攻齐之北境,齐既纳成,遂盟于此。

门于巢

"门于"者,攻其门也。士丐门于鄐门,公门于阳州,皆围而攻之。杜说是也。杜于成十七年舒、庸人道吴围巢注:"巢,楚邑。"则非巢国。然吴、楚江北接壤之地,未闻更有巢邑;而楚已并群舒,吴之争地必径巢国。巢、楚与国,为楚捍吴,必下巢而后可向楚,故先攻之。不言伐巢者,吴本志伐楚,不为巢兴兵;巢之拒吴,亦为楚守也。若《谷梁》责巢不饰城请罪,胡氏责吴子不假道释甲,则皆迂而不切事情。

昭公

虢

此所谓东虢也。北虢在大阳,夹河之壤,平陆、陕州皆其地,乃虢仲之国。而此东虢则虢叔之封,郑桓公东迁,有虢、桧之地,故为郑邑。西自氾水县，东至荥阳，皆虢故封。《穆天子传》"畜兽于东虢，号曰虎牢"，氾水也。荥阳有虢亭，《后汉书》曰虢叔国，此则虢之故都，地入郑而犹明曰虢。晋、楚之会，会于此。

郓

说者以谓有三郓，非也。西郓，汉为廪邱，今为郓城县，字一作"运"。东郓在故东莞，今为沂水县。《后汉·郡国志》云："东莞有郓亭，齐为昭公取而居之"，此郓也。其地与莒接壤，或为莒，或为鲁，故曰："莒、鲁争郓，为日久矣。"文十二年城诸及郓，为鲁邑。及成九年又为莒邑，而楚人之。盖宣、成之间，莒复取之于鲁。不见于《经》者，所谓"内失地不书"也。

疆郓田

"疆"者，聚土为堑，其外沟之，为关以通出入也。《周礼·封人》："凡封国，封其四疆。造都邑之封域者亦如之。"郓本莒邑，鲁先世尝取之莒，而未毁莒封别为己封，至是复取之，乃扩其旧封，包郓于内，欲使长为己域。言"田"者，邑城在内，田在外；"疆"，其田之四界也。必帅师者将有筑掘之役，恐莒来争，以重兵临之也。杜但云"正其封疆"，未得委悉。

防兹

杜氏分防兹为二邑，谓防在平昌县西南，兹在姑幕县东北。按《经》言"牟娄及防兹"，地异则言"及"，则防兹非二邑也。《汉书》独载琅邪郡有兹乡县，《后汉书》唯载平昌有娄乡，云是牟娄，注云"有防亭"者，亦徒据杜预之说，非他有证。则其为二邑非三邑，明矣。

纳北燕伯于阳

《公羊》作"纳公子阳生",其谬明甚。阳生立于哀公六年壬子岁,卒于十年丙辰岁,去是年辛未四十五年,若此时已出奔在燕,而拥兵以入,当已二十矣,其死也犹谥曰"悼"乎?且于时孺子荼未生,阳生何所嫌而奔燕?故曰其谬明甚。阳,《左传》作唐,杜云:"中山有唐县。"按:中山之唐在燕之西,飞狐口、倒马关之左。自齐而往,绝燕而过之,孤悬西隅,高偃不能悬军深入,北燕伯亦不能远恃齐以为援,且又鲜虞国都,非燕地也。足知杜说之非。按《汉书》涿郡有阳乡县,当是燕地,盖在文安、大城之间,为燕、齐之孔道,正不当从《传》作"唐",而以中山之唐当之。

州来

州来,书"入"又书"灭",则其为国无疑。而杜云"楚邑",当由《传》言"楚子狩于州来",谓是其邑耳。如楚子田于孟诸,孟诸岂亦楚邑乎?州来国小,服役于楚,游猎其地,唯其所为耳。《前汉·地理志》:"下蔡,故州来国,在今寿州。"楚之东侵,疆域止于舒、蓼,未尝北至寿、颍。州来之亡,实亡于吴。若平王曰:"州来在吴,犹在楚也",则言其国已灭,他日己取之为尤易耳,非州来之先已在楚也,若为楚邑,则已失之,何言"犹在"哉?

冬有星孛于大辰

《公羊传》曰:"大火为大辰,伐为大辰,伐,参也。北辰亦为大辰。"夫彗体无光,傅日为光,其出也必于黄道为近。北辰在极北至幽之处,不得有孛,则其非北辰明矣。参之名为大辰,他无所考。唯大火为大辰,而刘向言滥于苍龙之体,则是在房、心、尾而光及七宿也。然有疑者,《经》不系月而但言冬,则是尽一冬而恒见矣。自建酉之月至建亥之月,皆冬也。而以《月令》考之,建戌之月日在房,建亥之月日在尾,心方随日以没，大火隐而孛亦不得见。且大火在天汉之西，《传》抑云"西及汉"，唯参于周正之冬夕见东方，而汉在其西，言"及"者，亘东西而远及之谓，则又似刘向之说为不审。参观众说，似以《公羊》"伐为大辰"之说为长。

许世子止杀其君买

诸家之说，唯陈氏谓止真同商臣、蔡般之大逆。而程子曰："蔡般、许止疑同，故皆书'葬'。"斯据《经》以为定论。盖君弑而不书"葬"者，君而见弑，必于己有慝，故既正贼臣之罪，而复以不成丧贬其君，圣人之精义也。若子之于父，则天下无不是之父母，父虽不父，不为贼子分过，故使成丧而书"葬"，原其父所以甚其子也。比事而观，子之弑父不同于臣之弑君，大义昭然矣。楚颓不书"葬"，则不以王爵与之之例，又一义也。左氏云"饮太子之药卒"，此实录也，是止之以毒弑父也无疑。又云"尽心力以事君，舍药物可也"，乃左氏之臆说耳。若《谷梁》以为"不尝药"，曲为止辨。夫尝药者亦尝其毒否耳，若病所服药，则平人饮之无伤，而姜、桂、芩、连，反其证则杀人，岂平人尝之而病者即可饮乎？即云不尝药，亦必止知有毒故不尝也。传《经》者必欲为赵盾、许止解，使滔天之恶与不知道之臣子同罚，则欲甚盾、止之罪，而宋万、商臣皆可末减矣。以《经》断之，止之毒杀其父，为覆载不容之大逆也无疑。若左氏云"舍药物可也"，尤为不孝之口实。程子言："父母病，委之庸医之手，是大不孝。"然则为子者但以避药杀之名，视庸医之温凉妄投而疾视其死乎？且仓猝之疾，医不及至，子自知方可以使生，而逡巡避嫌，致令暴殒，其恶不更甚乎？释《经》而为曲说则贼道，故唯程子及陈氏之言为正。

盗杀卫侯之兄絷

凡《春秋》所书盗，皆下大夫以降而擅杀人者。三代无草野弄兵寇掠之事，盖列国林立，国必有军，卿行必有旅，无能犯也。自陪臣执国命，始各有徒众，藏兵甲。《春秋》深恶其坏封建颁爵之大法，故自卿而下，名不登于《春秋》，盟会侵伐则称"人"，杀君与大夫则称"盗"，不如后世之史，草窃之寇匹夫而得以名见也。左氏求名不得之说，曲而迂矣。乃胡氏谓齐豹为司寇，例得书名。不知唯天子之司寇为卿，侯国之司寇亦下大夫耳。孔子为鲁司寇，且不得与三桓等，况豹仕于縶而又见夺乎！胡氏据《檀弓》之文，归罪于宗鲁，不知孔子之告琴张，乃君子慎择交游之精义，非《春秋》讨贼之大法。责宗鲁可也，释齐豹之首恶其可乎？齐豹非卿而书"盗"，又何疑焉！又縶，二《传》作辄；出公不应与伯祖父同名，左氏为是。

胡

杜氏失注。《括地志》："胡城在豫州郾城县界。"其地在陈之东，蔡之北，南近于汝南。《后汉书》："在汝阴县"。

鹠鸲

鹠鸲，寒皋也，一名寒号虫，当冬无毛，穴处而呼号达旦，俗谓其鸣曰"得过且过"。其粪，方书谓之五灵脂。其鸟不耐寒，故不逾济。《公羊》传写之误，"鹠"讹作"鹳"。鹠本音贯，注《公羊》者读之为权，因曲为之说，诬已。陆佃不知鹠鸲之异，谓南人剪舌教之作人语者，尤为疏陋。"鹠"音瞿，"鸲"音章句之句。鸲鹠者，鸧鸠也，俗谓之拔哥，巢而不穴，岂足为异哉！

定公

容城

应劭、郦道元俱以南郡之华容为容城。华容今监利县，在汉南三百里，滨大江而与郢密迩，使许迁于此，郑岂能深入楚地而灭之？许自城父迁析，依楚北境以自固；而召陵之会，改而从晋，故不敢复居于析，背楚而北迁容城，虽无所考，大要在宛、洛之东，汝、蔡之北。故皋鼬之会，许男未归而已迁，亟避楚也。郑以凤怨，就近而灭之。其非华容决矣。

柏举

《水经注》："举水出龟头山，历赤亭下分为二水，注于江，谓之举洲。吴、楚陈于柏举，即此举水。"庾仲容《荆州记》作莒。京相璠曰："柏举，汉东地，或作洰。"按此，则柏举当在汉川、云梦之间，所谓举水者，疑今之竹筒河也。故《传》曰："自小别至于大别。"盖汉北也，而京相璠谓之汉东，非是。

沙

杜氏："阳平元城县有沙亭。"是沙鹿，非沙也。魏郡，汉自有沙县，今为涉县，乃古沙侯国，正在卫北齐西，而西御晋之孔道。齐、卫相结叛晋，自应在此。

从祀先公

释《经》者以《经》为主，以《传》为辅；资《传》以证《经》，不可屈《经》而就《传》。《经》言"从祀先公，盗窃宝玉大弓"，相连成文，非二事明甚。盖阳虎从定公以祀，因作乱而掠宝玉大弓以叛。"从"者，阳虎从也，不言"盗从"者，不可加盗于祀先公之上，且当其从祀，尚未为盗也。《中庸》曰："陈其宗器。"则宝玉大弓以祀而陈，而虎因得窃之。合二句为一事，顺读之，大义自昭然矣。《传》称"禘于僖公"，《经》不言"禘"者，乱从中起，不成禘也。乃三《传》皆以为升闵于僖上，释"从"为"顺"，则当音纵，于文义殊为牵强。或其时有升闵于僖上之事，亦未可知。庐陵李氏谓逆祀为臧文仲所为，非季氏之恶，阳虎欲暴季氏之罪，不宜以此。乃三桓赐族，季氏有费，皆出于僖公，则升僖于闵，自季氏之欲，而文仲迎合之。是诎僖正以抑三桓，此不足以破三《传》之说。

特《传》言"禘于僖公",方且拟僖公于太庙,固未尝不尊崇僖公,而杜氏云"退僖公,惧于僖神",则曲为之说。要使有此,亦鲁自从公论而厘正,非虎之假公以济奸也。胡氏据冯山之说,谓始祀昭公,尤从千载后悬为臆揣,既不言昭而言"先",又于"从"字之义无取。《经》所书,重在窃玉弓而不在祀,言"祀"者所以见当祭而难作,为乱之大者。观下重言"得宝玉大弓",知圣人之于宗器之得失,必详其始末也。

夹谷

《传》曰:"祝其,实夹谷。"汉有祝其县,属东海郡。范晔《书》因载:"祝其,春秋时曰夹谷地",《注》云:"定十年会齐,孔子相。"晔《书》又云:"祝其有羽山",则其为今淮安之海州,明矣。其地乃郯、莒之境,非齐、鲁地,不应远涉而会于此。按莱芜、淄川皆有夹谷:在莱芜者,郦道元谓是家桑谷;在淄川者,一曰祝其。则此夹谷为淄川之境,鲁东齐西,正其地矣。《春秋》之祝其非汉之祝其,古今异名,勿容混注也。

郓讙龟阴

此郓,西郓,今郓城也。讙在汉蛇邱县,与侨如围棘之棘相近,当在汶上县之北。龟山在泰安州;阴,山之北也。三邑皆夹汶之壤。盖齐取郓以居昭公,并取二邑之田。昭公不能有而奔晋,齐遂据之。故六年季孙斯、仲孙何忌帅师围郓不能克;而八年公两侵齐以争之,至是乃归于鲁。

垂葭

《传》云:"垂葭实郹氏。"而杜云:"高平巨野县西南有郹亭。"甚哉,杜之徒务博记而不揆之事理也!《传》云:"使师伐晋,将济河。"邾意兹决策,遂济水而伐河内,齐、卫之君皆在焉。杜曾不思钜野之去河内相去几许,而云在钜野邪?钜野,鲁地也。卫欲伐晋而东驰,狂者不尔也。按:郹音古阒反,实与溴通;以水言则从水,以地言则从邑,一也。溴水出济源，至温县入河，实河内地。晋师不出，未与交兵，故曰"次"；已逼晋境，故邴意兹曰："数日而及绛。"钜野之说，舛谬较著。《后汉书·注》引杜说为信然，相承淆讹，弊流后学，弗能止也。

脤

杜《解》："祭社之肉，盛以脤器。"按：古无脤字。从辰从肉者，古唇字也。若云以蜃饰器，字当作蜃，大蛤也。盖似今之螺钿。祭祀之器，未闻以蜃饰之；即令有之，亦不当舍肉而言器，舍器而言其饰。按《祭礼》有胥，郑司农曰："胥，俎实也。《礼》所云先生之胥，折胁一肤一是也。"孔氏音之承反，徐铉音署陵反。

定姒

定非谥也。盖季孙薄于君母，哀公或非定姒所出。《传》谓不赴不祔，则亦不谥。从定公而称定姒，若曰定公之姒氏耳。若以为谥，则襄公之母姒氏已谥定矣，兹复谥定姒，与皇祖姑同宗庙之中，何以别乎？

哀公

句绎

杜云："邾地。"按：后小邾射以句绎来奔，小邾人安得以邾地附鲁？杜于彼无以自解，但云："句绎，地名。"辞之穷也。绎一作峄。绎，今之峄县，孟子所生，而史云孟子驺人。刘荟《驺山记》云："邾城北有绎山。"宣十年，鲁伐邾，取之。后邾复取之。《经》不书者，失地不书也。此则邾之邑也。若句绎，则小邾地，非绎也。《汉书》东海下邳县《注》云："峄山在西。"《后汉书》谓之葛峄山，云本峄阳山，《注》云："山出名桐。"《书》所谓"峄阳孤桐"是也。"句""葛"音相近，句绎盖即葛峄。下邳，今淮安邳州。小邾在邾南，葛峄亦在峄山之南，明此为小邾地。杜《解》非是。

用田赋

田赋之说，诸家各异，要当以《经》文为正。《国语》所载孔子之言，"田出禾刍米不过是"，正与经合。"用田"者，言不用户口也；"赋"者，赋之为兵也。《传》曰："悉索敝赋。"孔子曰："可使治其赋。"皆谓兵也。杜氏以为赋其马牛，何氏以为敛取其财物，自不如陈君举益兵之说为当。盖兵车之马牛，自官所畜牧，非取之民，于《周礼》可考其大略。《武成》言"放牛于桃林，归马于华山"，不言远之民间。卫文公季年三百乘，乃有骍牝三千。《鲁颂》侈言在坰之马自足给兵车之用。公家所养，不待求于民也。至谓一成之田出长毂一乘，尤为不典。兵车制极精好，非民间所能为。《考工记·车人》、《轮人》之法，极详极慎，非国工不能，自司空之属官司典造，使责之朴斋之农民，则折辕毁轮，为敌擒耳。其言商贾出之者，亦非。商贾集于津要之地，假令方百里之国，地僻非货贿所通，区区一二贩夫而供能一国之兵车牛马乎？或商贾之税入于泉府者，储以资修治之需，非全倚之以求盈也。杜氏又谓家财之外又征其田，则是加赋，而不可谓之用田。用田者，言舍其所宜用之夫家，而用其所不宜用也。今世有所谓随粮带丁之乱政，与此略同，特其所赋者使为兵，尤加虐耳。周制虽寓兵于农，然当定彻法之初，略用井里为夫家之率，虽云百亩而一夫，乃有上地中地下地之别，则抑或三百亩而一夫，且无职事者其夫家之赋自若。迨其后遵用一定之户籍，时有登耗，皆以丁口之众寡为准，大约不出于定额之上下。盖田止供粟，而人以赋兵。至于春秋之世，莱田渐垦成熟，且有山麓水涘新辟之壤，田溢于夫家之旧额者多矣。宣公税亩，已无不税之田，而兵制未改。成公作邱甲，兵渐增，而犹据画井之邱甸，旧籍之夫家以为率。至于此，则用田亩起赋，不问人之众寡，但有田若干亩而即赋一兵。其赋之多少虽无可考，要之尽废夫家之籍，唯田是役，商贾游民坐食而无征戍之苦。唯然，民固以田为大害，必且弃先畴为游惰，以祈免乎锋镝。此苟简之政，厉农之尤酷者，而乱国邪臣藉口以为无游移无规避之良法者也。故曰"用田赋"，置夫家于不用之谓也。然则所谓"甸地方八里，旁加一里为成，出长毂一乘、步卒七十二人"者，以甸成定兵制而不论夫家，且兵赋之数如此其繁重，盖好战乐杀之士为此说，而托为《司马法》以殃民，非周先王之制为然也。三代兵制无可考，以鲁言之，方五百里为田二十五万井，而《诗》曰"公徒三万。"大国三军，其数止于三万七千五百。要皆以户口之版籍，酌用其丁壮，而必不以田为率明矣。汉以下儒者释《经》，多承战国之邪说，诬为先王之典。若周制，则孟子时已去其籍，又经秦火之后，尤无足征。惟据《经》文以求本义，尚不致以辩言乱政毒天下。

郧

杜注云："郧，发阳也。广陵海陵县东南有发由亭。"以郧为发阳，以发阳为发由，辗转求合，何其牵强而失真也！且鲁之会吴，卫、宋皆与，因延吴而晋之中国。海陵，今扬州之通州海门县地，僻在江海之隅，方春秋时为轮蹄之所不至，必非会盟之所。京相璠曰："琅邪姑幕县南四十里有员亭。"姑幕今莒州，乃吴、鲁所由通之径。员本音运，加"邑"亦同。《公羊》作"运"，以音相似而讹耳。自当以姑幕之员为是。

黄池

黄池，黄水也。水出小黄之黄沟，经外黄至沛入泗。黄水所自出谓之黄沟，一曰黄池，在今杞县之西，大河之南。故《国语》曰："吴王夫差起师，将北会黄池，掘沟于商、鲁之间，北属之沂，西属之沛。"盖自沛溯黄水而上也。云"商、鲁之间"者，商，宋也。黄水经外黄，今考城县，宋地也。以地考，吴子但溯沛、黄二水，未尝济河而北。杞县在河之南，与考城相近，黄池在此必矣。杜云："封邱县南有黄亭，近济水"，则在大河之北，失之。

《春秋稗疏》卷下终

《春秋稗疏》全书终

春秋世论

春秋世论序

即春秋之世，沿夏、商，循西周，极七国，放秦、汉。源流所自，合离之势，盛衰之迹，本王道之通塞，埋邪说之利害，旁引兵略，画地形，订国是，粗陈其得失，具矣。

问者曰："董生有言，'天不变，道亦不变'。谓道之不变，是也；谓世之不变，不得也。以世言道，世变，道不得垫。率子之所论，以治秦、汉以降之天下，可乎？"

答曰："奚为其不可也！后世之变，纷纭诡谲，莫循其故，以要言之，废封建，置郡县，其大端已。汉之七国，晋之八王，非齐、郑、宋、鲁也。曹、袁之争，马、刘、萧、陈之夺，魏博、平卢、淮西、泽潞、淄青之据，非桓、文、襄、穆也。刘、石、慕容、苻、姚、赫连、拓跋、耶律、完颜之僭，非荆、吴、徐、越也。天子以一人守天下，盗贼以猝起争天子，推其所以殊治，封建之废尽之矣。郡县变，天下之势接迹而变，以古治今，议者之所讠术也。

"虽然，一王之臣有合离焉，一姓之主有盛衰焉。王道之塞，得其意者通之也；邪说之害，弃其利者远之也；兵略之诡，从其正者常之也。地无异形，国无两是。故曰不知《春秋》之义者，守经事而不知宜，遭变事而不知权。知其义，酌其理，纲之以天道，即之以人心，揣其所以失，达其所以异，正之以人禽之辨，防之以君臣之制，策之以补救之宜。世论者，非直一世之论也。治不一君均乎治，乱不一族均乎乱。莅广土、抚众民而不缺；匹夫行于家，幽人潜于野，知进退、审存亡而不溢。观诸天下，揆诸心，即今日以印合乎春秋之世而不疑。《诗》曰：'鱼在于渚，或潜在渊。'谓其流行而一致也。"

著雍涒滩之岁相月望日壬子湘西草堂王夫之序。

春秋世论卷一

隐公五论

一

王道衰而《春秋》作。《春秋》者，以续王道之绝也。天子不能有王者之德，而王者之道存，则天下犹足以王。穆昭以降，周德衰矣。德衰于一人，道未圮于天下，周病矣，王未病也，故周不再昌而无损于王。夏、商之季，固犹是矣。古帝王之经纶以千余岁，文、武、周公之集成以百年，明明在上，赫赫在下，有以持之也。

德弃天下，天下不亲；道持天下，天下不崩。不亲者，一姓之泽竭也；不崩者，古今之势立也。有圣人者起，因而治之，犹手授之矣。盗贼不得而窥，夷狄不得而蹒，则何弗如其手授之！晋盗贼、延夷狄而置之天位者，则封建之废也。此圣人之所甚憨也。封建之废，废于诸侯之横，极则必返之势也。诸侯之横，横于王权之不立；王权之不立，以喜怒任匪德，加诸侯而丧其道也。凡此者，皆周桓王为之也。平王之不恤其亲，不抚其民，德之衰也，夷厉以降之所均也。桓王之任私贪贿，用匪德以解先王之纽，道之圮也，三代末世之所未有也。故平王足以亡周，而桓乃以坏乱五帝、三王封建之天下，是以《春秋》托始焉。

周之东迁，晋、郑焉依。近于天子者，天下之所视也。尊视之同尊，亲视之同亲，怨视之同怨，侮视之同侮。郑伯不能为政，而夺以与虢公，乃郑伯敢于怒，而天子且抚之如骄子。翼侯为曲沃所逐，不能拯其乱，而立其子以求解于曲沃。晋、郑之睨王而土梗之，宜矣。夫既土梗之，则不复知有桓，不知有桓而叛桓，而蔑周，不知有桓而举天下诸侯之等杀灭裂以亡余。祝聃之矢集于王躬，而人维裂矣，侯伯而盗贼矣；曲沃之历改用夏正，而天维裂矣，中国而夷狄矣。夫既侯伯而可盗贼，则有力之耰锄棘矜以起，何弗窃也！夫既中国而不奉正朔以自君其国，则夷狄而入中国，何弗可为主也！呜呼！圣人以万国奠天子，而以天子荣万国，万国之得立，天子纲之也。正朔可改而天唯人造，王可射而人唯力竞，则王不能居万国之上，而万国亦无以自居。至于六国强秦，而封建不能不裂矣，汉氏虽欲复之而固不能矣。复之不能，而盗贼窥天，夷狄攘正，吾不知天下之所终，哀哉！

桓王之为君，晋、郑之为臣，祸延于数千年而弗息也。故赤眉、黄巾之毒，刘、石、金、元之祸，自周以前天下之所未有，而皆于是乎成之。桓王之不王，王道之永丧，恶百于桀、纣，而害甚于洪水。前桓王立之三年而《春秋》作，其忧深矣。其义明，而其祸不可救，则何以言乎续也？盗贼夷狄迭主中国，而人犹知其非，以往来绝续，系人纪于不亡也，是则圣人之所续也。

二

君子相喻以性，小人相安以习。圣人知其然而莫之能违，故齐一天下以其所自然，而天下安之。贵者习于贵，贱者习于贱，向者习于向，背者习于背。如腓之从股，睑之卫目，莫喻其故而卒不舍。呜呼！谁破其习，使数舍其旧而不惊，则《春秋》之始是也。

宋公不王，而郑以为名伐之，犹习所向也；郑射王，而背者亦不惊矣。翼侯之奔，哀侯之立，犹习所贵也；锡曲沃命，而贱者亦不惊矣。夫法固有所困，恩固有所殚，郑即服上刑，而亦与杀人者死均也。锡曲沃命，而恩殚矣。曲沃固曰王不授我，而岂曰无衣七也。于是天下乃幡然于习贵、习贱、习向、习背者之徒为尔，而疑圣人之愚已矣。人弃其习，而贱何弗可贵，向何弗可背？贱何弗可贵，而贵亦何弗可贱？秦之薙王侯如草芥，而刘聪且使晋帝行酒，不惊也。向何弗可背，而背亦何弗可向？朝耦耕，夕北面，而源休戴泚以一朝，冯道终身而五主，不惊也。夫圣人欲保天下之习，而后世亟乱其性，始于小人，终于君子。悲夫！吾不知其所归也。

三

王者不治夷狄，谓夫非所治者也。代之北，粤之南，海之东，碛之西，非所治也。故汉之涉幕北，隋之越海东，敝己以求强于外，与王道舛而速祸。非所治而治之则自敝，所治而不治则自溃。

春秋之时，允吾、己姓、陆浑、甲、潞之戎狄，既已授索，而列于明堂之末位，如之何其可弗治？弗与治之，则悍而自雄；不以其治治之，则假之利器以相向。《春秋》之讥会戎，非讥其不外戎，讥其假之会也。始假之礼，继假之兵，而利器在彼矣。秦、晋假狄兵以相伐，鲁假戎会以使抗，是君子之所忧也。以兽心之族，居吾之宇下，羁縻而与吾之职贡，有天下者之所尤戒。何也？以非所治而又弗容已于治，欲治之而又莫从治也。故春秋之戎狄，不能大有所伤于中国，而圣人惕然深忧之。千岁之下，祸所从生，终在于此，则岂不谅哉！成乎不可外之势，外之不可，终不可以治治之；内之不安，则患伏而发不可解矣。藉其可以外而置之不治，苟非汉武、隋炀之贪婪，闭关而摈之，夫岂难哉！圣人之惧，惧其不能外者也。不能外，将内之乎？而抑不能内也。不能内，则一旦外之乎？而又成乎不可解。故树戎狄于东徐、上党、伊、洛之间，俾与乎明堂之末位，商末之乱政也，周公革之未讫，仲尼忧之无已。百世而下，有天下者弗知惩焉，然且予之阶爵而假之礼，辄为征调而假之兵，逆萌一旦，害成百年，然后知圣人之忧非已甚也，知几焉尔。故曰："知几其神乎！"

四

孟子曰："其事则齐桓、晋文。"故二霸者，《春秋》之终始。宋不成乎霸者也。楚之霸，《春秋》之所弗霸，秦霸西戎，未及于中国也。

齐晋之霸也，东迁以后，战国以前，中国之势归焉，而始终于郑。齐之僖、襄，桓之始基也。晋之平、昭，文之余绪也。郑始合于齐，而山东之势趋于齐，裂王而开霸者，郑为之。郑一贰于晋，而汉北之诸侯并于楚，裂霸而开战国者，亦郑为之。石门盟而齐日强，郑偕楚以灭许而晋日微。夫郑以其诈力挟可重之势以重人，而天下受其合离，王子友之余智也，亦地为之也。

春秋之势悬于郑，战国之势悬于韩。韩得郑之故地，扼周吭以为天下制，而莫能自重，只以重人，与郑合辙。故地不可凭，智不可鬻，凭地者为天下奔走，鬻智者为天下媒孽。郑、韩居要而先亡，秦处西戎、汉居南郑而卒帝，咸有以夫。

五

语曰："无过乱门。"乱门者，乱之所翕辟，则郑是也。王子友者，宣王之母弟，幽王之叔父也。幽王之难，始怀二心以远其宗国，寄帑于东，而视西周之亡。旋并所托之国而席之为安，前莘后河而食虢郐，自为谓持天下之要，而操其俯仰矣。乃操天下之俯仰，则天下俯而亦与之俯，天下仰而亦与之仰，此必然之势也。故亦终其国以为人重轻，而莫之自重。且其观望之智，世相授以为藏身之术；数离之智，亦世相授以为叛合之趋。周之东迁，依之未久，而首合于东诸侯以破坏灵宠者，则郑也。

夫天下之合离与其治乱也，则固有几矣。几不可昧，昧之者逆；几不可觉，觉之者狂。昧而不逆，愚忠者也，志士仁人之所蹈也；觉而不狂，已乱者也，大人君子之所造也。夫郑则恶足语此哉！觉几之离，因而离之；觉几之合，因而合之。宗国可弗恤，寻盟可弗顾；仇雠可以亲，匿怨可以友。终春秋之世，日左顾右盼，以相天下之俯仰而合离。智益索，力益竭，乃辱人贱行在其君，辛苦垫隘在其民，乱其室以乱天下，而成乎乱门以终矣。悲夫！

故齐之若无有周而自为雄长也，有心而不能必也。郑成之，然后成矣。彼且王室懿亲，而瓦解以去，则王室之寡助显矣。郑用齐以亢周，齐即用郑以徕天下。奔走于鲁、宋、陈、卫以争合离者郑，而安坐以受天下之归者齐。凡夫小人之智，挟外援，恃内宠，驱天下以合于强藩妇寺，而自鸣其豫，曾不自知其惫，而权终倒授于人，则其狡者适以愚而已矣。此吕布之以自亡，而崔胤之以亡唐者也。王子友以此为家法，瘰生奉此为薪传。其后于晋于楚，一合一离，虽贤如子产，而不能自拔于其习。其流逮下，师师相染，邓析祖其诈以为万世之讼魁，韩人居其地而司纵横之启闭。王子友之毒，于是乎滔天矣。故愚者之祸在逆，智者之祸在狂；愚而不逆者有矣，智而不狂者千百不得一也。如王子友之智，诚不如其无知也。

桓公十论

一

春秋之始，郑初为周腹心之蛊，以树齐而息王迹，所不能得者，宋、鲁耳。齐、郑胁之贾之，而犹傲立焉。轨弑隐而鲁不能亢矣，冯弑殇而宋不能亢矣。郑定鲁，则鲁之制在郑；齐定宋，则宋之制在齐。是以虽战于郎而鲁不支，载战于宋而宋愈屈。宋、鲁之为齐郑役，齐、郑不能驱，而宋、鲁自驱。河决鱼烂，其溃自内也。故何进无城南之祸，则袁、曹不能夺汉；八王无荡阴之变，则聪、勒不能剥晋；高、许无淮北之讧，则维扬不沦；黄、左无上流之争，则白门不陷；孙、李无武、攸之激，则滇、黔不亡。寇有幸而非幸，己有以亡而后或亡之。《诗》曰："天实为之，谓之何哉！"悲宜臼、伯服之内裂，而犬戎得收其际也。

二

东诸侯之势走齐，南诸侯之势走楚，而周无以制其命。五伯之事兴，战国之势成，胥于桓王之世矣。

西诸侯之入于秦，南诸侯之入于楚，北诸侯之入于晋，周之所与依者，东诸侯而已。齐早有贰心，而郑为奸首；鲁，懿亲也，邻于齐而弱于齐；宋，上公也，邻于郑而与郑不相下。鲁之所结，卫、陈、蔡之所依，胥宋也。会于稷而宋为郑使，齐乃主会以置执政于宋而操其命；会于北杏而宋为陈使，齐乃自霸以左右宋而唯所欲为。故二会者，东诸侯走齐之大司也。

由是言之，则春秋之始，宋亦重矣。宋所趋，卫、陈、蔡不得不趋；四国所趋，鲁不得不趋。鲁东扼于齐，而西无宋、卫之援，南无陈、蔡之助，不趋齐而孤立不堪矣。督弑殇，而冯以同逆得国，万弑闵，而御说以非次得立，齐两成之，宋所以驱东诸侯而成齐之势。桓王无问焉。"我瞻四方，蹙蹙靡所骋！"伤于郑而仰息于齐，欲不然，得乎？

三

三代以放伐得天下，而犹有揖让之余心焉，则尊三恪而授之权是已。《诗》曰："既有淫威，降福孔夷"，威淫福夷，系天下者。恶乎不重也！故流及东迁，周命已替，而宋犹为天下重。合天下于齐者，宋也；合天下于晋者，宋也；合天下于楚者，宋也。齐不得稷之会，不能得鲁、卫、陈、蔡；不得北杏之会，不能得霸。晋不得宋之舍楚而即己，不能收城濮之功。楚不得向戌以主弭兵之约，不能致东诸侯而兼陈、蔡。故宋者，先王所假借，以维系天下者也。听齐、郑之邪说，假之兵端，以责其不王之罪，而弑君则未之问，此桓王之所以为桓也。

四

楚自蚡冒以来，讨国人而聚练之，未尝一日忘天下也，其壤亦辟，而料民亦强矣。乃积之数百年，进不能逐东周已失之鹿，而退为秦所劫持以底于亡，则始谋不臧，自熊通而已失也。

天下有不可争者二：势之所互持也，名之所共禁也，皆不可争者也。势之所互持，理之顺逆存焉；名之所共禁，义之顺逆存焉。故取天下者，常俟势之所持于其散，而避名之所禁。熊通之强也，亦既围鄾败郧，盟贰轸，伐绞罗，以凭陵于汉上。乃自汉而北，其西则夔、庸、巴、蜀之境也，其东则邓、蔡、陈、许之境也。周之既东，西京已沦于嬴氏，胥天下所为立国者，此豫、兖之土耳。周室托焉，大名之所系也，齐、晋、宋、鲁之户牖属焉，大势之所趋也。藉令熊通知名之不可犯，势之不可撄，罢东图而并力西向，沿汉溯江，因夔入巴，收汉中，据斜骆，席天府之余，有賨、僰之众，以拊秦人之背，而问西周之故土，天下固弗之禁也。秦又以孤立而不能相亢，不百年而天下之势已牢折于楚矣。乃熊通弗之知也，西圉之不图，而北逾冥厄，以寻兵于申、息、邓、蔡争天下之所必争，而多得怨恶于宗周之肺腑。故郑始南与蔡、邓同忧，而终不容不与齐、晋相保，故一折于齐，再折于晋，宋、郑滨于亡，而终以死捍之。逮熊頵之中叶，灭夔以辟西境，盖已陆逾巫山，水陵三峡，入巴、蜀之阻而扼其吭矣。然而终不能得意于两川者，则以中国之怨恶已深，齐、晋、宋、郑蹑其尾而履之，势不容舍东而专西也。

庄之强也，灭陈而不能有，入郑而不敢留，灭萧而只为宋利，势持之也。向令县陈疆郑，抚萧临宋，而中州冠带之国，必与死争一日之存亡矣。抑不审而向陆浑以窥三川，而屠周之大夫，得以片语折之三军之上，名禁之也。向令因陆浑，迫宗周，取九鼎，而匹夫庶士，且得揭竿以驱之矣。故犯非其所敌者，虽胜而败踵之，虽强而弱且制之。

楚唯结衅于齐、晋者深，而祸成于吴者遂大。祸成于吴，不能蠲忿以收吴，始假手向戌之偷心以释仇于晋，其亦晚矣。晋阳与讲弭兵之好，而阴用吴以食其腹心也。晋之初起，秦方唯晋是忧，故南讲以纾祸于楚。楚不之察，视秦之姑不我仇，而利赖之以图晋。逮夫吴祸已成，国不自保，复开商、洛，下秦兵，使午贯楚土而与吴争。其后夷陵之烧，鄢郢之残，胥此径也。则与宋之延元于襄西以破金，俾熟经肯綮而旋以袭宋，其愚一也。祸成于吴而楚败，险弃于秦而楚亡矣。

蜀者，秦、楚之要领也。楚得蜀以临秦、陇，则秦患腹心；秦得蜀以制上游，则楚之命已悬于秦之刀俎。曾不早计，而犯非所犯，蔑未改之周命，贾怨于中原，以挑祸于勾吴。乃俾司马错起于百年之后，徐收蜀，以乘巫峡顺流之便，一徙陈，再徙吴，而岂复有楚哉！

汉之东夷项也，不揆以乍入彭城，而父执，身几不免，妻子为俘矣。

急收齐、赵，缓图三楚，而后夷项之势成。高皇之北驱元也，置扩廓之锋而弗之撄，东取三吴，南收江、汉，徐卷山东，终不以一矢加于汴宋，而后驱元之势利。夫无大名之禁者，犹且有旁挠而无正取，况荆蛮之陵中邦，下国之干天子也乎！

周失大宝于秦，而楚不能争。秦睨天子之大宝，而楚为之犯难，终始乎愚以成秦之狡，则唯东启申、息而西失巴、汉也。邓之会，中国之始忧，亦楚之始祸也。始祸于人，以自为祸始。语云"勿为乱首"，此之谓也。

五

由南收北者，东西出必胜，中出必败；以南捍北者，合东西者全，离东西者不支。委蜀于敌者必亡。汉昭烈不审乎此，寄怨于吴，以自熠于夷陵，与楚之启东祸而西敝于秦，一矣。诸葛惩之，以并力于陇、汉，然而不足支者，夷陵之熠，蜀锐以尽故也。然且支之数十年，而吴亦恃以安。魏不能平蜀，则孙皓不可亡；周不灭蜀，则江陵不可破；刘整不降元，则宋不沦亡于海；张献忠不躏蜀，则金陵虽陷，而一如建炎之不可亡。因益以知楚不乘灭夔之势以入蜀，而乘灭邓之势以争郑，失之早矣，终楚而不复振矣。

桓温不乘灭李势之势以出三秦，而劳师于枋头；梁武不戒宇文之方兴，而因侯景以争河南；韩侂胄不辑吴曦之乱而用兵唐、邓，一也。关羽之于襄樊，岳飞之于河汴，虽微陆逊之旁挠，秦桧之中掣，亦且授首于魏、金矣，子玉之所以死于城濮，子反之所以死于鄢陵也。故唐、邓、许、颍者，常山蛇之腰，不可击也，首尾之所必趋也。

蜀者，南方之所以固也，建瓴以息檐下之火也。若夫公孙述、李特、孟知祥、王建、明玉珍之不能久存也，有首无身之势也，东西离之不支也。秦所灭者六国，所代者周，而终始足与为敌者，楚而已。楚启申、息之北门，秦祸缓而待其敝，胡不得焉？故秦之并天下，非其德也，非其力也，诸侯之相驱而授之也久矣。

六

邓，郑之蔽也；申，蔡之捍也。邓抑申之翼也。蔡、郑培邓以固申，而楚未能逾冥厄以窥中国。蔡桓之贤，郑庄之力，犹足以保邓，而申亦蒙其保，则二国莫之保而自保矣。郑庄死而国裂，蔡桓卒而献舞以不仁无礼，亏申、息以媚楚，楚无忌以向蔡、郑，而邓之会所谋者圮矣。

蛮荆之陵中夏，中夏召之也。向令齐桓、晋文早起于数十年之前，其免于此乎？然使楚祸不炽，则齐、晋抑无所资以见功，而成乎霸。霸之兴，楚激之也；楚之祸，蔡、郑成之也。《春秋》详录突、忽之事，以悯郑之衰，贱献舞之败，同于亡国之辞，以是为东周之大故焉矣。

七

春秋十有二公，以嫡冢立者寡矣，见于策者，子同而已。_{吕朴卿谓文、成、襄皆嫡出，襄母定姒非嫡也。文、成皆无考，或实妾母所生，未追尊，故不见于《经》尔。}然则有土之君，耽于嬖妾，而夫人之不见答可知矣。呜呼！母爱者子抱，庶孽争而篡弑兴，乱所由炽与？妻有定尊，而妾无固宠，宠弛爱移，则长幼不足以为序，而唯母是凭。人挟可立之势以为招，无赖之奸，因以窥宫壶之厚薄而树之援。虽欲靖之，其将能乎？

且崇者色也，替者德也。色不胜德而色为妖，故春秋之君无有能永其天年者也。庄、僖、襄、昭之享国较长矣。庄生以乙亥，而薨以己未，四十五年而已。襄生以丙戌，而薨以己未，三十四年而已。昭生以辛丑，而薨以辛卯，五十一年而已。僖差长于闵，而子般之弟也，以序考年，逮其薨也，固犹在四十五十之间也。命之不延，国之不固，遗嗣子于襁褓，以危社稷，不亦哀乎！般之生也，在哀姜未入之先也。襄之生昭也，年方十有六也。生长富贵，气未盛而欲已昌，君父不能戢之，妇寺从而导之，以溺所爱而自为摧折，百里之侯犹若是也，而况富有天下者乎！

三代之季，世教衰，先于贵者。汉、唐以降，典礼大亡，国无寿主，其流及下，天下亦无寿民。天地之大德几乎息矣。女戎早，祸败长。《坤》之初六履霜，不以其时，驯至于上，其血玄黄，而天地毁，可弗惧哉！

八

周建伯禽于鲁，假之天子之礼，以尹东诸侯，威福亦重矣。故垂及东迁，而鲁之声灵犹足以争齐、宋之衡而有余。桓公在位十八年，执玉而见者九国。东海之滨，方城之外，蔑不宾也。齐乐得之为婚姻，宋、郑争与之为合离，虽其取国逆理，内怀惭愳，乃天下固莫敢凌焉。先君之泽长矣。

鲁于是时，得自强之主，秉礼而修戎好之纪，亲周室以正诸侯，其视齐、晋之主夏盟，犹桔橰之视抱瓮也。而桓公躬亲抱愳，苟且图安，早幸宋冯之与同病，受其饵以成其乱。由是而所以为邦交者，率颠倒来去于一喜一怒之间，如妇人之好恶，无有恒也。俄而与齐亲，俄而与齐战。俄而若向卫而又背之，俄而若背卫而又向之。乍为宋取，则频月奔走，以纳宋于怀，乍为郑邀，则一旦寒言，以推宋于刃；迨所必欲成者篡郑之突，则又仰呼吸于宋而不羞其反。晨夕观望，如弱草之依风而莫有劲，鲁于是寄命于他人，而自丧其淫威矣。威之既丧，则为之而不成，求之而无与听。故其所始终十八年之间，欲托义问以修方伯之事者，唯救纪之一事而已。乃与结王姻，而不能固请之王，以争之于齐；助之战，而所与偕者，唯狙诈不常之郑。屈己以求乎燕、宋，而燕、宋顾为齐用。计穷力诎，则唯率纪以请盟，而纪之存亡唯齐操矣。盟齐于黄，而纪无望于鲁，纪亡不救，而天下胥无望于鲁。失纪以失天下，鲁之衰，遂终春秋而不振。

呜呼！桓以逆窃国，而天下景从，先公之望也。庄以正得国，而廷无侯氏之迹，桓丧之也。寓国命于齐、晋以成其霸，而晚且托命于吴、楚矣。邾、莒之不竞，而君见辱，相见执矣。故鲁之衰，《春秋》之所悼也；桓之衰鲁，《春秋》之所恶也。周有桓而天下无王，鲁有桓而宗周无霸。之二桓者，同归王咎，咎在无恒。《易》曰："不恒其德，或承之羞。"有致羞之道，不患天下之无承之者也。

九

诸侯贿而春秋始，大夫贿而春秋终。诸侯贿而天下无王，桓王始之也。大夫贿而天下无霸，晋昭成之也。齐桓起，诸侯不得以贿相援立；晋霸之未衰，大夫不得以贿交诸侯。既无王又不得霸，利人乘之为利，故鲁贿郑，宋贿鲁，郑贿宋，或移其土田，或迁其重器，乃至责而不偿，则奉之为词以相伐。当桓王之余，微桓、文，封建废矣。故逮乎范鞅、梁邱据之私鲁，荀寅之求蔡，范鞅之责宋，而天下复裂。呜呼！贿之败人，天下无极也。贿行，而封建不立矣。然而先王又安天下之条理，于是而益著焉。

　　贿以裂封建，而封建终以持贿。故春秋之世贿行于上，而犹尼于下。《春秋》之所纪，《诗》之所刺，无有责贿于民者也。非贿人之有忌于民，法持之也。井田未圮，则民无甚富；仕者世禄，则官无甚贫。官无甚贫，民无甚富，故虽有贿，人不取小腆之锱铢，以益其所本足。若许之田，郜之鼎，季孙之锦，乐祁之杨楯，皆阡陌之氓所必不得有，以应贿人之求者。故周之天下持之四百年，而桓、文犹足以治。逮商鞅之徒，破井田，右强豪，以恣淫民之富，而民始可以给贿人之求。贿人乃不责赂于诸侯，而责之民矣。不责贿于诸侯，故欲灭则灭之，而无容幸免；责之民，而民之憔悴于虐政者，极也。

　　故或曰有治人无治法者，非也。治人之有，不敌贿人。无法以治，待之治人。乃治人之不可待，而贿人相寻。三代以下之天下，所以相食而不厌也。民穷而激为盗贼，民困而息肩于夷狄，盗与夷乃安坐而食民，悲夫！故后世之末造，虽得清慎之相，刚正之吏，终不能禁天下之贿，而多欲之桓、文则为之有余。得百治人不如一治法，谁谓其无治法哉！

十

　　郑树冯于宋以收宋，宋树突于郑以收郑；冯立而宋亲郑者十年，突立未几而旋合鲁以伐宋。齐树御说于宋以收宋，宋树昭于齐以收齐；御说立而宋亲齐者，终桓之世，昭立未几而旋党楚以围缗。上无明主，诸侯自相援立以树其党。当其树之，固挟自为之心，不足以定交，而只以建敌，无惑也。然郑厉、齐孝之所为，则已甚矣。

　　宋两受施而报以不忘，其犹有人之心焉。两施于人而不见报，且终援突而睦于齐，则庶几乎长者之事矣，故宋滨亡者再而终免。郑庄之强，遽衰于突；齐桓之霸，早绝于孝，是知虽以乱世私利之谋，亦唯信以为成败之主。子曰："大车无輗，小车无軏，其何以行之哉？"大车者，喻君子之以信行义也；小车者，喻小人之以信行谋也。小人而信，虽困不败，而况君子乎！

庄公五论

一

《春秋》之始，详齐、纪，悯王之息也；《春秋》之终详吴、越，悯霸之裂也。取人之国曰灭，国君兵死曰灭。齐人兼纪，吴子死战，而不曰灭，《春秋》之所悯也。悯之深，故不忍直言之，若纪侯之敝屣其国，而吴子之以令终者然，不忍天下之遽变也。

王者服天下以道，霸者服天下以威，战不为却，讲不为释，终恃其莫御之力而卷其国土，于是而天下始弃道以崇威。霸者以威服天下，乱人以诈徼天下，相与用诈，诈胜则胜，诈不胜则败以死。成败生死，无必然之势，取决于一日之机变，而固有之威亦不足恃也，于是而天下始崇诈以为威。道之弃，威之崇，夏、商之末或有然者，而东周为甚。威之莫必，诈之取盈，五霸之兵犹未然也。始于吴、越，延于刘、项，而不知所终。崇威而管子之书兴，尚诈而孙、吴、尉缭之说起。上以为术，下以为教，三代之遗民，死者积矣，故君子悯之深焉。悯之深，言之不欲出诸口，去纪侯而卒吴子，非仅以全纪侯而为吴子隐也。

二

齐之霸，始于好，成于兵，文治也；晋之霸，始于兵，成于好，质治也。文易弱，质易强，故齐易世而衰，晋八世而后替。先其文，后其质，功利成而天下不著于功利。先其质，后其文，揭功利以服天下而以据功利于己，晋之自为计得矣，齐其犹为天下恤邪？故北杏之后，衣裳之会九出，垂亡之国三存，然后陉亭之师起。故子曰："不以兵车，如其仁。"虽然，桓之会盟亦已亟矣。驰所与之数国，频征而频见，易一事则又惊相誓也。且取而纳之怀，夕取而附其耳，唯恐其有失也。弱者疲而强者窥其浅矣。耄而携，没而叛之，不亦宜乎？故以质治者，非专自实也，专自实则损天下，晋德之所以谲于齐也。以文治者，无过求人也，过求人则己无权，齐霸之所以不克世也。善治者，其唯简乎？简而文，文而不惭，是谓王道。

三

天下之势，极则变，已变则因。春秋之始，齐、宋、鲁、郑之用兵亟矣，齐桓反之，故北杏之后，二十五年而后为陉之师，民怀其惠，诸侯倚其安矣，极而变之道也。齐之合诸侯也十五，兵争之变为信好，已定矣。晋文因之，故不假会盟而即为城濮之师，仍天下之合，奋用其气，已变则因之道也。宋襄不善因，犹亟于会，故偾于兵。善师齐桓者唯晋文，唯不相师，是以善师焉。宋襄步趋齐桓，所取法者齐桓，一用而不可再之道也，不偾何待！

四

齐桓之起，主宋以用兵，犹周班也。在位二十年，天子赐以命，而后救郑之役乃为宋主。故齐不得召廖之赐，不能兴救郑之师；晋不得王城之飨，不能起城濮之甲，与楚均为列国，以争命于中原。天胡以佑，人胡以助，胜败之数，莫之必矣。宋襄以意主盟，以气用兵，挟周之淫威以逞，而视周若遗，徒以其力，不能当楚力也久矣。袁绍之屈于曹操，刘毅之折于刘裕，沈攸之之挫于道成，彼窃人者且必有奉以兴。论宋事者，乃欲岳飞抗金牌以遂朱仙之役，退不厌于公论，进且困于强敌，义与功而俱陨矣。借飞之出此也，一固请而往之翚，拜表辄行之温也，不得复为飞，而又何以战耶？

五

喜事之君，以战功始，常以力役终。雄心无所戢，必有所寄，民困相因，弗之恤也。庄公在位三十二年，兵十七出，而亲履戎行者十有三。洎乎暮年，城邑台厩，未浃三年而役七举，自用已无不足，而用物多见其有余。鲁之敝自此始矣。

故立国之道，匪见衰者无盛，匪见盛者无衰。威加于外，观美于内，皆见盛也。秦政外灭六国，拒北胡，而内侈阿房、骊山；汉武外走匈奴，通西夷，而内侈柏梁、建章；唐玄外扩受降，争六诏，而内侈华清；宋徽外图燕云，县峒夷，而内侈艮岳。力足以争，财足以给，则必靡之以向于穷，人事之屈伸、物理之消长也。使之数君者，无盈可见而不见盈，亦何以如斯之不知归也！

虽然，利害之报，亦有差矣。不见盈者勤于兴，见盈者勤于敝。见盈于兵，力衰而止；见盈于役，力不易竭而日亡。见盈于兵，不见盈于役，兴之；徒见盈于兵，复见盈于役，敝之；徒见盈于役，不见盈于兵，则亡而已矣。鲁庄、秦政、汉武、唐玄始以兵，终以役；宋徽始以役，终以兵。始以兵，终以役，犹雄心之反也。始以役，终以兵，其兵也戏而已矣。此宋徽之所以国沦于敌而身为俘也。

闵公二论

一

闵、僖之际，《春秋》有欣幸之词三：幸季子之归，幸仲孙之来，幸高子之盟，皆起特文以其来为幸。幸其来，故奖其人，皆特起之而不名之。幸者，幸鲁之不亡也，幸齐之可以并鲁，而犹以三子安之也。鲁之无君旷年，有可亡之道；齐兼纪、吞郜、翦谭、包遂、襄阳、挟郕，启疆之志溢矣。鲁以千乘介其右壤，非无相并之心，然而卒以三子安之，斯《春秋》之所幸也。

《春秋》幸之,鲁之危也亟矣。昭之季年,无君者九年。昭公倒利器以授齐,齐有可挟之势以临鲁,季孙委生死之命于晋,晋一移臂而鲁以举,如是者不愈危乎?而《春秋》无危词者,无危道也。齐景欲主盟,志侈而力不逮;晋昭固主盟,寄位而不足以有为。陈氏六卿,方图内窃,而不给于外求,是赫连氏所以料刘裕之不能有关中也。故内无隙者,外不恤强大;外无虑者,内不忧分崩。以八王之乱,介刘、石之雄心,则亡随之矣。

由此言之,内治亟,而外防尤不可缓哉!国无百年之治,所恃者无我窥尔。秦政自丧其国,而支中国之沦没者数百年,功罪亦相售矣。

二

天下之势,拟之人身。宋,血隧也;郑,气海也。据北以临南,得之二国者,而后南可收;保南以图北,失之二国者,而后南可立。秦不举韩,^{韩故郑地。}不能有六国;汉不保荥阳,不能夷项氏,郑效也。梁孝王以死保梁,汉乃得出关中之兵而下七国;张巡以死保睢,唐乃得江、淮之资以平安、史,宋效也。故之二国者,处四战之地,无河山之固,而为天下之枢,则岂不以其强哉?

齐桓先得宋,而天下飙附。晋与楚用兵百年,而所争唯郑。人争之,争而得重,固不如其自有以立而为人重也。寄生其土,疲不足重,则己无以立,而争得之者,亦不资以昌。周之东,齐、晋之霸,终不能持天下于久固,唯宋、郑之衰也。入春秋之始,之二国者,固尝强矣。郑之庄,宋之殇,狡而好兵,故虽以亡国之余,新造之邦,无大有为之志,而恒持天下之短长。宋两有弑君之祸,而宋已衰;郑有突、忽、仪瘚之争,而郑以敝。然齐犹倚宋,楚犹不得志于郑,南北之势尚可为也。厉公卒,文公立,惩权臣之祸,首寄怒于高克,以解散其国,而唯恐其强。郑于是乎终春秋之世,茶沮羸丧,服役于楚,而桓、武、庄、厉之业斩矣。嗣之以宋襄公之不揣,轻举危国,重困于楚,而中国遂无宋、郑。郑不足用,齐弗获已,越国而用孤远之江、黄。宋不足用,终晋之霸,恒奔命以救宋而不给。逮其后,向戌以弭兵自免而弱天下。郑终南靡于楚,导之以食许、蔡，则之二国者之轻，中国之轻也。《春秋》重悯中国之轻，而悲二国之自丧。故于郑则为特书曰"郑弃其师"，弃其师，无郑矣；于宋则特书曰"执宋公以伐宋"，曰执宋，若匹夫然，无宋矣。无郑无宋，而齐、晋之霸难矣。周之东，终不足以立矣。夫乃以知韩安国之功，烈于亚夫，而非张巡之死守，则李、郭之勋无由成也。有重地者必有重人，讵不谂与！

    《春秋世论》卷一终

春秋世论卷二

僖公十四论

一

孟子曰："霸必有大国。"故齐之霸肇于襄，晋之霸始于献。齐得纪而始大，桓资以兴；晋得虞、虢而始大，文资以起。食乎近以摇动乎远，肘腋无忧而甲赋倍，霸势成矣。故虽无知之祸，莒、鲁之争，奚齐、卓子之难，惠、怀之危，而桓位甫定，早得志于谭、遂。文入国未三年，而成城濮之功，其力沛然也。故以德衰而霸责桓、文，固也；责之以国之必大，非桓、文之罪也，固有之矣。孟子曰"霸必有大国"，诮其无资而不足以兴也，非讥其并小以得大也。

武王因文王之成，有密、崇，抚六州以临商，武王其亦愈乎？故晋文之事，《春秋》有怼词焉。拟诸汤、文，则德衰远矣；以继武、献，其尚未失为正也。周之失图，依晋而处，文侯首戴周于东周，得赂而珍其嗣，晋之视周也犹芥矣。武公之诗，睥睨王室之宠章尔，而诙谐之。沿及献公，内视懿亲，犹猎者之于原兔。翦太王之昭，刘王季之穆，苟可自肥，弗恤也。晋之蔑宗周而思以雄长者，岂在楚问九鼎，秦通三川之下哉！文公承之，不以拔本塞源，而犹王是戴也。周无晋祸而食其利，文之造周多矣。文公而献、武也，吾不知其所届也。故晋之强大，非文之罪也，文犹不失为正也。

二

轻重之势，亲疏之度，不可不审。亲者迩与之狎而见轻，疏者新得非望而见重，此人情之歃胜，非事理之准也。亲则见轻，轻则彼成乎疏；疏则见重，重则彼报以亲。故人恒乐重其所疏，而不审其本轻。有相敌之国于此，则势恒相诡，我之所亲，亲于彼，彼所重也；彼之所亲，疏于彼，彼所轻也。故我之所重，彼之所轻；我之所轻，彼之所重。唯善用人者，不轻敌之所重，不重敌之所轻。重敌之所轻，则为敌之所轻；轻敌之所重，则使敌得所重。

中国之与楚争，舍陈、蔡而取江、黄，其终不得志也宜矣。略彼我之亲疏，而观乎轻重之数：陈、蔡之重，固倍蓰于江、黄，矧夫江、黄者楚之狎，陈、蔡者楚之力争而未必得者也。楚失江、黄而得陈、蔡，如损食余之肉而获窃金。中国失陈、蔡，虽得勾吴，且徒重吴，使与楚俱靡，而中国犹无能瘳其敝，况江、黄乎！以中国之轻陈、蔡，故自齐桓以后，陈、蔡甘自绝于中国以比附于楚。楚挟蔡以临宋，而宋且为之狩于孟诸；楚挟陈以临郑，而郑且为之哭于逵道。逮其后楚一失蔡，而吴遂大逞于郢。然则陈、蔡之系于楚也。岂不重哉！

若夫江、黄者，固非楚之制也。楚之制，东在吴，西在庸、蜀，而江、黄其刀俎之物也。陈、蔡者，抑中国之制也。楚合而纵，中国分而横。合而纵，其制在臂，而江、黄当其唇；分而横，其制在脊，而陈、蔡居其会。以势若此，而重之以陈、蔡者，周之姻亚懿亲，开数百里之宇，尸中国之望，则以倍蓰江、黄，固有余矣。楚之于陈、蔡也固疏，疏则乐得之也甚，君臣早作夜思以图之也专，可饵则饵，可攻则攻。陈、蔡之君臣，畏其攻而怀其饵，是以终陈、蔡之世，亲楚而不与离。揆其所自始，则齐桓肇霸，先侵蔡而后伐楚，既伐楚而又侵陈，喜得江、黄而弃之如遗。于是之二国者，去所仇，而就所疏若奔。

呜呼！白头之亲，倾盖之故，诚不以富，亦只以异，人情之无恒也固然，孰能酌于理，审于度，达彼我之情，以无惊喜于新，狎侮于故者乎？则可以大有为于天下矣。不为情使，而后可以用好恶；不为物蔽，而后可以用取舍。介于石也，乃与之知几。知几而天下之志通，何求而弗得，何为而弗成哉？

三

齐之诎于有为者五。惠王惑于子带，忌齐之成而为太子援，因挟楚以难齐，其诎一。惠王崩，襄王弱，宰孔挟故心以终始致难于齐，间晋以离西诸侯，其诎二。楚方起汉南，祸未中于中国；郑虽见伐，受兵浅而不甚楚，其诎三。郑既欲成于楚，陈未受兵，诎于强而不虑祸，申、辕之徒愚而诈，持两端以市国，其诎四。天下初有霸，人挟疑忌，其诎五。桓公受此五诎，不能取必胜于楚。莫之必胜，则僭号之罪，虽发莫收，然且问昭公之不返，责包茅之不贡。故桓公心有余而力未赡，《春秋》之所奖也。

晋之可得志于楚者五。襄王失国之余，依晋以复，唯晋命之听，而于楚无交，一也。楚之围宋，宋惧必亡，而抑无折下之志，壹以其国委晋，二也。曹、卫以请盟弗许，不得已而向楚，知楚之不可恃，而君臣内离，以愿息肩于晋，三也。得臣刚而无谋，不得于主，非有屈完柔黠之才，以悉心力而为楚用，四也。西得秦，东得齐，而天下新受无霸之祸，中楚害者已深，胥乐奉晋以敌楚，五也。藉令桓公乘此五利以加楚，而胜可自必，则正名僭号之罪，褫其伪以报命于周有余矣。

晋文乃置华夷必正之分，舍国贼必讨之名，如无可挟持而仅以其力与得臣争胜负于原野。夫岂其智不足以及此哉？重耳之心，路人知之矣。胁赏以启南阳，降樊原而请隧焉，晋一楚也。晋一楚，而以行楚行者责楚之名，不已难乎？晋之不奉周以临楚者，为有留也。晋以周临楚，而人亦可以周临晋也。故晋之不称王，审于时之未可，而不为楚之贸贸焉耳，何必以为不可为而弗哉？子曰："齐一变至于鲁，鲁一变至于道"，置晋于不可与有为也。临河之反，岂徒赵鞅杀士之以乎！

四

《菀柳》，非君子之诗也，"上帝甚厉，无自瘵焉。"帝之厉，不以为恤而相戒以瘵，为之君者亦何幸乎？然且圣人录之于《雅》，所以达人情而悯周之亡也。国之危，君之悖，莫甚乎妒其所依而诎于所受胁。虽有令主，不能以君子之道取必于其臣。妒其所依而诎其所受胁。则胡不胁之而犹依之邪？为《菀柳》者，犹君子乎？无自瘵而犹弗胁之，其不为操、懿、裕、温以相逼也。

周之衰也，徐先蔑之；楚踵而起，与并王而睨之，代周亦岌岌矣；郑以懿亲，矢及王肩，而犹说词以相劳，莫能问焉。之三国者，周祸之集而怨之府也。齐桓起，收徐而下之，折郑而抚之，以问不可问之罪于楚。乃周之君臣以昵一爱子之故，覆折合于楚，因郑以败齐之成，齐之不瘵无几矣。至于晋文，以纳王之小惠，取偿而求南阳，围其邑，降其人，干大礼而求隧焉。城濮之战，自以其力与楚争雄长，而未一问其蔑周之罪。则怵于其威，靡命不听，秬鬯彤弓，推诸怀而乐与之，召之而速至，期之而速会，若唯恐晋事之不成而以为己辜。呜呼！周之倒行逆施，于斯而已极矣，斯唐昭宗之以昵汴篡晋而亡者也。

"与乱同道罔不亡"，周之犹寄位人上，幸矣夫！故宰孔之间齐，崔胤之智也；王子虎之比晋，柳璨、张文蔚之情也。功大而输忠者，危疑而见媚；惠小而显相劫者，慑服而不敢违。奸臣以之外市而内用其蛊，庸主携宗社而敬听之，其愚也，亦可哀矣。故曰："天之所坏，不可支也。"齐桓其能支天之坏以大逞于楚乎？无自瘵而小成其绩，犹未失为夫人之情也。事昏主，友奸相，力尽于此矣。

五

国家之祸，外携者浅，内间者深。外附内者，内势易而即离；内蛊外者，外势散而终怙。郑，多诈之国；文，无信之主；而申侯，倾危之魁也，持两端于齐、楚久矣。惠王、宰孔，为叔带之树援也，召之叛齐而果叛，内恃王，外恃楚，一再伐而无悛志。然惠王之崩未几，于洮之盟，且徼得与于王人之谋以为幸，叛齐之志，援带之图，如梦始觉而无余疑。乃若宰孔之怙奸也，则异是已。

惠王逝，襄王已立，叔带已安于北面而不敢争，孔之慝顾未息也，怀毒于襄，而移怨于齐，葵邱之役，间晋者酷于间郑，齐于是乎终不得抚西诸侯，而襄王失依于晋。由此度之，藉令齐桓没，而孔未死以当国，乘郑之有滑怨，王之有狄衅，介隗氏居中以济之，甘心于襄，襄欲出而不能矣。故奸在外者，势炎则兴，势寒则伏；奸在内者，折之而益生，郁之而益烈。夫岂孔之恶能剧于郑哉？郑居外而挟内以逞，逞不能逞而退有余地，则革面洗心，无惧无疑，而唯恐不速细人之恒也。若肘腋之奸，逼处而无余地，郤积间深，居乘高难下之势，灵宠热衷。而祸患相迫，则虽势已定，名已正，事不可为，尤必曲用其机械，以堕已成之局。呜呼！国不幸而有斯臣，其不亡焉能几哉？

董卓已诛而蔡邕叹，武曌已革而张说泣。推邕、说之心，忧人情之大喜，则其以喜人情之大忧者，宁有惮乎？汉不诛邕，俾得与于催、氾之变，微独王允也，汉献之首，悬于邕刃矣。说不正其辜，而卒以挠开元之治，位极人臣，而毒固未息，流及其子，且戴巨贼，以快心于唐之子孙，死党仇国，不至于赤族而不止。呜呼！君子之敦义，能不以成败易心者，鲜矣；而小人之趋利，则频危殆尽，苟可为而犹一击也，其毒亦烈矣。

夫方从哲之死结郑氏也，逮乎光庙之践祚，福邸萤死之余光已无几矣，襄之推奉非据者已瓦解矣，从哲乃且怙孽孽，兴女戎，身任梁冀之辨，以系群奸之望，曾莫惴也。挟大义以诛之者，如孤莛之叩巨钟，曾末如何，而从哲则益逞其弃师委地之毒手，以大快所于报于宗社人民。于是从哲虽死，而死党传心，温体仁嗣其虎步，马士英和其鸮音，未三十年，而从哲誓灭君父之心以大畅所欲为于天下矣。宰孔之谋，蔡邕之怨，张说之悲，幸而不如从哲者，其犹有制也乎？故谋国者不可以失制。

六

变《雅》，《雅》之衰也；《鲁颂》，《颂》之滥也。变《雅》有溢毁，《鲁颂》有溢誉，以为恶恶之不嫌于狷，臣子之不嫌于厚，则几矣，而不可以论世。《鲁颂》称僖公，以谓鲁自是而复兴也，而鲁之衰实自是而始。终春秋之世，鲁内替于臣，外制于霸。内替于臣，唯僖公之溢赏季友，而不正叔仲之诛，以立敖与兹也；外制于霸，唯僖公之怵惕夫齐，而修五年一觐之礼于其友邦也。内替于臣而鲁不可振，外制于霸，而周亦受其衰，故僖衰鲁以衰周，其慝甚矣。

周之兴也，太公留为师，周公留为宰，伯禽、吕伋居外以相次辅。当其盛也，以道法相成；迨其降也，以形势相制。二公互戢其子孙，以持王室，犹左右臂之拱一心也。春秋之初，齐不戢而有代兴之志，所难者鲁耳，尝百计以盅庄而致之。庄虽两造齐廷，而顾皆有托，未尝恪执玉帛以修事大之礼。至于僖而不能自摄，不待齐之糜致，而附之若崩也。则二公之意，斩焉其不复存，齐以强而逾其祖之闲，鲁以弱而丧其祖之守。之二国者，欱为轻重，以裂东诸侯之防，则周室孤存，行无与为掖，止无与为倚，南逼于楚，西噬于秦，更胡恃焉？故鲁之屈于齐，齐之屈鲁，是二国者之自溃也。鲁屈于齐，则蔑不屈。晋一齐也，楚一齐也，占风以依人之宇，习焉而不知恤矣。齐致鲁而屈之为天下先，则天下咸习于轻鲁。齐不能保而授之晋，晋不能保而授之楚。其究也，齐亦何利，而徒丧其辅车之鲁，则僖失而桓亦未为得也。当淫威而不慭，待之良久而可弗慭已。桓之没，齐之失霸，去僖之如齐七年而已，而鲁不能待也。前乎此者，桓兴三十六年而不为屈尽丧矣。可为而不为，则不启人之为；可欲而不欲，则不导人之欲。桓之威已伸于诸侯，姑留一鲁以养辅车之望，未为诎也，而桓弗之思也。已不足以益强，而只以弱人；所与立者弱，而已成乎其可弱。齐且授王于晋，而况鲁乎！

由此言之，桓之季年，智索而虑乖；僖之中身，内靡而外逼。东周不可为，莫此为至矣。僖之不得为贤君也，史克溢美以颂之，不已僭乎！

七

攻与之势，有远有近。远近之形，疏属之差，长短之度，疑信之由，察之则成，瞀之则败，岂非理哉！江、黄者，非齐所宜与也。早知不与，则不如无与。故楚人灭黄，齐不能救，君子不以不救为罪。徐者，齐所宜与也。楚兵加徐，齐不可不救，故《春秋》重录其事，而尤以不克为病。知此，则知远交近攻之术。秦人幸成，而终以激怒怨于天下，以速其亡，逆势故也。

势者，顺逆之推；顺逆者，得失之致，故无轻言势。势，一理之成焉矣。孤靳一理以绌势，则必见江、黄之宜与，而徐不宜与。何则？徐先楚而僭号者也，攻楚而与徐，法不均矣。乃当齐桓之世，周之贼，中国之蠹，既独在楚矣。独在楚，则必专精以攻楚，而分攻于近，泛与于远，移范雎之用秦者以用齐，则攻楚之道悖矣。彼秦人者，幸而六国之主昏骏而不足谋耳。藉其不然，岂待胡亥、子婴而后召灞上之师哉！

夫远疏而近属，疏者心不相知也，属者情易与共也。远短而近长，长者势不可互相用也；短者力不能相为及也。且夫与其近，攻其远，则近者以为舍我而远是图，彼之于彼，有故而不相下，非苟相噬也，我与之近托肺腑而可无相疑矣；与其远，攻其近，必远者如六国之昏骏，则幸缓旦夕之死而偷以为利，如犹有人之心也，浸润之势洞然可见，且阳下我而阴与所攻者为徒，深天下之疑而厚其甚毒，只丧己威，以益敌之援，不亡胡待焉？故又曰：远近之势，疑信之由也。力所不至，姑且下之；势所不能兼，因而置之。下之乃以柔之；置之如隔宿之粮，固在橐也。有心有目者，乃益以怨秦，而耻其狐媚。呜呼！秦之兴，匹夫碎齿；秦之亡，天下甘心。岂不以其远交之为诐已甚哉！

齐之知此，故释徐罪而合之，赖其近也；晋不知此，故急吴援而通之，贪交远也。卒之吴得志于楚，而晋遂不竞，故知晋之与吴，不如其与秦也。舍秦收吴，而晋霸失；舍三晋以合秦，而齐遂亡；恃交于孙氏，而蜀汉以灭；取资于窦建德，而王世充以擒；通金灭辽，助元灭金，而宋遂斩；遥附于张士诚，而陈友谅以殪。兴亡之理，岂不以其势哉？范雎之小智，齐桓不庸，宁负江、黄而弃徐也，几知势已。知势者，亦《春秋》之所亟也，不以救徐为贬，而以不克救为咎。孰谓君子之孤靳一理哉！

八

自强者无倚。能不倚者，去自强不远矣。为君之末，谋国之不臧，未有甚于倚人者也。起茸君，振屏国，卒无以强之，则先夺其倚。倚之既夺，存则无恃，亡则必恤，而后内治生焉。恒有倚以存，偷心之所以不息也。故鲁之终衰，唯僖公之偷也。

僖之初立，因齐而存，怀齐而不背之，可矣。得力于齐，因其霸而辅之，犹之可也。骎骎自忘，唯齐是视，则以齐功为己功，齐名为己名，齐盛为己盛，于是而齐衰亦且为己衰也。齐桓没，宋襄弱，天将夺鲁所倚以新之，而鲁倚人之情，靡靡淫淫，左右望而求所附焉，则廉耻裂，而鲁之为鲁末矣。盛在楚，则靡楚，唯恐其绝宋之不深；盛在晋，则淫晋，唯恐其绝楚之不夙。夫亦何知仁义哉！终僖之世三十三年，鲁之驰骛三方者，如蜂之因风闻芳而赴华也。匹夫行而妾妇心，无恤矣。

呜呼！齐霸衰，宋事不成，晋且未兴，十八年以后，二十七年以前，皆鲁息驾而自治之日也。失此不为，而无可为矣。君之以茸阘之僖公，相之以窃位之臧辰，私门利无事以自诿，高贤处下僚而不用，鲁于是岂复有生人之气哉！即不嗣以屠浮之文，草窃之宣，童稚之成、襄，而亦不可为矣。

终春秋之世，垂其颐，曳其尾，一齐一晋，一楚一吴，且与邾、莒争而不胜也。失之十年，而败之永世，悲夫！茸君尸之，老奸之相蛊之，佞人颂之，便娟于寿母令妻之侧，而取他人之功以自张曰"戎狄是膺，荆、舒是惩"，乞命于楚以徼功于宋，诵惩荆之言而不忌，臧辰之为窃也久矣。孔子恶称人恶，而屡用钺于臧辰，以哀鲁也。

九

春秋之始，王迹息，霸未兴，乘其乏而首乱者，郑、宋、鲁也。陆梁未几，而之三国者，君殪于外，弑寻于内，争夺瓦解，以邻于亡。僖公中叶，齐桓没，晋文未起，乘其间而复乱者，宋、鲁、卫也。故鲁敝于齐，宋敝于楚，卫敝于晋，而皆邻于亡。郑于是时悛其乱心，守己以待命，故虽有附楚之愆，而卒免于咎。

呜呼！天下之福，因而福之，犹且有戒心焉。故西旅底贡而召公恐，越裳重译而周公辞。天下之祸，因而祸之，恬不知戢志以自免，宜自割也。故梁武受侯景而垂老见囚，宋徽召女真而父子为虏。有天下而不保其身，奚问国耶？

十

齐孝得楚，而即挟以加鲁；鲁僖得楚，而即挟以加齐；卫文得楚，而即挟以收鲁、驾齐、兼邢以逼晋。之三国者，如饮狂药，乘飘风，而大乱于四年之内。微晋文起，则天下之裂剧矣。诚哉，春秋之世，不可一日而无霸也。曹操之言曰："使国家无有孤，不知当几人称帝，几人称王。"岂尽诬哉！

夫霸者，王之蠹，而诸侯之害也。害之所不至，而大害滋起。弗获已，而因以其害者为利。害人之不足与治也，则择害莫如轻。故《春秋》予霸。

十一

齐之图霸，不得于鲁；宋之图霸，不得于曹；晋之图霸，不得于卫；力争良久，仅然得之，乃其后终相仇于无已。桓公没，鲁遽延楚以难齐；晋霸衰，卫遽党叛以加晋；宋之日忌于曹者，尤无宁也。维王者之德，怀近以致远；维霸者之势，远合而近离。尤与之近，则狎其所为而数持其短。国虽小，力虽弱，心固无与为服，不若远者之闻风遥望，一歆一震而遽欲前也。

齐之徂西，必径乎鲁；晋之徂东，必径乎卫；宋之徂北，必径乎曹。是且出入烦，而悉索不给，声色易加，喜怒先受，自非王者宅心以恕，颁政以简，不可与居而惎之，亦其势已。不可与居，大国之失也。不可与居而惎之，虽然，亦非小国之得也。鲁之于齐，师屡挫而终屈之；卫之于晋，君屡辱而犹戴之。故二国者，兀立于两大之间而免于亡。曹之于宋也，甫受其辱，而即疾视其败，宁他附而终不为下，然而亡曹者终宋，则弱小之于强大，地与邻，志与不辑，又幸彼屈而己伸。祸所必深，正此由矣。

德无以相尚，力不足以相仇，图存之道岂有他哉，唯藏有余怀不足而几矣。屈彼以伸己，则藏者无余；彼屈而己伸，则怀无不足。机露于先，而骄溢以居其后，冀以戢强大之心而自为固，是以毒矢加虎而坐待其狂愤也。夫召其所狎，施之不戢，强大用之以困于弱小，弱小用之以覆于强大。故大字小、小事大之道，非霸者之所得与，奚况庸主疲臣之悸悸者乎！

十二

正者自正也，自正而弗恤人之谲，君子道也。谲者既自谲矣，自谲而恒疑人之谲，小人道也。齐桓之威，管仲之智，为申侯、辕涛涂之所欺，而齐不以损。晋文劣一胜楚，即如负骑虎不下之势，欲觐天子而惧不敢入其都。呜呼！以晋之功在襄王，而成绩于楚，中国戴之，辑师改乘，执玉以成礼于王廷，保其雍容而退，无有后艰也。而徒尔谖疑以召王，而成乎不韪，是胡为者邪？故曰："君子坦荡荡，小人长戚戚。"曹操无以保此，故枕圆枕，啜冶葛，力诎于暧昧，而以自妨其眠食，亦可哀矣夫！

十三

霸者之力，能动天下，而不能齐也。齐桓东略未竟，而终诎西图；秦穆尽收戎索，而师衄东郊；楚壮北向，劣得之陈、郑，而愈于宋城之下；东收齐、宋，南合陈、蔡，西控秦以大会于王都者，唯温之会。五霸之起，未有盛于晋文者也，乃逾温之明年，盟于翟泉而郑贰；又明年，师于郑而秦携；且微如许而终莫之服，则晋文之势如燎原之火，衰形未见而遽以熸矣。谂哉霸之不足以齐一天下也。

夫三代之有天下，与后世均也。齐桓谋之之审，晋文兴之之勃，鹿且入于林中，而不如舍也。刘、项拔于一夫，而九州遽合；女真、蒙古起于塞外，而中夏翕从。夫岂项氏之德加于桓、文，金、元之望重于秦、楚哉？则孤秦之孤无邻，而弱宋之弱无辅也。

《同人》之四曰："乘其墉，弗克攻。"五与二而相得，五霸之所以不克攻也。《比》之初曰："终来有他吉。"弃其比，斯无自他之吉。一夫乘之，夷狄干之，天下不相比而即于亡。为秦、宋者，不亦宜乎！

十四

秦之图中国也，始于郑，成于韩。韩故郑也，任好始之，楚与政也终之，或兴或伏，或进或退，迭用于数百年，而中国以殄。迹其所为谋，两端而已。两者之谋，恒交相为过，亦恒交相为攻。为蹇叔、百里之谋者，闭关而自强，远交而近攻，范睢、李斯之所宗也。为孟明、术丙之谋者，远袭以夺中国之塞，锐师以挠中国之交，甘茂、魏冉、白起之所勤也。斯两谋者，一彼一此，迭相屈伸，秦两用之，其臣虽互以相倾，而其君则交收其利，中国因以受敝而不可支矣。摩厉以须其出关而攻之，彼又方悔而收远以支近；幸其闭关而我姑与守，彼又忽为飘风疾雨之深入吾中。故蹇叔、百里之谋，得孟明而益固；孟明、术丙之功，得蹇叔、百里而底成；甘茂之师，得樗里疾而益激；魏冉之勋，得范睢而保其终。呜呼！天否中国，而秦乘其闰，挫乃以锐，离乃以合，一兴一伏，一进一退，皆曲中其窾会。晋不能支，楚不能亢，赵不能敌，齐不能防，周乃取唐、虞、夏、商经理之天下，甘心而授之。《传》曰："秦之为狄，自殽之战始。"言秦之思以代周，自任好之谋始也。殽虽败，天下之势，日在秦人之腹矣。

文公十三论

一

晋之求天下急矣。求之急，则物固不以时应也。《临》之二曰："咸临吉。无不利。"感之歆歆，临之切切，非承乎吉也，不利者固已多矣。晋之初起，内难甫宁，旋树敌于楚；楚师方却，遽开衅于秦。两大相持，而内又失之于卫，卫怨未艾，许又间之，鲁且一离一合而未宁也。文公没，嗣君在疚，非其吉，而不利乘之矣，故襄公之承霸，以多难者也。于是而晋之处此也极难，西师方过，即东向以争许、卫；挟加卫之师，遽以临鲁而收之。故夫襄之求天下，视文为尤急焉。夫言有似得而不可效，道有似适而不可行，唯明者辨之，拘文者固不识也。晋之求天下急，而害成于急。或将曰：承急者莫若以缓。呜呼！此夫言有似得而不可效，道有似适而不可行者与。诸葛亮因先主之殂而遽罢吴师，其终也，北不得之于魏，而东已丧之于吴。唐承宪宗用兵之后而遽弃河北，其终也，河北不得而收，而大盗起于内。是故使夫晋襄者，缓许，缓卫，缓鲁，养秦患以专楚忧，乃楚业已内乱而不我竞矣。不释其所可不忧以释所必忧，西屈秦。东失卫，而晋不可知矣。

夫卫者，攻之则易下，置之则工以其内蠹之术，外贾以败人。桓、孝之际，齐之所为失霸者卫耳。于是以知承急以缓，自敝于一张一弛之中而召其侮也。业以急始之，亦弗获已而以急承之。"干父之蛊，有子，考无咎。"用刚于早而已矣。故晋之霸也，一以多难霸者也。与秦、楚相终始，而时失鲁，时失卫，时失齐，狄又居肘腋以掣之。故外患甫宁而士燮忧，裕父之蛊，岂有幸哉！故善承父者莫如晋襄，善承君者莫如先轸。赵武、叔向、女齐、司马侯之邪说兴，而晋遂不竞。然则操一张一弛之论以谋人国，其不伤焉者鲜矣。汉元之以自亡，而齐泰、黄子澄之以亡其君，皆是物也。

二

内之弗辑，而能得之外者，未之前闻。顾弗获已而立威于外以收内，则势逆而事难。齐桓之霸，外挟楚，内扶王，然必待之鲁、卫之既辑，前乎此者未敢遽也；晋文之霸，外挟楚，内扶王，而卫既终梗，鲁无固从，晋霸之难也，内不固也。又况夫襄之遭家不造，受掣西秦者乎！

齐之收鲁、卫也以德，晋无可为德而二国离。小人之交，怀惠者也。德所不及，惠无加焉，舍是则非威其何以邪？乃齐之为惠于鲁、卫，非其德也，时在可惠而惠之也。鲁君再弑，卫已亡，齐乃安之而以为惠。晋之初起，鲁僖、卫文承齐之余威，卫既以并邢而败狄，鲁之不受兵者三十余年，无所待惠焉，而又滋以相亢之势，是晋终不能以惠收鲁、卫，而非威其何以邪？然观于晋襄之为内外缓急之间，善用威而不穷，威于所欲收，乃因以收之。势逆事难，而择术亦已工矣。

失之于外，图之于内，顺也。失之于内，图之于外，逆也。失之于内，遽之于内，则又败之术也。宋襄之于曹、滕，急内者也，急曹、滕以缓楚，亦若顺矣，而竟以大丧于楚，威殚于内也。故务德者急内，务威者急外；德内则威立于外，威外则内待惠而固畏其威也。是故鲁、卫之不合，文公合之而终离，襄公卒欲合之而固不合。襄公之三年春二月，大败秦师于彭衙；三月，鲁君如晋而乞盟；六月，陈侯为卫执孔达以求成于晋。于是而知彭衙之役，晋之善用威也，威于外而震于内也。

虽然，其为此也亦难矣，孤力以争天下之向背也。故王者乘道，伯者乘势。道未斩于商，文王所以难而成汤易；势已开于鲁、卫，齐桓所以易而晋襄难。道者自天佑之，势者自天开之。天之未臻，人有事焉，虽欲勿难也，其将能乎？

三

齐、晋以多难兴，鲁、卫以多难衰，出乎险之不足以兴，迨其再传而愈替矣。齐桓之霸，中国粗安，诸侯得养力以自壮。是故卫文濒亡，而季年三百乘；鲁僖继乱，而公徒十万；迄齐桓之终，二国遂以强大。席是势而不足以有为，则亦终无为矣。

卫文幸齐乱而溢乱，灭小奸霸以即于夷，成公嗣之，孔达相之，挠本以争末，而内外之祸，其发也疾。鲁僖附人以自张，危于时以自庸，去危亡无几，时汔小康而遽自侈也，饰土木，侈文物，夸歌颂，务宴乐。臧辰赞之，文公嗣之，偷免于讨，而弛其内治，祸专中于君臣之间，而其发也缓。之二国者，缓急殊祸，其毁所以立，虑不及远，则均也。

呜呼！鲁文之为君，作主慢，娶不亲迎，雨不恤，会盟不赴，始辱于晋，终辱于齐，置子于危，授臣以窃，夫岂但其弗克自强哉！僖之乘闲暇，逞骄乐，张不丰之丰，鸣非豫之豫，贻谋之不臧久矣，孺子习所见以急敖者非旦夕矣。上无式谷之先训，下无窃位之老奸，中材以下，欲其奋以有为也，不亦难乎！孔光、李勣、蔡京、方从哲，年不永，位不固，得于先君者不厚，亦不足以亡人之国。诩乔木，怙先畴，以弹压忠臣之痛哭，则屠主入其阱而不知。《诗》云："皇父孔圣"，职此谓也。

四

当春秋之世，横议遽兴。横议者，流俗之所执也。流俗之识，趋时所重以为从违，唯其从违以为毁誉，而人心蛊，大乱作矣。舍流俗之毁誉，而后可以稽祸原，定戎首。

晋之乱，迄于靖公，君废，大夫分，天子殉之，于是而周遂以亡。推其始祸，则赵盾首乱，而阳处父成之也。处父成乎恶，而得以大夫系，其见杀，不从陈陀、栾盈之例，故有疑处父之非辜者矣。乃处父者，怀惠之小人也；冥蹈于赵氏之术中，非期成夫乱，而乱遂成，以志宽之，非可于辜贷之也。首恶者赵盾，成恶者处父之与先克，而赵氏强，大乱始矣。

射姑、先都、士縠、箕郑，不幸以即于窜殪，处父、先克首恶而自取灭亡，揆其初终，邪正定矣。乃赵氏之既兴，晋人翕附以为死党，唯其好恶以为定论。定论立于党人，横议淫于天下，虽游圣人之门以传《春秋》者，且舍所学而从之，置盾于法外，委责于射姑，以任事奖处父，以漏言责襄公。成之为得，败之为失，将曹操贤而孔融奸，刘裕忠而长民贼，奖大逆以殄孤臣，不亦惨与？呜呼！自夷之搜，盾伏奸怙党以觊晋也，襄公不能制其命，射姑不能安其位，先都、士縠不能保其身。盾乃以无惮之邪心，仇襄公而废其冢嗣。先、狐之勋，无后于晋；五大夫之要领，骈死于衢。终且推刃灵公以快其夙怨。射姑之刃不克施于盾，而仅及处父。悲哉！天之不佑晋也。由是而河山以西，士依其炎，氓怀其饵，人知有赵，不知有姬。甫一申讨，韩厥又从而援立之。先狐之勋，移以誉赵，弑君之贼，加以忠号，翕然一风，莫敢非也。而赵之枝叶蕃，晋之根茎斩矣。

武相而释楚以专于内窃，天下之美名归焉。鞅兴而诛逐异己以首乱，犹为之名曰清君侧之恶。内之国人，外之邻右，称于廷，议于野，施于后世，言及赵氏而唯恐庇之不至也。乃不知周亡于三晋，三晋开于赵氏。盾也，武也，鞅也，世济其奸以鬻天下，而帝王封建之天下，横议者驱归于赵以裂之，祸亦烈矣哉！其后秦灭六国，楚、齐、韩、赵之遗嗣皆兴于汉初，而天下无怜赵者。名实倒于党人之口，而是非存于邱民之心，不可枉已。

五

晋杀阳处父而称国，犹假乎君之遗命也。宋杀公孙固、公孙郑、公子印，晋杀先都、士縠、箕郑父而称人，亡乎君之命矣。亡乎君之命而可以杀大夫，则亦可以贼君。故杵臼之弑亦称人者，宋之人而固有生君杀君之柄矣。

晋之乱，赵盾为之，夷皋之弑，赵盾坐之；同、括之戮，赵氏当之；则犹有法也。宋之人杀其大夫无忌焉，弑其君无忌焉。主名不立，刑魁不坐，犹置尊于九逵而唯人之饮之也。故宋自成公之没，遂以靡弱，穆、襄、戴、武，攫于室以不竞于门，盖自是而宋兵之不及于天下者百年，为役于大国，以自免于亡而已矣。

春秋诸侯之衰，自宋始也。宋以大夫相杀而始衰，郑以大夫相杀继之，然后齐、晋之大夫相杀，以终五霸之天下。乱人者先自乱，其来旧矣。入春秋之始，乱天下者宋、郑，而二国先敝。上下师师，戕刻叨惏以为德，于以纾乱也，不亦难乎！故曰自诸侯出，十世希不失矣。

周之初东，小国之强者莫如郑，而郑先鲁、卫以亡；大国之强者莫如宋，而宋先齐、晋以亡。君倚臣，臣倚民，倚其强鸷而教之竞，竞在国人则无君，无君则无国，无国则不足以有诸侯。王者之法穷，霸者之威殚，而帝王封建之天下莫与立矣。祸发于宋、郑，而《春秋》之例变；乱成于齐、晋，而《春秋》之笔绝，虽圣人亦末如之何也已！

六

阳处父之党赵盾也，谓盾也能，曰："使能，国之利也。"呜呼！盾之能也，持文法以改霸政已也；恑霸政以饵细人已也；诛杀异己以收权焉已也；空君侧，树私人，便其弑逆已也；延乱贼，固其位，以得赂焉已也。若夫能以利国者，吾未之闻。

城濮以来，楚忌晋而不敢逞，息心于中国十五年，是齐桓所不能得。狼渊之师，实首北涂，于是中国之困于楚也，北渐于宋、卫，东延于莒、鲁。夫文抑楚，襄抑秦，其君之不惮力以外御，抑先、狐之宣力者勤矣。故先、狐者，社稷之宗臣，秦、楚之所惩也。先、狐斩于内，秦、楚竞于外，岂盾之不逮哉？盾之心，路人知之，而况敌国邪？故养威以御侮，不患无能臣，而患有异心之臣。秦桧居中而岳飞返旆，扣马之书生知之；刘裕志篡而关中不守，赫连勃勃早觉之矣。奸不殄，廷不睦，世臣殚，大将诛，君威已穷，人心已解，乃徒以改法制度，矜名责实于小数，如此而不为强敌所窥者，凡几哉！

党人进大奸以移国，举成功而一旦弃之，其未用也，则称其能；其已死也，犹奖其忠。传《春秋》者，不察处父、韩厥之邪心，而以举能报德之令名归之。议论成于流俗，而是非诡于圣人，亦未取赵氏之所以相晋者，要初终而察之也。

七

文公九年，楚椒来聘，秦人归襚，明年而秦伐晋，楚逼宋，吉凶之问旁午于中国而莫之禁，夫然后欲有所为而莫之忌也。楚故夷也，称君称使，加以中国之辞，以为楚欲主中国，而鲁受之矣；秦初变夷者也，略其君臣，从夷狄之例，以为鲁之受襚于夷矣。然则鲁将受之邪，亦禁之邪？

受之之害，则既益其无忌，而祸被晋、宋矣。禁之，而彼挟必受之势以取必于受，后此公子遂欲以抑术而固莫如何也。盾之佐霸，文之君鲁，其道已末，盖至是而不足与议受而议禁矣。春秋之世，秦之交鲁，仅两施于文公，他未见也。荆之交鲁，齐桓未霸以前，晋平失霸之后，与越椒之来，三而已矣。驰骋于友邦而莫之忌，知盾之不足有为也；蹀躞于鲁而不忧其不受，知文之有二心于晋而莫自强也。

芝，瑞草也，而不生于王者之廷，气正而瑞不得生。瑞不得生，则灾不得至。秦、楚之信问，充于周公之庙。鲁不以晋为嫌，晋亦无能问鲁，仅保新城之盟，而天下之不沉于楚也无几矣。盾不死，赵氏不灭，晋不能为霸。庸庸如鲁，王秦王楚，而徼其福以为荣，无不为也，亦乌望其有鲁连蹈海之心哉！

八

承筐之会，晋介鲁以谋诸侯，冢卿不与，无心于必合而姑试之也。又明年，商臣死，鲁君亟如晋，郑、卫亟会之。微商臣之死不及此，晋之复得诸侯，犹窃之也。商臣死，鲁如晋，郑、卫亟会之，闻商臣之死而遽若失，诸侯之归于晋，亦犹窃也。

以窃窃霸，赵盾之为政可知已；以窃附霸，诸侯之谋国可知已。嗣是间楚之难，中国之不附楚者将二十年。楚固不与争而内是图，故一出而雄长天下，县陈服郑，几亡宋而鲁纳贿焉。中国之非楚敌也久矣，其得不亡也犹幸矣夫。

间中国之盛衰，乍伏而乍起，乍离而乍合，蛮荆之恒也。中国用其道，而人理灭矣。力固居绌，理不居赢，颠倒来去，措国于炎凉之情，其不亡也，是焉得不为幸乎？又况夫乘之不以其道，如新城之盟者哉！

九

霸者之得诸侯，必有所定。齐之创霸也以定宋，成霸也以定鲁，然则友邦之内难，霸者之资也。晋襄薨，商臣炽，赵盾无庸而失诸侯，新城之盟，幸楚乱而窃之也。合诸侯于已离，既莫之能一，而又重之以谋邾。谋邾者，非定其乱，乱其定也。乱其定，故邾可以亢晋，而况齐哉！

晋不足以敌楚，又西向而失秦，仅然其无隙者，齐耳。谋邾不逞，徒以取怨于齐，而终为齐诎。则南有楚，西有秦，东有齐，介然于河山之北，以一线系中国，殆弱缆之维巨舟也，而晋危矣。晋不能外楚，而只以外齐；不能争邾于齐，而更授齐于鲁。霸者之义，奉少夺长矣耳。霸者之力，弗克则退矣耳。夫于是曹、鲁之郛，亟受齐兵，而东向请事，晋之不得于鲁者二十一年，宋、卫、陈、郑亦不适于亲晋矣。

自晋之失诸侯也，维系郑、卫以从者，鲁耳。以邾失齐，而授齐以鲁，卫、郑之维系绝，而宋以孤危自疑，晋之不能主齐盟也二十一年。藉非断道之莘，齐不能有鲁而归之晋，则三方临制，瓜裂中原，而晋且受维系于他矣。新城、断道之间，篡弑者七国，而定国之权司于齐、楚。弗克于郑，弗克于天下也。

十

厥貉之次，晋失郑于楚，逮于萧鱼，而后得郑者五十五年。阳毂之会，晋失鲁于齐，逮于断道，而后得鲁者二十年。鞍之战，晋亦急矣，然后仅胜而得鲁。伐郑之师十五举，倾国以与楚战者再，晋亦殆矣，然后仅胜而得郑。失之如瓦解之不留，得之如牵羊之不进。藉终不得鲁与郑，则晋莫能以自固，而况为诸侯长邪！

当赵盾之世，天下三分，而晋最为下。无鲁，则无东诸侯也；无郑，则无陈、蔡也；晋仅保者，宋而已矣。夫晋之失诸侯也，何归乎？归于弑父之商臣，弑君之商人也。举固有之诸侯，委之乱贼而不能收，晋于是曾乱贼之不若矣。故天下之所必侮者，慝心为上，贼行次之。贼行者，恶已昌也，犹麏麚之屈于豺虎也；慝心者，内自丧也，鼠虽有豺虎之心，无能为于白日也。赵盾怀攘晋之心，而固不敢昌，有所护于乱贼，而姑为之讨，一若进争，一若退让，盱睢姝暖，周章避就于名实之间，以利用其图君之秘计。彼乱贼者顾得恣其无复忌惮之威，以猎天下于其手，盾之非其敌也久矣。盾心一藏其阴鸷，而天下趋归于枭獍。始乎履霜，终乎玄黄之血，亦可畏哉！

十一

郑即楚，晋不能争，而犹姑与之争；鲁已齐，晋淡然相忘，一莫问也。岂不欲有鲁哉？盾之所尤忌而不与争者，弑君之贼也。而商人新弑，以为是能弑者之果足为天下雄矣。故即有争鲁之心，忌与齐难，而姑置之。迨乎荀林父继之，鲁固早为齐有，而晋习忘之固也。非齐顷之狂，自失鲁焉，则晋终无望于鲁矣。

盾之置鲁也，必有辞也。以谓诸侯无恒授，往而争，不若退而修政也。邪说倡，国人惑，乃以日暴灵公之失，而自要民誉。其后司马侯、叔向且祖述之，以捐陈、蔡，况林父之亲与授受而传心者乎？唯忌讨贼以让权于贼，则贼亦忘其为贼，以雄长诸侯而无忌。幸哉！晋之犹得有宋也。公子鲍而有齐、楚之心，晋其仆矣。

十二

庸者，秦、楚之争地也。秦得庸则蹑楚之背，楚得庸则窥秦之腹。秦得庸则卷商析以临周，楚得庸则通武关以间晋。楚方病，秦人扶之，西为之通巴，南为之距戎，俾楚获安足矣。得庸不有而授之楚，秦之亲楚何其至也。秦、楚之相亲，晋故焉耳。秦戒晋，而楚挠其南，则晋掣。楚争晋，而秦挠其西，则晋疾视楚而不敢争，故秦之谋此甚深也。

举庸以通秦、楚之径，相为肘臂而屈伸喻，可无问其在楚之异在秦也。抑秦唯委庸于楚，而后楚无忌于秦。楚无忌于秦，则益东争陈、郑而弃西略。则西鄙之戍守已堕，庸且为瓯脱之壤，若有若无，匏系于楚，而唯秦之取舍矣。于是楚之与秦，无离心而有合势。无离心，晋之所以重累也；有合势，则秦、楚相并以合，自此始矣。戎蛮尽，山木刊，道路通，发踪相及。秦之烧夷陵以灭楚者由是也，楚之余民扣武关以亡秦者由是也。故庸之灭，秦、楚之大司也，而秦人之谋深矣。

十三

《传》谓弑密州者展舆，胡氏曰："不足信也。"洵然，则谓弑庶其者仆，亦宜据《经》以订其非也。且使仆而因国人以弑也，得国人矣，是楚商臣、蔡般有国之资也，胡为其以宝玉奔哉？

莒弑庶其，薛弑比，主名不立，国人蜂起为乱而弑之也。国人蜂起而弑之，贼无适主，无或如州吁、商人之思攘其国，无或如子翚、华督之欲有所立，无或如赵盾、崔杼之以擅其政。能然，则人主之遇弑者犹鲜也。非大无道如庶其、比之得罪于邱民，弑祸息矣。于是而见先王众建之义精，而其利弘矣。

溪涧之水，鳣鲔不潜；瓴瓯之家，伯叔不讼；利无所竞也。故曰："万乘之国，弑其君者必千乘之家；千乘之国，弑其君者必百乘之家。"是以曹、滕、邾、杞，无今将之臣子，而齐、晋、宋、鲁，攘臂相仍，君刃在胠而不自保也。故众建诸侯而少其力，以安侯也。贾谊、晁错不审，而但以为天子之利，乃以贾诸侯之怨。先王之道隐，而义以为利，公以为私，恶望其足以推行于天下哉！

《春秋世论》卷二终

春秋世论卷三

宣公十论

一

终宣公之世，鲁无效于晋，而晋亦若忘之。晋无忌于鲁，谓有俟焉可也。鲁不忌于晋，以逆得国，而犹莫之效，则其料晋之必忘，而因忘晋也甚矣。故当宣之世，晋以失霸于山东。

齐桓之霸，鲁成之；宋襄之霸，鲁败之；鲁亦重矣。晋文之霸，非鲁成之；晋襄之继霸，则固深有求于鲁也。深有求于鲁，鲁亦不轻。失鲁而后齐张，齐张而与晋亢，则楚且乘齐而以为援，是晋尽丧东诸侯以渐授之楚也。故鲁忘晋而东国离，宋乃益孤。晋之所与同好恶者，孤宋而已矣。《春秋》书晋人宋人伐郑，辽夐寒凉之色形矣。宋孤，则郑压之。《春秋》书宋师败绩，获宋华元，土崩瓦解之势形矣。之二形者，无霸之征也。晋无鲁则无宋，无宋则固不能以有陈、郑，将争之于汝、颍，或掣之于济、泗。项羽之制于汉也，此而已矣。

迨其后，齐失鲁而后晋复张，乃以有鞍之捷，宋、鲁合而后晋复竞，乃以有鄢陵之胜。《诗》云："蓬兮蓬兮，风其吹女。叔兮伯兮，倡予和女。"莫之和则或吹之，何足以与立哉！

二

不虞之誉，或有自来。赵氏之得誉于晋，盾躬弑而犹曰宣孟之忠。彼亦有以致之也。盾之得政，晋师不出于山南者十三年。迨夫楚人锐志北图，郑叛以应，聊整师以出，逍遥往复委宋于郑而不救，偿秦怨于崇而不力，若进若退，未尝有一矢之遗也。夫好逸而恶劳，安目前而忘远虑，民之情也。晋之初兴，未得诸侯，迨文、襄踵起，日戮力以勤天下，而民亦劳矣。盾固知其可市而戢兵以市之，故晋失霸而盾得晋，贾细人以呴沫之恩，收死士以自卫，而重用之于私斗。然则群晋之人，岂唯童心之夷皋是憎？武、献、文、襄，咸视为虐我之仇而忘之矣。武师其智以建弭兵之策，天下之兵弭，晋弗弭也。晋兵弭于天下，赵氏之党，弗弭其兵于晋。休养死士于私门，故以逐荀、范，灭智伯，沛然一因其力之有余，于是蔑周分晋，寝处燕颐，使韩、魏与齐匹立，而几以帝。呜呼！盾之智，施及后世，如是其深也，则其视晋霸之失，如浮沤之散而不恤，又何怪乎！

夫赵氏市民，民争偿焉。然则民固可罔，而天下亦可以逆邀邪？曰：赵之市民，天理之逆也。民之市于赵，天理之顺也。春秋之用兵亟而莫甚于晋，东难齐，西难秦，北难狄，南难楚。虽有可战之民，而困于四战，则汔可息肩而乐与之息肩。民非怀赵，夫亦以自恤也；天非奖赵，姑亦以纾民也。治乱之数仍于不得已，而当其尤乱，猝无太康之望，则姑无问逆顺以纾民焉。此天之所不与圣人同忧也。

梁、陈涂炭而姑息肩于周、隋，宋靡金淫而姑息肩于蒙古。息肩者终不可息，夫然后治以开焉。故赵终亡于秦，而秦遽亡于汉，小逆而大顺，天岂爽哉！呜呼，民之姑息肩也，生非固生，乐非固乐，以贼为忠，以异族为心腹，惠乍饵之毒，乍隐焉，未旋踵而棘生其目。"终鲜兄弟，谓他人父。谓他人父，亦莫我顾。"乃以悟所与者之非，不亦悲乎！

三

齐桓起，天下诸侯无自相战者。诸侯之复自相战，自大棘始。晋委郑于宋，宋无望于晋，不得已而与郑战。晋委郑于宋，郑无忌于晋，恃楚而与宋战。晋置诸侯而君臣相图，楚斗中国以乘毙而收利，宋、郑不揣，贸贸而争，于是而天下之无霸稔矣。天下无霸则诸侯贸贸以争，故《春秋》之义，不得已而奖霸，霸之诚不可无也。乃天下无霸，诸侯遂贸贸以争，则春秋诸侯其不足以自立久矣。贸贸以争，非徒背道而崇恶也，抑舍安而即危也。

故郑之战宋，郑之大惑也。郑既无晋，而犹可有宋。宋，郑之辅也。尽力以争于宋，覆其车，禽其将，以为楚效，而郑孤矣。郑孤，则存亡之命，唯楚之志力是视，故日奔走于楚，而国卒破，牵羊肉袒之辱，郑不失宋，无此也。

宋之战郑，尤宋之大惑也。晋不能有宋，宋犹足自为国也。而为宋外屏者郑。郑北事晋而宋安；郑南役楚而犹不足为宋祸。宋有获车俘将之大怨于郑，势成乎不可复合，故委郑之存亡于楚，楚乃以无忌于郑而席卷之。郑破未几，宋以易子食、析骸炊而受盟焉。郑不破，宋无此也。

天下即无晋，宋何不足以自立？天下苟无楚，郑将何挟以自逞？春秋诸侯，贸贸其如斯也。失势而乱，得势而骄，力趋于亡，未或惕焉，其不滨于尽以归楚者，非霸其何恃焉？子曰："管仲相桓公，霸诸侯，一匡天下，民到于今受其赐。"此之谓也。

四

晋灵弑之明年，晋侯伐郑，郑及晋平，自是而晋、楚之争陈、郑者九年，而楚终得之。盖赵盾之初，非不欲得陈、郑以自张也。灵公尸位十有四年，未尝一躬将而亲执牛耳。盾以内基之情，浮沉以游天下，若将茹之，若将吐之，皆不力也。灵公死于其手，而后扶所弈置之黑臀以出，亟平郑，旋平陈，争陈者再，争郑者四，两盟诸侯，而介卫以合久不相事之鲁，至是而盾之事中国也亦已勤矣。呜呼！方其弗勤，犹未失也。迨其勤而后失之，人知祸之所自成，而不知所自积，则几令祸首之不章也。

当盾之志内弑而堕外功，宜其失也久矣。然而且不失者，楚之有越椒犹盾也。以盾争盾，以椒争椒，姑若不忘外事，而幸保其大衄，以苟养其民而成其志，两俱不力，而姑听宋、郑之自争也。越椒死，庄自为政，椒也浮沉之局已改于楚，而盾故盾也。习于浮沉者，国人安之，郑国狎之，敌末视之，区区挟所弈置之君，急用其兵，求诸侯于久失之余，其将能乎？幸哉盾之速亡，而林父兴，受其败，犹知悛也。故收功于狄，而郤克承之以抑齐，而固鲁、卫之交。藉盾不亡，晋亦救亡之不给，敢望此哉！

故越椒戮而楚兴；赵盾不受诛而晋燇；武三思未剪而中宗再弑；张邦昌不伏法而兀术渡江；方从哲以优礼去而辽广踵陷。国是未明，人心未涤，静则日削，动则遽衄，祸之成也，非当其祸者之罪久矣。荀林父之受败，不足过责。

五

利之所成，害之所生，相沿相乘，未有已也。然则非正谊以择其大，而欲穷其委之归也，难矣。不善为谋者，一端而止；善为谋者，至于两端而竭。两端之外，逶迤以无穷，不可知已。晋之争陈、郑也，死争之陈、郑之郊，一端之智也。楚西图郑，故伐陆浑；东图陈，故疆舒、蓼。乘陆浑以临郑，凭高而下之势也；卷舒、蓼以临陈，拊背以扼膺之势也。且楚伐陈、郑，晋之所必争也；疆舒、蓼，伐陆浑，晋之所莫能争者也。其名不逆，其义不悖，其地不夺之中国而人无争，其势疏远而不怵人以急，其谋隐以迂而不示人以锐，卒以此收陈、郑于股掌。击之彼而取之此，得之外以制之中，知用两端而术亦工矣。呜呼！亦孰知其更有不可知者存乎？

楚之有吴祸，自舒、蓼始矣。吴、越之无事于天下，忘天下也。忘天下者，亦唯天下之忘之也。天下忘之，彼因忘焉。曹丕之所谓囚亮于山、囚权于水者，亦一术矣。楚疆舒、蓼，以西临陈，而不忆其东之且临吴也。临吴则势不可以置吴，而必盟吴，吴于是不得不率越以受盟于楚。盟吴、越，而后楚有吴、越；楚有吴、越，而吴、越亦且以有楚。两相有于心而不相忘，巫臣之以纾吴忌而教之叛，决湍之势也。故盟吴之后十七年而吴祸起，且楚亦唯是介吴之习忘夫下，速起而要之耳。使吴之有早觉也，率越通晋，薄其既老之师于滑汭，楚不得有归辕矣。吴失之于滑汭，而死争之于巢、州来，吴之钝也，非楚庄之先料而可保者也。

由是言之，而楚之伐陆浑，临商、洛、函、渑之户以逼秦者，亦幸秦之老于谋而不遽耳。秦之持楚也坚，用楚也大，故其争楚也不遽，临其户而若弗觊焉。使秦而先轸也，楚亦不得有归辕矣。以陆浑制郑，以舒、蓼制陈，两端之智所及也，而视晋为工。得志于陈、郑，而不能有，启秦、吴之忌，以相继而受败亡，非两端之智所及也。秦姑无竞以待其敝，楚之不敌秦久矣。夫为两端之智以摇天下者，亦如此矣乎。两端尽于阴阳，阴阳穷于变通，变而通之，存乎其义，非小智之所可至，是以君子弗尚也。

六

楚子灭萧，不能有萧，而书曰"灭萧"，盖自是而灭也。楚师加萧，非有所怨于萧，为逼宋故耳。萧者，宋之附庸，为宋而毙。宋不能俟楚师之却，求其后以建之，而奄有其地。据后宋辰入萧，知萧为宋有。宋亦懵矣。宋懵，则不当以灭坐楚，乃委灭之实于楚而释宋。意者楚之入萧，尽收其子孙族姓而翦之，宋虽欲求其后而不可得与？剧哉非我类者之为毒也！非有所怨，而威之可及，不惜余力以殄之，殆犹蝎也，非欲食人，而当之者螫也。不能有之，不必有之，然且翦其子孙族姓以无遗；被其毒者，殆犹疫也，末之避而阖门以殚也。悲夫！

三代而降，三恪之祀不修，有天下而以鬼馁矣。然汉之亡也，刘宗盛于天下；唐之亡也，李宗盛于天下；施及今而犹为甲姓。晋之南也，司马氏之存者，琅玡而已；宋之亡也，赵氏之子孙殆乎尽焉；非易姓以避之，不逢其刃者鲜矣。故夫非我类者，其毒裂，其智短，其忌深，非所据而据之，故雄猜而果于杀。乘俄顷之淫威，不知留余地以处子孙于他日，则亦何忌而不快其毒也。悲夫！

七

势之所积，必有所循，其始常轻，其后常重。轻而得之者，无心之获也。无心之获，歆动为易，易于歆动，而心恒注之，则重积矣。重以积，重而委所重以从，其本且仆，其末益茂，势之积也，固然也。

灭舒、蓼，而楚有事于东夷，犹楚志也；灭萧，而楚有事于淮、泗，非楚志也。灭萧者姑以逼宋，且未能有而授之宋矣。乃其后终楚之世，卒不能得寸壤于宋，而但得之萧以东。始之加兵于萧者，偶然耳。入萧地，俘萧人，山川之险易，民俗之坚脆，地利之丰肥，日浸润于楚，君臣之肾肠，无容自已而不已焉。自是以灭徐，自是以灭郯，自是以灭鲁，皆循此矣。

夫芈旅君臣，亦岂重在萧，而期其后之然哉？率然而加之兵，欻然而灭其国，臣民子孙已浮动其心于淮、泗而莫之抑，所必然也。徐灭而鄢郢与淮、泗之势均，鲁灭而淮、泗之势重于鄢郢。移重于淮、泗，则委鄢郢以从淮、泗。是故丹阳不保而保寿春，枝益茂，本遂仆矣。

赵委常山以窥代，而赵终于代；吴委荆州以固建业，而吴终于建业。善委者犹待之百年，而杨广歆平陈之利，早弃故国以忘于江都。夫无心之获，乍利其腴以寄命。其亡也，如枯木之春蘖，津液奔注于此以速绝。金人之焰，熸于汝宁，夫岂复有余种哉！

八

量固有所穷，势固有所折，智者知此而已矣。知此不乱，知此而善往之不亡。楚庄之起，窥三川，问九鼎，疆舒、蓼，盟吴、越，入陈下郑，胜晋灭萧，不知其且何极也。顿师于宋城之下，弗获已而以平退，于是而楚庄之量穷。且匪直庄也，楚自熊通以来，继盛者六世，沿汉东，被夔蜀，临陈、郑，举东夷，启申、息，贯淮、汝，灭国者数十，未尝阅数年而无获于中国，尤不知其且何极也。自顿师于宋城之下，受平以退，于是而楚之势以折。

盖自鲁宣之末年，彻春秋之终，以婴齐倾国之威，下鲁、卫而不能固；以虔狡悍之力，举陈、蔡而不能有。楚非昔楚，不得已而姑弭兵以自全矣。医者之言曰："待其衰而刺之，良事已。"疾固有必衰，徒无刺之者也。惊于其势，怵于其衰，畏其炎炎，从之没世，勇夫所以无坚勇，志士所以无坚志，小人所以趋授之亡，君子所以终丧其守，不思其反焉耳。不思其反，反是不思，《氓》之妇人所为自悼于歧路也。

九

《易》曰："干母之蛊，不可贞。"贞，正也。乃非谓不正而诡随也。所用干者，与蛊相当，以正相取之道也。不可贞，勿以正相取而相当焉耳。父之蛊，蛊外成；母之蛊，蛊内生。外成者内未伤内生者外必溃。故母之蛊，蛊甚矣；甚而正取，亡之道也。

晋灵之世，赵盾专心内贼，而捐楚不竞，内蛊也。捐楚而楚养其势，因是以北争而无所惩。无所惩，则楚益壮；视其无惩而安之，则晋益老。故县陈、入郑、灭萧、围宋而不可向迩，内蛊之溃于外，烈矣。

赵盾死，荀林父因之，正取以与楚争，而师大败，于是而林父知贞之穷也，舍楚事狄，而干之道得矣。故《蛊》之象曰"先甲三日，后甲三日"，舍甲而求之先后，更新之治也。楚之于晋也远，狄之于晋也迩，狄之于晋也缓，楚之于晋也急。攒函之役，纾狄以并力于楚，舍迩图远，正取则激也。潞、甲之灭，置急谋缓，旁取则裕也。无狄患，而后可得志于齐，"先甲三日"之效也。得志于齐，而后可复振于楚，"后甲三日"之效也。故夫干内蛊而不以贞者，岂忘贞哉？唯勿忘贞，而后可不贞也；若将忘贞，而后得以贞也。故夫林父之于此，功正当矣。靖狄祸，抑齐恶，而卒以得之于鄢陵也。乃林父之于此，道正得矣。所恶于楚者，以其变夷，而狄尤非我类也。非我类者不入我伦，殄之非不仁，乘之非不义，名以正，功以裕，救积败之势于不迫，大亨以正而天下治，又胡不贞之有！

十

《泰誓》曰："天视自我民视，天听自我民听。"二代之季，东迁之前，民之视听犹与天相为用；与天为用者，用夫理而已。故《诗》曰："皇矣上帝，临下有赫。鉴观四方，求民之莫。"何以知天之求民莫邪？则唯民之自求莫也。民自求莫，诸侯固为之求也；诸侯求之，民以莫矣；民之所莫，诸侯不得而不求也。然则诸侯之视听因民，民之视听因天。乱未几而莫及之，天莫之也。

呜呼！逮春秋之季，而民之视听荧矣。视听荧，故无适求；无适求，则欲莫而不得。民固欲莫而无可求；无可求，而固欲莫，则必妄求而不审。无可求者，天所不得不荧也。不审其所求者，民之荧也。故《诗》曰："天之方难，无然宪宪。"宪宪以妄悦，民之莫也无日矣。无王而不得不戴霸，天之难也，戴霸而不适所戴，民之宪宪也。荧以宪宪，视听无恒，捷捷翩翩，以徘徊于一日之荣枯而为向背。其将以求其莫与？适以求其所敝者而已。

鲁之主齐，自宣之篡也，而不自宣之篡始。文公之季年，为阳谷之盟，而唯恐不得齐矣。鲁之背齐，自宣没而行父之执国也，而不自宣公没始。宣公之季年，为断道之盟，而唯恐不去齐矣。当其欲得之，其大夫胁其爱女而不以为惭。当其欲去之，其君母一笑其使而遂不与之戴天。是岂齐惠之可以得鲁，而顷之必于失与？鲁之唯恐不得齐，唯恐不去晋也。迨其唯恐不去齐，唯恐不得晋也。晋不竞于楚，而鲁去之也若惊，卫欲合之而卒不合。晋大获于狄，而鲁欲得之也若惊，取怨于齐而不恤。不竞于楚，非必能为鲁害也。大获于狄，未见其为鲁利也。耳目荧于炎寒，而必为之怵。合齐而屈于齐，背齐而挫于齐，土田割，爱女辱，君臣疲于道路，洊岁受兵，频年失地，虚国以争民于锋刃，而士女殚于荆楚，无他，一应其视听之荧荧者而已。天虽有赫，无可为之莫也。有王者起，莫能必其存也，而后天下成乎大乱而不可息。二代之季，东迁之前，岂有此哉！

国君荧而霸无权，外乃大侵，小民荧而君无制，臣乃大窃。天之视听邈矣，民不得而与为用矣。自是以降，荧于仕则背公而各死其党；荧于学则背道而各专其师；荧于性而谓他人父，谓他人母，奉夷狄盗贼以为君矣。天之聪明仅留于一二君子之视听，而民无与焉。为君子者犹莫之保，则人道其丧矣夫！

成公十二论

一

有国者不可以不知兵。知兵之所由胜，必先知兵之所由出；所由出者，斯民生死之大故也。三代之制，以兵为农；流及其衰，以农为兵。夫农者，几尽乎人之类，固可益者也。益之不已，而又益之，是尽取其民而战之矣。战国之战也，斩馘者至数十万，前古所未有，而亦后世所幸无。此数十万者，孰使之糜肝脑于一旦哉？兵农合一之说戕之也。

三代之制，以兵为农，是犹其弭兵也。岁时之所讲练，财使之知兵而固不求其精。其有事而使即戎也，奉词以加所伐之国，威之而已。或不得已而至于战，以中夏战中夏，以诸侯战诸侯，且解甲而夕修好，故甚忌乎兵之强，而偶成乎虔刘，则以兵为农，犹之乎弭兵而姑未弭尔。多寡之数，勇怯之情，坚脆之势，彼此相知而不相乘，则可以有制而不益。殆其敝也，友邦固为仇怨，相乘以其所知，而不得不增兵以自张，若鲁之惧齐而邱甲作是已。然追奔有礼，禽杀有道，犹是以中夏战中夏，而无取其强。迄于七国之争，糜烂以逞，而所用者犹此释耒操戈之氓，则一蹶不振而数十万之肝脑尽于一日，无他，人固不能自战，而乘乎胜负之机，鼓衰将死，欲自免而力不能也。矧后世之既不然矣。封建圮，郡县设，郡固不与郡争，县固不与县竞，无已而竞，缮尺一之封，讼于当宁已耳。中夏不相为战，所战者夷矣；守令不相为战，所战者盗矣。夷之与盗，追奔我者无制，禽杀我者无余，是不容以释耒操戈之农人当之，审矣。于是乎农幸脱于兵，而以可继之粟易不可再得之躯命。若夫兵之出也，因其地，因其财，因其习，募之以其情，阅之以其技，非夺其耒而强授之戈者比也。农得生，兵得用，判然不可合而一也，久矣。

呜呼！以郡县天下之无道也，幸而农之不兵也。农而兵，人狃于战，而盗满天下矣。以后世盗之横行，亢王师而杀长吏；夷之内讧，欲相代以君中国，幸而兵之不即农也，兵而农，人不能战，而天下终无小康之一旦矣。夫农之不可兵，犹士之不可贾也。泥于古者之欲兵其农，犹许衡之欲贾其士也。农其兵，以治封建之天下可矣；兵其农，春秋诸侯之所以重困民而流为战国之糜烂。犹夫士其贾，而授输粟、田塞下者爵级，以救一时之贫弱可矣；贾其士而廉耻丧、大伦斁，许衡之所以率斯人于夷狄禽兽之中以为儒也。由斯言之；使府兵之不革，唐亡久矣，安所收朔方、灵武之功哉？

天之生斯人也，有独者焉，有同者焉。圣人治其独，以相济而顺于大同；愚者泪其独以苟同之，而终底于交丧。今且执农人而问之：乐以粟养兵乎？抑乐家出兵而免粟邪？情所不堪，气所不胜；日死其氓，而趋以国陷，独何为哉？儒者治经以经世，尚勿取生人之躯命，以姑试其瞍闻。

二

农其兵，殆乎其无兵也，乃天下且遂以有不力之农。今之屯田，参民田之一，而率以鲁莽不治，收不及民田之半，是且屈地力而硗确之矣。夫兵之不可使农也，既废兵固废农。而农之不可使兵也，则既废农又必废兵，可乎！故兵其农，则天下殆乎无农，而固无兵也。

虽然，农其兵以纳兵于本，士其贾以登贾于文，进道也。故三代以之治，汉以之小康。兵其农，以坏农而陷之；贾其士，以抑士而汩之，退道也。故非昏主庸帅，与夫以苟且为儒者，末之用也。君子上达，故进天下以尊生尚德之事；小人下达，故退天下于辱贱死亡之中。进退之权，厚薄之情，治乱存亡之几，唯其人而已矣。

三

武王曰："予有乱臣十人，同心同德。"知孟津大会之众，以无可却而未之却。十人以往，非武王之所恃也。非所恃而莫之恃，武之师所以为于铄与！僖公之诗曰："公车千乘"，识者以知其车之非车也。又曰："公徒三万"，识者以知其徒之非徒也。使其车足以车，而徒足以徒，胡为奔命于齐、楚与晋而莫能自主邪？

千乘之车，为车正者千，为车右者千，是勇士之可将者二千人矣。鲁之提封俭于五百里，而二千人以为将，将可知已。若夫徒之三万，驱其耕夫以充之，固无不得，而卒之为卒，亦可知矣。鲁无实而张之，季孙行父缘之以为军政，邱出甲而增其乘，四卿并将而增其军，张于阃者虚于廷，张于伍者虚于野，张于一举者虚于再用。楚一要之，而空其士女以赂，捐其爱弟以质矣。

夫鲁之为国也，固文有余而实不足也。文有余于礼而实不足，诸侯之蔑礼者犹貌侈焉；文有余于兵而实不足，实固不足，而文亦非果有余也。楚婴齐空国以起，而藐然孤矣。惟然，故婴齐亦无愈于鲁也，仅得之于蜀之盟，而宋、鲁、卫、曹已从晋而加郑。传者曰：众之不可已也。其以言兵，犹婴儿之畏霆，惧其声焉耳矣。

四

有事于天下，以道力取者，因渐溃之势；以强力取者，乘一往之功。夫苟乘一往之功，而其后之得失向背固不可问，抑其所固不问也。一往之功，以天下试。天下者，不容再试之物也。试而乘其窾，则得矣。乘其窾而得之，时无人焉，遂终得之，时有人焉，终不足以得，而其试也亦得矣。故夫夷之欲得天下而使天下向也，恒用此以兴。

楚之欲有事于天下久矣，未尝敢执中国之盟也。齐之盟也因齐，孟之会也因宋，大合山东、河北、关西之诸侯，主坛坫于四望之虚，则自蜀始。熊通欲之而不敢谋，旅、叔敖谋之而固不得。审、婴齐之不敏，一旦而大得于天下，夫然，故旋踵而诸侯瓦解以甚晋犹故也。当蜀之会，晋罢而归，鲁、卫内虚而惕，齐初创而未惩，秦惑于其众而疑可以得志，此天下危疑之窾也，婴齐厚用其一往以乘之而得矣。志于一往，一往之外无余算也。乘天下于一往，天下之犹可以再合，非其所亿计也。呜呼！有能知楚之意与力一往之不敌，而力尽则意尽者，夫何忧哉？

《书》曰："若火之燎于原，不可向迩，其犹可扑灭。"一往之谓也。故曰：时有人焉，终不足以得。士燮、郤克之犹足有为也，而况其上焉者乎！故以貌取而震矜之，晋亦孤矣。新怨于齐，而齐为之导；东击而西应者秦，而秦与之偕；所与亲者宋、鲁、卫，而胥已屈服；奔走服从之已夙者曹、邾、薛、鄫，而莫不为之靡：而实不足恃也。一往之力，天下炫于一往，已事而知其不继，宋、鲁、卫所以旋加郑兵而不忌也。名援齐而非有抚齐之实，已事而知其不可与依，齐所以旋授玉于晋也。张其向晋之势以动秦，而终无以难晋，已事而知其不可与为，秦所以遽舍之而北恃狄也。婴齐不揣，乃复屡率孤军以与晋角，则始之炎炎，终之荧荧，而扑灭之有余矣，审之目所由集矢于鄢陵也。

是以道力敌者，两不相迫，而忘者败，项籍忘汉以东，而汉急之，兴亡判矣。以强力争者，彼用一往，则此可相待。而迫者败。禄山老于长安，而朔方徐起以驱之，利钝决矣。一往者，愚人之所奢，靡人之所淫也，小人所以剥庐也。愚人之所奢，谋士持之以养其智；靡人之所淫，志士违之以守其贞，君子所以得舆也。故曰：时有人焉，终不足以得。得之而弗能守，守之而弗能延，亦奚足惴哉！

五

商、周之际，危行之都也，箕子、仲雍是已。之二子者，抱大贞以志乎所难，志操均也。观其流连之所延，正变之所肇，殆不得而并论。

箕子之世，明夷者也。仲雍，非明夷者也。泰伯已成乎逊，王季以无嫌而抚周，仲雍之志顺以行，无夷之者也。乃箕子之被发而囚也，为纣设焉耳。为纣而被发以囚，无欲已甚于纣。纣已戕比干，而更授之杀，其于纣为已甚矣。故箕子无欲已甚于人，身辱而志于正，《明夷》之五，有黄中之德也。仲雍之必断发文身以混于蛮也，可以无夷者也。可以无夷，而必自伤，已甚于己矣。无已甚于人，不屈于己；已甚于己，必伤于人。故仲雍者，孤翔其志，蹈冥以求晦，《明夷》之上曰："不明晦，初登于天，后人于地"，仲雍当之矣。雍之避季而以全爱，其志皎然，登天之明也；毁身而化于蛮，其用冥然，入地之晦也。以登天之明，成乎入地之晦，可以无伤而必伤其明，仲雍之志荒矣。故箕子艰而贞者也，仲雍明而晦者也。

迨周之既有天下矣，箕子不受封于中国而之朝鲜，乃以化朝鲜于礼义，迄于今垂三千载，而犹烈。贞于其艰，艰而不易其贞，箕子之所为叙伦远矣。仲雍之于吴，去之未十世，而驺虡狂獝，鸟兽行而鱼鳖居，一入于地，尘封壤扃不见白日者数百年，君子之流风岂若是哉？

孔子曰"我则异于是"，以其不足以为贞也，异乎箕子之称仁矣。《春秋》之恶吴甚于恶楚，以其不足以有明也，异乎居九夷之不嫌陋矣。天有经，地有义，人有纪，孤翔其志，入于冥，而以冥人，人受其伤焉。故夫仲雍之于君子，其道未也，的然而日亡者也。

六

郑成公立之初年，楚婴齐帅师以加郑。其明年，婴齐之师再至。盖自是以迄乎萧鱼，二十四年，楚兵郑者五，晋之兵郑者十三。郑之受兵也十八，_{卫三受晋命伐郑}。郑之自以其兵犯宋、蔡也十一，凡郑之奔命于戎事者二十有九。甚矣！郑之愚也，以其国受天下之冲，死伤其民以从之也。

郑之愚，楚不得独为智也。自婴齐之师频起，缘郑故而以兵向中国者十五，所以争郑者亟矣。亟争郑，而卒不得郑，伤其君，死其大夫，敝于吴，而几丧陈、蔡。楚之愚郑以疲之，仍自愚以疲矣。楚之愚，晋愈不得为智也。自绕角之役，缘郑故而以其兵与楚竞者十五，合诸侯以寻会盟者十五，所以争郑者益亟矣。避秦下吴，亟以争郑，郑劣从之，而几丧宋。晋因郑之愚而相竞以愚，贸贸然若舍一郑而不能霸也，晋亦惫矣。

夫郑之愚，任天下之冲于己，以为己重也。既已为天下之冲，而又任之。天下任之以冲，郑固无以克任也。内不揣力，外不揣势，乐与人之争而受其伤，郑殆以国为牺乎！楚之愚，以晋之急郑也。急郑者，晋之愚，楚因其急而急之，故首晋以愚。晋之愚，亦以楚之急郑也。急郑者楚之愚，晋因其急而先为急之，故分楚之愚。楚既不能以其力堕天下于未败而争天下，晋亦不能以其力用天下而折楚，则得郑失郑，如飘风移影去来之不足为明暗也。楚乃且以此而大启吴患，晋乃以此屈于吴而亦不敢问陈、蔡之合离，天下乃以知楚之毒不我及而释忌于楚，抑亦以此而知晋之弗克大伸于楚而宗诸侯。于是二国者交相疲，而讲好弭兵之说进矣。

兵已弭，晋、楚已相释，瓜分侯甸，各骛所欲，则霸者之统堕，而七国之形成矣。故之两国之争郑，其细已甚矣。天下者，持于大力者也。细已甚，则交不足以持，而天下遂裂。不揆于势者，势之所自圮，况夫郑之以身任咎府者乎！漫然而召人之争，漫然而竭力以争之，相乘于一朝之忿，竞力于尺寸之壤，如姑与妇之竞一帚，而帚且自重也。天下以裂，生民以痛，不亦悲夫！

七

　　吴之乘楚，始于州来、巢，于是而知吴之无如楚何，而晋之不能用吴矣。晋之与楚争也，于冥扼之北，徐、豫之野，是所谓四战之国也。楚出山而战，不恤其内，画汉依山，无忌焉耳。故内固而外可以逞，胜则进，败则退，中无丧也。吴不谋所以丧其中者，亦与竞于淮、泗，楚虽进增一敌，而退犹不失其故。吴之于楚犹晋也，而其如楚何也。故吴之乘楚，莫利乎乘于晋之所不及乘；晋之用吴，莫利乎用于己之所不能用。吴涉江而仅及于州来，犹夫楚之未得州来已耳。吴涉淮而仅及于巢，犹夫楚之未得巢焉已耳。

　　昔者楚尝未得州来与巢矣，而熊通以强，熊颓以逞。则州来、巢者，楚之骈枝也，且晋聚而攻楚于斯，吴亦聚而攻楚于斯，楚一面以应，而余犹晏然矣。吴胡不涉彭蠡，泛滥于江南，以袭鄂而窥郢邪！晋钳其味而吴捣其膺，无全楚矣。吴与晋聚争于徐、豫之交，而吴无固获。吴与晋聚争于徐、豫之交，而晋亦不能固信吴以缔其交援，故甫用吴而即与争郊，晋之不固用吴也，而吴掣矣。吴与晋聚争于徐、豫之交，即泗上诸侯綦吴而为楚分敌。鲁疑之，故伐郊而恐；齐疑之，故终与之争；吴又隔江渡淮以东北逐，而越亦乘其虚也。吴之不能如楚何，固矣。吴不能如楚何，则晋之用吴，亦徒多其敌而不获其初心。

　　盖吴者，无能审者也。觇晋、楚之争于此，则以是为天下之枢，若得当之而即成乎王霸，贸贸然暴其与晋相亟之势而弃其所攻，不知用也。迨至于阖庐为长岸之师，伍员为豫章之涉，而吴亦老矣。早窥之于江、湖之介，吴气新而楚魄夺，多取之于江、湖之介，楚壤逼而吴用利，岂至入郢而不能有哉！孙权之夺荆州也，先收之于三郡，其知此矣。晋介然以用贸贸之吴，吴介然以听贸贸之巫臣，吴恶能大得于楚，晋亦恶能固用夫吴邪？逆势以图大，知用聚而不知用散，凭力而废谋，兼此三者，虽强如苻坚，悍如完颜亮，不足惮矣。楚犹然其惮之，抑以知婴齐、侧之无能为也。

　　晋景之末年，忧楚为已亟也，乃不知婴齐、侧之不足为晋忧也。然而晋忧之亟，于是而用吴。吴为出兵以向州来、巢，而晋忧犹未释也，乃归鲁、卫之侵地以固齐，齐为听命以寻盟于蒲，夫然后得问罪于郑，以执其君而伐其国。抑鲁、卫以伸齐，介齐以待吴，晋之所为翼东诸侯以拟楚者已劳矣。曾未数年，不得志于郑，抑无一矢以加楚，所谋者一无所效，顾请求成于楚而始与楚讲。夫晋将挟齐、吴以动楚，而徼其成与？抑晋之固不欲成于楚，方将挟齐、吴以制楚，弗获已而姑与之成与？由是以度之，知晋之所甚急者秦也，故成楚，而伐秦之师大举也。

齐之霸，所与偕者，宋、鲁也；晋之霸，所与偕者，齐、秦也。齐孝公不能下宋而轻鲁，齐于是乎为天下役。是故事必有所基，因必有所亲，农者不舍其先畴，则旱而不馁。鲁、卫之于晋，懿亲也；晋之于齐始所偕以霸者也。合鲁、卫以攻齐，抑鲁、卫以伸齐，胥非术也。鲁、卫不亲，而齐亦不信，晋之弃其亲者两矣。下齐以制楚，其庶几也。下齐制楚，而必因齐以通吴。晋于是而失之一。

楚、晋之与争霸者也；吴、晋之未与争霸者也。虽然，所恶于楚者，自王也，轻戾而不可亲也，利食乎中国而不恤天下之裂也。夫此三者而吴皆视楚，其毁衣冠，灭典礼，为加甚焉。且未成者之方兴，视已成者之将替，尤乎其不可向迩矣。方制一楚而又进一楚，进一楚而又无以制楚。晋于是乎而失之二。

齐，所与偕以霸者也；楚，争之而以霸者也。下齐以制楚，其庶几矣。楚，争之而以霸者也；秦，所与偕以霸者也；下楚以求大逞于秦，晋于是乎而失之三。

秦之得罪于天下，唯党楚也。秦之舍中国以向楚，晋激之也。是法之所公戮，楚首而秦从矣。且晋之托国也，秦与密迩，可与共功而攖之也，则害亦切。楚远矣，与其交吴，且不如其交楚，况夫与其交楚，固不如其交秦也。交其远，攻其近，害中于肘腋，而威损于遐方。晋于是乎而失之四。

通吴以制楚，吴不能制楚而兵先及郑。他日吴之能制楚，而又夺蔡于晋，且以夺鲁、卫而破齐，晋固未能用吴也。下楚以逞于秦，楚终莫为我以摈秦，且乘其有秦之衅，而亟伐郑以夺郑于晋。晋尤未能用楚也，两授其腹心于非所据，竟无尺寸之功而反丧焉。晋于是乎而失之五。

夫晋之果欲服齐也，则无如其固鲁、卫也，鞌之战所以克，有先效矣。晋之果欲制楚也，则无如其舍吴以全齐也，抑无如其捐秦忿以自固于河也，城濮之战所以胜，有先效矣。晋之果欲无秦祸也，则无如其伸威于楚也。他日楚屈于萧鱼，晋伐秦而秦不敢报，其明征矣。晋为督焉以成乎五失，于是而吴、楚之迹交于中国，而终失秦，以自困于河。故夫晋景、栾书之汲汲以谋也，诚不如其勿谋也。《诗》云"如彼筑室于道谋，是用不溃于成"，芸芸焉取天下之合离与齐谋之，抑与吴谋之，又且与楚谋之，是非所谓道谋者与！

八

周之东也，封建之国，残割十九。冀割于晋；雍割于秦；荆、扬、徐割于吴、楚；幽县北隅，殆割于燕；梁限于南，殆割于巴蜀。冠带之君守其国土，以仿佛先王之侯服者，豫、兖、青三州之壤耳，是皆商纣之仅有以亡者也。若夫文王之所怀柔，则裂为六七大国，而侯度以绝。豫州之境，陈、蔡、郑、许，楚日践之，而鞠为战垒，国之延者仅也。青、兖之国，未食于齐者几，犹足以自立，逮夫巫臣通吴，而莒、鲁、郯、邾始为吴、楚、晋之争地矣。故莒之不戒也，其言曰："孰以我为虞？"诚不虞其或虞之也。乃楚知吴、晋之所自通，悬师远击，以绝其交午之道。莒为冲矣，恶得而不受兵？国弱而猝受兵于不虞，恶得而不溃？莒溃于齐、鲁、邾、郯之间，鲁、邾及郯恶得而不危？鲁、莒、郯、邾危，而齐、楚之狡以启疆恶得而不相争以乘之？于是而青、兖之国不亡尽而不止。

呜呼！青、兖之土于晋不相及也，于楚不相及也。晋不于是而争楚，楚不于是而争晋。不为争冲，犹小康也。召一吴而开楚以北，导齐以西，则东尽海滨而无宁宇。甚蔽者必有所归，归则如奔堤之水而不可抑。北尽沧海，南垂百粤，皆齐、楚之所制矣。天下恶得而不七？七国又恶得而不一于秦也？天下之将改，必有祸人者启之于所不虞。夫巫臣之为祸人久矣，一隅不能小康，祸其极夫！

九

王充曰："君子有不幸而无幸，小人有幸而无不幸。"然则幸者恒与小人遇，而故违君子与？非然也。物因于理，事因于势，因则必穷，穷不遽亡，天之道也。故曰："穷则变，变则通。"夫画其生而致之生，画其死而致之死，造物者其为是拘拘者乎？是故物极于减，势往于衰，则恒有变以应之。其变也，恒乘其纷纠，发于不测，而若以相济，君子小人固咸有此矣。乃君子则夷然而置之，小人则泰然而用之。置之若失之，而固无失也；用之以希利，而利或报也。此君子小人用幸不用幸之别也。

晋厉之世，晋方盛意以折楚，楚亦蕴欲以折晋。鄢陵之战，楚果折而晋伸矣。乃前乎鄢陵也，宋则有鱼石之事。晋悼之世，楚聚力以争郑，郑委楚以亢晋，晋屡兴无功，宋、卫、鲁日受郑师焉。乃间乎虎牢之成郑，则有西宫之难。夫宋，晋之左肱；郑，楚之前茅也。楚失之鄢陵，得之彭城，故虽败而犹张。晋制郑而楚制宋，势相均矣。是殆天将挫楚，而先授之复振之资与？于是而楚人用之，遂以益郑魄而固其交，互以争衡，而晋且为之避。西宫之难，视华、鱼之争，均已。晋因之以临郑，可无郑矣。侯晋在晋，堵尉司氏在宋，而晋人勿用焉，疑乎晋之智不逮楚而非也，楚可用鱼石，晋不可用郑盗也。是故却子华而郑早服，奖元咺而卫终叛。用幸以凶，不用幸以吉，受天之变，无宁受天之穷，君子之道也，反其道则凶矣。间于征舒以入陈，间于蔡般以灭蔡，小人之用幸也利，而不知不用幸也之益利。贪天之变，不受天之穷，小人之道也。驯致其道亦利矣，莫之致而或致，纷纠于此而涣散于彼，命之无恒，听之焉耳。安其恒，远其利，无投其间，自有其可为而不赖，君子不谓命也，行法而已矣。若夫乘君子之器，用小人之智，然而不败者，什不得一。呜呼！梁武亡于侯景，宋徽破于药师，其明鉴已。

无资而兴，天兴之也；有资而兴，人自兴也。古之帝王及其元侯，肇邦国，立人纪，其势一屈一伸。介乎其伸，苟有为者，皆有造以兴，后先相藉，而天无能开猝起之功。秦灭诸侯，废人纪，人不能以自兴，故汉以降，猝兴者君天下于崇旦，以息天下而奠之数百年，胥天功矣，周以上之所未有也。

商之兴也，契、相土也；周之兴也，稷、三后也，汤、武非无藉而王也。微独王然，霸亦有之，霸非猝起而合天下也。齐桓之霸，僖、襄开之，西平宋、郑，东收纪，而桓资焉；晋文之霸，武、献开之，并屈、魏，翦虞、虢，而文资焉。逮乎晋之且失霸矣，景克齐于鞍而复振，厉大败楚于鄢陵而遂张，悼公资之以兴，坐收诸侯而以勤郑。故微鄢陵之胜，晋不能以屡挫之余，劳师经岁，逐河山之表，而诸侯不贰，楚人不乘，其亦明矣。晋之将大有事于楚也，合齐以自翼，威秦以自坚，阳予楚好以缓其毒，东树吴援以掣其后，而后君不恤劳，将不恤死，以成乎必弗受败之势。呜呼！其亦勤矣。推悼之功，而没厉之劳，是赏获者之获而恶耕者之播也。

王之兴以德，德之报延及后世，而身亦佑焉，故太王、王季、文王功各集而安荣不替。霸之兴以功，功必与过互，而天参用其予夺，身受其敝，后人乃得资焉，故诸儿、州蒲及身而弑，倨诸之裔死亡相踵，身受其敝，而人复抑之，乃使桓、文暨悼尸崛起之名，非平情之论矣。霸之必有藉也，犹无恃天也，故曰霸者王之委也，人纪乱而天始为功。其流逾下，乃有旦破一敌而夕居天位，若陈霸先、刘知远之区区者，天且用其不可知以屈天下，而位非大宝矣。暴秦圮人纪以同于禽狄之自王，可胜诛哉！

十

君子之相攻，两伤者也；小人之相攻，偏激者也。君子相异以志，相竞以气，志固不欲盈，气固不相避，无固胜之心以不恤其败，两伤矣；小人相图以谋，相压以力，谋之已密，祸可为福，力有盈虚，不胜者胜者之资也，激成其尊安之势，不可拔矣。故小人者，恒利于小人之见攻也。君子攻小人不克，小人之威振矣，犹未得乎名也；小人攻小人不克，而后小人之名亦顺。夫小人而既得乎名矣，虽有君子，无可为异，而姑顺焉，况时无君子者乎！

季氏之强于鲁也，当宣公之时，未能固也。宣公老，归父起攻之，而季氏以固。逮成公之世，行父犹饰忠以市也，穆姜乱，侨如继攻之，而季氏以昌。迨宿之身，名可无饰，人可无市，安坐以收鲁如其素矣。夫始攻季者，逆臣之子也，以顺讨逆，而季乃有名。继攻季者，宫中之幸臣也，奉社稷以讨幸臣，而季名益振。凡所驱以伐异而府权，皆挟公忠以将之，非季之能有夫公忠也，逆子幸臣委公忠之迹以授之也。名亦得，威亦立，此贸贸以攻之，彼深谋而持之，贤如婴齐，不容已于听命，盈鲁之廷，岂复有难季者哉！

绍、瓒之逆，操之资也；刘毅之狂，裕之资也；林甫之败露，国忠之资也；训、注之倾危，阉竖之资也。栾盈叛而晋分，智瑶狂而晋灭，祸之所激，势之所趋，无尤小人者，小人不骋。桓玄猝起而疾亡，无激之者也。

十一

《书》曰："皇建其有极，敛时五福，用敷锡厥庶民。""五福"者，君以代天而用其向也；"敛"云者，操之谓也；"敷"云者，制之谓也。君之所贵，贵矣，故曰："无有淫朋，人无有比德。"淫于其朋，相比以为德，君之所贵者贱之，而君若寄，害之大也。淫者不可以为德者，也故小人能猖狂于下，而不能持也。比以为德而忘其淫，则持之固矣。武王之矢纣也，曰："官人以世。"官人以世，犹不如以世官人者之逆天也。况夫据世以自官，敛福于下，抑俊民而贱君之所贵者哉！

春秋之世，列国之卿，所为进退者，数族而已。族自相用，君无敛焉，无敷焉。非其族而君锡之贵，则为之明曰孽，曰私。呜呼！非其挟族以自福，初无问其才否，而被以孽私之名，晋厉因之而弑，燕款以之而奔。据淫以为德，而皇极倾，人自为纣，亦何纣之多也。反激其道，而孤秦之势成矣。史册以来，天下篡弑之积，前莫盛于春秋之季，后莫盛于司马、刘萧之相代也。乱同流，逆同源，无他，福敛于下而已矣。

春秋之季，淫如仲敖，狠如鱼石，汰如栾黡，乱如庆封，祸之未发，无有谓不宜乎卿者也。非夫数族者，则举而名之曰孽。虽仲尼之圣，周丰之贤，鲍焦之廉，少连之孝，苟一旦而立乎卿位，未有不以为孽人也。故人主日听向于下，以一散而莫敛，乃至死生操于强族，而命无可寄。晋之南渡，亦犹是已。琅邪之王，阳夏之谢，江东之顾、陆，后族之庾、何，弱不胜冠簪，智不辨菽麦，已标清流之目而莫能替。而人主之所向用，虽勤干济，立功名，非有江充之邪、董贤之僻也，则必名之曰寒人，列之于佞幸。大奸移国，天子赤族，而之数姓有恒贵也。夫逆行者固其逆德，是以各持之数百年而不解。乃逆乎德以乱天之叙，则逮其败而祸亦酷矣。

春秋之敝，七国承之，魏冉、田文、赵胜、魏无忌之焰，渐夺于客卿，迄乎秦而诛夷迁徙以滨尽，皆是族也。其兴于汉者，皆向嬖人之裔也。六代之敝，北人效之，唐氏承之，陇西、太原、清河、范阳之势，渐移于进士，在魏而尔朱、河阴之戮，在唐而朱温、白马之沉，皆是族也。其显于宋者，皆昔寒人之后也。惟阴骘下民，损有余，益不足，岂有颇哉！论世者，犹以春秋之嬖人为嬖人，六代之恩幸为恩幸，抑孤忠，诬遗贤，失之多矣。

十二

世臣之与权臣也有辨。世臣，国所与立者也；权臣，以其宗强者也。世臣亡而后权臣专，权臣挟世臣之似以要君，国乃以移。故不可不辨也。

晋之兴，先、狐、胥、郤所与兴者也。文资狐、郤以得志于楚，襄资先、胥以得志于秦，晋之所为世臣者，此四族焉耳。赵衰，刀笔之劳也；栾枝、魏犨，鹰犬之任也；韩、范、中行，无能有无者也。赵以其文法之智窃国，而先、狐灭，胥氏替。栾、荀、韩、范以其因缘之劳窃国，而郤氏死于谋，胥氏灭于乱。先、狐灭而灵弑，胥、郤灭而厉亡，厉亡而晋燋矣。周子曰："二三子用我亦今日，否亦今日。"其势孤，其情哀，其词荼，孰谓悼之能中兴也？

呜呼！赵盾、栾书之奸，亦烈矣哉！弑其君，攘其政，罪不施焉足矣。而当世推宣孟之忠，后人思武子之德，说《春秋》者亦惘而誉之。世臣绝，风俗坏，国是废，公论移，献不足则史不足征，夫子所为叹也。

《春秋世论》卷三终

春秋世论卷四

襄公十二论

一

　　道愈降，智愈出，始用以为智者，遂成乎道，于是而有非道之道，虽圣人起，不能废之矣。

　　夏、商之用兵，无周之步伐也。步伐之智未生，虽非圣人，可弗用已；其智已生，虽圣人不能废已。周之用兵，逮乎春秋之中，未有用险者也。胜则进，败则退，伐则抵其城下，侵则薄其边鄙，齐桓、晋文之盛，楚旅、秦任好之狡，咸此焉耳矣。越国以争险，据险以扼天下，盖自楚之用鱼石据彭城始也。于是而彭城之为中国要会乃以显于天下，而施及今。楚用彭城制宋以扼吴、晋，晋乃用虎牢制郑而待楚，于是而虎牢之为中国要会亦以显于天下，而施及今。汉、楚之荥阳，曹、刘之褒、骆，魏、吴之西陵，周、齐之玉壁，梁、晋之杨刘，宋、女真之兴元，始睨险而崇其兵，兵既崇而险愈重，斗天下于其下也数十年，肝脑之涂其壤者以巨万计。呜呼！山之岨，水之交，南北东西之会，未尝用之，可争之形固在也。地不以是而斗人，人相忘于地而亦有以保，一旦以奸人之智，测其然而乐用之，利之所违，害之所即，得或以胜，而失则必败，虽有至仁大义之攻守，弗能舍之矣。攻者乘之，守者凭之，其进也无穷，其退也不止，其争也忘死以固获之，自是而三代用兵之制不能复行于天下。乱人之智，孰为开之，俾至此极也？意者其亦天乎？《诗》曰："天实为之，谓之何哉！"言乎非道之道已成，而无能废之也。

二

彭城下，鱼石俘，楚、郑之师然且接迹于宋而不释，楚其有固获之觊与？郑之悁忿，不以失意而惩也。郑自公子喜之役，逮乎萧鱼之会，亟受晋兵，而师凡十加于宋，郑殆不恤以其国与宋俱靡乎？

春秋之始，天下首以力相击者，宋、郑也。彻乎春秋之终，岩雍邱之相残而未已，首天下以争，而不惩其后，未有如二国之酷也。齐桓起，宋始倾国以从齐，郑乃不能得志于宋。郑不得于齐，无以难宋，乃倾国以奉楚，而宋亦不得志于郑。齐之失霸，宋独用以修怨于郑，而宋为郑陷以滨于亡。晋之兴，宋又倾国以从晋。晋稍衰，而郑乘之，围其都，夺其险，奉叛人以逼之，无遗力也。故宋之倾国以奉齐、晋，郑之倾国以奉楚，举无他，相难而已矣。之二国者，居中原之腹，四战之区，衅始于疆场之彼此，举天下以为之争，而南北为之裂，不已甚乎！

宋之为宋，不以郑为兴废也。郑固不能兴废乎宋也。郑之为郑，存亡不系之宋也。郑存亡之忧在楚，而宋固无能如郑何。宋不自图其兴废，倾国以附人，而与郑争，宋之愚也。楚图天下以卷郑于怀，郑为之先驱以向宋，郑之狂也。虽然，宋之愚，义未丧也，齐、晋之霸，义所得依也，故国数伤而不亡。郑之狂，义所不得依，而资虎以自啑也，故祸连于宋，而不知国之且移楚。以天下争宋，宋势得矣；天下集宋而争，宋伤矣。以天下而加郑，郑殆矣；倾国于楚，楚固不可恃，郑之所由亡矣。得势而伤，不如其无得势也，伤而固得势焉，则亦因之以不亡。激天下以自殆，足以亡矣，不亡于所激，而力尽于所恃，亡不可瘳也。

东周之侯国，宅中以维天下者，宋、郑焉耳。愚者伤，狂者垂亡，于是乎维绝不理，南北分裂，以渐成乎七国之势。甚哉，宋、郑之为天下祸也！与宋俱北者鲁、卫，而鲁、卫亲以比于晋；与郑俱南者陈、蔡，而陈、蔡亲以比于楚。鲁、卫之比也正，而重以相亲，故不为天下咎，而后天下以亡。陈、蔡之比也非正，而犹相亲也，故天下哀其亡，而民不残。上不能效正于鲁、卫，下不欲自夷于陈、蔡，与宋俱竞而曲于宋，残其民以残天下，其唯郑乎！故《春秋》继秦而狄郑，郑不与宋争，天下其犹可无裂也。

三

楚之用秦，未见其能用秦也；晋之用吴，未见其能用吴也。非所能用，而固欲用之，只以自屈而顾授之用。然且迷以自信曰："吾能用彼也。"骄色、逞心、眩目，日趋于燔，而祸发以莫御，故莫愚夫不能用而自以为用也。

秦之与晋，争强弱于河，不关楚也；吴之与楚，争衰王于江，不关晋也。晋不弱，秦不强；楚不衰，吴且亡。楚即不通秦，秦不缘不通楚而释晋；晋即不通吴，吴不缘不通晋而下楚。吴、秦不为晋、楚之弗通而释其争，则亦不为晋、楚之交争而深其怨。人各有心，强其似而执之以与同心，其相为轻笑也久矣。

吴惟不恃晋，故可以胜楚；秦惟不恃楚，故可以敌晋。知此，则恃吴之不足以制楚，恃秦之不足以掣晋也，复何疑哉？吴不恃晋，秦不恃楚，晋、楚与交而姑听者，惟不恃而无妨其姑听也。故秦宁与白狄伐晋，而必不楚偕；吴自其力加楚，而恒不与晋相应。是故晋、楚之用吴、秦，归于无能用也。而庸主骏臣以望风依影之心，假借以逃不能之咎。晋见吴之拒楚，则曰为我拒也；楚见秦之侵晋，则曰为我侵也。吴、秦目笑而晋、楚神愉。呜呼，愚之不瘳，重可悯者！而赵宋乐以为师，女真自吞辽，而曰为我吞也；蒙古自并金，而曰为我并也。君受贺于朝，臣受赏于廷，而宋亡矣。

晋之仅能免祸于吴也。晋之用吴浅也，故吴害仅加于齐、鲁，而小试于黄池。楚之用秦也深矣，夫是以楚之终蕴于秦也。向之会，士丐数吴之不德以退吴人，而后中国无吴迹者八十年，其犹先醒者与！

四

三代而下，鼓之以无知之情而相激以成乎乱，其害积矣。太上义也，其次功也，其次执利以远害也。似义而非义，不足为功，而竞之以为功，本未有害，而违利以成害，卒然争之，因而激之，举天下之力以敝之于此。呜呼！事已论定，相求于百世之下，而不得其所操之心，以愚自戕，未有若斯之甚者也。

楚始起而病郑，为窥中国计，郑为之户也，于是而中国争保郑，以夺楚威而临之。郑之有霸，则北向以导伐楚之师，无霸则下楚以缓旦夕之祸，如是焉耳矣。至于晋悼之世，楚且无意于中国矣，晋亦无意于治楚矣。晋、楚之争将息，而郑且无危亡之忧矣。乃楚无并郑之心，而但欲郑之己从，为之敝师于晋以争郑。楚之所为尔者，吾不得而知也。盖楚亦不自知其何以争而争也。楚不知所以争而争，其愚灼然。晋之智足以及此，抑将置之于不争，而于晋何损？如其欲与楚争，乃无毫毛之加于楚，而但得郑之从也，于晋何益？楚不知其何以争而争，晋但见楚之争而亦争，如犬之相吠以声也。则晋亦不知其何以争而争也。

楚求以王，而非服郑之即王；晋求以霸，而非服郑之即霸。夫晋、楚交相鼓于愚，而更有愚焉者。郑不知晋、楚之何以争我，但见夫争我者之急，遂自任以天下之重而乐为争地，无所知而为晋侵蔡以挑楚，无所知而为楚伐宋侵鲁、卫以激晋，无所知而致楚以致晋，曲用其术以敝天下，而垫隘其人民。策士争于廷，盟会侵伐驰于外，百相给也，百相媚也。呜呼！时过事已而骓、舍之所讼不解其何心，狂风荡而水为之波，夫何为者邪？楚即横，必谋所以王，则利害当审，但勤郑而不复有远心，于是乎尽丧其所以楚。晋欲霸，必谋所以折楚，三年之内，牵率天下以疲劫，仅得百骓之一屈，陈叛不问，宋祸不恤，楚师一出，逡巡引避之不遑，晋之霸于是而成乎。漏尽钟鸣之霸以不复兴。

若夫郑，大不图王，小不图霸，无亦存亡之是恤，乃以无知者之重己也而即见重，揽天下之枢，竭生死以握之，滨于亡而不悟。呜呼！夫孰能拊心自反以求端于所自起者乎？夫孰能拊事要终以求得失于局势之所定者乎？匹夫之忿，妇寺之名，童子之情，讼魁之智，举子展、子反、子产之慧，晋、楚之狡，十二国之众，无一人焉悟其非而舍之。师将倦勤，原野萧瑟，天下乃以分崩，而郑且浸淫以亡。余智之所流，七国师之，而生民死者八九矣。将无天之不吊与？而晋悼、荀偃之祸亦烈矣！

五

天下相维之纽，有维之于可知者，有维之于不可知者。王业衰而诸侯叛，可知者也；王业衰而异端起，不可知者也。霸业衰而四远竞，可知者也；霸业衰而盗贼昌，不可知者也。晋悼公之嗣霸无能为于楚，而仅争之郑；无能为于郑，而自疲其师。霸无足以霸，而中国无霸，于是而盗起焉。

郑杀三卿，卫杀繁，陈杀夏区夫，乃至蔡杀君，鲁窃宗器，莫知所致而自致焉。八十年之中，盗蜂起于朝市，而郊野可知已。《易》曰："小人而乘君子之器，盗思夺之矣。上慢下暴，盗思伐之矣。"王不足以王，则纤士盗道；霸不足以霸，则细人盗兵，岂不验与？霸者，王之绪也。天下无王，而霸摄焉；天下无霸，则虽有王而王无绪矣。故《诗》曰："四国有王，郇伯劳之"，尤重乎霸也。自汉以下，天下固有王矣。王孤王于上，而绪无因累之系，于是乎盛则盗戢，衰而盗张，数千年之间天下无百年而无盗也。赤眉、铜马、绿林、黑山、黄巾、于毒之戕汉，王、窦、高、翟、朱、徐、三刘之亡隋，仇甫、王仙芝、黄巢之灭唐，方腊、曹成、李全、时青之残宋，徐、倪、韩、李、方、关之殄元，闯、八、革、操起于二十年之中而为天下裂，乃至国势犹张，人心未解，而赤丸之所斫，绣衣之所按，与夫二征、孙、庐、王伦、李顺、黄萧养、邓茂七、刘、李、鄢、赵之流，身膏铁钺而不恤，而侠累、来歙、武元衡死于盗刺而莫知所坐。

呜呼！王孤王而不王，霸无人而四国涣，小有才之匹夫摇笔舌以取富贵，旦隶践更而夕长百城，则君子一无异于小人，而小人皆可以为君子。小人之为君子，召伐者也；小人之可以为君子，夺焉而得者也。序之无级，贵之无渐，系之无居中之绍介。一人而外，莫能相必于贵贱之涂；高居深阙，冀以维天下之散也，不亦难乎！《书》曰："以厥庶民暨厥臣，达大家，以厥臣达王，维邦君。"周之盛也以周、召，周之衰也以齐、晋。齐、晋不为天下霸，则三代之纽绝。欲以一人之法弭天下之盗，秦、隋优矣，而盗萃焉，其故亦可知已。

六

天下有已乱之日，非乱之姑自已也。乱之已也，有已乱之人，非姑欲已乱者也。诸侯之倦于役，唯役于晋以争郑也。会于萧鱼，晋罢郑师，而天下之兵罢晋之役。天下以争郑于楚，唯恃吴也。郑之不适从晋以勤天下，唯楚共中目之责未偿也。会于萧鱼之明年，吴子乘死；又明年，楚子审死。晋无恃以竞楚，郑无系以去晋，乱姑已矣。且姑已者，尤晋悼之心也。悼固不欲多得于楚，故不与楚争，而仅争陈、郑。且昔者陈、郑之乍北向也。非晋求之，楚自失之，晋弋获之焉耳。陈、郑无因而忽北授晋以必争之势，然悼终不为致力于楚，而薄保陈、郑。保陈不得，一旦捐之矣，姑无已而争之于郑，翱翔其师，屡出而仅收一会，聊藉手以告罢于诸侯。晋悼之惮争而欲速已也亟矣，唯然而天下之乱愈无已也。萧鱼之明年，诸侯罢争郑之役，而莒、鲁之兵遽起，莒犯鲁而晋固不直莒也，于是莒偕邾以东向，而齐灵争霸之兵又兴。呜呼！吴、楚熠，郑志戢，南北之争解，乱将已矣，而终不已者，直非已乱之人也。不竞于楚，割弃于陈，薄收于郑，悼固欲已乱矣，而终不能已者，乱固不可欲已而已。率勤天下而弃陈如遗，郑窥之矣；率勤天下而畏楚如虎，齐窥之矣；率勤天下而薄收于郑，以盲师女子终也，邾、莒窥之矣。郑窥之，故老晋以失威于诸侯而后服；齐窥之，故以楚为视挟邾、莒以逼鲁而不忌；邾、莒窥之，故以郑为视姑大犯之而固可薄谢之。祸倡于莒，衅极于齐，晋弗获一日之宁，姑亦南向亲楚，以裂天下，而听之自为争矣。悼之已乱，不如其弗已也。

吴乘楚审之不终，乍有休息之几，而晋霸之失，齐、楚之竞，中国之瓦解方自兹始焉，则乱之姑已，尤不如其无已也。故曰："病加于小愈，雪盛于微暄"，天人之恒数也。凡其所以已之者，皆其所以乱之也。方开乱而望其已，不亦难乎！君已偷，权臣已逼，人心已离，虽有贤者，无能为治。叔肸、国侨、晏婴不足以善之，而与之胥流也，盖有由矣。

七

晋恃吴以制楚，吴无效于楚，而婴齐、贞之师再加于吴。楚恃秦以亢晋，晋师岁出，秦无能掣，逮乎楚已失郑，而后鲍武之兵薄加于晋。齐恃楚以干晋，而凌鲁门、雍门焚两郭，而后公子午以偏师尝郑而无功。故诚有为者勿恃人，诚有为者勿恃于人，诚有为者勿畏人之有恃。恃人者于人见恃，自疏而以轻犯人，所恃者未动而已先毁。恃于人者本无相恃之心而姑应之；姑应之，不得已而薄酬之；恃者败，而所恃者丧威以召怨。恃人与恃于人者，两俱召败而无功，则畏人之有恃者，其亦愚矣。勿畏人之有恃则专于所攻；专于所攻则不多其怨，所恃者乃以可前可郤、疑以自保而坐成乎弱。故楚之两伐吴也，犹非能无畏也，婴齐以之遇咎而死，宜谷之以见擒也。晋不急秦，而秦不敢渡河以窥晋者将百年。晋之围齐不急楚，而终春秋之世，齐不敢复挟楚以临晋，勿畏焉耳。故诚有为者之所畏，唯无恃者也。

战而不恃与，守而不恃援，救而不恃其内之夹攻；富民而不恃岁，振饥而不恃籴，治奸而不恃刑；忠而不恃同官之比德，孝而不恃妻子之分劳，学于道而不恃先师之陈说。志之壹，气昌之焉；气之充，志行之焉。天棐其忱，人助其顺，物避其勇，君子之所畏者唯此夫！

八

赵氏之替，栾、郤为之，故庄姬之辞曰："栾、郤为征。"迨夫赵氏之复立而郤氏锄，赵氏之复卿而栾氏刈。郤氏亡，而赵武始卿；栾氏灭，而赵武始执晋政。晋之锄郤而刈栾，率赵故也。

老氏曰："天下之至柔，驰骋天下之至刚。"夫刚柔均德，而柔以受刚，不得谓柔之非道也。怀驰骋之心，以销天下之刚，柔始憯矣。故老氏之言，导天下以憯者也。赵氏之得驰骋于晋，力先试于栾、郤，乃郤之亡，栾氏亡之；栾之灭，范氏灭之；赵氏处阴用险，不昭其驰骋之迹。憯莫憯于赵武，而柔亦至焉，假栾亡郤，栾随以亡；假范灭栾，范终以灭；乃始收寥落不振之韩、魏，共灭智氏以分晋，而独擅士强马壮之冀、代，临韩、魏以主山、河。喻之以水，武其天彭之潜流，鞿其三峡之曲折，无恤其吴、楚之归墟也。驰骋远，柔用烈，虽有神禹，莫与障之矣。老氏言之，赵氏行之，栾、范相随，贸贸而不知。呜呼！斯亦天之至险者与！

九

国之有患，非患也。以患易患，而患乃不愈。疾患者不审乎所患之非足以患，而易患之为大患，乃一往以用其疾；为国大患者，且资众怒以空人之国，或且快之而亡速矣。

齐有无知之难，群公子走，而高、国不摇。晋骊姬之乱，君三弑而栾、郤自若，是故高、国、栾、郤之势，重于齐、晋之主。垂及数世，君屡弑，国政屡迁，而之数族者不拔。夫君屡弑，国政屡迁，而之数族者不拔，此亦疑夫为国之大患，而有国者之甚疾矣，乃之数族者之未拔也，君屡弑，政屡迁，而国以不移。之数族者，其犹奉先公之纪纲之以固其国者也，其经营胶植之蕴奥，亦唯是保有其禄位权名而无余志。故栾氏之汰亦甚矣，而乐为之死者，非直其都人也。臭味所偕，而与相终始者，几尽晋廷之士。非晋之胥为栾也，栾犹晋也。栾氏灭，晋廷空，君乃以唯臣所欲，浃岁再会，以听范、赵之志。齐乃叛，楚乃通，先公之纲纪亡，大夫不以禄位为安，而移国以谋家，遂无晋矣。

呜呼！决赘肉者死，截骈拇者伤，抑龙火者速毙。易患而得患，智者之所决也。以方新之患而易夙患，勇者之所勿争也。鲁患三桓而无以易之，鲁终不受移于三桓。齐以陈氏易高、国，晋以赵氏易栾、郤，易之于彼，亡之于此，时过事已，乃追念今者之不如昔也，不亦晚乎！秦患封建之竞，易之以郡县，而盗贼昌；汉患侯王之逼，易之以外戚，而贼臣兴；宋患契丹而易之以女真，患女真而易之以蒙古，一易而迁，再易而亡。故夷齐之歌曰："以暴易暴，不知其非。"以武王易纣，而不如其无易，况其非武王者乎！

十

天下之势，循则极，极则反。极而无忧，反而不陂者鲜矣。晋景公改赵盾之政，西争秦，南争楚，东争齐，历厉、悼、平四十余年，而循用之。平之承悼，楚少替矣，齐难又兴。朝歌之役，齐乃举百年不经见之事，加兵于晋。于是而明年初会于夷仪，又明年再会于夷仪，以图有事于齐，而卒不克。齐虽有弑君之祸，而不能乘也。于时许挟楚以兵郑，秦欲讲而不成，故晋不能不忧之亟。相循之久，极以敝而必忧。夷仪两会之不振，晋忧而失其度矣。忧失其度，则邪说薰之。

齐光死，崔杼怖，士丐卒，赵武为政，秦针走，楚屈建为令尹，极而必反之势成乎天，邪说乘之，不再计而决，听之者亦欣然而弗再计也。呜呼！齐光之虔忮而自殄也，秦景之荼也，楚屈建之无竞志也，彼恶知大有为之势方将在此哉？先乎重邱而有惧心，不知其为西日之余炎也；后乎重邱之讲而有幸心，不知昧爽之疾以旦也。先乎重邱之讲而惧，故后乎重邱之讲而幸焉。为邪说者，介其惧且幸之间，反数世经营之局，陂以倾于不振。五霸之所以终，春秋之所以季，争此一日焉耳矣。

故曰："天之所坏，不可支也。"势授以支，而只成乎坏，况势之不便者乎？邪说行，霸统裂，晋势燋，赵氏乃弋名而钓国，不在乎齐、秦、楚强竞之日，而恰与其初衰也。相值俄顷之不待，失数百年之事会于一旦，不亦悲夫！俾齐桓、晋文而际赵武之时也，大有为于天下亦可矣。

十一

道在天子，四裔不争；权在诸侯，争之四裔；政在大夫，莫能与四裔争矣。《易》曰："履霜坚冰至。"霜，阴之微也；冰，阴之著也。履于此，至于彼，同声相应，同气相求，亦各从其类也已。

齐桓起，以诸侯行天子之事，于是乎楚始败蔡凌郑，而桓公争之以为功。赵武起，以大夫执天下之计，于是乎莫与楚竞，而向戌且居之以为名。诸侯行天子之事，以天下为国也；以天下为国，故犹与天下谋，而争之于夷，然道失而夷亦争之矣。大夫执诸侯之命，以国为家也；以国为家，计尽于国而不及天下，故举天下而委之夷，以谋其内事，乃以下于夷而不惭。下于夷，夷不待争而固有之矣。

理不相治，气相类，类相应。所固然也。是故月盈而鱼满脑；夜晦而盗生心；曹操窃汉，而匈奴、鲜卑入居于河朔；林甫弄唐，而奚胡起祸于幽、并；敬瑭盗位，而契丹南面于汴京；似道啖宋，而蒙古遂一统于九州。室多鼠者檐多蝠，阳精耗者寒疟中之，一致之理也。

十二

一经一纬之谓文，非其饰之谓也，饰者不能经纬而姑以谢也，故孔子筮得《贲》而惧，圣人且惧，而况天下乎！论春秋之季曰"文胜"。夫岂文之果足胜哉，饰而已矣。其心诐者，意不可以示人则饰；其中弱者，力不足以矜人则饰。始假之于文德之名，以便用其诐，而息肩于弱；既假其名，则必将饰之于事以终之。若其屑细已甚，而徒劳无益，胥弗惜矣。故《易》曰："束帛戋戋，贲于丘园"，丘园之贲，恶能无吝于天下哉？

向戌弭天下之兵以为名，赵武以其邪心利用之。夫戌之为名者，奚以名也？崇文德，绌武功，天下之美号也。戌始以绌武而假于崇文，武不容不假于崇文以资其绌武。是故展亲睦邻，救患分灾，霸者之文德也，而武假之。杞固无警，无端而代之城，合十一国之众，无可展之亲，待睦之邻，而姑用之杞。宋不戒火，张皇而震悼之，合十二国之众，无可救之患、可分之灾，而姑用之宋。赵氏于此，持文德以为奇货，求人而鬻之。天下不受，无获已，强杞、宋以小仇焉，薄以终弭兵之局尔。已细于下，而贲其趾，徒劳于动，而贲其须。诐人之为诐也，颜无忸怩，而且鸣其豫，乃以移天下之风俗日趋于枵靡。呜呼，其亦不可胜诛也已！向戌倡之，赵武成之，司马侯、叔向因之，韩起承之，晏婴、子太叔、公孙枝之流翕然习之，怀慝以居，而礼乐文章家鸣而户说。施及后世，田骈、慎到、惠施、公孙龙之属，捶提仁义，以偷一日而为人师，而道丧极矣。故子贡问今之从政者，子曰："斗筲之人"，谓向戌、赵武之流也。志尽于鼠窃，而用饰于壶浆，奚足算哉！斗筲之才执天下之柄，虚文张，邪说日起。故赵武得政以还，古今大变之会，非但一时之盛衰也。

《春秋世论》卷四终

春秋世论卷五

昭公十四论

一

哲人之愚，愚而以为哲，要归于咎之徒，得失相反而相寻，两端而已矣。穷年百变，一彼一此于两端之中，力尽能索，交逢其咎，达者视之，曾不足与辨其是非，亦恶与更寻其覆轨哉？智能出于两端者，谓之通识；力能舍两端以有建者，谓之大武。呜呼，鲜矣！弃亦一端，取亦一端，非弃则取，取不可则弃也；合亦一端，离亦一端，当其未合则求合，合而厌则求离也。孰有能未取勿取，取不可而勿弃者乎？孰有能离勿求合，合无益而不觊离之利者乎？孰有能于弃取离合之外，自为政而不见物者乎？有之，讵不可谓通识而大武矣乎？

晋之争楚也，未得吴，唯恐不得吴；乃得吴而未利矣，而弃吴之谋进。晋离于楚，则求合于吴；合于吴而抑见楚之可合也，而离吴即楚之谋进。厉、悼、平、昭之四世，相寻于此两端，而晋敝矣。

通吴之外，有制楚之道。得不系乎通吴；失亦不但系乎通吴；通吴以制楚，则楚必不可制。此三者，必然之理，而晋不知。其不知制楚之不系乎通吴，通吴之不可以制楚者，无他，唯不知通吴之外有制楚之道也。舍其制楚之道，一唯通吴之恃，吴不可恃而厌吴忌吴，唯恐弃吴之不速。欲弃吴，乃至不惮下楚，而授以攻吴之便。觭则反，反则尽，改其初，抑必然之势也。

故宋之会，楚所以欲成晋好，而辍宋、郑之攻者，唯吴故，而晋亦同之。申之会，楚遂帅东诸侯而大逞于吴。夫楚欲合晋，而晋乐从之，楚请诸侯，而晋不惜，实已知楚志之在吴而听之，无他，唯其通吴不效而乐弃吴也。缘楚而通吴，则恃吴；弃吴以委楚，则听楚。数十年之间，一弃一取，一合一离，捷于反掌。舍此两者，晋无谋焉。唐、宋之季，党人互胜之局，和战递兴之策，均役、制产、议礼、言兵之反复，有一不如斯者乎？君子日争于廷，小人力弃于野，而国随以仆。呜呼！其犹疟者之一寒一炅，而无与为之汗也。

通吴而不足以制楚，则何如弗通；弃吴而不能以惩吴，则何如无弃。且吴不足以制楚，楚不足以制吴，疲于奔命，而无能为庸，害犹不速也。浸使通吴而吴遂并楚，则以楚益吴，是楚难仍在，而益之吴也。何也？吴得楚，而楚为吴资也。浸使弃吴而楚遂得吴，则以吴益楚，是吴难犹在，而益之楚也。何也？楚得吴，而吴为楚资也。吴西有楚，卷申、息以向郑、许；楚东有吴，并淮、徐而临鲁、宋。奉其半天下之势以向晋，晋之不速敝也。能几何也？

此之不察，乃为之说曰："以夷攻夷，中国之利也。"或从臾之，或假借之，颠倒于一离一合，以唯吾所欲弃而欲取。两端兼用，亟与咎逢，鬼神且谪其不祥，而况于人哉！又况乎怀谖以乘我于离合，而弃取乎我之狡夷哉！其谋愈秘，其变愈捷，其见制于人也愈困。哲人之愚，亦职维疾，而何有于愚人之哲邪！以道处己而不靡，以正治四夷而禁其自戕，利不欣，害不惧，王者以安内制外。此物此志也，天下之胥溺而知然者鲜。秦、汉以降，中国日沦，如出一轨，悲夫！

二

天下之大哀有二，而刑杀无辜者不与焉。君子无以待小人，而死徙中于细民；大国无能拒强暴，而灭亡中于小国。此二者，祸发于不测，势穷于不能避,求免而益趋于害。《诗》曰:"握粟出卜,自何能谷?"诚哀之也。

顿、胡、沈之仅有其国,微乎微矣。楚启申、息,并群舒,服陈、蔡,函三国于嗉,未下咽耳。之三国者,故不得不为之从。从乎楚而犹足以国,则唯其身不系天下之争,楚无责也。会于申而与于好,战于鸡父而与于兵,从于召陵而系于合离之数,于是其国敝,其师熸,其君死,趣不能自立以亡。悲夫!果谁俾之而亡不可救邪?

三国之从于会申,非敢自列于冠裳也。三国者,南即楚久矣,而楚不携之以周旋,三国可无与于天下,而楚亦姑安之。一旦起而与于盟会征伐,吴逼之也。国居淮、汝之交,东逼之吴,而吴通于上国,户牖寄焉。吴日践蹋其疆域以西向,而三国蹙矣。蹙于吴,则必求纾于楚;依于楚,则不得不从楚以争吴,而国以敝,师以熸,君以死。从楚以争吴,国敝师熸君死,而楚不恤,抑弗获已而请命于晋。请命于晋,而晋无能为也,于是而三国遂亡。故晋之通吴也,无能为陈、郑助,而徒导之以加于三国,授三国于吴,而驱三国以役于楚。三国逃吴以见敝于楚,则终莫能自立,而国并焉。晋人启之,吴人驱之,楚人用之,彼恶知天下离合之情、倚伏之势哉?

祸在目,手姑捍之,而腕已解矣。乃溯其所自始,晋未通吴,天下无三国之迹,非三国之好事以取亡,审已。晋不期而致之亡,楚安坐而收其国。当是时也,智不及谋,勇不给争,欲自己而不听其已,悲夫!

"握粟出卜",而神莫能告之矣,而后知晋人通吴之害如此其酷也。驱群小国以入楚,而陈、蔡莫能自立;弃陈、蔡以委楚,而宋、郑莫能自固;徒劳无功,弃吴以斗之楚,而齐、鲁交受其伤。帷幄之舛,原野之纷,绝人社稷,俘杀人君臣,血流淮、汝者几百年,而彭城以南,尽蕴于楚,斯不亦天下之至惨者乎!见其微,知其著,旷二百年而顿、胡、沈遽有诸侯之事,悼其亡之不久矣。

三

文质者,人情之化也。人情迁新而不自已,故时质则动于文,时文则动于质。小人动，君子因之；君子动，小人资之。动于情之迁新而不自已者，非可相救者也，故质胜不可救以文，文胜不可救以质。子曰："文质彬彬，然后君子。"言动以胜，胜则不可以相救矣。文动而胜趋于名，名者，损实者也，其时君子之患名以丧实，而小人犹惮乎名以制其乱盗之情。质动而胜趋于利，利者，贼义者也，于时君子之患利以替义，而小人资之，则苟可以利而无不用矣。故曰："质胜文则野"，野者，上下之无分，名义之不立者也。

春秋之始，天下崇质而尚利，尚利以争天下之情不利焉，故一化而文。庄、僖之世，文之胜也。桓、文之霸，管仲、郤縠之为政，恢恢乎张大其国，而天下翕然以动。其在于鲁，益其军，崇其赋，侈其礼乐，而其《诗》曰："公车千乘，公徒三万。"且将唯恐其国之不为大国也。故虽臧辰、行父、仲遂之挟盗心，犹拘系于公室之名而不敢毁。襄、昭之际，霸者之政，极于文而丧实，天下之情又弗利焉，一化而质。晋悼不振，继以赵武，列国之卿，晏婴、向戍、国侨崇墨绌儒，以俭相尚。邢邱之会，始损其礼；悼公之没，遂损其军。弭兵以为仁，弭兵以为义，将以质而救文之流也，而天下衰陵，鄙悖之习，汩于利而不耻。其在于鲁，毁三军于内，争小国之赋于外，杀其礼乐，亲于蛮夷，苟简自便，唯惠是怀。而执政之臣，资之以替公室而培其家，君逐政移，公然无惮，以极乎逆，则利之兴，名之圮，求为辰、遂、行父而不可得矣。

故曰："君子动，小人资之。"苟可利而无不用，不忌于名，而乱盗之心无制也。故曰："名损于有余，利生于不足。"以不足之心，行不足之政，上下不分，名义不立，质胜之害，岂不尤烈于文哉？故曰："文胜不可救以质"，恶夫人情之激动也。晏婴、国侨、向戍之诐言，以成乎赵武、意如之奸志，而极乎商鞅、吕不韦、李斯之野心，操天下而市驵之。质胜之祸，尤烈于文，概可睹矣。彼云以质救文者，诚所谓小人儒也。

四

文质，人情之化也，化故变而互胜。情之化，故当其伸，必有所诎；当其诎，必有所伸。情之所固有，虽受胜而不能汩也。春秋之季，诸侯之卿执国政者，求胜于质以府利，损其军实，降其秩位，抑其志气，替其等威，霸失其霸，强失其强，大失其大，秉礼之国失其礼，苟以自利而皆所不恤，务华之情郁屈而旁出，于是而文辞胜焉。故晏婴、国侨、叔肸、女齐辩于廷，老聃、杨朱、列御寇、子华辩于野，夫人不自已文，不庸以化成天下，而以御人于口给。故夫子屡恶佞人，恶其文胜者，非所胜也。等人道于马牛而只滕口说，天下之大文乃以日削。《贲》之象曰："束帛戋戋，贲于丘园"，伤处士之空言而吝于礼也。文侈于词也易，文征于事也难，难易之际，君子小人之所自别，可不辨与！

五

乐以其身与于天下者，天下之所求也。无深智沉勇以求天下，而遽开天下以相求，祸之归矣。汝、清之役，徐、越从于楚以竞吴，遽以人称，盖徐、越于此乐自任以与于诸侯之事也。以伐者楚，受伐者吴。徐、越因人以行其意，斗吴、楚而自择其利，疑计之得矣。乃亡徐者吴，亡越者楚，徐、越之亡，实于此启之。呜呼！孰能先事而知，以警于所自亡者乎？则是役也，二国之所必为寒心者也。夫几难知而固显，由已事溯之，此亦岂有难知者哉！

徐之所忌者楚，而楚不能为徐患；越之所忌者吴，而吴不能为越患。吴、楚相忌焉耳，吴忌楚，则必亲越以内固，而便事于楚；楚忌吴，则且忌徐之折入于吴，而不敢亟求之徐。故之二国者，不利吴之不敌楚也；即有不利于吴，而固不宜利夫楚之加吴也。徐合于楚以伐吴，则楚不忌徐之折入于吴，而置徐以障吴，吴独忌徐之折入于楚，而必兼徐以临楚。且徐之于吴也，无深怨重郤，而恃不相保之楚，以近犯吴于必报。此强与天下之事，以引天下之求，而必亡者也。

越之免于楚祸也，吴蔽之也。越合于楚以攻吴，则且为楚亡吴，自撤其蔽而受楚祸于膺。此固无事而求有事，延楚以相求之津，而召其求之亡者也。故吴胜楚而徐亡，吴蔽于楚以亡于越，而越亦自此以亡。祸有缓急，亡一而已。所快意者，所授首者也；所合志者，所相吞者也。此无异故居卑望轻，突起以恣于一往，介然用之，枵然以自大，一发再发，力尽于祸随。然则春秋诸侯会盟征伐之大典，非蛮越徐戎可奋胄于一旦，不待再计而决矣。

呜呼！不祥之事，不祥之都也。非分之荣，踔厉之功，侥得之名，皆不祥之尤者也。道听而涂称之，耳闻名而实居之，藐然不肖之躬，峥嵘一旦，而欲厕衣裳兵车之列，譬诸方尺之鲤效神蜺之飞，雾失而坠于陆，涸死以为天下笑，不亦悲夫！

六

猝起骤盛，威淫而祸发于中，疾以死亡者三：楚虔、苻坚、完颜亮，其归一也。虔之暴兴，北合晋而争其长，宋、鲁之君忍愤以执玉其廷，迁许、胡、沈、道而灭陈、蔡，恶已壅而犹未亡也，迨乎兴师向徐而溃于一旦。其后坚死败于淝，亮死于扬。江、淮之交数百里之间，三人殒焉，而皆以内溃。故中国之大维，有天维，有地维，有人维，是三维者，持五帝三王文治之天下以不久于乱也。天之所维，地维戒之；地之所维，人维纪之；人不能纪，则仰维于天，天资维于地。天地维之，而以绝淫乱大维者之命。故祸发乎中而应乎外，必于其地以应之：完颜氏之灭，歼于蔡州，蒙古之亡，泰州之兵先起，虽百世可知已。

七

邵子曰："名生于不足。"不足者，实不足也。不足于实，求助于名，犹之可矣。荡然亡实，徒奉名以疑天下，王霸之衰，未有能藉此以持者也。虞、夏之际不称天，实足继天，弗求天以为名也。周、召共和之世，不奉王，实尽于赞王，弗据王以为名也。武王之誓必称天，有不足于天者矣。

齐桓、晋文之盟会，王人与焉，有不足于奉王者矣。不足而名生，名生而实犹未陨，其求于名者尚浅也。故召陵、城濮之师，震天下以制楚，而王人不来，王命不至，其犹有余名之未用。邪晋人世霸，襄、灵、成、景之迭为盛衰，未之有易也。厉公德衰，尹、单日勤，悼踆其事，疑诸侯之贰楚，而要单子以莅乎鸡泽。大夫盟，王臣会，君子以知其惧楚之甚，而周以渎而不灵矣。宋之盟，虢之会，晋委诸侯于楚，以养其力而图河北，不自霸也，夫亦恶知王也！平邱之歃，匏系而争，是不徒无霸之事，而已无霸之心矣。事不在诸侯，而诸侯知之；心不在诸侯，而晋亦自知之。叔向曰："诸侯有间矣"，非争诸侯也，惧且无以自立而不得逞志于河北也。无心于霸，于是而姑托于霸；不足于霸，而抑以姑托于王。奉刘子会平邱，得可藉灵于天子，失亦可委咎于王臣。召陵侵楚之役，衔王命以迁延，犹是意也。

呜呼！名不足以持天下，非仅名之，力不足也。实不足，名犹可持之；无实以邀名，而名乃为天下贱。故邵子曰："名生于不足"，为霸者言也。平邱之歃，召陵之役，奸天下，坏王霸，显无实而托之名，实恶乎仅不足，名恶乎生哉？以名覆其心之短，则名诬；以其心之邪而盗名，则名亦非其诬，非其诬而犹盗之，名之不为小人用久矣。

八

天下不可以力争，故楚虔死于乾溪，项籍灭于垓下，完颜亮殪于采石。以力争之不得，反其道者，将以义贸之。义其可以贸天下乎？既力争之，复义贸之，未有能如其贸而不败者也。何也？义弗贸，贸非义也。苻坚尝以义贸矣，慕容垂、姚苌、张天锡即以之而蹙坚。楚弃疾亦以义贸矣，陈、蔡之封复不旋踵而州来灭，三年而齐师争徐，四年而兵挫于长岸，身殂未几，郧随以亡。是奚以然邪？力者，其所固有也；义者，其所固无也。舍其所固有，假其所固无，德不足怀，怨沦于髓，树怨而委之以为我守。恶其相贸之情，寻其竞力之憯，阳为我守而心实去之，故徐、巢、州来倾陷而莫救；一朝得当，疾距而无所系，故蔡乘吴起，深入以为患而无可防。凡此一弃疾之所不谋，而势之所必至也。

故义者，君子之仅用，而义贵矣。石虎死，冉闵反其道而促亡于鲜卑；拖雷死，忽必烈弗反其道而以并中国。何以知异类小人之必亡哉？一旦反而贸义于天下，亡之期也。天不假力人以义，力人不能争天以名，故或曰："盗亦有道焉。"不知道，不知盗也。其盗也，唯其无道也；如有道也，则不足以盗也。盗不得有道，道固不可以盗者也。

九

楚颟乘齐桓之没，力竞齐、宋，而许从之；商臣乘晋襄之没，力劫宋、郑，而蔡从之。晋灵以降，中国会盟无蔡、许之迹，则其于楚也，始以畏，而终以爱矣。爱者，移情者也。情移则性迁，性迁则教成于上，教成于上则习成于下。蔡、许之臣子，唯君父之教以为习，而君已情楚情，性楚性，教楚教，无所不楚矣，挞之不楚而不可得矣。

故春秋以来，暴行作，篡弑仍，然未有世子而大逆者也。先王之教，留于不孝者之心，溃而犹有坊也。楚商臣弑其君颟，于是而蔡般弑其君固，许止弑其君买。鲁、卫、齐、晋、宋、郑、曹、邾非无逆子而弗忍。呜呼！非我类者不入我伦，岂特其政之虐我哉！言语衣冠，始化者也；嗜好性情，继化者也；禽聚兽噬憪然莫之恤，终化者也。有其始者，必有其终，是以君子甚惧之。襄公楚其宫而幸死，哀公越其言而幸亡，故王猛之罪百扬雄，而许衡之慝千杨、墨也。

十

道之维世，一彼一此。为之维者，势所趋，趋之而畸重之势又成。唐、虞官天下，无事乎立国之势，而咎亦免矣。商、周之兴，一彼一此之间，善败趋焉，其所善者即其所败者也。宋守殷道以立国，先罚而后赏，有持权而无委柄。迨乎春秋之世，德已衰矣，然春秋列国权委乎下，恒成乎不拔，其治也，偷也；其乱也，有出君而无覆宗之大夫也。大夫之或覆其宗，大夫汰傄以自覆，而非君也。而宋不然，宋不能无乱，乱亦稍轻于他国，司马印、荡意诸、鱼氏、华、向、辰、地、佗、驱之弄兵以逞，陈、鲍、赵、范、孙、宁、季、孟之未有，质世子，分国都，挟吴、楚以寻兵，尤他强臣之不得为，顾其狂起狂灭，或诛或逐，苟为乱，未有能免者也；其不免也，又君之躬与竞而胜之，以伸国刑也。故宋有持权而无委柄，殷先王之以其道维国势于百世，可知已。

晋、卫、齐、鲁之衰，非大夫而师莫举。宋兵所加，君必亲焉，大夫帅师以专征者，概不多见，迄乎春秋之终未易也。兵犹操于上，则威不集于下，弱者伏，强者仅相亢而终诎于名与法，其纲维久矣。德虽降，道虽衰，殷先王之人纪，微子之淫威，莫之或替。所谓为之维者，势所趋也。维然，而畸重之势，抑成乎孤立而弗与为拯。故夏尝亡矣，少康兴，迄桀三百载而后亡；周尝亡矣，平王迁，迄赧五百年而后亡；殷之中叶，其君失御，其国播迁，而国未尝中斩，乃当纣之世，乍倾而终不可复。卫之嬴也，后六国以灭；鲁之弱也，亡未几而六国从之；宋王偃方力争天下，拓地千里，大败三强国之兵，而一旦骤灭。其所善者即其所败，为天下师者即为天下资。处乎盗贼纵横之天下以立国，尤不乐乎其为宋也。

十一

太上治时，其次先时，其次因时，最下亟违乎时。亟违于时，亡之疾矣。治时者，时然而弗然，消息乎己以匡时者也。先时者，时将然而导之，先时之所宗者也。因时者，时然而不得不然，从乎时以自免，而亦免矣。亟违时者，时未为得，而我更加失焉，或托之美名以自文，适自捐也。

鲁自僖公以来，天下赖霸以安。霸者犹知有名者也，鲁乃以名自保，故勤于学校宗庙之云为，颂声作，典物修，天下乃以名予鲁，而保之以为名，天下保之，故齐、晋保之；齐、晋保之，故吴、楚亦弗得而不保之。吴、楚效齐、晋，齐、晋效名也。至于昭公之世而时变矣。晋厌名之适亏其实，去其霸而不恤；楚抑厌争霸之不足为名，弃上国而无所求；断发文身之勾吴，且进而睥睨乎中夏。呜呼！强国变而霸，鲁无能霸而保名，犹可以自保；霸复变而强国，鲁即无能强，而自保之术不恃乎名，审矣。天下求之于名，因天下之求以自结，非能治时者也。天下不求之于名，鲁始惊天下之不我求而改图，非先时者也。然而鲁卒不亡者，其诸从时以自免者与？

昭公之暗，三家之悖，晋抑之，吴窥之，齐构之，仓猝莫能相难。至于八年无君，国维虚立而莫之敢窥，三子者之力犹足以及此，抑不可谓无功于鲁矣。陈将灭而搜，蔡既灭而搜，齐师加于莒而三搜，三子之务此至勤也。既莫能以道治天下之裂，抑不能早计天下之变而图之未兆。霸不足恃，吴不可主，乃以退讲军实自完而不示陋于敌，三子之犹足及此，抑不可谓无功于鲁也。浸犹不然，习臧辰之智，因行父之术，安其危，矜其位，以处瓦解之天下，邾、莒且乘墉而攻之，况吴、楚之狡焉者乎！

赵宋之销烁于杭、闽，用此术也，故为君治时者，闳、散之以事文王，王臣也。导君先时以为天下宗者，管仲之以相桓公，霸臣也。舍此而强臣之自私于强，自强而犹之强国也。故国无强臣，其国不乱；国有强臣，其国不亡。乱可治，亡不可复有。孔子相鲁，贳季氏逐君之罪，而因之以治。圣人之所予夺，悻悻拘文之士固不测也。孟子曰："于季桓子见行可之仕"，斯其为孟子之知圣人与！

十二

子曰："吾志在《春秋》。"志之固即此以行之，非上用其时之天子，下用其时之诸侯，将谁行哉？往古之圣人不可作，将来之王者不可期，无可与为，而虚愿以志，几于狂者也。圣人之不狂，久哉。子曰："吾其为东周"，志用周也。曰："鲁一变，至于道"，志用鲁也。是知云"志"者，因鲁因周以行《春秋》之法也。

考之圣人强仕之年，周与鲁之骹骸极矣。周之王、鲁之立国者，惟礼焉耳。刘、单、尹、召、甘、毛各挟君以分周，高欢、宇文泰之前茅也。季氏逐昭公，鲁八年而无君，后羿、王莽之已事也。父子君臣兄弟之伦亡，礼精丧而人道拂，立国之维倾，待以治者，丧其资斧。故《春秋》目言王室之乱，而详昭公之故。仲尼之为旅人，决于此矣，而奚以志焉？

或将曰："圣人，无待者也。得圣人而为之，周不必有王，鲁不必有君，化自行也。"审然，令圣人当刘、项之世，周已无余，秦无可讨，而曰"吾欲为周"。处七雄之季，鲁且旦暮见并于楚，而曰"鲁可一变以至于道"。是犹仙者之说也，肉糜骨白而犹生之也。故为已甚之言者，非仲尼之徒。抑而已甚，扬而已甚，毁誉之所由枉，圣人不以此加天下。学于圣人者，以之加圣人，不已逆乎？此无容疑，观于《春秋》之所纪而得之矣。

人之病瘵也，历五脏，传百脉，而真藏之脉不见胃气行焉，拙医之所甚惊，工医之所亟救也。亟救者，救之已亟而病去，救之弗亟而胃气脱，真藏之脉孤行，毙无日矣。故曰："圣人爱日，尤爱此生死存亡决于一日之时也。"鲁昭、定之际，其诸生死存亡之一日与？故《春秋》书"天王居于狄泉"，幸周之未尝一岁无君也；书"癸亥，公之丧至自乾侯。戊辰，公即位"，幸鲁之未尝浃旬无君也。是胃气存而真藏之脉不孤行也，故曰"吾其为东周乎"，望敬王也；曰"鲁一变"，望定公也。敬王以讨贼而践阼，定公以先君遗命而嗣国。之二君者，授受不经，而权固正，抑能莅破乱而镇抚之，其犹愈于汉平、唐昭远矣。

晋志不在霸，而犹以不勤王为耻，固无高欢奉朗之邪心。子朝奔楚，而刘、单缓追逸之，抑不若郑庄公之必克段而萧绎之必戕纪与誉也。故莫幸于猛之速烬而丐立。乱人亡，拨乱者之所惩以兴矣。意如之于君，有不并立之势，宜无惮也已。齐受其贿，犹且为昭公而取郓；晋受其贿，犹且导意如以逆君。意如很于废其嗣子，而昭公未死，殡未归，且不敢效元咺之立武，孙宁之立剽也。故《春秋》于周，书曰"天王居于狄泉"，明有王也。明有王，故子朝之立，尹氏当刑，而王室之大夫免矣。于鲁书曰"公在乾侯"，明有君也。明有君，故定公立，授受清，而季氏之恶不延矣。是故昭公之季年，王室乱，公孙于齐，周礼圮，鲁道沦，《春秋》可以终而弗之终也。

子曰："吾志在《春秋》"，定、哀之《春秋》，尤圣人之志所待以行者与？敬王入于成周，十年而刘子大合诸侯于皋鼬，周班讲焉。定公立，五年而意如死，公亲将以侵郑，三桓之子孙微焉。故曰，犹夫胃气存而真藏之脉不孤行也。霸统散，大夫弱，周之纪纲故存而可张。敬王日衰，哀公不道，天下无可为，而《春秋》绝笔于"获麟"，虽圣人无可寄其志矣。"吾衰"之叹，其在"获麟"之际与！

十三

窃权不如窃礼之恣也，窃礼不如窃道之酷也。因道而制礼，礼以效道，因礼而定权，权以效礼。窃日益工，等而上之以薪乎精，于是道窃而礼不足立，权固归之，不待窃矣。

王室之乱，会于黄父，赵鞅尸之也；会于扈，士鞅尸之也；城成周，韩不信尸之也。勤王者，列国之侯度，三代之精意，君臣之达道也。于是乎大夫秉道以事天子，而礼诎于道，诸侯不足以有矣。故曰陛益尊，廉益远，堂益高。疏贱者求自致于道而不得，则退而敦礼，敦礼以效于道而道乃贞。今大夫进而以王事为道，王之与大夫，授受之间矣，故田和、魏斯、韩虔、赵籍可以进王廷而受侯命。礼不立，道自己，则且与天子并王而无嫌。授受之间，一彼一此，去其陛，夷其廉阶，迤逦以向于堂，势不可止矣。大夫略诸侯，陪臣略大夫。贱忘其贱，有事于贵；不肖忘其不肖，有事于贤。方将曰天下浑同于道，而道无禁人。匹夫可为万国之君，夷狄可为中国之师，奚择哉？

呜呼！君子之所与天下矜者，道也。道者天下之大共，而必有所凝，故仁人可以享帝，非享帝以为仁也；孝子可以享亲，非享亲以为孝也；君子为能谋道，非谋道以为君子也。为玄之言者，炼形服气，不足以害教；窃吾敦艮守中之道，而玄始篡。为释之言者，观空出缠，不足以戕伦；窃吾明心知性之道，而释始猖。小人之无忌惮也，非窃道而谋之，无以成其慝；君子之于道，死生以之，而恶容弗矜邪！

十四

天下之治也有渐，而乱也无余。乱无余，可以兴矣，而犹未遽兴也。未遽兴，则将流而复甚。无他，天道亏盈，而人心乐动。盈而动，一旦戡之，难矣。故曰："作《易》者，其有忧患乎！"进退消长之际，天无心而不与圣人同忧，而圣人之忧迫，天下之患长矣。

入春秋之初，楚始祸于南国，绞、随、罗、邓、申、息于是而亡。继之以晋，踵祸于西，耿、霍、魏、焦、虞、虢于是而亡。宋、郑、鲁、卫中处而争，虢、桧、许、邢、宿、郕各为其近者所龁，或亡或徙。继之以齐，图雄于东，纪、谭、阳、遂于是而灭。楚乃北争宋、郑，东并江、黄，渐食群舒，西被庸、夔。晋乃逾山而东，启南阳以逼三川。继之以秦，并梁、芮，窥滑入都，尽刈西戎，而争晋于河。天下之仅安者，缘海一隅之地而已。继之以吴，晋导之，楚激之，窥淮右，食巢、州来，灭徐，通江、淮，而淫于沂、泗濒海之地。越复继之，亟与吴争，一前一却，君灭兵熸，一日而死于原野者，以万为率。呜呼！届于春秋之末，而天下之乱周矣，故曰：乱无余也。乱无余者，乱之讫也，乱讫可以兴矣。故春秋之后，越卒平吴，割江而谢中国。楚无吴难，晋无秦患，陈、蔡、郑、许奄奄以尽，而不勤攻取。周室封建之规模十易八九，而天下之争心亦稍厌矣。故曰：无余者可以兴也。

故敬王之世，鲁定犹抚其国，夷祸将烬，霸气已终，仲尼之所欲为，三代之可使而四。迄乎威烈王之初，垂百年而皆可有为之时也。乱抵乎海陬，而乱可终；治革于成周，而王者可作。圣人趋时以立功，莫趋于此矣。而无如天下之不与圣人同情也。人物之数，已丰而乍替之，未返其已啬；人心之动，已变而初惩之，未迫于求安。虽圣人弗能乘之以起，而况于末流之臣主乎？子曰："凤鸟不至，河不出图，吾已矣夫！"甚忧夫春秋之末造，而悼天之不与己同忧也。

定公六论

一

晋之不胜楚屡矣，首止之师，汝上之次，厉公避之；繁阳之役，救陈之举，悼公不能较；尤甚者，鄢之战，六军皆覆，而尸为陵矣。诸侯以却楚之功而戴晋，晋不能为功于楚，而诸侯奚戴？乃晋之不胜楚者屡，诸侯未改其西向之心，至于召陵之侵，虽曰无功，犹未偾也。

皋鼬盟，天下散，求其失人之故，不归之荀寅之黩货而不得。虽然，未尽然也。荀寅者，止诸侯之深入者也。藉微荀寅，十八国不固之师，宾宾颉颃而进，诸侯之不为楚熸，晋之不为楚禽也余几哉？乃其从容成会于召陵而始缩也，幸夫晋人之适与囊瓦遘也。是役也，晋无固义，宋、鲁、齐、卫无固从，陈、蔡、郑、许、顿、胡乍释南向而无固交，囊瓦而有中人之智勇也，偏师以叩其坛坫，诸小国以素惮之情，狸鸣鼠窜，大国失据以迁延，而众悉俘矣。

齐桓之用江、黄也，用以不用，而管仲忧；晋悼之勤郑也，弃陈不治，以纾楚之怒。恶有亘南北，贯东西，取楚百年以还所得之诸侯，仅用其一朝之忿，而相揖以入勍敌之吻者哉？微荀寅，吾不知其所终也。晋人之心先寒，而荀寅之求乃仇；逮乎寒心而始逡巡焉，晋之不摧幸矣。

曹操之战韩遂也，闻敌益集则益喜；苻坚之犯淮也，氐、羌、鲜卑之毕至，而谢安徐罢桓冲之军；窦建德之援王世充也，唐太宗使之合而后兼取之。知胜负者，审此而已矣。救江之役，阳处父以孤军直抵方城，而息公子朱不敢蹑，传《春秋》者犹责其不能大举也。儒者之言兵，如里巫之傩也，增其钲鼓而已矣。

二

封建之未夷，君子重爱其国；封建之必夷，君子重爱其民。故孟子羞桓、文，而曰《春秋》之事，桓、文之事也。贱霸者，贱其过用夫民也；以霸者之事为事者，存霸以存诸侯之国也。霸之始起，必灭国以为资，齐之于纪、谭、阳、遂，晋之于耿、魏、虞、虢是已。

霸之已成，则首禁灭以为功。桓、文之后，列国之不相灭久矣。江、黄、六、蓼、夔、弦、萧、温之灭，夷灭之也，霸者之所争也。晋之灭潞、甲、陆浑，灭夷也。灭夷以存诸侯也。无所灭以为政，禁相灭以为教，则虽怙强者，且将忌其徒贪而思戢。故楚两县陈，残萧、蔡，而不敢固有，况与齐盟之列者乎！

霸之不霸也而灭禁裂，则自召陵之会始也。始裂禁者，抑非狃焉之心，固获之力也。屡不终日之蔡，而首祸于沈，郑继之，陈继之，沈、许、顿、胡相续以灭，而天下无自保之国。晋启其禁以授蔡，蔡启其禁以授楚，三代之良法精意不可复存，而后知霸者之事诚《春秋》之事也。无可保之国，而后君子思保其民矣。民可保，无望国也，汉之所以建诸侯而不终也；国可保，不斤斤于民也，先王所为建诸侯以奠民，国异制而家殊俗也。以万国保兆民，地亲而势易；以一人保天下，势涣而事难。幸而得文、景之小康，不幸而有秦、隋、蒙古之酷政，《春秋》存霸事，虑之远矣。孟子曰："保民而王。"无已之词也。

三

有道而恃有道者安，不能有道而恃有道者弱，无道而恃无道者必于亡，无道而不恃无道者仅以存。故恃人者不如恃己。恃己之势，虽无道而不亡，况有道乎！

郑入春秋之始，强国也。厉公不振，恃宋而始羸；既逼于楚，恃齐而始毁；齐失其怙，恃楚而始破；晋争之楚，恃晋而几亡。郑之弱以向亡者百二十年，君勤于内，臣勤于外，政粗修，民粗睦，然而无以自救，盖百二十年，郑无一日而释人之恃也。恃之不可，无己而竞。或曰：竞非保国之道也。晋定、楚昭之世，郑南竞楚而灭许，北竞晋而联齐，民劳国敝，介然仅存。而与二大竞，疑其必亡矣。而郑乃历百年而始灭于韩。奚以为不亡之道邪？曰：竞之害不若恃之烈也。

所恶于竞者，恃于此而竞于彼也。恃于此，役于此矣；恃此而竞彼，所竞无能胜其所恃，而泄于恃者矣。不竞而恃，与有恃而竞，其亡一也。夫无恃而竞者，其犹有自竞之心乎？且竞此而不恃彼，则所竞者无颉颃之忌，而妒之浅；无恶怨之实，而争之不深；毒不旁及，而愤之者不众；胥为无道，欲以相讨而无名。故郑之将欲贰晋，而先背楚，殆乎亭亭以立而有生人之气矣。晋失其霸，贰之得也。唯恶夫恃无道之楚以贰晋也。背楚以钳天下之口，然后贰晋以张自立之势，齐不能不许之从，鲁不能不中辍其兵，郑乃以自为郑而行其所欲，孰能丧之？故无道而不恃人，犹救乎亡；有道而不恃人，不仅以安。《诗》曰："不闻亦式，不谏亦入"，文王之德也。令闻直谏之不恃，奚况于强有力之相庇者乎！

四

宣公之末年，公伐杞，历八十年而公侵郑，又二年而公两侵齐。介于其中，鲁君不得有亲将之事与？曰：非然也。鲁君之亲将也屡矣，有旅伐而无特伐。虽无特伐，旅伐者固君之亲将也。无特伐者，非大夫之制之，霸制之也。宣公不事晋，故特起伐杞之师；定公且不事晋，遂有郑、齐之侵。藉非旅伐之制裂，特伐之权伸，虽百阳虎不能违霸以挟君而逞，抑非独鲁之为然矣。

霸之方鸠，宋、卫、郑之君亲将以特伐者，概不多见。有特伐，有敌会，有匹盟，晋定之时，始屡见于《春秋》，盖霸尽而《春秋》之事变也。晋勤北方而弃中原，楚困于吴而众力稍暇，始于莒、郳，成于鲁、齐、宋、郑，特相伐，敌相会，匹相盟，合离惟其情而莫之制。故春秋之始，《春秋》之所欲用者，宋、齐、鲁、卫、郑也；春秋之中，《春秋》之所欲用者，霸也；春秋之末，《春秋》之所欲用者，又宋、齐、鲁、卫、郑也。欲用之，故治之，治之故详录之。特伐复兴，而合离得失，一予一夺归之矣。孟子曰："其事则齐桓、晋文"，无王而望之霸也。霸无可望，天下之乱亟矣。以望之特伐之诸侯，而为之一予一夺，君子之志何弗已也？善用人者无弃人，且犹是先王之裔，冠带之国也。君子不以系之望，奚望哉？

五

晋之失霸，莫甚于失卫也。故晋尝屡失郑矣，而宋、曹不贰；晋之得齐也仅矣，而鲁人恒亲。是东诸侯之从违一系于卫。卫者，晋之吭也。晋得卫，齐不能西难于晋；晋得卫，郑欲背晋而卫乘其背；晋得卫以扼鲁，宋、曹欲不亲晋而已孤。是故一盟于沙，再盟于曲濮，而鲁犹西事也。卫决与齐为五氏之次，而后鲁不得不东向以平齐。卫闭西而启东，鲁夹于齐、卫而鲁忧迫，无取此遥制之晋以自为縻矣。

是故文公之霸也，殚力于卫而不遗余力。襄公继之，西未定秦，南未谋楚，而东急卫。卫者晋之吭，吭不得不急也。夫卫者其犹鲁也，非有楚之狡，秦之鸷，齐之夸，郑之黠，岂欲以身司天下之合离，而与晋为生死者哉！乃其难于从晋而轻于离晋，则有由矣：卫司晋之吭，而晋已剥卫之肤也。故卫之始，难于从晋，而间关以合楚，非卫之后诸侯也。晋启南阳，攘温、原，而卫将剥矣；卫之终，轻于背晋，首难而合齐，非卫之先诸侯也。晋取夷仪，兼朝歌，而卫日剥矣。温、原启，夷仪疆，朝歌夺，邯郸逼，卫所仅存者，濮东斥卤之区而已，而抑且旦夕于猛兽朵颐之下。然则虽以太王之不争而处此，亦未有迷于危亡而不觉者也。

夫晋南不争楚，西不争秦，一志以向山之东，河之北，所难者中山之未下耳。中山晨举而卫夕入于晋，卫入晋而齐之祸在门庭，鲁之祸在腋胁，宋之祸在项背，岂诸侯瞑焉西向之日哉？故卫不得不为东诸侯首其难，无亦君子之所许乎！楚之灭申、息也，蔡之患，蔡惛不知，导楚以亡之，而颍上残，于是而陈、蔡之亡也必。晋有朝歌、夷仪、邯郸以临中山，而卫尚恬然与之合，是将不许之叛晋，是欲陈、蔡、卫而张晋为楚也乎？陈、蔡、卫等也，陈、蔡不觉而先亡；卫早觉之，而南存宋，东存鲁，北存中山，卫乃后天下以灭。故五氏之次，数百年天下之大司也，卫东向而得存，晋北出而失霸。违害者不嫌于首难，就利者不给于多敌。故君子唯戒于利之覆亡，而不欲试身于害，无迂疏之咎也。

六

人均乎贱，事一乎无道，迹然而意异，于此三者，虽有曲直，不为之理，君子之道也。故晋赵鞅、荀寅、士吉射之奔叛，概然一例以为之词，其后齐、郑、卫党荀、范，以师加晋，赵鞅报焉，《春秋》一以两国攻战纪之，而荀、范不著，诚以为不足治也。

执政之大夫，何言乎贱也？君子之所治者，王者之事也。古者夏、商之季，诸侯而为天子，未闻大夫而为诸侯者也。以为足治而治之，则大夫进矣。大夫之得见于《春秋》，君命在也，非上大夫而不见于《春秋》，大夫厘乎贵也。故《春秋》之录贵大夫而人士盗陪臣，非谓士陪臣之贱于大夫也，以其不必君命也。大夫非君命，则均乎贱矣。

邯郸午之衅，赵鞅开之；伐赵之祸，寅、吉射先之；乃夫鞅之入晋阳也，不获已而自免，何言乎一无道也？君子之所执法以临天下者，有所论情，有所论法，有所法立而通乎情，有所法不伸而情不得与。上失其道，民散久矣，虽得其情，犹为之矜，民无与乎道者也。君失其政，大夫散于下，虽情可原，无所矜焉。大夫得与乎道者也。大夫者，上不可与诸侯均，而听其以道伸；下不得与庶人齿，而察其或直以相谅。君子一天下，建诸侯，别其微，峻其级。治大夫者，善则一以礼，不善则一以法，若其情，则虽有可听，犹弗听矣。

鞅之争荀、范，以邯郸氏；寅、吉射之争赵，亦以邯郸氏，何言乎意异也？邯郸氏之难，所谓舟尽敝而发于一罅者也。鞅之所欲得者，晋之权也；寅、吉射所欲得者，亦晋之权也。犹不仅然也。鞅所欲得者晋，寅、吉射所欲得者亦晋，荀跞、韩不信、魏曼多所欲得者亦晋，或毁或成，或合或离，人操一全晋之心，互食而抑相禁，弗能下而晋始三。邯郸氏之曲直，彼亦直以为借焉耳。彼以为借，君子顾以为实而听之，则君子愚矣。未有君子而愚焉者也。

《春秋》之法废，而天下之公论以祸天下有余矣。一旦之权在贱者，遂有贱者之公论焉。区区一人之进退，而赵宋之君乃为之勒鼎镌石改年号以从之也，贱移贵，而天子贱矣。天下忘其大共之义，而相制者必有名也，屑屑焉就其名而较其曲直，则有无道之公论焉。无道之公论，一乡人之所愿也，在下而贼德，在上而贼道。故杜钦、谷永之直，直于赵氏；王导之忠，忠于彬、应；李石、郑覃之正，正于训、注；苏轼、苏辙之贤，贤于章、吕。乡人者乃佟然相崇以忠贤正直之名，如蚊争蚋廉于醢侧，而不知其贪在血也。

非道以为道，而道裂矣。君子之不欲为愚也，亦非欲为智也，先觉焉耳。豰与豣之参于前也，于豰知之，于豣知之。牧人之计，于羊知之。君子之计也，知其为羊，不察而辨，一乡之所愿，安足纪哉！故夫人之有异心者，有他恶而不之恶，有他善而不之旌。不怵其恶，恶归于讨；不惊其善，善归于恶。何也？唯先觉之也。有他恶而加之恶，则无他恶而减之恶矣；无他恶而减之恶，则有固恶而加之善矣。有固恶者犹瘵也，不必瘳而亡，无问其瘳不瘳也。荀彧不察，乃以奖操而抑绍；崔胤不察，乃以护汴而攻晋；俗儒不察，乃以是蜀党而非闽，秽史不察，乃以誉完颜雍而毁亮，皆夫以迹而为公论者也。迹者之公论，殆于以天下而趋于盗与夷，不亦贼乎？故末世之公论不炽，圣人之大道不隐。定、哀之际，于晋而争荀、范之是非，于鲁而争阳虎、侯犯、不狃之忠逆，贤者且为荧荧焉。圣人惧，《春秋》作，一捐之不足治而道始不裂，后之人其胡迷焉！

哀公四论

一

志之大，而后可以缓人，人缓乎外，权立于内。故能立权者，非谓其能竞功也；能缓人者，非谓其无志于人也。竞功无权，志小必竞。不竞之竞，可以立威，可以图远。孔子之欲用鲁，定公可与为也。皋鼬盟，诸侯散，天下委而无归。定公于是西志郑，东志齐，以兵始，以盟终，十年之间，鲁居中而为天下重。夫居中而为天下重，则重矣；乘天下之散而遽竞之，则轻矣。

鲁之乘间而竞也，前乎晋悼之没，则有台、郓之师；后乎赵鞅之乱，则有漷、沂之取。间天下之方委，以近取而固获之，志之已纤，其犹盗与！乃此二役者，季孙尸之，君靡之，外丧义，内丧权，不期交丧而交相丧。故以靡竞者必以竞靡，理势之不爽者也。

定公之始，弃诉晋之怨，盟邾子于拔，早已白其志无求于近小矣。委近小于不竞，乃以大求于天下，而宵人不得售其奸。西志郑，东志齐，弥缝天下之阙，名立义举，季孙虽怨邾忌邾，垂涎于邾，不敢不退听也。定之季年，邾亟亲鲁，滕踵来宾，缓人之效立，远不御而近正。故曰：定公可与有为，而圣人亦乐用之也。

哀之始立，三家乃以其邪心荧鲁，公无能自固。六年之内，大夫之师五出，西失郑，东失齐，南挑吴，而与晋若胡、越矣。呜呼！忘其大，图其细，利播其臣，害播其国，外不宾，内不孙，鲁至是而国非其国。虽有圣人，不能为之谋也。

仲尼老，《春秋》终，获麟之悲，乘桴居夷之叹，圣人不能违天以福鲁矣。以定邾、莒而自辅，无所威于权臣而自威；以齐、郑、晋、吴之为忧，竞于其大，而小竞之邪说不戢而自废。以是知定公之可与为也，非虚加之也。天下无道，圣人之志始亟，故桓王不王而《春秋》兴；天下可为，圣人之志犹亟，故定公薨，哀公继，而后仲尼隐。哀公立之元年，何忌之师早起，观鲁者不待齐、吴之交伐，孙、越之不反也。

二

大棘以来，诸侯无战；鄢陵以来，天下无战。长岸、鸡父之战，夷战也。盖中国之民，息其生者八十年，晋霸失，郑狂启，于是而有铁之师。呜呼，君子之所尤惨者，莫战若矣。伐者，以名而攻也；侵者，以利而掠也；入围者，伐之深也；灭者，侵之酷也；忮者争于其名，名得而志戢，抑无名而忮不行；欲者争以其利，利得而心厌，抑无利而欲不动。名无所邀，利无所规，邀之而无得于名，见不利而以死相贸，未有惨于战者也。

故执名者，君子也，名非可名而执之，犹托乎君子也；争利者，小人也，犹暴其小人之实而固有求肉。孟子曰："争地以战，杀人盈野，争城以战，杀人盈城。率土地而食人肉。"彼尚有所冀而有所益，且死不偿其辜，况夫前无所冀，后无所益，一往之念，驱人血肉以恣一意之使者乎！呜呼，人理亡矣。

"君子喻于义"，故君子以治小人；"小人喻于利"，故小人以役君子。两无喻而罔以逞，杀不甚则心不快，扶伤哭死事已而不得所谓，蚩蛇而已矣。夫人之恶蚩蛇甚于虎狼，谓其非能噬而徒贼也。呜呼，生人之惨，至此极矣。后世天下一，交争息，蚩蛇之戾气散于下，为游侠，为刺客，为罗织吏，为讼魁，非必有为而唯杀人之是快，苟有人之心者，蔑不恶也。史迁奖游侠刺客之雄，吕不韦亟传邓析，殆于乱人之书也夫！

三

犯天下之大难而拯之者，不多其敌；阴有所图而不泄者，不多其敌；据非其所据而欲持固之者，不多其敌。之三者形同而情异，不可不察。

犯天下之难而拯之不多其敌，武王是已。伐纣告武成，放牛归马，示天下弗乘服；非直以绥天下也。以臣伐君，震天下而天下疑。安反侧以一天下之虑，使自新焉，圣人之权也。《屯》之初曰："磐桓，利建侯。虽磐桓，志行正也。以贵下贱，大得民也。"武王之道也。

阴有所图而不泄不多其敌，赵盾、赵武是已。盾图弑君以擅晋政，武侁于讨，居势方弱，而欲收盾之功，故盾之执政，委中国于楚，薄伐崇以求成于秦。武之执政，介向戌之邪说，弭兵以下楚，非惮与楚争也，蛊国人以偃兵之利而民移，散其君之与国而君孤，乃以坐食其国而有余。《履》之三曰："眇能视，跛能履，武人为于大君。"以眇为明，以跛为行，而其志则刚矣，盾、武之术也。

据非其所据而欲持固之不多其敌，赵鞅是已。楚围蛮氏，子赤奔晋，则执以界楚；吴会黄池，与晋争长，则下之而不惭。非鞅之不欲有功于晋也。范、中行逐，鞅独返，返而执政。董安于之死，忌智氏而畏其逼，齐、卫、鲁、郑、挟荀、范以责鞅，鞅孤而不能不为吴、楚下也。《丰》之三曰："丰其沛，日中见沫，折其右肱。"居丰而自匿以逃责，终不可以大事用之矣，鞅之术也。

呜呼！赵氏之于晋，谋之三世矣，而术出于一。居之柔，藏之固，显名不歆，丰功不取，大耻不惭，故以羁旅孤族，两婴大戮，而足以倾荀、范，困智伯，逭齐、鲁、郑、卫之执言，而取晋如携。彼将曰：吾以行武王之道也。故武王之所用，屯之时也，动乎险中，草昧而不宁，小人袭其似以行险，亦有由矣。善师武王者，无师其囊兵之道可也。

四

春秋之末，齐、鲁、勾吴之合离，不可诘矣。三千乘之国，相与合离，国以之安危，吏士以之生死。至于不可诘，是殆乎非人理之可求者也。夫吴故非人理之可求久矣，鲁事之，则师疾叩乎鲁之城；齐结之，则师旋傅乎齐之都。故曰：君子恶吴甚于其恶楚。官不以其方，治不以其纪，兵不以其制，发不得长，肤不得完，楚无有也。是以旦纳之怀，夕坠之渊，极不可继之威，要不可须臾之誓，楚亦未尝有也。

故冠裳，生文者也；治法，生心者也。服不珍其躬，法不爱其国，惭恨不恤于天下，文尽而质随，心移而度改，无怪乎为楚之所不为，而君子之尤贱之，非虚加之矣。非人理者而与之结纳，浸其人之有人理必不能也。乃夫齐与鲁，胡遽其无人理邪？由通吴之后言之，以通吴而熏其心可知也；由通吴之始言之，逆风闻膻而急就焉，独何为邪？盖之二国者，上下离心，人蓄异志，即疾以其国亡而不恤。通吴之秽，通吴之祸，故乐受而不恤，虽有智者不能为止矣。

齐之通吴，悼公之为也；鲁之通吴，哀公之智也。悼公受命于陈乞之手，哀公旅食于季孙之国，哀有国而非其国，悼有身而非其身矣。国非其国，疾入于亡，而犹自我亡之为快；身非其身，则亦奚鳖居鱼处之足忌与！悼通吴而陈氏惎之，故触吴于一旦而吴呕绝齐。悼公卒，陈氏行其惎，则齐之离吴，有可死而无可合，艾陵之战，人含死心者，为陈氏死也。悼不得之吴，齐益困，陈氏益张，而后哀公之求吴也，执愈固，事愈勤，进吴之迹迁之于天下，可以得当于吴者蔑不用已。

故谴、阐之怨，已释于齐矣，而又随之以伐齐，唯吴欲也。清、泗之师，国几于亡，不惩其祸，死未收，伤未瘳，又用随之以伐齐，唯吴欲也。晋与吴之相谢绝久矣，鲁不南启，吴无北志；鲁不西介，晋无东交。介晋、吴之会，俾吴得以下晋而长诸侯，且将以新垣衍之事秦者事吴，而不忌天下之咎，唯吴欲也。区区小不忍于其臣，乐奉非人者以为主，而自淫于非人，一旦之忿有是哉！其背鳌而不知极，遂若是其酷乎。呜呼！蠧逼于内，禽逼于外。砥行之君子忍蠧于内患；以拒禽于外淫，而可不为咎于天下。《易》曰："硕果不食，君子得与，小人剥庐。"鲁哀之不可与为君子也，君子之不固为鲁哀矣。

《春秋世论》卷五终

《春秋世论》全书终

续春秋左氏传博议

辟司徒之妻 成公二年

人伦之序，天秩之矣。顾天者，生夫人之心者也，非寥廓安排，置一成之例于前，可弗以心酌之，而但循其轨迹者也。人各以其心而凝天，天生夫人之心而显其序，则缓急先后轻重取舍之节，亦求其心之安者，而理得矣。

辟司徒之妻，于齐侯之奔北，先问君之免而后及其父。齐侯以为有礼，予之石窌。齐侯之褒而封之，岂以崇礼哉？奖其国人，使急公而卫上之术耳。若夫辟司徒之妻，则亦乌足与言礼乎？人各异其心，则吾恶知辟司徒妻之心非果先君而后亲邪？心固有其理，则吾知辟司徒妻之心非果先君而后亲矣。夫彼特一女子尔，社稷之存亡，君身之安危，非其事也，凄恻仓遽之情奚从而生？闺阁之习知，毛里之与属，生死之际，不待徘徊而愤盈以发者，亦其父焉耳。事所不至，心不生焉；心所不至，理不凝焉；理所不凝，天不于此而显其节文也。匪心胡天？匪天胡礼？缓其所急而先其所后，轻重因物而天叙紊矣。

故悬一一成之例于此，曰父重于君，不得也。抑悬一一成之例于此，曰君重于父，亦不得也。推而夫妇昆弟朋友，悬一一成之例，曰孰轻而孰重，孰取而孰舍，俱不得也。执徐庶之情以绳温峤，于是陷身逆廷者得缘孝以自解；据周公之义以予王导，于是残亲避祸者得贷忠以自文。反求之心而条理不昧，天之叙之也，为当事之人叙之也，而非统古今常变而一概叙之，其亦明矣。

乃心固隐而不易知，则奚以辨其顺逆乎？辟司徒之妻，无君事者也；徐庶之所适，曹操犹汉相，而非若峤之往且陷于刘、石也；王导以百口故而忍其兄，敦之败势已见，不系乎导之从违，导非若周公之系乎社稷也。故心循理而著，理丽事而章，从百世之下，推古人之心，为真为伪，为顺为逆，亦讵无不可掩之迹乎！心各生于当人之天，而著于共闻共见之迹，斯同然矣。唯其为同然也，故曰：天叙之也。

宾媚人折郤克 成公二年

穷小人之恶，而为钩距擿发之术，斯君子之过已。小人之恶，遏之则不昌，夫岂可弗先探而密折之哉？乃固有不待探而折者，徒以钩距擿发而自流于术，是君子且与小人分过也。

晋自赵盾以来，不在诸侯，齐顷公乘而欲收之。郤克为政，弗能致问，而亲执币其廷，徒以房帷之笑为罪而加之兵，取必君公，牵帅诸侯，争一旦之忿，忘大恔小，重兵深入以残人之国，其恶亦既昌矣。宾媚人以赗、磬至，克因其服而礼下之，其犹桑榆之收与？即其不然，数其侵邻之罪，责以慢姣之愆，彼犹无以致其反诘也，而克固不能。憝盈伏于中，而善自不能为之盖覆；忿浡溢于嗌，而气固不能为之和平。于是乎猖狂而率为之词曰："以萧同叔子为质而尽东其亩。"曾是禽啼蛙鸣之不忍出诸口者，克乃大号于旗鼓之下而无惭。岂克之智计弗能审其不可与必不得哉？甘以不道之言为天下笑，固无善者之不能饰，而固有恶者之不能掩，未有或爽者矣。

故君子端坐以临，小人之稔恶未著者勿容钩也，已著者勿容擿也。途穷日暮，倒行而逆施之情自见，如鸟之入罗而非罗之加鸟，则君子亦行其无事者而已矣。夫宾媚人者，岂其能为君子哉？而克狂悖之词一入其耳，则义声直词，旋应旋折，如决水以涤腐淤而无所沮待，鲁、卫不得不惧，克不得不从，非媚人之能行所无事以待克之穷也。天理之在人心，如明镜之悬而象至自觌，苟非朦瞍，未有受欺而迷者矣。媚人且折之而有余，则为君子者，循夫流行昭著之天理，未之治而小人受治，亦奚以术为？此之谓行其所无事而智自大也，因人心之不容掩者也。

荀罃对楚子 成公三年

语有之曰：识生胆。其诸捭阖无忌者之术，非君子之言也。君子之勇，以志为主，气为辅，不资识也；君子之识，以择义而知进退刚柔之节，不以劫持事势而张其胆以无惮也。敢于为义之为勇，敢于不畏人之为妄，知其可以幸免于害，因以示不畏之为诈，诈者亦常为人之所不敢为，言人之所不敢言矣，而非其固胜之也。当其祸福之情，形隐而不能以意决，盖尝屏息伏躬，规营径窦，求免而惟恐其不得矣；逮乎事介于成，吉凶得失有一定之势，而不虑其复败，则虽万乘之尊，三军之众，威若不测，而机发毂运，势无中止，乃以谢去其容头过身之计，资浮鼓之气，掉臂张唇，若将轹王侯而婴白刃。怯者乃惊而服之曰：此胆之过人者也。愚者乃推而奖之曰：此识之兼人者也。抑为原本其所由而称之曰：惟其识之定，是以胆之坚也。呜呼！仪、秦、轸、衍之流屡用此术以欺世，揣摩已熟而恣睢于一旦，君子甚恶其乱天下，而屑以此为胆识劝哉！

故荀罃之拘于楚，谋因郑之贾人，束手絷足于褚中以逃，稍有丈夫之气者所耻为也。使晋、楚不讲而贾人谋行，其以辱社稷也奚若？贾人曰："不可以厚诬君子。"则亦知贱之矣。及楚送之归，楚子曰："何以报我？"则曰："帅偏师以修封疆，竭力致死，无有二心。"何其秉义张国，不惮楚之见留而毅然以自居于胜也。夫罃岂有异人而抑岂异其心哉？向者知其不可归，则可以径窦而耻非所恤也；今者知其必归，则言人之所不敢言而何忌也。公子谷臣，先王之爱子也；襄老之尸侧，婴齐所欲得以塞黑要之口而便灭其室者也；两大国贸一言之信，垂成十九，必不以罃之片唾而遽毁之。凡此者，罃知之审矣。扬眉抵掌，炫壮夫之色，归夸于廷，以文其见获之辱，复奚忌乎？是以谓之胆，诚胆也，介祸福之间而触强楚，葸者之所弗能也；谓之识，诚识也，触强楚之忌，而卒获其重礼以归，暗者之所弗信也；以谓胆生于识，诚因识而生胆也，知楚之必不我留，可以勿庸褚中之面目，而赪颜戟髯以谈也。唯然，而罂之只为掉阖无忌之雄，重为君子之所贱恶，不得辞矣。以今之壮，视昔之愈，以今之危言以明礼，以视昔之弃礼以求生；疾改于转盼而莫能自主，无他，黠慧之所及，则枒张不顾；黠慧之所屈，则沮丧无余。舍其识，亡其胆，而宵人之技穷矣。

夫勇者不惧，非谓其侈于言色也；知者不惑，非谓其察于祸福也。君子之所养，非宵人之所可窃，久矣。欲自勉以君子者，若叔孙昭子之于晋，其庶几乎！

伯宗辟重 成公五年

望其风旨而知其所趋。风旨者，习以生心，不期而不掩者也。习于繁者，欲简之而不能自已；习于轻者，无所往而见重焉。故若子桑、原壤、庄周、列御寇之流，盱目扬眉之际，而径脱萧散之意，乍迎人以相感，不待言说之长也。夫人无所得于天则之微，但循法制之当然，以游于委曲繁重之数，莫能自轶，亦未尝不自困也。一旦而径脱萧散者，以其爽利之风旨，相迎于盱目扬眉之间，意为之移，而乐闻其论说，固其所也。自非研几特立之君子，孰能相觌而不改吾之素哉？

伯宗之知重人，倾盖而与之言礼，知之以一言而已。重人曰："待我，不如捷之速也。"乍释其拘牵而引之以便利，岂徒言哉？盱目扬眉之际，固有与轻安简径之说相符而出者矣。伯宗敛衿而请，举国家之大故人告以定命者，听之役夫而不嫌，吾以知其迎而感者深也。虽然，彼重人者，则亦乌足与言礼哉？传车之必辟也，非徒以竞行道之速也。君命之所临，卿大夫之所乘，国有大事而恪共震动以警于众，此无他，皆天则之生于人心而不自己者也。彼重人之言，速而已矣，无待而已矣。事速集而无待，彼固曰：此礼意也，其他之委曲繁重者，拂人之情而故迂乎道者也。夫苟以无待速成之为愈乎，则将芟廉隅，裣等威，灭声灵而相驰于径，先王之为度数典章者不已赘乎？呜呼！此固非彼重人者之得知矣。

乃重人之弗知，非不谙其文也。山崩之礼，伯宗之所不谙者，彼谙之矣。谙之而不谕其微，则抑以降服、乘缦、彻乐、出次、祝币、史词为刍狗糟粕，聊以谢天人之已迹而固无余蕴，故其言曰：如此而已。是其径脱萧散之溢于眉目者，始终一致也。谙其文、祇增其狎，渔猎浅涉，恣睢而作曰：彼所云云，吾既已知之矣，要不如捷于集事而无待者之化天下于速也。其志荡，其气骄，其言卞迫而无余，君子固望而知其不足与言礼。伯宗乍遇而意折，倾盖而信从之，则其心困而易迁也亦可知已。然则仲尼奚问乎老聃？曰：圣人贞观乎道，化物而物莫能化之。未至乎圣人者，恶能保其不自失哉！

栾武子还师　成公六年

是非厚薄精粗美恶之辨，择之至极而无以易之也，然后可曰善矣。然则两端尚立，恶得有均善者乎？栾武子曰："善均从众。"宜若不知善者焉。夫武子斯言，则必有所闻矣。弗许武子之知善可也，弗许武子之所闻者为知善，是殆愎于言善者与！

夫人之于善，不必其皆生于心也；善之即生于心，不必其心之皆与善为无际者也。故取善者必欲核其善之生于心而后从之，则其得于善者仅矣；抑欲得心之与善为无际者而后从之，则其得于善者益仅矣。善之生于人心，不必其心之与理无际而亦生者，天动之也。善不必生于心，而有时见于人之弋获者，天显之也。夫既皆天矣，天不与百姓同忧，故善有时而成乎不善；天无往而非理之自出，故不善有时而可以善。是故唯其匪善者为不足取耳。善有时而可以不善，弗妨其善也，其已善矣固善也；不善有时而可善，勿疑其不善也，方其善矣则善也。故君子见善之广大而知天之富有，见善之变迁而知天之日新，终日所用而皆天也。天富有而我不得隘，天日新而我不得滞。进退勇怯，皆善之裔流也，裔流者，皆全体之所分注也；色货勇，皆善之糟粕也，糟粕者，皆精醇之所浃入也。奚而必善必不善，奚而两端立而不均善哉？

是故吾知武子之言，必有闻于知善者之言也。奚徒其知善与，殆乎其知天矣。乃若曰："善钧从众"，众者，尤天之至动至显者也。抱瓮而灌者，及亩而止；桔槔而灌者，及顷而止；油云甘雨之所灌，千里而同矣。抱瓮桔槔者，非时也；甘雨之被，时也。均为善而不足以众，亦莫非天之动，而匪其浡郁滃滃之时，则天之富有而非其日新者也。甘雨降，良苗齐，可以观日新之妙；善而众，其似之矣。

晋杀赵同赵括 成公八年

古之为史者，莫不有奖善惩恶之情，随小大而立之鉴，故足以动人心而垂之久。若左氏、史迁、班固之书，记祸败之隙，纤曲猥鄙之无遗，皆此意也。

宋殇之弑，华督援冯之篡也，而记之以目送孔父之妻；鲁闵之弑，庆父报叔牙之戮也，而记之以公傅夺卜齮之田；同、括之杀，赵盾弑君专国而众疾之也，而记之以赵婴之逐；阳州之孙，鲁公弗忍季氏之积僭也，而记之以斗鸡之介；舍其大衅而取其小，舍其祸源而取其委，左氏之不审于取舍也若是，奚以垂之久，而君子犹尸祝以为《经》翼哉？夫彼固有取尔矣。千金之堤竭，怒水龁之而不决，决之者蚁穴也；积薪如邱，沃以倾膏而不爇，爇之者爥炷也。慎小察微，不导祸于垂成而亦可以弗发，其诸戒后世之欲祈天永命者，帷薄簠簋嬉笑取与之间，皆有生死存亡之大故而不可忽与！

虽然，君子之慎小，也以令终其德而无有瑕也，非畏小者之易以贾祸而致其慝也，非谓小慎之则祸无所发，虽大不莅而可保一线之安也。夫君子亦正其本而已矣。无子冯之睥睨，则督虽怀淫而固戢；无叔牙之颠覆，则齮虽挟忿而孰施；赵盾不弑，则庄姬之谮无征；季氏不专，则郈伯之谗弗听。故谨其大及其小，正其始令其终，君子之道全而无缺者，推本以治末，非藉末以救本也。千仞之材，斧以斯之，其将折也，所争方寸耳。乃使此方寸之未殊，而遂谓其可终古不仆也、孰信之哉？

且夫之数衅者，有自己开之者矣，有不自己开之者矣。不自己而开之，则亦孰从而慎之？抑将取必于天人而所逢皆顺，然后可以永终而远害乎？尧有不令之子，舜有不共之弟，非必家之咸正无缺也；禹不能禁仪狄之进旨，武王不能遏西旅之献獒，非必恶之不进于前也。道尽则无忧，德至则不损。是故欲奖天下之善而惩其恶、抑取顺逆吉凶之大故，以正天下于不待防而已足矣。屑屑然于人事险阻之倚伏，求纤芥之隙而惩其不预，抑以愁苦天下拘系于身世之不康，而为善者亦沮矣。故左氏之于《经》，翼而已矣；迁、固之于史，牍而已矣。正大义，立王道，非圣人其孰与归！

莒人恃陋 成公九年

道与术有相似者矣，是以君子尤慎言道，虑其入于术也。夫惟失道而抑无术者，得以天下，失以天下，荣以天下，辱以天下，而于己无所恃焉。苟其有术矣，则皆恃乎己者也。或隆己以张天下，虽有不足，冀人之不我测矣；或替己以弛天下，唯无不足，冀人之不我争矣。之二者，皆于己有见而恃之以自信，视君子之信诸己以为道，宜若同也；乃其据乎隆替之势，以误天下之耳目，而游其险阻以逃之，虽其气矜色愉，却物之凶惧，然非惛不知畏者，未有不如桴鼓之叩其胸也。故君子恒坦，细人恒危，于此辨矣。

莒渠邱公不恤其城之恶，而恃陋以无虞。夫渠邱公者，其诸惛不知畏之流，固未能有危情焉。然斯语也，必有所自授矣。莒之微乎微，非一旦也；为大国者覆师蹙国相踵，而莒晏然，久矣。意其先世必有画此术者，曰："吾自替以销天下之心，吾其免夫！"是以流传师师，而国人固以为恃。不然，天下岂有陋而可恃者乎？以陋而恃，非巧于操术者不能也。是以莒之为莒，城池则窳，名号则夷，礼简赋薄，翱翔于大国之间，自替以销其忌。呜呼！俾若左氏者进豫备不虞之言于莒，亦适逢其笑耳，犹夫称《诗》《书》《礼》《乐》于聃与周之前也。彼方以菅蒯却丝麻，憔悴傲姬、姜，"代匮"之诗，恶足闻于其耳哉！

乃其为此也，如渠邱公之惛不知畏而祸随之也。藉不如渠邱公之惛不知畏，而其游天下而逃之之心，求寸晷之宁焉而不得已。吾以是知聃、周之所藏矣。其云"宇泰"者，非能泰也，矫色愉而示天下以不测；其云"令人之意也消"，无以消之也，恃人之不己知而意不生也。不能为明，故闭目于五色；不能为聪，故杜耳于五声；不能是其必是，非其必非，故丧我以听其自己。其所谓"道"者，诧微妙，惊漭漾，而以要言之，一恃陋而已矣。势不得则恃其陋以免人之求，势得则恃其陋以不意而乘人为捷。推求之于道，则又曰：吾固自据自信而不恃外物者也。则不幸而为渠邱，其恶犹浅，使侥幸而以老天下之术胜天下，则险阻深枉，挠已甚而人理亡矣。子曰："君子求诸己。"求者，备其盛大之辞也。盛大备于躬，则立乎贞胜而治天下以有余，终身无自信之枢纽而信之以道。习于术者，又安足以测其量乎！

晋侯梦大厉 成公十年

诐淫之辞，波靡千祀而不能止，非其邪力之有余也，流俗之心，耳食之说，固百其端，而后异端乘而收之。故中国无浮屠之情，印度之侏离恶能入诵《六艺》者之耳而移其志哉？浮屠以止杀为教，而等威不立，轻重不审，镘人心不自诬之节而期之以所不能为，乃惧天下之不我顺也，于是为报应之说以恫喝之。夫恫喝者亦恶足以动天下哉？情之柔慝者，虽无报应，而彼固不能杀也；若其鸷而忍者，悬砧钺于士师之廷，杀人者死未有贷矣，未能止也，而况惝恍不可知之鬼谪乎！然而止杀之教，似仁人之心；陈报应以止杀，似强教之术；以此泛滥千年，有如君子起而不能废矣。

虽然，岂浮屠之能创此哉！前乎汉明之代，中国之儒而驳、史而诬者，固尝为此言矣。杜伯之射宣王，申生之诉夷吾，传记耳食，不一而足。其尤者则莫如晋景之卒、荀偃之死，为淫诐之归也。赵盾怙族弑君专国，同、括者皆贼党也。晋景伸宫官之罚，除其苞蘗，夫岂与荀偃之躬为大逆，视其君之不若老牛而决屠之者等乎？乃赵氏之厉得请于帝，厉公之厉亦讼帝而后胜。夫不道之鬼，即或服罪而犹挟慝毒，犹之可矣，盾奚请乎？厉公奚讼乎？必请必讼，而赫赫上帝，举无择于君臣，但杀者即恣听之报邪？且奚弗听夷皋之报赵氏，而但听赵氏之报其君与？充是言也，则但言杀而即不赦，凡为有生之类者皆平等也，臣弑君而君报之，君诛臣而臣亦报之，将谓盗贼之如君父而不可杀也。然则说有不验，报有或爽，君父亦如盗贼之可杀而奚忌哉！

以平等仁天下，则以平等戕天下；以报应警柔慝者所本无之恶，则亦以报应授忍鸷者不然之券。浮屠之取譬流俗而贼仁义也，左氏先之矣。学者不读非圣之书，而不辨俗儒之妄，则暗流邪室而不自觉，未见其愈也，只以授之口实而已。

刘子论成肃公 成公十三年

养生之说，吾知之矣：下者养形，其次养气，太上养神。养神之旨，细入于针芒，大极于浩漾，以要言之，和而已矣。

刘子曰："威仪以定命。"又曰："敬在养神。"夫固以束其筋骸，摄其志气，惕厉而勿任其自然者，为神之牧也。彼为养神之说者，未有不相为河汉者矣。夫养神之必以和，岂有能易之者哉？顾其所自别者，所由以和者而已。将为纪渻之鸡乎？将谓叔山之趾乎？将谓南郭之丧偶乎？将谓蘧伯玉之婴儿乎？夫如彼以为和，亦既自无不和也，然而其所由以和者不可问已。寝欲甘也，坐欲箕也，出欲不拂人之色笑，而入欲无所劳其耳目也，得此而和，不得此而不和，涂之人则大概胥然矣。不得此而不和，是故其人之终身未尝数得和也；幸而得此以和，俄顷失之，而和又离矣。何也？人事之继起，心几之数动，欲得一歇息之顷可以顺而忘焉者，则固难矣。

故夫君子之以养神于和者为弗尔也。君子则终日百拜，酒清不饮，肉干不食，而不丧其和矣；择色而视，择声而听，择《采齐》《肆夏》以步趋，而不丧其和矣；发气满容，大勇充肌，肃若执玉，夔若奉盈，而不丧其和矣；奔走在庙，铁钺在廷，金鼓在前，剑戟在后，一言而携忧患，一动而持险阻，而不丧其和矣。匪直不丧也，君子之所以和者，正用此以和也。

和之，故曰养也。夫视听之屡给，起居之数迁，酬酢之变，顺逆之交，皆形以为之役，役则未有不惮者也。形惮于役而辄欲避之，外避天下而内避其气之使。形苟避气，则气不至于形，而形气已弗和矣。形思避气之使，气即勿听其避而强至之，形终不顺而气以劳，气过劳，而气又思避矣。外避形，内避其神之使，气既避神，则神不至于气，而神气又弗和矣。神者天之精，用也不畏难而乐为主者也。使气而气委之以去，使形而形不相摄，无与为徒而神亦不屑为虚拘。神气形三者构，而顽者叛，灵者疑，天下之不和未有甚于此者也。神至于气，气听焉而神不倦于君气；气至于形，形听焉而气不苦于帅形；斯则非敬无以效神之功，而非威仪无以理形而从气，其亦明矣。

故善和者无有如敬者也。敬身以和其心，则神不劳而为君，率形气而亲比之，以充周于官骸，命亦奚从而夭，福亦奚往而不凝哉？是则善言养生者，亦惟君子独耳。任情废礼而后得和，其于养也，犹匹夫之有瓮粟，靳惜以食而后不馁也。谨礼致敬而乃以和，其于养也，犹天子之有太仓，分食六军而安其玉食也。则其难易多寡始终得失之数，亦较然矣。君子自有尊生永命之学。学者不讲，而聃、周之徒以其游惰私利之情窃据以为宗。如其说以养也，吾未知其果寿焉否也，其术已猥矣。

士燮请释楚 成公十六年

言之于前而祸福应之于后，唯其理事之准而已。乃有攸言之理，于事之所固然者迂谬而不相及，然而祸福之应，辄如其言而不爽，此岂其言之效哉？攸言之理，非理也，其以理为言，意亦不在理也。彼盖有匿情焉。规时度势，欲仇其私而有所忌，乃建一不然之理，以钳制当时而阴用其制。若夫祸之所自生实他有所系，则固隐情不发，退以免指摘而进以仇奸私。故悄人之托理以动众也。亦险矣哉！后世犹弗之觉，奖其奇中，而推以为通理。君子蒙其欺，小人师其妄，是奚可听之而弗摘乎！

士燮"释楚以为外惧"之言发于鄢陵之日，而验于匠丽之变。山涛哑称之以诋平吴之非，而复验于八王刘、石之乱，是何其不一效而足也？呜呼！骇其言之效，而不推其言与效之实，能弗为邪说之所欺者鲜矣。夫理事之准，在人心者亦较然矣。外之与内，安危忧喜之数，闻其相因，未闻其相贸也。内蛊则外寇间之，外逼则内奸乘之。是以古之王者攘夷安边，建其威以销其萌，岂徒以防侵陵之患哉，亦以靖天下于文轨之同，而销臣民之逆节也。以晋验之，唯灵公之不在诸侯，而后桃园之衅作；唯昭公之甘为楚下，而后晋阳之甲起。夫燮亦犹是师盾之智以替君威焉耳，是知其云内忧者，非为厉公忧而为栾、郤、荀、韩忧也。其君无赫赫之功于外，则亦无权藉以制其臣于内，国君亲旗鼓以树肤公，公室之隆而私门替，书、偃、锜、至尚未之觉，而燮已知之早矣。知之而固不能昌言之，非燮之有疑而未曙也，发阴谋者无尽量之词，进不敢任朋党之魁，退不欲以坚厉公之忌，弗获已而姑称此迂谬不然之理，以微动栾、郤之悟。乃栾、郤弗悟，而其子亦挟勇于井灶之间焉，乃抑郁以死，而智亦穷矣。故曰："作伪心劳日拙。"爕何人斯，乃欲托于忠以仇其奸，天与人其听之哉？逮夫爕死而丐与于逆，仅托不往以推祸于书、偃，则爕父子之处心积虑，猾谖深险，固已不能掩矣。三郤之杀，书、偃之劫，爕所虑也，知厉公之宁外而且以饰内也。匠丽之执，程滑之弑，非爕所能逆曙也，使知长鱼矫之说不行，书、偃之势复振，爕亦何忌而预以为忧乎？爕为其党忧，而忧偶中于厉公，蒙其欺者遂欲奉爕之言为厉公之蓍蔡，爕因以欺万世而有余。然而无可欺也，外宁而必有内忧，此古今所必无之理，昭然如云散之必不为雨也，有目者既见之矣，而孰欺哉！

若夫山涛者，无爕之逆心而师爕之狂说，亦若验矣。然八王刘、石之祸，其因于平吴乎？抑不因于平吴乎？不欲平吴者，荀勖、贾充受吴赂之奸也。涛与之党，殆犹爕之党栾、郤矣。晋不平吴，刘、石逼，琅琊无归，将如完颜守绪之蹙死于汝、蔡，求其延江左之衣冠礼乐以待隋、唐而不可得。则涛师爕以狂鸣，其得失亦可睹矣。后世而更有师涛者乎？非奸人其孰任之！

祁奚举子 襄公三年

心不依道而行之无疑者，非能无疑也，欺其志而已矣。前不畏古人之未先我以尝为，后不畏来者之挟我以为名而收其利，不谋当世之信我而卒免于讥非，不患出诸口见诸行事者之欲前且却，而果以行之不腼。能如此者，而后许之无疑，果无疑矣。

祁奚举其子午，其君信之，僚友允之，晋人安之，天下后世推而服之。虽然，此亦无难也。午而果称其任，才情气量之所见，当时一望而众咸知之，功绩名节之所垂，著于胜任之余而天下后世不能掩，则奚以收知人之誉，暴无私之迹，如取之怀中而自给，夫何难之有乎？所难者，其喻于心即出诸口，暴诸当宁之下而无嫌沮耳。傺奚于此稍一迟疑焉，即通三晋之士推毂于午者万喙如一，而独奚有所不能矣。何也？前乎奚者，未有贤而荐子者也，其或吹炀其子以动君相之知者，皆席荣怙禄之夫也；后乎奚者，不必有荐子之贤者也，倘令师奚之迹以阶子弟之荣者，则必贪惏溺爱之尤也。创古人所未有，奚一旦特为之而无所规，启后人之垄断，或托奚以为名，而要非奚之过，此岂待午果胜其任之余，而后可为奚解免哉？藉令待午之胜任而以相解免，则幸而遇其子之才者，皆足以愉快其私而无所忌矣。

夫奚之为此也，如火之蕴而炎也，如川之积而决也，如迅雷之出地而震于空也，然后乃以洞胸开臆，直行径致如君民僚友之间。呜呼，是岂有迹可循，而许天下后世之相蹑者哉？推奚之志，充奚之气，言之而不讷，行之而不荼，善学奚者，当观其存发之际，而勿徒以迹也。

魏绛戮杨干之仆　襄公三年

佞臣似顺，强臣似直。佞臣非顺无以动君，强臣非直无以动众。君为之动，国人欲与争之而不能；众为之动，其君力与争之而不胜，而后乃以坐移人国于谈笑之中。佞臣之似顺，君惑之，天下愤之，传诸后世，其奸莫掩，故闻卢杞、蔡京之名，犹谓其有一善之足取者，蔑有也。强臣似直，君固愤之而不能折之，党人标榜而艳称之，传之后世，苟非奸邪已露，如操、懿之暴起，则不为之惑者，鲜矣。宜夫魏绛戮杨干之仆，而左氏盛辞以纪之，后世称道之而无绝也。

《诗》不云乎："正直是与"，"神之听之，终和且平。"所谓正直者，告之鬼神而适得其和平者也。故正者，正其偏，非正之于所偏者也；直者，直其曲，非于曲而言直也。和顺于义理而无私之谓和。酌于尊卑刑赏之宜而险激不生焉之谓平。自非然者，名可以借，言可以不穷，人不能夺，而鬼神早已鉴其愿，恶敢以邀神听哉？谷永之攻宫禁，可谓直矣，而为王氏用，则汉九庙之灵已恫；辛弃疾之亟恢复，可谓直矣，而为韩侂胄用，则唐、邓兵死之磷惨号于荒原衰草之间。夫为强臣用者，鬼且恫之，而况强臣之自为用乎！

晋之旁落也，有大夫之族而无公族。至于匠丽之难，周子孑然一身入主宗祐，握重兵制进退者皆世卿耳。孤茎之缀秋叶，其生凡几？悼公有弟，岂其能怙宠疾威，与丰草争荣落哉？偶一仆者之不戒，而刀锯疾加，势不旋踵。魏绛之心，路人知之矣。名自正也，言自昌也，悼公虽孤愤于上，不能夺也。乃反质诸绛之操心，则岂奉公死法，批逆鳞以申国宪者乎？室之欹也，无几矣。一木承之，不足以支；更因其蠹迹之偶蚀，遽斥其朽而伐之。然则室一日而未倾，其欲倾之心，寤寐不忘也。安所得为君之懿亲者，绝毫发之愆，而后可免其戕椓邪？

悼公曰："合诸侯，以为荣也。杨干之戮，何辱如之！"绛欲暴其径行无忌之权以摇诸侯，而急白公族之不肖，俾知其君之孤立而无辅。悼公已胆裂气盈，愤然曰："必杀魏绛！"是曹髦死争一旦之情；而士鲂、张老之流，复为煽浮言以恫喝之，公且终无如绛何，而茶焉谢过矣。有是哉，强臣之折孱主，生死于其爪掌之中而莫能一掉也！且与之礼食焉，且使之佐新军焉，悼公于此岂复有生人之气哉！读《左氏》者不察而旌绛之直，夫恶得而弗辨！

匠庆略季孙之槚 襄公四年

蜂之方螫，而折棘以刺之；虎之方咥，而磨牙以噬之，未有不为天下笑者也。恶妄人之无礼，即以其无礼者而报之，妄人之喙乍塞，而天下后世相传以为快，是岂足与筹当世之治乱者哉！

季孙之薄定姒，目无襄公也。匠庆请榇，而答之曰"略"，目无举国之臣民也。匠庆因之以目无季孙，而伐其圃槚。彼固曰"略"，而我即以"略"用之，季孙虽席其螫咥之威，亦受制于倒持而箝其喙矣。左氏称君子之言曰："多行无礼必自及。"则固从旁鼓掌，而快其喙之乍塞也。

国家不幸，值权奸之势已成，鼓翼竖尾，飞扬骧步，而莫之制。然其始未尝不有劲爽犯难之人，资一时之壮气，起而挫之；乃所以挫之者又非其道也，则虽乍塞其喙，而莫惩其心。彼将曰："所与我为难者，承吾之疏，师吾之智，而逞其一旦之心耳；此殆蔑足与较，亦姑听其自已。若夫习法守礼之士，动必虑其得失，谋必规其成败，则固莫我如何也。"而益以目空在廷之众，为无足与抗者矣。然则成奸人之恶而丧国家之气者，莫此若也。浅心之流，犹从而艳称之，恶知夫一棘之刺不足以中蜂，一啮之痛不足以伤虎乎！

行无礼而必自及。善败之报不爽者，天也。君子皇然奉天以治非礼者，固有道矣。正其本不争其末，求诸己乃以加诸人；非道勿言也，非义勿行也；意有可快，不遄也，机有可乘，不用也。晶光皎日以临之，而不穷之于幽隐，得则社稷之福也，不胜则亦以质鬼神、示天下后世而已终无尤。夫匠庆者，恶足以语此哉！吾特悲夫举鲁之无人，而抗季孙者仅一以妄治妄之匠庆也。尤虞夫后世之为君子者，不明于制小人之道，而奖少年锐进之士，越礼使气以与小人争，事必无成，而名节先为之玷也。孔北海而知义，当不奖诞媟之祢衡，以齿牙竞曹操，而只成其篡矣。

穆姜论筮　襄公九年

知行难易之序，言学者聚讼而不已。夫道在天下者，可以意计推也；道在吾身者，不可以意计推也。然则讼知行难易之序者，殆以意计推度，而非其甘苦之已尝，自取其身心而指数者乎？岂惟君子哉，虽不肖者且有其与知与行者矣。其与能者未与知也；而所未与知者，曲而不全，执而不通，信其必然而不喻其所以然也。乃其曲者则既知其一曲矣，其执也则终始知之矣，其必然也则亦历历不昧于己矣，心若见之，口不能宣之，虽不得曰与知，而亦非冥行之可不颛也。若夫其与知者而不与能，则终焉始焉，表焉里焉，一若司庾之吏持筹委悉，而要不获一粟之用也。

夫以穆姜之不肖，且知四德之所凝，而自喻其所违之故，以窥见夫《易》之蕴，况其怙淫喜祸之不如穆姜者与！盖知者象天，耳目之司也；能者象地，肢体之司也。耳目明而发之也不劳，不必心为之效，而固莫掩其晖曜；肢体钝而运之也劳，苟非心为主于中，以驭气而制形，则当其惰莫能以振，当其溢莫能以敛矣。匪振其惰，弗作也；匪敛其溢，弗成也，是以为善也如登。惰而畏振，顺于所陷；溢而畏敛，逐于所歆，是以为恶也如崩。处如登如崩之势，耳目之微，虽囧然不昧于当前，亦且如爝火之不能燒决水，坐视其溃而末如之何矣。

是故事先之觉，不可恃也，当事而所觉之力渐微，虽不忘犹忘也；事后之悔，无可救也，悔之力只以丧气，后事踵起，仍不知悔者之何往，则亦终身咎而终身悔也。为功于人，而待人之加功者，其惟能乎！为善如登，而气凌于千仞，乃登之矣；为恶如崩，而力挽其奔车，乃弗崩矣。诚有事焉，则甘苦之际可以自程其难易，奚暇为之讼言哉？徒学焉而以知为奖，卑者为穆姜之慧，不救其淫；高者为浮屠之悟，只增其妄，可弗戒诸！

子西子产追盗 襄公十年

才掩性乎？才而掩性，必其性之不至者也，犹夫臣而掩君，必其君之不纲者也。性，君也；才，臣也。君臣一体，统于治国；性才一致，统于治身。臣受君之命，才禀性之能，一而不贰，统而不分。故人无性外之才，则未有自有之而自掩者也，所恶夫世之言才者舍性而奖才也。舍性而奖才，于是乎以性所统有之才，逮其成才而或离其性，才乃掩性而以其才鸣。夫虽其成才以往，才繁有能，要皆性之绪能也，可以为功于性而显性之能，胡为乎使之相掩哉？责固不在才，而在性之不至，审矣。

郑子西闻其父之难，"不儆而出，尸而追盗"；子产闻其父之难，"为门者，庀群司，闭府库，慎闭藏，完守备，成列而后出"。夫使有至性者设身以为二子处，其必为子西而不为子产，明矣。乃左氏之记子西曰："臣妾多逃，器用多丧"，若将羡子产之裕于才而子西诎焉者。呜呼！率是以奖才，而才之掩其性也，且将以贼性而有余矣。亲则其父也，变则俄顷而兵死也，仇则不反兵而斗者也；发之暴，闻之遽，吾不知为子者心裂魂脱，血溢于咽，气奔于仇者当如何以处此，而犹转一念焉为臣妾器用计。使子产而洵然，将与商臣、刘劭之心无以别。天高地厚，抑孰有覆载之可容国侨也哉？

夷考子产之生平，固非不肖如此之尤也。意者子产夙受父命，经纪家政，整饬庀具，号令之有恒，虽丁奇祸，而家有司夙戒有余，各举其职，则攻盗者有人，守室者有人，不俟教令之申儆而自相辐辏耳。是子产之才，原不以有余而损性。且兵车十七乘成列而出，卒以杀尉止，歼其众，则为功于子产之至性以尽孝子之职者，胥其才也。而无如不知性者之妄为传闻，欲以奖子产之才而掩其性也。然则与不知性者而语才，才遂以为性之贼。故孟子曰："若夫为不善，非才之罪也。"则才固有时而不善矣。"非才之罪"，岂非奖才之罪哉！

虽然，以是而罪子产，则子产固不为传闻之妄者代受其咎，而君子设身以处二子，则为子产终不如其为子西也。迟之须臾之顷，而至性即于此断续矣。使子产闻声而效死，有司者又何厖焉，虽有可恃，不若其无恃也。仇牧之斗，段秀实之笏，智者不能为之虑，勇者不能为之援，至性孤行而天地为之动，不旋踵之谓也。

季札辞国　襄公十四年

古之君子自处也以实，后之君子相尚也以名。以名自奖，或浮过其实而不疑己之未逮，则抑以名期人，或浮过其人之实而不恤道之所安。夫所谓实者何也？心喻其所能为以必为之，饱满斟酌，退以自信，虽流览古今元德显功奇行殊节之尤者，未尝不思驰骤焉，而其以自守者，则不敢以浮弋之心当之也。吴季子是已。

季子之言曰："札虽不才，愿附于子臧"，如是焉耳矣。如是焉而已者，季子之所以为君子也。论者徒见子臧辞位而后，文采不少概见，而季子达礼乐，饬言行，上见虞舜之心，下动仲尼之叹，将以为非必子臧项背之间，不宜自屈而居此。夫季子固博物笃志裁情中礼之士也，不必规规然言子臧之言，行子臧之行，而自画于子臧者也。然志各有所当矣，事各有所值矣，心各有所感矣，其于辞国之一节，自信其能为而必为者，则子臧而已。信以子臧之节，用之兄弟相让之际，而道尤宜也。信以子臧之节，告无罪于夙夜，而过此以往皆非其所虑也。如食之饱自饫焉，如寝之安自寐焉，悬一季历之勋名于眉睫，而要于我无与也。君子之有取于古人而效之也，以心之信者效之，而岂以名之高者效之乎！

且季子岂徒不浮慕夫季历哉，虽泰伯犹非其所期也。泰伯去周而季历安，季子不去吴而夷昧、余祭踵立而不嫌，以底于乱。然则季子而泰伯邪？诸樊死，余祭无名以立，光可蚤嗣其位，则王僚之祸息矣。而季子不忍舍其宗国之心弗为也，何也？其自信以能为而必为者，子臧而已矣。季子贤于子臧，而不敢失子臧之节；仲尼圣于老彭，而不敢废老彭之学。圣之所以为圣，犹且有然，而况君子乎！

世之衰也，学不以心而以耳目。耳苟闻之，目苟览之，《诗》之所比兴，《易》之所变通，《春秋》之所进退，一旦尽取而拟之以行，志不必相当也，事不必相值也，心不必相感也。割大牢以饲病夫，当白昼而陈茵枕，求食寝之暂得而不能，奚况望其饱安哉！以名若此，以实若彼，吾恐论季子者未见季子，且未见子臧也。

师旷论卫侯出奔 襄公十四年

言行者，君子之枢机也。持枢机而丧乎己，未有得乎人者也。故君子之言行，期乎寡过，不期乎为功；期乎中理，不期乎矫时。矫时之所失而欲以为功，则恒激而偏有所重；偏有所重，则功见于此而过即丛于彼。且其所矫者既因矫而得偏，偏重之失，自不容掩。天下之见吾行而闻吾言也，早已窥其发端之旨存乎相矫，抑又窥其一偏之失，持之以相诘而必不吾信，求其为功也，亦卒不得已。君之必君，不因臣之可以叛我逐我而始儆也；臣之必臣，不因君之可以遣我诛我而始戢也。君有惧于臣而始礼其臣，臣有畏于君而始忠其君，则人伦之交互相钤喝，以争祸福于施报，民彝绝，天理亡矣。

晋侯曰："卫人出其君，不已甚乎！"斯亦持平之论，未之过也。师旷曰："社稷无主，君焉用之，弗去何为？"亦奚足以为功于君而戒之向善哉，徒自丧其枢机而已矣。孰是闻教于君子者，而忍出诸口，曰"将安用之"也？旷言之玷，天下有心有耳者不可掩，则其君亦何可掩邪！且使旷反而自求其心，民彝天理之未亡，固不可自掩也。则其君将曰："此哓哓者徒欲矫吾之言，以抑我而强制之耳。早已不成乎理而自欺其心，奚足恤哉！"于是概视谏者之危言率挟一已甚之词以相凌夺而伸其说；不然则挟直名以骄我，而实无见于道者也；不然则将为权臣张其胁上干主之势，而俾我慴伏以听之者也。如是而欲君之降心以从，不亦难乎！

或曰：旷之为词，病在激矣，然则古有所谓谲谏者，将顺而微讽之，则免于咎而有功乎？曰：此非君子之所屑也。君子之言，不丧乎己，乃得乎人。苟君之过而将顺之，则既顺恶矣；谏而以谲为道，则既崇谲矣。讽谏虽行，君志益惛，功不足立，而先纳其身于滑稽佞谀之流，是其丧己以逐物也，正与旷之失均，而又奚取焉！君子之谏，君子之立言也。不为物激,不为时诡,正大而已矣。酌天理而不妄,贞常变而不易,该上下四旁而胥平,自正其枢而不爽于开阖,自审其机而不择乎远迩,奚所矫而奚所谲哉!虽然,未易言也。义不集,理不穷,气不和,量不远,虽有正直之度,忠孝之情,刚者必矫,而柔者必谲,唯其无本也。故性焉学焉,而后可以其言行施诸人伦之交而无咎。旷,贱工也,恶足以及此哉!

华臣奔陈 襄公十七年

宋人不能致讨于华臣,而华臣以瘏狗奔。吾于是而知鬼神之情状矣。

神者何?谓气伸者也;鬼者何?谓气屈者也。伸则施于人,而屈则远于人而去之。然则鬼也者与人不相及,而何与于人哉?天地之间非有藏幽纳气之大壑也,远于人而去之,亦必有所归矣。远于所去之人,而非远于夫人也。不远于夫人之类,则固与人而相为萦绕;恃其相为萦绕而不能必其相入,存乎其类而已矣。天下之相交者,同异攻取尽之尔。不同不取,不异不攻,则虽日萦绕于左右而固不相入,犹火之不入于土,水之不入于金也。同而取之,异而攻之,则虽其未必相为绸缪,而必以相应。是故匪徒鬼也,神之伸而施于人,且视其量之容,气之欣合以相挹注,而非其所受者,固有不施者矣。孝子之齐而亲绥之,同者之相取也;凶人之懑而戾乘之,异者之相攻也。瘏狗入于华臣氏而臣惧以窜,戾之相攻者也。

盖神者,集于实者也;鬼者,集于虚者也。实不可攻,取者丽之;虚无可取,攻者趋之。孝子之于亲,非相攻者也,而其相趋也,则亦以其虚之故。齐而不获其身,虚其心以致昭明凄怆之气,而鬼趋之矣。趋之则鬼生于其心,故谓之思成。思以成而必成焉,唯其夙无所成而后得成之也。故以正成鬼者,则正趋之;以邪成鬼者,则邪趋之;以相攻之余气馁而成鬼者,则戾趋之。彼华臣之肝胆心肾,积其相攻之戾气,而抑枵馁以不能有其神志,则耳之所牖,目之所函,手足筋骸之所求康而不得,魂营魄泊之无据而与外物相摇,无非相攻之戾也。瘏狗不他入而入其室,莫之致而至焉者,即其夙之萦绕于臣之左右者也。于斯时也,虽其肺腑亲信之人大声疾呼,诏以仅一瘏狗而臣不闻,执瘏狗磔于臣之前,以征国人惊扰之匪他,而臣不见。何也?相攻之戾,乘虚以入其中,鬼气充塞,而耳目官骸之灵皆拒闭而无能效矣。

由斯言之，神之来也，非乘虚而入也，匪诚有于中而不致也；鬼之往也，非去人而人必不受也。苟虚焉，则莫之介绍而亲矣。非吾身之所受，两间虽有而不亲，然非两间之果有是也，则亦恶从而至哉！天也，神也，鬼也，皆诚有者也，视其所以受之者而已矣。

祁奚不见叔向　襄公二十一年

古之王者，使其贤臣歆于为善之乐而无所嫌。故其贤者见善而必为，若寒之益衣，饥之进食，皎然无疑于众，而行且自忘之也。倘其不然，自视以为惊世绝俗之行，履险阻、濒疑谤而仅然其为之，则未为之前，操一为人不敢为之心；既为之后，左规右避，必力暴其无私之迹以祈免于咎。则君子之行，益孤危而不可尝试，教恶得而不衰，治恶得而不替乎？

祁奚之免叔向，为人臣者之恒节也；叔向之免于祁奚，为君子之恒遇也。以事言之，奚为国全向者而非为向，向之得免，晋无戮贤之失而非向之幸，则奚不见向、向不谢奚可也。乃以情言之，奚与向而皆君子矣，道必孚，志必合，臭味之亲，将如耳目手足之互体而交用，则疾痛相怜，忧乐相诏，亦乐善无已之至意也。以礼言之，奚诚知向之为贤，则出之于囚系而薰沐之，慰劳之，既下贤好士之节所必修，其在向也，推蒸豚必拜之义，絮执雉相见之文，报其所当报而亲其所亲，尤往来之大节也。情所固有，礼所必尽，敦厚以行典礼，奚容简焉？然则执手相劳，洒酒相酬，殷勤劝勉，益相戒以戮力于公，亦讵不可哉？奚诚有恩怨不任之心，亦何必暴于廷以自表；向诚有生死不动之节，亦何必矫君子而以鸣高乎！

乃二子之必出乎此也，则有故矣。其君，庸主也；范氏，雄猜之权臣也；乐王鲋之流，工为背憎者也。俾奚与向而直情以行，示相好之迹，则疑忌丛而谗谤行矣。呜呼！君子自行其志，而风雨如晦，鸡鸣不已，弗克展其乐善依贤之情焉。不获已而故为不近情之事，以祈免于末流，则夫人失为善之乐，而亦何利于善哉！匪奚与向之忧国如家，危疑不恤者，抑勿宁溯兼葭之水，依十亩之桑，绝世而无与为徒耳！孰能以惽惽畏咎之身，日游于羿彀而逃之哉！

虽然，君子以是哀二子之志，而如其奉之以为法，则过也。夫君子者，尽其道而无忧者也。情所必至，勿违其性；礼所必行，勿贬其节。昭昭然揭白日而行之，虽庸主不察，权奸见媚，宵人乘间而行其谮，犹夫蜂虿之偶逢，不屑预为之防。徽宗社之福，祸已极而必止，则吾既以直行而无患；籍其不尔，而小人之奸昌焉，亡之可也，死之可也，过非自己，亦可以对青天、矢白水而无所憾矣。胡为乎重一旦之忧，废生人之情礼，而开贞人以疑畏之蹙乎？将使为善者必星分瓦解，仕不同门，学不同师，如飞蓬之不可复聚，而善趣遂销阻于天下，则二子孤畸之行有以启之也。周颛不知，而用之于王导，终以戕身。然则患亦奚可避哉？范滂之戒子曰："为善不免。"言之悲也而已偷，唯不知命而忧道也。然君子特忧道不尽耳。

华周杞梁 襄公二十三年

智足以知之，仁足以守之，举天下之道无不可从容涵泳而尽之有余矣。君子奚贵夫勇邪？智者，心之能也；仁者，性之能也；勇者，气之能也。至于气效其能，而其用天也已下。气为性舆，性为御也；心为气帅，气为役也。性者天，心者天人之交，而气仅为身以内之气，则纯乎人之用。无形者道也，而为君；有形者气也，而为民，故曰下也。然则尽其心之灵，凝其性之德，则气固屏伏以待用，君子奚贵夫勇邪？或曰，所谓勇者道义之勇也，非气之勇也，是以君子亦贵之。此尤未知夫勇也。夫道者自然之俪，义者随时之善，而奚其勇哉？然则谓君子之勇与勇者之勇，如玉之璞与鼠之璞，同名而殊质，殆孤标其门庭之旨而非实与！

夫勇之必用而可贵，固即勇者之勇也。智足以灼然而知之矣，仁足以安焉而守之矣，事无逆而机无不可待，则亦恢乎其有余裕矣。不能保事之无逆而机之必可待，灼然知之而不知灵明之何以遽掩，安焉守之而若有所凝滞而不能发，当斯时也，心之力孤而性之体藏，然则欲绌气而下之，又奚恃乎？夫所谓道义之勇者，远乎不道非义，是智也；一乎道义，是仁也；皆非勇也。藉仁知而该勇之德，则是心性之藏可不资气，而气为忤心背性之物，将天地之生人固有此不若之气而重为人困矣。生有不善，是性挟不善也；授之生者有不善，是命杂不善也。勇者之勇，适助禽兽之猖狂，而又何足以为性之舆、心之役哉？夫勇者之勇，固即君子所以为德者也。齐庄公之好勇而致勇士，夫岂足与言道义哉！

华周、杞梁载甲孤入，而宿于敌人之隧中，其智与仁不足用久矣。然而知贪货弃命之可恶，以死守之而不忍贰，化于其家；妇人之微，且知以礼而却国君之灵宠，虽君子之见道已明而复礼胜私者，莫之逾也。于是以观勇之德，而勇之体立，勇之用行矣。立之也自有体，不资道义而后有其体；行之也自有用，而且以成乎仁智之用；勇乃以参乎智仁之贵，而气与心性均为天之宝命而成其能。故义成于智，礼成于仁，学者之所知也。当死而无弃义，造次而无忘礼，勇之以兼成乎义礼者，固宾宾然夷犹委顺以修儒度者之所不知也。夫子之勇，现于历阶之责齐，曾子之勇，征于疾革而易箦。岂当祸福死生之际，旋用而旋给哉，夫亦有以养之矣。无曰勇者之勇，君子之所不取也。君子之所养，未尝不养是也。大疑、大恐、大哀一旦而投于前，舍气而又奚以胜之？

崔杼伐我北鄙 襄公二十五年

祸之将发，天下具知之，而唯昏庸之主弗觉，斯其所以为必亡之主也；其或觉之，而积弱者又困于人心之离而无以自免，斯其所以为必亡之国也。非必亡之主而成必亡之国，其失在纲纪之不立；非必亡之国而有必亡之主，其罪在辅弼之无人。天下具知之，而其君与左右之臣，枕蚖蛇而席剑刃，晨斯夕斯，无以自救也。夫岂不有任其咎者哉？刘裕之心，赫连勃勃知之矣，而晋安帝无能为之防，非晋主之不觉也，虽觉之而无可如何也。若夫王弘之流，则心已离而不可用矣。安、恭非必亡之主，而君臣外内成乎必亡之势，使赫连氏策诸万里之外而中，此谁咎哉！晋自东徙以来，元帝不君，王敦、桓温数摇人心于歧路，晋氏无能饬法以治乱贼之党，君臣之纽久解而不可张矣。

崔杼之弑，孟公绰知之矣；秦桧之奸，叩马之书生知之矣；而齐庄、宋高无能为之防，非国势已解，欲防之而不得也。齐庄淫昏而宋高猜懦，奸人之情日呈于左右而目不见也。夫有目而不见，二君之罪也。乃恶声播于天下，达于敌国，彼二君者有耳而不闻，岂独二君之罪哉！比干死而后殷纣亡，则罪不在干；泄冶杀而后陈灵弑，则罪不在冶，张九龄罢而后李林甫之奸逞，则罪不在九龄。环齐、宋之廷，碌碌者禁寒蝉而学仗马，无责焉耳矣。夫不有翘然自命为君子者乎？宋高之悖也，胡铨言之于始而蚤斥，而铨固小臣也；张浚居将相之任，乃结舌以中书生之逆料，浚亦奚面目以对女真之策士哉！

若夫齐庄之廷，陈无宇既挟异志以幸乱，庆氏抑怙同恶以分国，将谁望焉！而晏平仲者，岂其智出于公绰下哉！晨夕同廷，观变之熟亦较公绰而尤审，乃进不能为泄冶之死，退不能为九龄之去，尸禄容身，无片语以警君于垂死之日，迨其已成乎弑，始宾宾然立于崔氏之门，委罪于死君，而自诧以死亡之无与。舌虽佞，亦奚以解其心之惭乎？婴之言曰："臣君者岂惟其口实，社稷是养。"夫社稷垂危而规瑱不入，甘寝于荣禄之下，刃悬君腹而若不知，婴非口实故，而何必齐廷之可偃息哉？婴他日又曰："事三君以一心"，婴将何以为心乎？无亦浮沉观望，塞默委顺，以自保口实之心邪！操是心也，岂徒三君与，冯道之四姓亦无所不容矣。枕尸而哭，亦甚恶其陨涕之无从也。故孟子曰："子诚齐人也，知晏子而已矣"，不足为有无于人国，而天下无有惮之者也。不然，敌国之谋士虽料其祸之将发，而国有人焉，且虞其或拯之矣，楚人之所以惮季梁也。孟公绰、赫连勃勃与叩马之书生，奚其弗惮哉？

叔孙豹违命 襄公二十七年

君子之于匪人也，恤其名弗究其情，则为匪人之所欺；究其情弗恤其名，则为匪人之所穷。故《易》曰："比之匪人，不亦伤乎！"不获已而与共立于人之廷，无往而不得伤矣。君子之操以制匪人者，名也。名幸而操于君子之手，则成可以收拨乱之功，而败亦可以显自靖之实。乃不幸而名抑操于匪人之手，则君子棘矣。母邱俭之不胜司马昭，沈攸之之不胜萧道成也，无操故也。

季氏世执鲁权，仲与之比，所未翕附以为蟊贼者，叔孙氏耳。宋之会，季矫君命以命穆叔，使告于晋，而曰："视邾、滕。"夫是其命之不正，贬国咨利以为周公羞，义固不可从矣。若其命出于季而挟君以取必，微徒穆叔知之，五尺之童犹应知之也。秉义以裁伪，庸讵不可？而左氏以违命为之罪，则将使穆叔瞀然不审，智出五尺童子之下，而坐受奸人之欺，然后为顺乎？乃穆叔惟审知其伪，毅然裁正，而季抑得挟赘斿之主，为显号以相纠，则不但叔为季穷，而君子之持清议于后者，亦不得不为季屈也。

夫坐而欺于匪人，与坐而受匪人之穷，则得失之数，亦可睹矣。君子者，可欺而不可穷者也。曹操挟献帝以逞，违之者袁绍耳；宇文泰挟魏主以重，违之者高欢耳。忠臣贞士，岂不知匪人挟主之不可徇哉，而嫌之未别，则将与袁绍、高欢同其犯顺，而又安可为也。故名者，君子之所必恤也。恤名而愚，匪人之计得而名犹顺；舍名而智，匪人之计沮而名先丧。舍名而行其志，是犹恶盗之穴墙而撤墙以守也，则亦奚据以制匪人哉？且匪人之攘名以制君子，亦仅焉而已。沍寒之日，亭午而乍暄，未有能固其暄者也。姑听之而少待之，名其能长为匪人借，而匪人其能数数以借名者乎？至于私欲遂，狂行张，则必有显露诬上行私之迹，然后执言以声其罪，则匪人之术不患其不穷。匪人之穷也，如水涸而鱼暴腮于碛，俯手拾之而有余，不待钩梁之设矣。

富弼穷吕夷简之奸，露章入告，而后夷简不能举违命之愆，覆加诸弼。穆叔而知此义也，驰介命以争可否于廷，鲁、宋之间，不浃旬而往复已达，又何至蹈违命之尤，覆使匪人得而乘之哉？不学无术而用其一概之断，虽君子弗能为穆叔贷，诚惜之也，诚伤之也。

宋子罕削向戌之赏 襄公二十七年

国家之患，莫大于新进之士妄徼生事，劳民罢国，快其血气之勇，而以自诩其功名于时。黄发遗老秉持重之义，裁抑以弗使其逞，则国与民犹赖以小康。如其新进者昌而老成者沮，则衅成溃乱，而天下乃抱憾老成者之孤立而无助，此治乱之大较也。虽然，事变之繁，有不可以一概言者矣。不逞者之求名也，率生事以堕功，而向戌之求名也，则堕功以苟悦于众；奸人之欲窃也，率构乱以攘权，而赵武、向戌之欲窃也，则偷安以便行其志。至于此，而奸人不逞之局又为一变矣。

呜呼！小人之误国也，恣其狂狡，冒虚功而贻实祸。耆宿之贤者，操靖国绥民之义以裁之，则词正而物顺。故田千秋得以回汉武于暮年，而梅询、曾致尧终砻服于李沆而不敢竞。即其不胜而摧沮屈抑，天下犹且咨嗟感泣，以歆戴其安全之至意。唯是奸人影托于持重安全之旨，幸国之少宁而君乐其须臾之暇，幸民之少息而民利其眉睫之安，则虽大义炳于日星，利害明于指掌，且有言出于口而众怨归之者。于是虽以休戚与共之元老，亦箝口结舌而不能与之争。桑维翰之邪说一雠，而景延广受恶声于千载。是以子罕之明达公忠，而当弭兵始议之日，无能如向戌何也。老成之名倒授于新进，而耆硕之见反嫌于妄徼。君子之必困于小人也，又奚可免哉！

然而小人者，志易盈，贪易露，以名始而以利终，弗能与争，而其后终不可掩也。宋猷未干，而请免死之邑，戌之所为，施施然以奸贸者，岂可质于君子之前乎！子罕昌言其妄，而大义明，利害著，虽戌之险诐无忌，智足以蛊士匄，力足以杀太子，而不得不垂脰折腰于子罕，则天理之在人心者不可诬，而子罕之所奉者，非邪说之所能夺也。

乃有国者令老成之士迨事之已偾乃奉辞以折宵壬，而祸已莫挽，则国所倚为乔木之重者，不已虚乎？冒功者易擿，冒名者难夺，生事以成欲者其说易穷，息机以仇诈者其奸难觉。张弘靖、史弥远之所以果亡人国，唯其托于老成，而老成者莫之胜也。

宋共姬待姆　襄公三十年

《易》之为道，周流六虚而不可为典要，无他，时与位而已矣。不及乎时，不及乎位，虽及之犹不及也；过乎时，过乎位，虽寡过焉犹过也。君子安其位以求其志，乘其时以修其道，而德乃不穷，过不及之失鲜矣。虽然，其有过不及也，或失之简，或失之严，或失之厚，或失之薄。失之严与厚者，未能周流于时与位之虚者也，其道为悔；失之简与薄者，未能敦其乘时安位之实者也，其道为吝。夫悔与吝则有间矣。故曰：君子恒失之厚，小人恒失之薄，然则君子恒失之严，而小人恒失之简也。

《易》曰："君子以行过乎恭，丧过乎哀。"敦厚而自严之谓也，可以处过而不辞矣。晏平仲执亲之丧，而当时讥其以大夫而行士之礼。宋共姬待姆不至逮于火而死，左氏讥其以妇而用女之道。夫使平仲而果差于大夫之礼，共姬而果爽于妇之道与，乃其过也犹失之乎厚以严，而所由异于小人远矣。而犹未必然也。大夫、士，位也；女、妇，时也。君子之安其位，乘其时，会通而行其典礼者，果于执亲丧、临生死之际，而必尽其毫发之别也乎？我不敢知。吾恐礼之别大夫于士者，以禁士之勿侈于大夫，非禁大夫之勿俭于士也。道之别女于妇者，以禁女之勿诡于妇，非禁妇之勿泥于女也。且尤不但此也。位之必安，而后志以行焉；时之必乘，而后道以修焉，皆有待之说也。然则其为君子之酬酢于天下者而言之乎？夫酬酢于天下而不以其时，则礼有不尽；不以其位，则义有不精。故大夫而执士之俭，则予民物以薄而道不广；妇而执女之严，则接舅姑姒娣以固而情不洽。是以因其隆而隆之，则丧祭亦报施之以隆；因其劳而劳之，而闺阁之制或弛。若夫人之于其亲，卒遭夫崩天坏地之惨；士女之守其身，忽当夫呼吸生死之介，此岂以酬酢天下而可酌之于崇卑张弛之间者乎？身无所不致，而后可以居丧；心无所不致，仰不知有天，俯不知有人，而后可以处死。然则古之制礼者特宽此一介于差等之别，所以全天下于孝子贞妇之途，而使不肖者可以企及。孰谓哀深摧裂、义激糜烂之必为拘拘也哉！

自天子达于庶人，统之乎亲，则皆子也；自髫龀以迄于耄期，统之乎身，则士皆士而女皆女也。见有位焉，将不见亲；见有时焉，将不见身；虽欲安位而已无志之可尚，虽欲乘时而已无道之可信。然则欲宠大夫于士，而通妇于女也，亦奚难哉！罔极之悲，捐腥剖肝之下，天地且将避其诚，而何用此曲繁分析之礼文为邪？不揣而为之苛求，宜异端者摘礼为忠信之薄也。

《续春秋左氏传博议》卷上终

赵孟视荫　昭公元年

蜗牛之庐，将以自逸，而适以自劳也；乌鲗之墨，将以自免，而适以自获也。故祸淫之报，不但于其迹而于其心，天之不可以欺迹也有赫矣，乃或藏心于阴而诡于迹，则又不报其心而即报以其迹，天之不可以迹欺也尤可畏哉！奸人之惧而思戢也，则故为鸥张之迹以震天下，而己得以乘隙而退；其阴有所图也，则故为之柔惰之迹以解天下，而己得以乘间而逞。当其藏心阴密而迹诡焉，则虽蹈于大刚必折、大柔必靡之愆，天下咸得而讥之，而彼固不辞之，曰："凡吾之所以为尔者，将以行吾深鸷之谋。人之多言，亦奚足以为我病哉！"夫其惧而思戢，祸宜乘之于其退；阴有所图，祸宜乘之于所逞，此天理之报其心而不爽者也。然而不能待矣。非果能刚也，但一示鸥张之迹，而祸即中于刚之必折；非志于柔也，但一示惰散之迹，而祸即中于柔之必靡。是故天者甚恶夫匿心以疑误天下之耳目，则必即如其迹以报之。彼方骄天下之讥非我者不足以测其中藏，而天下之讥非早以验矣。呜呼，天之不可以迹欺也，有如是哉！

赵武视荫而叹曰："朝夕不相及，谁能待五？"其心取晋数百年之社稷，筹其必亡于己，抑引子孙无穷之利泽，若将手授而目觊之，奚但五稔哉！赵迁未虏，代、冀未灭之日，皆其心力之所及也。而一告之刘子，再告之郑伯，三告之秦针，如就木之老，伏枕寒心，举勋名爵禄子孙族姓皆不足以动其槁木死灰之心者然。鸣呼！武之以疑天下于弭兵，而因以蔑周；导其君于女蛊，而乘以蔑晋；阴藏其莫大之志，而自处于不振之尤，自有奸人以来，心闷不宣而托迹已贱，未有如是之深也。曹操师之，以为分香卖履、爱子托人之遗令，陆机固弗能觉焉，则亦如刘子、秦针之以迹讥之而已。乃孰知心未及露，而迹之受报者已不爽也。则刘子、秦针虽不足以察武之微，而已无之弗察矣。武向之笑二子为浅于谅己者，二子还持以笑武，而武抑奚辞？然则奸人之阴鸷，无论心之不可隐，而迹早已不可雠，如嬉笑之下许人以死而遽刿之以去也，有怛然乍惊而已矣。

甚哉，天之可畏而不可欺也！其孰为之乎？抑果有司铁钺者于空冥之中乎？理气焉耳。理者即夫人之心，气者即夫人之生气也。心险而孤，不适为主，狙诈以使其气，气遂不依其心，而假借其使之之命，因以流而不返，则心不为政而反为气动。武之雄心，已为柔惰之气所移而不自知矣。故孟孙羯讥之曰："年未盈五十，而谆谆焉如八九十者。"习已成，气已陷，心已离，凡其以雄猜者，皆以化而为蠕缩。心气交陷乎必死之途，而魂魄随之，则亦理之必然者矣。欺天而天罚之，欺心而心荡之，故君子之事天，事之于心而已。

司马侯请以诸侯许楚 昭公四年

德非以言者也，故曰：有言者不必有德。非谓有德者之不言德也，抑非谓言德者之不必有德而言也，乃以谓夫以德为言者之无与于德也。从其德而辨之，知其有德，不必征其言矣；从其言而辨之，其为言其德与以德为言也，则奚以辨哉？虽然，无难辨。言其德者，言其固得者也，言其求得者也。言其固得，则于心既有事矣，于行既有事矣，非仅执德之名而以服群论也。若言其求得者与，则且如饥者之求食而必炊，寒者之求衣而必绩也，抑岂虚悬一德之称，如梦美食重裘而侈之哉？故听言者欲辨其仁与佞之别，但究其所以责于我者要归之何从，而佞者之词虽典以则，亦大块之籁自为嘘焉耳矣。

司马侯谏晋君之勿与楚争而但务德，夫岂非典则之论？乃君子则甚恶其典以则而无能易之者也。夫司马侯诚以德为诸侯之去留，则晋之不德也必有在矣。侯胡不讼言昔之凉德以丧诸侯者，覆轨奚在？侯胡不昌言后之修德以驾楚而系诸侯者，改辕奚从？而但奉一德之虚名以抗楚而自抑，如建鼓以求亡子，而祗益之逝也，侯之情于是而穷矣。侯盖不审夫德之奚以修，虽欲言而无以言。侯亦操异心以终始赵武之奸，则即与闻乎德而忌于言与？且晋之不德，未有甚于弃诸侯于蛮夷者也。侯忌言此，则虽其闻见之剽窃，可以袭取德之影响以为标榜，而有禁其吭者存矣。是以其称天以诱君也，则曰楚王方侈；迨其欲破齐、楚多难之说，则不特桓、文，楚也，而抑文王，楚也。先后之不谋而不恤，孰为文王明德之实而孰为商纣凶德之归，设有执此以折侯者，侯将奚辞哉？

呜呼！佞人登而乱国，巧言张而乱德。以德为言，而德乃绝于天下。然苟有知德之君，就其辨说以叩德之实，则以德言者如盗之望朝旭而魂褫矣。故执此以考古今奏议论说之是非，能言其失不能言其得，能言其始不能言其终，能言其理不能言其事，皆无与于德而徒为乱者也。"莫黑匪乌，莫赤匪狐。"乌狐错起于前，君子辨之早矣。

叔孙舍不赏私劳 昭公五年

滇人未见海，见池之浩瀚者遂以为海也；荆人未见凤，见山鸡之璀璨者遂以为凤也。夫子没，七十子之徒分家而名道，欲雠其说，托于圣言以传，其言亦既似圣矣。池与海均波，鸡与凤均羽，苟似之，未尝游渤澥而睹鹓鸾者，将信其为果然而不疑，而大德隐矣。

左氏称叔孙舍不赏私劳，而举仲尼之言以实之。使其言而果夫子之言也，犹恐其如"丧贫死朽"之有为也。乃考圣人之言以类推之，如海之无小激之波，凤之无庬彩之羽，则有为而畸言之，固圣人之所弗屑。然则"丧贫死朽"激而已甚之言，犹未知夫子之果云尔否也，况其以徒奖叔孙而无为者乎！

言之似圣者，其末似焉耳。刻绮而为花叶，似矣，未有似其根茎者也，而柔润光丽之色即不能肖乎春荣之所擢。故有本者之末与徒末者之失，本无待辨而别。以法治人者，末也；法之无私者，犹末也；执法以其无私，而正己以正人者，本也。赏罚者法耳，有用赏罚之人而后赏罚行焉，故利焉而不功，杀焉而不怨，内尽诸己而外允乎人之谓也。桀、纣之不能举禹、汤之法，非徒不欲也，亦不能也。莫之或摇而自淫，莫之或掣而自沮，殆抑其情之不容罔而天理之不容冒者乎！如欲以桀、纣之凶德而执禹、汤之法以加天下，将有如齐庆封之反唇于楚灵王者。小人用罔，其道必穷，焉有君子为其所掩而亟誉之，况圣人乎！

叔孙舍为竖牛所立，而以杀适立庶为牛讨者谁也？非舍乎？适已杀也，夫不有仲存乎？舍弗能固辞其位，以报父兄于九原，而姑驾祸以专戮于牛，此而可称焉，则圣人亦目移于刻绮之浮荣，而辄许以化工之春藻也哉？晋惠执言于里克，卫献施殛于宁喜，国其所宜得，法其所得施也，而《春秋》犹不假以讨贼之辞，则圣人之情见矣。

如舍者，固辞其禄位，泣请于君，尸竖牛于叔孙氏之间，斯可矣。今顾不能，受人之窃而讼其盗，冀以免株连之辟，将成、济戮而司马昭可许以忠，氏叔琮斩而朱全忠得逃其罪乎？圣人无斤斤之察，而不为胧胧之照，快法之行，而尤慎法以不轻者也。左氏以一概之见，诬圣言为已征，有识者固将觉之矣。似道之言摈而道乃显，岂耳食者曰言出于圣人而即圣人之邪！

士文伯论日食 昭公七年

有即事以穷理，无立理以限事。故所恶于异端者，非恶其无能为理也，囿然仅有得于理，因立之以概天下也。而为君子之言者，学不及而先言之，与彼同归，不已诬乎！异端之言曰："万变而不出吾之宗。"宗者，囿然之仅得者也，而抑曰"吾之宗"矣。吾其能为万变乎？如其不能为万变，则吾不出吾之宗，而非万变之不出也。无他，学未及之，不足以言而迫欲言，则囿然亦报以仿佛之推测也。

天之有日月风雨也，吾其能为日月风雨乎？地之有草木金石也，吾其能为草木金石乎？物之有虫鱼鸟兽也，吾其能为虫鱼鸟兽乎？彼皆有理以成乎事，谓彼之理即吾宗之秩叙者，犹之可也；谓彼之事，一吾宗之结构运行也，非天下之至诞者，孰敢信其然哉！是故天人之际，儒者言之析矣。五行之感应，若取之左掌而授之右掌。凡此者，皆不出吾宗之说也。吾以其理通天之理，而天之理为我易；吾以其气感天之气，而天之气为我回。其言甚辩，莫之能穷。乃至有云返荧惑之舍、挽欲坠之日者，皆确据而为之征，殆将与老聃孕八十、瞿昙行六步之邪说相为出入，辩者亦无从而穷之也。虽然，至于日食而恶能不穷哉！

士文伯之论曰："国无政，不用善，则自取谪于日月之灾。"呜呼！此古人学之未及，私为理以限天，而不能即天以穷理之说也。使当历法大明之日，朔望转合之不差，迟疾朒朓之不乱，则五尺童子亦知文伯之妄，而奚敢繁称于人主之前，以传述于经师之口哉？故曰理一而分殊，不可得而宗也。天则有天之理矣，天则有天之事矣，日月维有运而错行之事，则因以有合而相掩之理；既维有合而必掩之理，因而有食而不爽之事。故人定而胜天，亦一理也，而不可立以为宗，限日食之理而从之也。

然则《春秋》之必记以为变，何也？夫日月并行而殊道，互道而异行，殊道异行恒参差不齐，而有时乎合掩则异矣。日以阳德施明于民物，而昭苏其灵气，卒逢其掩；则阳辉不施于下而阴盛于昼，民物必有罹其灾者矣。故君子以恐惧修省，贞其异而弭其灾，则日虽食而不害，此所谓遇灾而惧也。学之已及，知其数之固然，而通以礼之可尽，斯以御变而不失其恒。君子之学所由以异于异端者，非以此乎？

呜呼！日食之理，幸而灼然于后世历家之学，则古人之诐词辨矣。使不幸而未之明焉，则为文伯之言者以终古述焉可也，恶得有灼然于心性之藏，尽出以诏天下者起乎？异端冥行摘埴之浮言，五尺童子皆得而箝其喙矣。此圣人所以有俟于来学也。

子产对黄熊　昭公七年

名者实之券也，而苟非德之无不胜，与夫居其名而无偏曲之忧者，则君子恒辞而不受。岂恶夫名而逃之，如癯道之士匿阴以避影者哉？德不胜，则必将有所穷而为天下屈；名成于偏曲，则天下且以器使我而为天下玩。斯二者，皆夫人之大患。而犹不仅此也，为天下屈而自安于屈，以反责尽于己，虽屈焉可也；乃名已成而能弗以屈为耻，其不自饰以掩其短者，鲜矣。至于自饰以掩其短，而诐淫之言行成乎己而终陷乎非，为天下玩，实君子之大辱也。乃或在我之藏无尽，而天下仅知其一曲以玩我，犹无损也；抑或为天下玩，能知其辱而非荣，因以惩浮名之非，据而裁心以义，亦迁善之几也。然而果其藏之无尽而知希者，鲜矣；知玩之为辱而自惩者愈，鲜矣。天下方仅以一偏一曲之长玩我于闻见技巧，而我因以自玩，则流荡忘归，而道之广大没世而不相即。斯二者，夫人不知患，而君子尤患之，是以亟辞小善之名而不欲居，非避影也，避夫夕日昃月之影移我而丧其真也。

子产于春秋之季，与闻君子之道，行己治民，亦既彬彬可观矣。其长不仅博物也，即以博物言之，尤不在齐谐索隐之卮言也。初往如晋，对台骀、实沈之问，而得博物之誉。夫实知而实言之，博物之名，不足以为子产重，亦何必其为子产累哉？乃晋不能知子产之生平而仅赏其博，则已有玩子产之心矣。至于后而征黄熊之梦焉，则已视子产为谀闻口给之士，聊以备噱笑之资，供巫史之任，而子产辱矣。乃台骀、实沈者，犹子产之所实知者也；黄熊之梦，非子产之所实知者也。非所实知而惮穷焉，于是播羽渊之邪说，导夏郊之淫祀，自陷于恶而为天下迷。夫晋为盟主，犹列侯服，改周礼而乱杞祀，子产之妄，不应逮是。我知其知之已穷，饰短而流焉者之不自戢也。乃溯其恶之所自成，则惟晋以博物赏子产，而子产因以自赏，津津乎乐求异说，以护其博物之誉，则有非所习而习，非所信而信，玩己之明聪于浮荣，而不知玩其心者之为天下玩也。

呜呼！子产亦何乐乎此名，而与天下相玩于必穷之途哉？充扬雄、韩愈、苏轼之才，可勿仅以诗赋名也；充张华、段成式、陆佃之识，可勿仅以博雅名也；充邵康节、蔡西山之道，可勿仅以数学名也。始姑就之，天下趋焉，终遂耽之，大道隐焉。言必有穷而物必相玩，淫溢愉志，迷而不复，志于君子之道者可弗惧哉？辨防风之骨，识肃慎之矢，惟圣人斯可矣。虽然，吾知圣人之能乎此，抑未知圣人之果有此焉否也。

屠蒯三举酏　<small>昭公九年</small>

执可伸之义，乘得为之权，可以贞胜而无忧乎？未也。义者，不一而足者也。义可以胜人，而身不能胜义；义可以正名，而实不能居名；则事未举，端未发，而早已为天下之所持。不然，曹髦、善见奉大义，尸大号，加以权臣，奚以谋之不克？沈攸之、李克用秉义声，拥强众，力争寇仇，抑奚以衄而无成？弗获已而咎之天，天岂任哉！将勿其谋之不密与？阴谋者，非君子所尚矣。抑勿其力之未充与？义充而犹待于力，则是力主而义宾也。夫君子之秉义以御强横，不劳而无弗胜者，则有在矣。心者，义之所自制也；身者，义之所自显也；道者，心之所自广也；礼者，身之所自臬也。尽其道，率由其礼，夙夜无惭而动止有经，喜怒不得而乘权，则恒居天下之大贞，虽有挟慧佞箝制之术者欲起而乘之而无其却。然后奸人之以荧天下者，术穷而不得不安受其擊括，是岂袭义声于旦夕者所可逮哉？事未举，端未发，早已授黠者之口实，而恶乎不败也？故名义之所系，客气不得而参焉，浮情不得而间焉，畏夫乘之者之即在此也。

晋平公之世，有大夫而无君，大夫可以废置君而君不可以废置大夫，权之移也久矣。荀盈死，平公欲废知氏。国有爵禄而君操之，替权臣之党以崇公室，义所可伸，权所得为也。乃方有其志，惩于屠蒯之三爵，枵然中止，终使荀跞为卿，以悦国人。呜呼！屠蒯者固知氏之爪牙，六卿之羽翼，为奸人之伏戎于君侧者也。乃一旦以折公志于未露，而俾公忸怩以堕其志，蒯之力亦奚足以及此哉？公自贻之尔。公于盈之死，挟裁抑之盛心，而以为机在是也，于是有幸之心焉，而浮喜动、积怒张矣。客气浮情，乘须臾之喜怒不择以发，考钟行酒以鸣其得意，而无沉潜审处之虑，则乖错之机见，而倒受奸人以相擿之柄，不亦宜乎！

荀氏之废，义所得为也；卿卒而乐，非礼所得为也。得为者弗为，而为其所不得为，欲义之伸于人也，其可得哉？藉平公而知此，盈自卿也，恶得而不卿礼之？知氏吾臣也，废之置之，亦恶得而不唯吾之命哉？而平公固不能也。动止无经，夙夜多赧，如持刃将割而腕固无力，其不振掉以荼沮者，鲜矣。唯平公之不能，而蒯之奸仇。后世之称直臣者或不审而以蒯厕夫汲黯、魏征之列，俾名义为小人所操，而是非之颠越滋甚。吾既有以测蒯之奸，而愈以咎平公之失。非徒咎平公也，凡为义于险阻危疑之间，举当虑善而动，其尤严乎！"战战兢兢，如履薄冰"，诗人之所为忧曷谷也。

观从申亥 昭公十三年

道有并建而各善者，必推之此而后以加诸彼；道有特建而统善者，则全于此而已备于彼矣，夫且不待推之而已无不统，则岂有欲全此而忧其妨彼乎？道莫大于孝矣，建以性，无与为偶焉；统以心，无有不括焉；故欲求与之并建者而不得。无已，其忠乎！乃人之必忠于君，惟其有事君之身也，乃此事君之身则亲之身也。故曰："不失其身，则能事其亲。"出而事君，而隕越狂獝以陷于大恶，失身之尤者也。孰是孝子之身，而敢以试于逆哉？夫进则欲为君子之身，即退亦不敢为乱贼之身；进则使其身为君子之子，即退亦不敢为乱贼之子；进则推本其得为君子者为亲之贻谷，即退亦不敢激成其为乱贼者以亲为祸阶。是以为人子者，当衔荼吞炭之日，亦弗获已而死耳，弗忍毁天纲、裂人纪以泄其怨毒者也。

观起怙权之宠，富而逼上。楚子车裂之以谢国人，是所谓杀之当罪而不听其仇者也。不听其仇，则虽杀之者与为俦匹，抑且上祇吾君之法以忍其怨，况杀之者即其君乎！从以是结群不逞乱楚而弑君，夫从且自以为孝于其亲矣，乃起虽恶，犹未至为弑逆之贼也。从倡弑而成乎贼，则是使吾亲有乱贼之子矣。从推本于杀起之故，以为衅端，缘其亲之故而为贼，则尤使其亲为贼之主矣。以贼辱其亲之身，且以贼辱亲于既死，是起本无恶而从贻之也。夫孝子之事亲，虽不避死，不辞纤曲以行其志，无不备矣，然皆以守身而归善于父母也，未闻其躬为贼而以事亲者也。故孝道之大能统忠，而无与相悖之理；悖焉者必其不孝者矣。

然则申亥其可乎？夫亥者，事亲之心长，事君之节立，贤于从远矣。虽然，未为得也。亥之因亲而忠，君所谓推之此而以加诸彼者也。从不幸而父罹于辇，则缘亲而贼矣；亥幸而父免于诛，则缘亲而忠矣。使从若亥，吾知其必竭节于君也；则使亥而若从，吾不保其弗失身于贼也。亥之言曰："惠不可弃"，则是因惠而报也。君臣之义，无所逃于天壤之间，亲与我均也，而但以其惠孝哉？惠之不可弃，则抑怨之不可忘。以惠致身，小人之怀惠而已矣；以怨仇君，则乱臣之逆节而已矣。以小人之道事亲，其贤于以乱贼之道事亲者，虽有差焉，寻丈之间焉耳矣。夫孝者，敦大仁，立大义，择于天下之至美，安其心以奉亲者也，而奚有于私怨与小惠乎？呜呼，微矣。

从以不义而仇其君，伍员以义而仇其君，从为尤逆，而员不可末减。何也？员能去而不能死也。亥怀惠而忠其君，嵇绍忘怨而忠其君，亥未为得焉，而绍几于悖。何也？绍能死而不能不仕也。皆许之孝而不得，则许之忠而亦不得已。故曰：孝，道之大者也，非至德者其孰能凝之！

晋人执季孙意如　昭公十三年

蜥蜴能为冰而不知有冰，萤能为火而不知有火，能为之而不知之者众矣。故知小人之情状者君子也，君子不能为小人之为者也。若夫小人恫喝狙诈，且兴夕变，不欢而笑有声，不悲而泣有泪，方张而蹋其足，方戢而摇其翼，皆工为之，则其肯綮条绪虚实反复之机，亦既心得之矣，而人之加于己，则覆若侗悫愿谨者之轻信而不察。故即以其人之术穷其人，而其人穷矣。必待君子而后不穷，岂君子之固有于心而喻之哉？彼有不待逆亿者存也。

鲁之胁荀吴曰："'臣一主二'，吾岂无大国？"晋之胁季孙曰："将除馆于西河，其若之何？"子服之智，乐王之智也；季孙之惧，即荀、韩之惧也。夫鲁能以是术胁晋，则岂不习于相胁之利，而知晋之亦以是而胁己；晋能以是而胁鲁，亦岂不察于相胁之幻，而知鲁之亦以是而见胁。悲夫！此胁之，彼惧之，方惧之，旋即以此胁之，如飘风暴雨之倏惊而南、倏惊而北也。介然一触，摇精荡魄，即其所挟以欺人者，旋受面欺而无假于术之变易。然则小人之智，固有而固忘之，其旦夕揣摩之劳，亦将奚用此为哉！

使以君子而处此，则有道矣。君子之心，无小人之术者也。或以其术进，而必不屑为者也。然而知之也明，而处之也正矣，则或曰："立于术之外而后见术之中。"君子之职为已旷与？而非也。君子非能旷观于变诈之所自兴，而能旷观于生死利害之际也。不没于利，虽鲁之改事齐、楚也何伤？澹于望鲁之事己，则鲁之去留如飞鸟之过吾前而不惊其逝。不怵于害，虽徙于西河也何伤？安于见因而不见免，则西河之累如飘屋之坠于吾首，而不待豫为之防。无沈于利，则胁我以改事者之无实露矣；无震于害，则胁我以西徙者之为诳章矣。然而君子虽知其诈诳为小人之必穷，而不恃小人之必穷以自全而弗之恐，小人穷而君子得矣，小人即不穷而君子亦不失矣。此文王之所以抚六州而无疑，系羑里而自得者也。蜥与萤其何知焉！

子产拒裨灶 昭公十八年

为国之道，有制而无争。制者，贞淫之大防，所以已争者也。立大贞以为防，而几微之间，此一贞焉，彼一贞焉，于是而有众论不同之致，乃择而有所从违，则工瞽舆匠不嫌以其言进，辞说辐辏，而非以争，如金锡之互成于一冶矣，唯其众论不同之致，一本于贞，而淫者不与也。是以先王谨之于庠序，敕之于礼乐，断之于密勿，诐佞之学不传于师氏，术数之流斥之于贱工，人心正，国是一，奚待于争哉，不知其迹之削而响之阒也。晋淫人于廷，国有大事，得与闻焉。及邪说之既昌，贞人谊士乃秉正以与之争得失多寡之数，有贞胜焉，而其为胜者隐，若以簧鼓流俗于一旦之吉凶，则胜负未之有定。胜在贞者，而贞之胜亦仅矣，况其乘于不可知之数而未必胜者乎？毁其防而后争之，是犹厌蛙之鸣而笼之于座右也。然恃其贞而争之，抑犹良玉之竞瓦砾而恃瓦砾之脆也。

春秋之季，立国之防已毁，而士淫于学，巫祝之流淫于官。若裨灶、梓慎、苌弘、子韦之徒，皆得与坐论之师尹持长短而争典礼，乃其言亦或验矣。其或验者，则贞士之与争者既不胜也；即其或不验者，抑争者之与平分得失，而恃不可知之数以偶胜也。故后之不用瓘斝玉瓒而郑不复火，子产胜矣；前之不用瓘斝玉瓒而郑火，子产固不胜矣。相与贸于得失多寡之数，而胜不胜莫之能必。将贞人之论，亦惴惴栗栗若捧盈缶之水以趋，用力已勤而莫能继也。

然则若灶者流，恶足与争是非哉？放之可矣；疏而贱之，勿使有言于廷可矣。扑蚊蠓者，不如闭其帷也；驱妖鸟者，不如斩其丛也。而犹未也，学校之教有经，官司之守有准，巫祝之词有常，风角咒禁之术，火其书而窜流其人，乃以使经世之士专其心目，养其日月，以尽人道之所当为，又奚待其流而遏之哉！弗获已而遏于其流，若李晟之立斩术士，犹庶几也。虽然，大制立于大贞，则彼琐琐者之脰领，亦何足以试君子之剑邪！

宗鲁死卫挚之难　昭公二十年

君子奚以畏圣人之言邪？圣人之言，如雷霆之震物，不知所从出，震于其所震，而所未震者尤怀可震之惧，故君子之畏之，尤于其所未警者而警之也。不知所警，则见圣人之言于道，而不见圣人之言于心。乃道亦广矣，且将游衍而测度之进退辞受生死之间，左酌右量以求免于非道，而圣人震天下之情隐。夫责辞者之非义，则受者愈可知矣；责进者之未至，则退者愈可知矣；责死者之违道，则生者愈可知矣。奋以升于霄，犹见其坠于渊，非谓不升者之不坠也；握以浣于江，犹见其污于泥，非谓不浣者之不污也。故斥沮、溺以鸟兽，则冒楙以干禄者，殆夫并不能为鸟兽者乎！诛宰予以粪朽，则鄙倍以立言者，殆夫并不能为粪朽者乎！绝宗鲁以盗贼，则反复而逃死者，殆夫并不能为盗贼者乎！

呜呼！人至于不惜死，而固已难矣。视息者，神之所恋也；斩刘者，形之所惨也。捐坟墓，弃俦与，抚妻妾子女而割绝之于一旦；违白日，袭长夜，恩摧爱折，血膏原野而骨饱狐狸，岂非人情之大痛者与？然且知其可避而弗之避，斯岂从容讽议者之得以操其短长哉！而圣人犹曰："此盗贼也。"则岂抱头以生、容身而免者之可弗为盗贼乎？故圣人之告琴张者，非徒以警后世之为宗鲁者也，尤以警后世之不能为宗鲁者也。一失其身，则信而为盗，忠而为贼，死而只为不义非礼，而蔑信亏忠、全躯命保妻子者又勿论已。可畏哉！何集非木乎？何临非谷乎？日斯迈而何以免斯日之咎乎？月斯征而何以善斯月之后乎？全而生者，其周旋视履而何缺乎？全而归者，其俯仰天地而何憾乎？前之蹶而后无以救，生之辱而死无以荣，故曰"畏圣人之言"。一失道而不知震之所从也。

苟其弗然，以进为未至，参订于不进不退之间而幸其获；以辞为非义，调停于且辞且受之介而避其迹；以死为违道，中立于可死可生之交而相其势；乃曰："吾学于圣人之言，而体道之广，游衍于两间而自处者裕也。"则圣人之言且为庸人避罪之渊薮，而又奚足畏哉！

莒庚舆以人试剑 昭公二十三年

"一阴一阳之谓道"，道不可以善名也。"成之者性也"，善不可以性域也。善者，天人之际者也，故曰："继之者善也。"然则道大而善小乎？善大而性小乎？非性有不善而性不足以载善也。欲知舜与跖之间，善与利而已。利者，习之所熏也。以是验舜性，而跖非性矣。乃有所利而为恶者，习之责也。此愚不肖者之常也。

夫不有无所利而为恶者哉？色不足以愉吾目，声不足以穆吾耳，臭不足以适吾鼻，味不足以悦吾口，货财不足以惠吾妻子，狂瞽以逞，莫喻其故，而极天下之大恶、人情之至不忍者甘之如饴，若莒庚舆之铸剑必试诸人，此又奚所自来而成乎其为恶哉？于是性善之说穷，而告、荀、韩、杨之说乘之而起。谓庚舆之恶自性而有，固不得也；谓庚舆之性无恶而善，其将能乎？曰：此夫以性域善，而不知善之蕃变者之过也。故可曰善钟于性，而不可曰性可尽善也。

是故石虎、朱粲、高洋、宇文赟、刘子业、萧宝卷之流间见于天下，而不可为其性伸。奚以明其故邪？善有体焉，有用焉。继之者善，体营而生用也；成之者性，用凝而成体也。善之体有四，仁义礼智也，继天之元亨利贞而以开人之用者也；善之用有三，智仁勇也，变合乎四德之几而以生人之动者也。故天之命人，若王言之命天下矣。王言如丝，其出如纶矣；王言如纶，其出如綍矣。綍大于纶，而非能大于纶；纶大于丝，而非能大于丝，其始操之也约，而其流纵之也溢尔。约其所纵，则枵然大者固不如其小者之实大也。故曰：善大于性，仁义礼智之谓也；从其末而论之，则性溢于善，智仁勇之谓也。智仁勇者，所以载仁义礼智而行者也。以其纵溢之故，力亦渐微而不能载其天德，而用之溢也，乘情才以取盈，则妇人之仁、猾士之智、凶人之勇，充其枵然而自为功矣。体生用而用溢于体，用非其故体而别自为体，不善之所自出，亦安得谓非性之所有乎？充之也不诎，则纵之也不甚，纵之不甚，则犹可约也；枵然而诎，则纵之也甚，纵之甚则不可约而返矣。不可约，而妇人之仁、猾士之智、凶人之勇，情才且不足以供其狂逞，而借血气以行，虽欲无为豺虎犬豕之好恶，其余能几哉！

故君子之尽性，不但尽其用也，而必尽其体。性之体，非性之私也，天人之交所为成之者也。成之者性，而所为成之者，则必其继焉者乎！介绍乎性之用以亲其体，则尽性而至于命；驰骋其性之用以背其体，则流恶而不返。故性者善之成功，而不善之初几所自启也，是以君子必致功焉。虽然，天下之为庚舆者，吾见亦鲜矣，类皆缘利而为恶者也。故君子终不责性而责习。

吴以罪人犯师 昭公二十三年

论者讥秦网之密，毒天下以速亡，而不知其所自来者久矣。

吴僻处东夷，右画扬子，左限五湖，当越未并、楚未割之日，幅员所界，亦云狭矣。荒榛未启，田庐未饬，蛙居而鱼食，民之生聚，亦云仅矣。鸡父之战，以罪人三千犯胡、沈与陈而诱之，何罪人之多也！上不恤其民之寡，酷为法以驱之人；民习知其上之酷，趋以入而弗之避。故庄周曰："日游于羿之彀中。"诚有寓目而皆噎霾，举足而皆荆棘者矣。唯其法之苛而民不知所避，则弗获已而轻死以干之，上益疾其数犯，而增益其法以箝之，辗转相因，而士师之牍不胜削矣。周之衰，五霸之季，尚未有也，吴起于荒徼而始开其捋刘之端。吴为政于中原，而惨毒之风遂移于上国，吴虽亡而天下之为吴者相踵也。六国因之，嬴氏因之，杀气起于东南而溢于西北，胥九州而一阱，沿及于嬴政而毒遍天下。非秦之创也，其所由来者，吴开之先也。

呜呼！君习于危法，吏习于深文，相仍以薙艾天下者，诚有所自滋矣。而三代遗直之民，憪不畏网罟之加，前者覆，后者踵，法频中之而非无名。意者天实为之，而非尽人之咎哉？而非也。法之苛也，必多为之科条文禁以限天下，则天下之得罪者易矣。乃民未有安于犯，而有司亦畏其拘捕之繁难、质对之参差而贻疏漏之罚也，于是匿民之恶，勿使上闻，则一切苟且，以权避一时之咎。司法者穷，而保任之令立矣。保任愈严，朦蔽愈固，将有穷奸极慝死不偿罚之辜，亦且互相隐而莫之敢发。然而终不能尽为闷也，一旦察吏纠之，冤民讼之，仇隙讦之，则向之犯者隐者连类而他恶率露，一狱而数十百人之积过聚焉，则如吴之三千人者，得数十大狱而足矣。文具繁则证佐广，辗转多则连系众，经年累月，枝纠蔓萦，吏民错杂，黠者愿者悍者葸者同归于辟，而莫能理。是法苛而民益迷，成于察者鲜而成于蔽者多也。逮其已露而益悔朦蔽之未工，偷诡相乘，懸心百变，夫宁复有悛改之心哉！

子产曰："火烈而民畏之，水弱而民玩之。"能知民之玩水而不知民之玩火，非知道者也。玩水犹免，而玩火则已焦矣。虽得天下而不能以一朝居，上非长民之君，下非戴上之民也。是不欲以之速灭，其可得乎？故为政之道，法不薪宽而薪乎简，简以易从，而吏民之志定，行可兴矣。此汉之所以约三章而刑几措也。

囊瓦杀费无极　昭公二十七年

知疾之病人已亟，而不知攻疾者之病人深也，则谓之下工，奚辞焉！是故人有元气，国亦有之。元气之受伐，害气干之也。六淫者，人之害气也，卒中于人，皮肤先之，肢体次之，渐深而入于藏，则目为之雾翳，耳为之蜇鸣，昏烦狂易，而其人亦濒于死矣。然病之者，害气之淫，剥元气之裔流而未椓其本也。国工于此，护元气而滋溢之，俾为主于身中，则主客之形审而邪正之势定，坐收其荡涤之功而中不相构，虽有淫毒之余波，亦无从贪润以复入，不知其日亡而固已日亡矣。拙者不然，曰：淫气者，非毒无能胜也。委驱除之功于峻烈之臭味，俄顷之间而淫已除矣。乃淫之所宅者，五藏之奥突也，入栖神之宫，肆挼艾之威，惟其所攻而莫之忌，则尽举身之血气，奔命以趋毒石，而毒石乃为主于人身之中，则是有毒石而无元气矣。夫毒石之性，岂知有所惩而以滋长生理者哉！虽欲无毙，其将能乎？

五侯之灭梁氏也，董卓之翦中官也，司马乂之诛赵伦也，史弥远之杀韩侂胄也，皆以毒攻淫而毙国者也，而莫甚于囊瓦之杀无极。无极者，谮人之尤者耳，非如大奸窥国，莫之翦而必亡者也。谮人之害，中于耳目，而腑脏未毁，为之君者犹有权焉。谮人者假其威以逞，而不能自为鞠凶者也。昧者假手于巨奸以攻之，构于中而气移于所攻，则权徙而君尸于上，以听忮人之鞠凶而莫之治矣。孰谓沈尹戌智？易无极以瓦，移耳目之疾于心也；抑孰谓沈尹戌忠？君在上，百辟在列，不能昌言于廷以正无极之罪，而攘生杀之权授之瓦也。易无极而瓦，则谗与奸之祸亦既较然矣。由是国人惑瓦而姑媚之，百僚惮瓦而终謩之，唯其溪壑之满，而举国竭泽鱼以相奉。有言不可于王者乎，即可指无极以加之曰：此固谗人之余蘗也。而向者之目瞀，今者之睛亡矣；向者之耳簧，而今者之窍塞矣。终使郢亡王走，松楸不保而麦黍生悲。戌死有知，将何以质鄢、费之魄于地下哉？

故舍国工无可攻之疾，舍老成慎重之士无可医之国。谗震朕师而圣之者，必皋陶也，非攻之谓也。如其求逞一朝，不择人而但驱埽以鸣豫，则授共、骓于伯鲧而举刑尤快，奚所畏于震师而必皋陶之举哉？

子家羁反昭公之赐 昭公三十二年

交天下者，虽其实之已尽，尤重其名矣；交于天下者，苟其名之已然，弗问其实矣。故名实之用，不可不辨也。君子不能绝天下之交而恶其失己，是故别嫌明微于进退辞受之间，慎重其名，以不轻受天下，而匪曰吾不享其实而以无愧也。夫且天下之交君子，与君子之受交于天下，岂以其利为重轻哉？交者以情也，以礼也，而后天下之交君子也，异于舆台之养。受其交者，参之情而可矣，酌之礼而可矣，则其交天下也，虽举四海之富，推而奉之陇首，而固有所不辞。若其未也，则亟正其不可受之名，而无所依违于其际，别托一清白之迹以自全。夫君子之受交天下，既惟其名之正而不恤其实，则以接倾盖闻声之侪侣蔑不由焉，而况其所尊亲者乎！

子家羁从昭公于外，茹蘖饮冰八年，草次犹父子也。公将薨，而有双琥、环、璧之赐。羁度之心，受而安焉，拜嘉而宝藏之，以戴公于没世可矣。如曰：吾从公羁处而不能归公于正寝也，罪在不逭，而矧敢受其赐！则亦泣请于公，终弗受焉耳。姑受之，待公薨而返之府，羁欲辞忘死其君而欺泉壤之罪，其将能乎？夫羁之为此，以为吾弗利焉，虽有受之名而亦何伤。呜呼！君子所重爱于己，挟与生死而不可涅者，非此名哉？赐之者公，而公知其受不知其返矣；公不知其返，而又将谁返乎？君父畀之，当陛拜之，奉归而宿于其家。凡为人臣者之受于君，亦此为九鼎之荣尔。过此以往，则宝玉禄糈皆糠秕也。取九鼎之重，舍糠秕之轻，求以号于人曰："吾无染也。"于以诳天下之崇利而不知情礼者则得矣，而君子其孰信之？君子之是非，即夫人之自为心者是也。辗转以饰其初心，则叩之心而早已不自信。故谓子家氏之内不失己，上不背君，吾不信也。意者，以暴其无所利于昭公之迹，以告无罪于季孙乎？故淹恤规谏于公者，皆冀容于季而徼覆水之收，未有卓荦振迅、夺奸臣之胆，深谋全量、图光复之功者也。

然则羁者，亦自矜而不刚、忠君而不固之具臣耳。从昭公者皆厮养之才，而羁乃临深以见高。公即用羁，亦但为一乘之返，而公亦不成乎其为君矣。论者惜羁之不用，吾以知其用而亦无能救也。

囊瓦以裘马拘蔡唐二君 定公三年

邪而不趋于乱，知禁而已矣。喜怒者，生人之大禁也；威福者，有国之大禁也。人不能无私好，国不能无宵人，势之所不能无，则亦岂待无此而后治哉？不能无私好也，得其好而不以喜张之，违其好而不以怒将之，虽未得为君子，而狂悖免矣。不能无宵人也，宵人之好得而福不淫，宵人之好违而威不蘡，虽未能靖官箴，而祸乱息矣。是故君子以禁其心，先王以禁其臣，惟此之为凛凛焉。

囊瓦，一贪人耳。贪人之于利也晰，则得失多寡之数，其所可寸度而铢称者也。贪人之欲得也，其情必靡以柔，则气无久亢，而志亦易移矣。一裘一佩二马之区区者，畴三楚之令尹而待此以为富乎？养唐、蔡以为外府外厩之资，月有取，岁有馈，三年之所获，夫岂仅此？而虚拘其君以亏币玉之入，瓦之智，孰谓其不能辨此哉？吾知瓦之于此以贪始，而非但以贪终也，欲崇其威而已矣。威之未克崇，则又崇其怒而已矣。怒崇而威福抑操于其手，则利之多寡亦其所不暇计，而很于必得，信以求赢，虽他日者亡令尹之位，失三楚之富，乃至宫室烬，宝藏分，妻妾舍于勾吴，无论其不早计及之也，抑计及之，亦且有倒行而快其一旦者也。故济贪者怒也，败贪者亦怒也。匹夫求欲以逞，抢首搏膺，呼天誓鬼，撞釜裂裳，卒不知其所自起而莫能戢者，贪移于怒也。怒而乘权则威也，乘权以贪则威也。长国家者纤芥之不给，斗人以自斗，困人以自困，亡人以自亡，祸几发而不谋所以收者，贪移于怒也。

呜呼！私好行而士行刑，官邪启，为已甚矣。其气未盈，而戢之以不趋于怒，则狂戾犹有所憩也。大位未授，大权未操，觊以干人而不任威，则怨毒犹未有深也。贪以贪终，而害亦不长，畏其移而已矣。明主之慎持其威，如修士之重惩其怒，则瓦之在国，亦如齐王色货之好，奚必其不可从令而治哉？故曰：知禁而已矣。

斗辛斗怀 定公五年

心之所靖者，理莫之违也。故《书》曰："自靖，人自献于先王"，言自靖之即可以献也。乃将靖之于孤至之心乎？抑将靖之于共白之心乎？幸而值人伦之顺，孤至者无不可白也，则无容以不可共白为疑；即不幸而值人伦之变，孤至者无不可白也，则亦不必以不共白为疑。乃有尤不幸者存焉，或父为君之逆臣如李璀，或君为父之仇雠如观从、斗辛，白于此则伤于彼，而但称心以自致，其可乎？曰：此所谓必以不共白为疑，而以靖天下后世之心为自靖者也。

夫观从者，则既违天经，乱人纲，而不得为孝矣。无已，其为斗辛乎！辛之言曰："君讨臣，谁敢仇之？君命，天也。"殆乎其可矣。乃由辛之言而求辛之心，以质天下后世之心，夫必实有天者存而信其君之不可仇，乃以茹荼忍痛，置其父之死而不敢恤。夫辛之心而能然与否也，我不敢知。虽然，天下后世固将有以窥之矣。昭王返而论功，三楚之义士逡巡而不受，以旌其志者申包胥也。包胥且无求，而辛独有求，则天下后世之心，踧踖魍魅流洷含涕于辛拜命之日，而辛独安之。然则辛之所安，殆犹夫藉棘荐而履泞淖，亦奚以靖哉？使举斯心而献之于父，父即受之，而辛何以将之也？辛于此殆与斗怀而几无别矣。

辛即有以天事君之忱，终无以自解曰：吾非以利禄故，舍亲而急君也。怀即有为父报仇之忱，终无以自解曰：吾非害则乘之，而利则就之也。乃使子西者流操论以乘其后，怀且安之。怀忍询蒙耻以安，则辛之安之也，讵非忍询蒙耻以安之也乎？唯怀忍耻而受，辛犹与同污而不觉也。

使怀激于子西之言而辞其赏，则辛将何以对怀，而抑何以对天下后世之为人子者乎？质之子西，弗白也；质之包胥，弗白也；质之观从，亦弗能白也。辛一信其心，而其所安者即其所危。然则履人伦之尤变，率意以行而非诚有其德，则虽有善焉而非可据以自靖者，岂徒以靖其孤心哉！

王孙繇于诘子西　定公五年

说者曰："非常之功，必待非常之人。"是则有非常之人，而非常之功起矣。伊尹而佐启可以为桐宫之放乎？周公而得与康叔、聃季同尹王室，可以与"破斧"之师乎？是非常之人固未可求非常之功而致之也。文王以道而安于囚，孔子以命而逊于去，不挟圣以行权，圣人之所以至也。有非常之人而不立非常之功，则不必非常之人而时在非常，虽欲守经而不得，则非常之功固可起，而又奚疑焉？霍博陆、狄梁公、于肃愍由此其选矣。非常者，时也，时则有常不常，而人则无常不常。圣人者，亦犹是恂恂之孺子、庄庄之士耳。介乎时之所不可避，义有尤重，则情有尤挚，捐躯命，忘宗族，以趋其千金俄顷之几，而名之荣辱、世之褒讥举非其所恤，即所谓非常之人矣。事异时移，功不蕲成，而或操清议以纠其后，此流俗之论所为龌龊而不足道也。

子西、脾泄之事，夫岂王孙繇于之徒所可能哉？不肖者重忘其身而轻忘其名，贤者轻忘其身而重忘其名，至于忘名，而身之不系其念久矣。彼繇于者，阘而受刃于背，介然之忠爱，固不可訾其非忠爱也，而以拟子西舆服保路之事，则大小虽易之不侔，殆犹孤烛之炷，爇九微之炬与？俾子西而当云中之难，吾知其能为繇于也，何也？其忘身以捍患者均也。俾繇于而值脾泄之时，则固不能为子西也，何也？忠未自信于己，固将胸缩而不敢居也。

子西者，社稷之臣也；繇于者，君之臣也。故宫毁君窜，国人疑，庙社无主，"社稷为重，君为轻"，正此时矣。夫议者徒以子西之非其人耳！孤至之诚，天棐之；寸心之靖，性安之；伊、周之圣，积此心而充之也。曲能有诚，奚必溪涧之非水，而孤岫之非山哉？待尧、舜而垂裳，则赵武灵之服可毁矣；待孔子而赞经，则嬴秦之书可焚矣。人未至于圣，而圣亦但尽乎人。是岂奋俄顷之气，犯难忘死，以夸之终身者所与知邪？縢于盛气以相诘，而子西弗辩，非子西之辞穷也，心安志正，固不屑与悖悖之夫争也。

驷歂杀邓析 定公九年

道一本而万殊。万殊者，皆戴夫一本者也。故道亦非独崇也，法亦非独卑也，生亦非独贵也，杀亦非独贱也。法载道，法亦崇矣；杀载生，杀亦贵矣。夫奚以载之哉？载之者人也。人奚以载之哉？载之者德也。德之载之也，非徒其议法之中，函夫生天下之心也。德之周流浃洽，充乎道之所至而蔑不胜，乃以时制为法，杀天下而不必回护其生之之心，然后任天下之险阻恩怨而无疑。

且尤有较著者焉：临法而议宽之，则必其终身之行不待宽者也。有待宽之行而以宽天下，则身为小人之都，而保匿之以为渊薮，不愧于人而愧于法矣。临法而议严之，则必其终身之行皆其所不为者也。己所未免而幸其不触，以纠人而置之不赦，则且使施之己而己必憯，乃以其所憯者而憯人，不愧法而愧人矣。愧法者，法之所不假也；愧人者，人之所不容也。呜呼！三代而下，议法之士，能以仰质君师，俯临人鬼，而疚不丛于心者，鲜矣。邓析之所以终不保其要领也。

夫知析之所以见杀，则驷歂之杀之不为滥矣。驷歂之杀析为不滥，则歂用析之竹刑亦一析焉，而又奚杀析乎？析有必杀之实，歂奉天人之疚，恶而诛之。左氏不审，引甘棠之思而为之惜，将古今而更有一舞智导讼之召伯邪？夫歂之罪，在用析之竹刑而不在杀析。舍其大疚而责其小忍，则左氏之讥歂，又一歂矣。歂惟不用析之竹刑，则杀析可也；姑弗杀焉，犹之可也。歂用析之竹刑而杀析，是一析也。歂用析之竹刑而不杀析，则是析为讼魁，而歂且为析之魁，恶烈于析矣。

或曰："刑法者道之所贱也，以小人之智任之而已足，奚待君子？"夫取生人之膏血委诸俶诡贪猾之吏师，乃以高自标置于议道不议刑之名，道有所不备而待匪人矣。祸仁义者，非此言而谁归！

孔子相夹谷　定公十年

日之于火也，云之于烟也，雷霆之于钟鼓也，春煦之于𪍿之温也，秋清之于簟之凉也，心喻其不可以伦，而名言之不得。然而目化于光影，耳化于震动，体化于受以适矣，并其天而化之，匪徒人也。是故大德者必有得矣，大威者必有畏矣，心之所不测，口之所不宣，非身承之，孰与知其际哉？

夫子相于夹谷之会，却莱兵，折要盟，拒野飨，其文词则既载之《传》矣。是其文词足以詟齐侯而必服邪？乃使或以其文词为文词，而未能必齐之詟也。意者其有将之者乎？则辞气乎？然即有以夫子之辞气为辞气者，犹未能必齐之詟也。意者其威仪乎？乃抑即有以夫子之威仪为威仪者，犹未能必齐之詟也。至是而知圣人之涯量，如天险之不可升矣。撰之为文词，出之为辞气，修之为威仪，有光有色，有声有气，火得似日矣，烟得似云矣，钟鼓得似雷霆矣，𪍿得似春而簟得似秋矣。光色声气之中，函之充而发之鸿者，天下乃于是而穷。施之光而赫然，蒸之色而油然，动之声而隆隆然，吹之温而融融然，嘘之清而瑟瑟然。乃即以文词求之，而天下必无有能如圣人之文词也；以辞气求之，而天下必无有能如圣人之辞气也；以威仪求之，而天下必无有能如圣人之威仪也。甚哉，圣人之神耀也！

虽然，神不可知，而学者亦何以知之乎？曰惟诚明，故不如火之倚于木；云唯诚舒，故不如烟之蕴于火；雷唯诚震，故不如钟鼓之待于枹；春唯诚温，秋唯诚清，故不如𪍿之待袭、簟之待摇而温清无量。大哉诚乎，圣人之所以如神者足于此矣。魂诚魂，魄诚魄，气诚气，神诚神，理诚理，仁诚仁，智诚智，勇诚勇，耳目明，而余者非暗也；容色晬，而余者非颓也；手足庄强，而余者非冥以萎也。气令而血共，性令而气共，命令而性共，肌肤荣卫，壹至仁大义之浃洽也。故曰："立人之道，曰仁与义。"阴阳之外无天，刚柔之外无地，仁义之外无人，圣人者，人之尽者也。即是以思之，而大德之得以天下，大威之畏以天下，名言之穷，而心恶乎不可喻哉？立夹谷之会于羹墙而观察圣人之气象，许之曰善学，可矣。

董安于请死　定公十四年

可以成名，未可以靖心；可以靖心，未可以居道；居之于心而靖之于道者，其至矣夫。虽然，亦难已。有见于道而浮弋取之者，见天下而当事或有不见也，见万世而一时或有不见也。君臣父子之伦亦博矣，一概而取天下万世廓落通共之常道，冒之以为规恢，则富贵贫贱生死之交，亦弘阔而唯其所居，成乎道之名，而反求于心，则若幕中之视日，而不如露处之见月也。于是有心之士愤其拓落亡实，而一以其心为据，固有舍富贵而如坠箨，安死亡而若藉褵者矣，天下之公义，不足为其义也；万世之恒经，不足为其经也。乃天下之义，万世之经，岂有与吾心之必靖者，如冰寒日暄之不相逮哉？封其心以求靖，而见道之违吾心，岂其道之违心乎，亦心违道而已矣。

董安于之为赵氏谋，欣然以其死而谢赵氏之责。当晋阳始祸之日，已决策于必死，而不待梁婴父之谮也。可以无死之日，而必期于死；未尝有可死之事，而故为死之之谋。经历岁月而弗改其初心，以成乎必死，非特一旦之慷慨也。由晋阳衅起之初，迄智氏来讨之日，固将视天下之春非其春，秋非其秋，而以白日为长夜矣；固将路人以视其妻子，朽腐以视其形骸，举天下之可乐可哀者，莫能动其一念之低回矣。夫安于而奚以能然也？一奠其心于赵氏之必存，而据此以为靖也，如春蚕之成功在绩，而幸镬汤之速加也。呜呼！心之为用，出入于生死而不迷，亦可谓天下之至劲者矣。然而奖乱者安于也，成专晋之谋者安于也，启分晋之势者安于也。人莫贵于生，而安于以其生抵鹊；人莫恶于党奸以怙乱，而安于以奸乱而贸其肝脑。堕天下之公义，裂万世之大经，所求非荣，所赖非利，而安于亦奚荣此而为之哉？

故靖于道者，而后可以居心而不丧；靖于心者，弃乎心之动而不能与道为居。游侠刺客之流，夫岂无心，而道去之：为天下僇，心无道焉故尔。贵道而不贵心，则于道非心；贵心而不贵道，则于心无道。君子之以抚心而求靖者，亦道而已矣。用心而不恃心，斯得矣，而犹未也。凝道于心，而心即道，则恃心可矣，不必更虑乎道也。然则其要奚存？曰：宽以居之，仁以守之，学以聚之，问以辨之，富贵贫贱生死之天则，生于心而心一无妄，君子之养其心者大有功也。故道不冒，心不私，名不幸成，以贞天下万世而不悖，则靖心也即以靖道也，奚虑夫心之封而道之阔哉！

伍员谏释越　哀公元年

进谏于君者有二患焉：奉大义以陈词，而非君之知所及也；因君之所能及者以牖之，而非义之所在也。故拂君而匡以义，则枘凿之方员相牾；降义以就君，则寻尺之枉直相贸。言之切而事不救，贞士直臣之所为引吭而悲也。

而伍员之于夫差也，则幸不然矣。骤而与世主言，言利害也则易，言道义也则难。道义不足以动之，而后以利害之说进，弗获已而屈贞士直臣之本志，托于利以仇其义。然且君子虑之，恐其沉于利而义隐也。若夫差抱檇李伤指之恸，立廷而呼，饮泣而唯，虽未能必其果有纯孝之心，而夫椒之役，则固含义愤而非以利兴矣。君亲死于越人之刃，岂甲楯五千困保会稽之能偿其巨痛哉？宰嚭纳贿而介之成，夫差志盈而初心改矣。然斯时也，去立廷之呼，饮泣之唯，无几时也，初心乍移而故未忘也。则君父大仇必报之义，岂夫差知之所不及哉！刻髓钊心而识之梦寝者，虽乍移之，犹悬诸其眉睫，而宰嚭之邪说方交战于中而未定也。乘其未定之际，急提其初心，而重奖以终砺之，夫岂远乎？夫差其固有人之心矣，取之肺腑而获之速也；夫差而遽尽丧其人之心乎，即以其含血饮憾之苦，折其方张之懦逸，夫差抑无挟以拒我也。而员不然，舍其义，较其利，舍其已知已能之义，较其或然或不然之利，君可直而我引之以枉，谏本易而自趋于难，坐遗其大义之必伸，而授谗人以字小弃利之虚名，太阿倒授而欲刺焉，必不得已。

盖员者，一功利之士耳。不死其亲而仇其君，党于贼以成其弑，则胸之所居，念之所趋，不知仁义之为何物也素矣，恶能以其美而成君之美哉？唯君子之于仁义也，贮之如江河之流，则川涧之可受者随注而盈，故天下之善于是而成焉。言之所以有功，道之所以速化也，岂一日之辩、介然之忠，所可与于斯！

公子郢 哀公二年

动人于子孝臣忠之故，言固有不得而尽者矣，非吝于告也。盈而无待者，性之体也；微感而通者，性之几也。苟其为未椓于性，虽乍蔽而疑乎，触其一端而摇以全体矣，析其大节而破其密理矣；而如已椓而丧邪，则将痛哭之而只如谈笑，沥血悉数之而只如残沈，几何幸而不适以自危？即无自危而先已自辱，夫君子奚而为椓性之夫辱哉！

蒯聩之逐，南子逐之，非灵公之志也。公谓公子郢曰："余无子。"悲哉其言之乎！知郢有辞之心，而申命之于南子之侧。郢曰："君夫人在堂；君命只辱。"体灵公之心而以折南子者，灵公虽死，家虽乱，国虽倾，固已戴郢之志意于泉壤矣。灵公薨，夫人矫命以命郢。郢曰："且亡人之子辄在。"疑于启南子以立辄也。虽然，郢岂以启南子之立辄，而奖辄以立也哉？郢曰："若有之，郢必闻之。"固已明君卫者非灵公之命而不得矣。郢不得命，而辄得命乎？当时之论者犹曰："不以父命废王父之命。"王父奚命哉？悍妻逆臣之所矫，而以诬王父尔。郢之称辄曰"亡人之子"，则辄犹是亡人之子，有亡人之子在而不更有亡人乎？目言之曰"亡人之子"，亦有合于夫子正名之旨矣。

甚矣，郢之言简而意深也！"有亡人之子辄在"，则固举国而听之辄也。听之辄，则迎蒯聩以归，革淫人之矫命，申先公之隐志者，非辄事而孰事邪？故郢初不曰亡人之子辄宜立也，引君臣父子之大伦，宗社废兴之大故，举而委之辄也。郢所幸者，辄而犹有人之心，举大权以属之而伸其志尔，而孰虞辄之陷溺而不自振乎？乃郢已举而委之辄，而郢之事毕矣。过此以往，奋而合于道，辄之事也；沉而陷于禽，亦辄之事也；伸灵公之抑于悍妻者而祓除其心，辄之事也；白蒯聩见陷于戏阳速之诬，而以告无罪于先君者，辄之事也；歆于速立，很于忘亲，盅于妖狐之党，而诬王父以拒父者，亦辄之事也。咸辄之事，而郢固可听之矣，无能复为之谋矣。郢力白灵公之无改命，而借己之辞位以警辄之不宜立，所谓析其大节而密理无难破也。正名之曰"亡人之子"，子以亡人重，而即以明亡人之子为群论之所折中，警辄而使得行其志，所谓触其一端而全体蔑不摇也。

与人父子之间，如是焉止矣。疑其不足以感而尽言之焉，言激而身危，言渎而身辱，取溪禽涧鹿而谆谆然诏之，未有不为天下笑者也，而况其为虺蜴之与豺虎乎！呜呼！性之已梏，则贤者不能为之尽其理，智者不能为之尽其谋，直者不能为之尽其忠，陷于禽兽而莫之救，如之何其弗惧也！

季康子命正常无死 哀公三年

妨性莫甚于从欲。欲有欣有厌：欣者，好之淫也；厌者，恶之淫也；浮动淫流，各赴其所之而不返。故有欣于富贵者焉，即有厌富贵而欣于贫贱者焉；有欣于生者焉，即有厌生而欣于死者焉。是其气之浓淡，质之刚脆，参差不齐，而苟浮动以欣而淫流以厌，则淡者亦浓，刚者亦脆。若所称王倪、啮缺、子州支父之属，当有道之世，而以贫贱为欣，虽尧、舜之君，皋、夔之友，而厌之也如溽暑之宿肉。非其固能澹也，无以处夫富贵，则厌其所不堪，而以绳枢瓮牖为自藏之乐也。夫人苟无以处之，而厌此以欣彼，则岂徒富贵哉？脆于尽生之命而刚以趋死者，亦取之俄顷之浮淫而已足。

季孙有疾，命正常以无死，则匪季孙命之，而正常必死矣。非有命而必死，则当时之宠臣勇于从死，而名不足登于史册者众矣。秦穆之以人徇也，子车氏称良焉，而临穴惴惴，犹非子车氏之所欣也。逮其流风之渐染，遂有以死为投赠之资，欣然掷其肝脑于解衣推食之恩而莫之吝者。此不谓天下之至刚者与，而孰知其脆已甚乎？何也？所死者解衣推食之恩，则情靡于温饱，而苴莩极矣。且其为君之宠臣，而宠我者没也，则与灰俱寒，与烟俱散，势谢权移。虽生而无以处其生，故逆计他日之凋零，生其大厌，而引决于一往。是其弱不自植之情，尤为不足道矣。

呜呼！古所谓豪杰之士者，亦力为其难耳。为其难，则欲愈澹而志愈笃；为其难，则气愈刚而物愈无所待。遇富贵而处富贵，即其遇贫贱而处贫贱者也，进有以仕而退有以学也。遇必死而处其死，即其遇可以无死而处其生者也。茹荼而如饴，乃以在亡而如存。与灰俱寒，不灭其星星之火；与烟俱散，不荡其霏霏之馨。势谢而义荣，权移而道定，胡生之可厌，而苴莩无聊，以取适于声销影灭之捐愁于终古哉？

若夫怀者德也，慕者义也。能以其德怀君父高深之德，而审其义果为天经人纪存亡之几，而后以身殉之也，孰与劝之？而又孰能沮之哉？夫然，而生从道也，死从义也，富贵从治也，贫贱从学也；醉饱裘葛之恩，望望然而去之久矣，奚况死哉！

吴征百牢 哀公七年

人之道，天之道也；天之道，人不可以之为道者也。语相天之大业，则必举而归之于圣人。乃其弗能相天与，则任天而已矣。鱼之泳游，禽之翔集，皆其任天者也。人弗敢以圣自尸，抑岂曰同禽鱼之化哉？天之所生而生，天之所杀而杀，则是可无君也；天之所哲而哲，天之所愚而愚，则是可无师也；天之所有因而有之，天之所无因而无之，则是可无厚生利用之德也；天之所治因而治之，天之所乱因而乱之，则是可无秉礼守义之经也。

吴人征百牢，子服景伯无以自免于非礼，而曰："吴将亡矣，弃天而背本。不与，必弃疾于我。"景伯知弃天者之必弃于天，将自以为与闻乎天道矣，因而与之，以速其亡。此所谓天之所乱因而乱之者与？昔者叔向、司马侯尝用此以骄楚矣。楚骄以败，而晋亦腼以弱，则何利乎人之败而徒自弱哉？

夫天与之目力，必竭而后明焉；天与之耳力，必竭而后聪焉；天与之心思，必竭而后睿焉；天与之正气，必竭而后强以贞焉。可竭者天也，竭之者人也。人有可竭之成能，故天之所死，犹将生之；天之所愚，犹将哲之；天之所无，犹将有之；天之所乱，犹将治之。裁之于天下，正之于己，虽乱而不与俱流。立之于己，施之于天下，则凶人戢其暴，诈人敛其奸，顽人砭其愚，即欲乱天下而天下犹不乱也。功被于天下，而阴施其裁成之德于匪人，则权之可乘，势之可为，虽窜之流之，不避怨也。若其权不自我，势不可回，身可辱，生可捐，国可亡，而志不可夺。虽然，天亦岂必以我为匪人之饵，饱彼而使之勿脱于钩哉？故鲁以不用百牢亡，犹不亡也，况乎其未必亡；景伯以不用百牢亡鲁，犹存鲁也，况乎其未必亡鲁也。以夷而摈吴乎，则何如其无会与！若谓吴而犹是周室之懿亲也，天弃之，任之而弗治，犹弗忍也，矧忍成其恶以极，使必亡哉！任天而无能为，无以为人；助天而成其乱，抑非以任天。人道废而窥天下之祸福以为机阱，故小人之视天也，日见其险阻而不知其平康也。

夫叔向、司马侯之流无论也。景伯者，学于圣人之门者也，而志趋之卑，识力之弱，亦且不免。甚哉，习气之陷溺，虽贤者而莫能振也。故孔子思狂士，唯其脱略流俗之机智，以崇其志言焉耳。

公山不狃故道吴于险　哀公八年

过而能悔，悔而能改，君子之上修也。虽然，有辨。子之称颜子曰："有不善未尝不知，知而未尝复行。"复行者，易事之辞也。事变之无方，宁必前局之未竟，须竭力以反其故哉？故善悔者，不悔其过，而悔其所以过；善改者，不期反之以掩其过，而改以后过之不再。一过之愆，而终身之警，触类旁通，蔑不臧矣。不善悔者，知其过而不能自宁也；不善改者，已成乎不可反之势而欲矫之以反也。于是左入于葛藟，右困于株木，烦冤错缪，大败而小收之。昔之过于彼者已过矣，矫今之未过以掩昔之过，而又过于此矣。如河之东决，方陷东邑而为墟，乃复障东流而决之西，冀以杀东邑之横流，而西邑又陷。前无能瘳，而后又甚焉，则公山不狃是已。

不狃怙私邑以亢鲁，其于鲁也。罪成乎不赦矣。乃其所以陷于恶者，事是君而弗能，私以求逞其志也，去而事吴。寻其奔窜之由，溯其陷恶之故，能自省焉，则惟忠以事主之犹可救沉溺于末流也。豫让悔范中行之未报，而并其志于智伯；魏征悔玄武之未死，而笃其忧于贞观。若二子者，不悔其覆水之流，而改之于更弦之调，许之迁善焉可矣。乃不狃方事吴而志又移于鲁，则其所以事吴者犹事鲁也。导吴于险，恶足以偿叛鲁之愆哉？已决于东，而又决于西，无所往而不为滔天之横流。然则不狃奚悔乎？悔者，所以甚其不知悔也。昔者得志于鲁而不逞于鲁，今者得志于吴而抑不逞于吴。吾知令不狃之复得归鲁，而所以乱鲁必又如其乱吴也。今观不狃之言说，称君子怀宗国，习于礼而思致于用，亦既异于叔辄之怙恶而不悛矣。乃隐其宗国之恶焉，正也，辞而无与其事可也；巧为吴用而阴为鲁庇，心愈劳，事愈谬，天下虽大，且将措手足而无所容覆，不若叔辄之直情而径行矣，则甚哉悔过者之不知所悔，有如此夫！

悔不忠者迁而忠，非必前日之君也；悔不信者迁而信，非必前日之友也。改之一旦，如雷之奋起于地中，昭苏万物而无所回护，斯以为善学颜子者与！

冉有访田赋于仲尼 哀公十一年

君子者，正天下之疑者也。疑于善与，殆犹其未善与，则进而访于君子，得一言以折中其从违，而即毅然以必为而必去，若火之蕴崇于积茨之下，发其郁而焰已升也。君子所乐以其正待天下之疑问，唯此之为无吝矣。若夫知其必见可于君子也，勿待问也，而犹问焉，则是欲暴其是于君子，而邀君子之赞誉也；夫挟一得之詹詹，而取必于君子以为之誉，君子固不为其所邀矣。矧夫知其必不见可于君子也，勿庸问也，而抑问焉，是其欲屈君子以从己也，不则欲引君子之辩而以利口穷之也；夫君子固不为之屈，而亦恶屑为无益之辩，以滋匪人之利口哉！斯二者，皆自绝于君子，而君子固弗答焉。

季氏之欲用田赋，此不问而知夫子之必不见可者也。冉有不审，贸贸然而亟为之访，三发而不置。自恒情言之，此鲁之所由以兴替，民之所由以死生，圣人知不可为者也，则何爱一言而不以救垂堂之坠乎？即勿听也，民死于季氏之政，而生于夫子之言，亦讵不可以自尽与？然而夫子必勿之答，非圣人之仅不欲为小人辱也，夫圣人亦如天而已矣，天无绝物，而物有绝天；物绝天，而天又奚劳邪！

且使夫子而正告以不可也，季其悛乎？季之弗能悛也，非处心积虑之久而以取必者乎？弗能悛而必访，访而不可，则比匪之党利口蜂起，而与夫子竞其短长，桑弘羊盐铁之论所为敝文学之舌，秃贤良之管，而益其蔓辞也。夫小人之词岂足以穷君子哉？然而操一相穷之心，则苟可以逞而犹为之一掉也。大辂之驰而柴车之竞，明烛之辉而萤磷之争，渺见寡闻者之何知，或且将一彼一此，以左右祖于义利之交，则言愈长而是非愈紊。故曰：圣人犹天也，天不能竞虺蜴之毒，争虎狼之暴，而亦姑听其自已，则圣人亦奚屑与悱冒之小人，咸辅颊而趋于末哉！

身即道，故爱身以爱道；言即教，故慎教以慎言。天下穷而君子泰，泰以息其道，教乃以揭日月垂万世，而无敢以其辩说参焉。《易》曰："观，盥而不荐，有孚颙若。"颙若不丧于己，无然其亵于荐也。服群阴之方长，而不失大观之在上，至哉，莫之能尚已！

《续春秋左氏传博议》卷下终

《续春秋左氏传博议》全书终